多重代表訴訟制度のあり方
必要性と制度設計

髙橋陽一
Yoichi Takahashi

商事法務

はしがき

　本書『多重代表訴訟制度のあり方——必要性と制度設計』は、2014年3月に京都大学から学位を授与された同名の博士論文に加筆・修正を施したものである。本書の目的は、わが国の企業グループにおいて適切なコーポレート・ガバナンスを実現する手段として、多重代表訴訟制度は必要であるか、必要であるとすればどのような制度設計が望ましいかを検討することである。

　平成26年の会社法改正により、多重代表訴訟制度が創設された。もっとも、同制度創設の是非をめぐっては激しい意見の対立があったため、最終的には両者の意見をいわば折衷した形で、相当に限定された範囲での制度創設となった。このように改正に際しての審議においては、多重代表訴訟制度についてどのような制度設計が望ましいのか、さらに同制度は本当に必要であるのかという点に関して、必ずしも議論は決着しなかった。そのため、これらの点について、今一度、深く検討する必要がある。本書は、上記目的のとおり、まさにそのような検討を試みるものである。

　さらに、本書は、多重代表訴訟制度の必要性および制度設計のあり方について検討する前提として、①代表訴訟制度一般に関する諸問題、および②子会社管理に関する親会社取締役の義務や責任のあり方についても、踏み込んだ検討を行っている。というのも、多重代表訴訟制度の創設をめぐる意見対立の根底には、代表訴訟制度一般についての理解や評価の違いが存在しており、また、多重代表訴訟制度の必要性は、子会社管理に関する親会社取締役の義務や責任の内容およびその実効性と密接に関連するからである。このように、多重代表訴訟制度それ自体の検討にとどまらず、①および②を含む、より広い範囲で課題を設定し検討を行っている点に、本書の特徴がある。

　当該検討の結果として、本書は、①の点では、代表訴訟制度の意義、濫用的な訴訟への対処のあり方、および被告の範囲について積極的な提

はしがき

言を行っている。とりわけ、本書が代表訴訟制度の「公益性」を重視する点は、本書全体を貫く重要な視点となっている。また、②の点では、親会社取締役の子会社管理責任の追及に内在する問題点を明らかにした上で、多重代表訴訟制度と親会社取締役の子会社管理責任の関係について、あるべき姿を提示している。そして、①および②の検討結果を踏まえた上で、「多重代表訴訟は、特に問題のない限り、通常の代表訴訟と同様に広く認められるべきである」とするのが、本書の基本的な主張である。

　筆者が本書を公表することができたのは、学部時代から現在に至るまで多くの先生方から賜った貴重なご指導によるところが大きい。とりわけ、指導教授であった前田雅弘先生には、筆者が博士後期課程に進学して以来、常に温かいご指導を頂いてきた。筆者が研究者としての道を歩み始めることができたのも、前田先生のご指導の賜物である。改めて御礼申し上げたい。また、洲崎博史先生と北村雅史先生からも、大学院の授業においてご指導を賜り、博士論文に対しても大変貴重なご意見を頂いた。加えて、京都大学商法研究会をはじめとする各種研究会等の際には、毎回、多くの先生方からたくさんのことを学ばせて頂いている。本書がこうした多大な学恩に少しでも報いるものになっておれば、筆者として望外の喜びである。

　さらに、博士論文または本書の原稿に目を通し大変有益なコメントをくださった、山下徹哉（京都大学准教授）、張笑男（長崎大学助教）、和田勝行（京都大学准教授）、植村新（京都大学助教）、坂下陽輔（京都大学助教）、木原彩夏（京都大学博士後期課程院生）、南迫葉月（京都大学博士後期課程院生）、安永祐司（京都大学博士後期課程院生）、仲卓真（京都大学法科大学院生）の各氏にも、厚く感謝の意を表したい。ほかにも、多くの優秀な先輩方・友人・後輩に恵まれ、学問的な刺激にあふれた環境にいることを非常にありがたく感じている。

　本書の刊行にあたっては、株式会社商事法務書籍出版部の渡部邦夫部長、岩佐智樹次長および木村太紀氏に、編集の労をお取り頂くなど、大

はしがき

変お世話になった。この場をお借りして、深く御礼申し上げる。なお、本書は、平成26年度科学研究費補助金（研究活動スタート支援）課題番号26885037による研究成果の一部であり、関係各位のご高配により、平成26年度京都大学総長裁量経費として採択された法学研究科若手研究者出版助成事業による助成を得て刊行されたものである。

　最後に、今日まで筆者を温かく見守ってくれている福井の家族にも、心から感謝を伝えたい。

2014年10月

髙 橋 陽 一

目　次

序　章　本書の目的と構成 …………………………………………… 1
　一　本書の目的 ……………………………………………………… 1
　二　本書の構成 ……………………………………………………… 4

第1章　わが国の現状と課題 ………………………………………… 5
　第1節　制度の変遷と議論の経緯 ………………………………… 6
　　一　議論のはじまり ……………………………………………… 6
　　二　「株主権の縮減」の顕在化と議論の高まり ……………… 8
　　三　平成26年会社法改正による多重代表訴訟制度の創設 …… 11
　第2節　多重代表訴訟制度に関するこれまでの議論 …………… 13
　　第1款　多重代表訴訟に積極的な見解 ………………………… 13
　　第2款　多重代表訴訟に消極的な見解の指摘する問題 ……… 15
　　　一　多重代表訴訟以外の対処法の存在 ……………………… 17
　　　二　通常の代表訴訟制度との不整合 ………………………… 20
　　　　1　被告の範囲 ……………………………………………… 20
　　　　2　提訴懈怠の可能性 ……………………………………… 24
　　　三　通常の代表訴訟制度に内在する問題の増幅──濫用的な訴訟の
　　　　　増加のおそれ …………………………………………… 26
　　　四　まとめ …………………………………………………… 28
　第3節　わが国における課題 …………………………………… 31

第2章　アメリカ法の考察 ………………………………………… 35
　第1節　アメリカにおける多重代表訴訟制度 ………………… 36
　　第1款　多重代表訴訟の起源（19世紀後半～20世紀はじめ）…… 38
　　　一　Ryan判決 ………………………………………………… 38
　　　二　Holmes判決 ……………………………………………… 43

三　両判決の分析のまとめ……………………………………47
第2款　多重代表訴訟の発展途上段階における様々な判例
　　　　（20世紀前半〜中葉）……………………………………48
　　一　多重代表訴訟の様々な根拠論の登場…………………………48
　　　1　法人格否認の法理……………………………………………49
　　　2　共通支配……………………………………………………50
　　　3　二重の信認関係………………………………………………52
　　　4　持株会社と事業会社の関係…………………………………54
　　二　多重代表訴訟に否定的な諸判決………………………………55
　　三　三重代表訴訟の承認……………………………………………58
第3款　多重代表訴訟の伝統的理論の確立（20世紀後半）………59
　　一　学　説……………………………………………………………60
　　　1　Harvard Law Review Note の見解…………………………60
　　　2　New York University Law Review Note の見解……………62
　　　3　Painter の見解………………………………………………65
　　　4　小括および Locascio の見解…………………………………68
　　二　判例――Brown 判決……………………………………………71
　　三　伝統的理論における多重代表訴訟制度の概要………………81
　　　1　多重代表訴訟の認められる範囲――支配関係の要否………82
　　　2　多重代表訴訟の手続…………………………………………84
第4款　デラウェア州における多重代表訴訟の法理の展開………86
　　一　伝統的理論の継承………………………………………………86
　　　1　二重代表訴訟の承認…………………………………………87
　　　2　二重代表訴訟における提訴請求手続………………………89
　　　3　三角合併による代表訴訟の原告適格の喪失と二重代表訴訟……92
　　二　新たな理論の登場………………………………………………93
　　　1　Lambrecht v. O'Neal 判決……………………………………93
　　　2　その後の判例の展開…………………………………………102
　　　　(1)　Hamilton 判決……………………………………………102
　　　　(2)　Sagarra Inversiones 判決………………………………104

v

目 次

　　　　　(3) Bear Stearns 判決……………………………………104
　　　三　まとめ………………………………………………………105
　　第5款　小　括……………………………………………………106
　第2節　親会社取締役の子会社管理責任の追及に関するアメリカ
　　　　　の議論………………………………………………………108
　　第1款　判　例……………………………………………………110
　　第2款　学　説……………………………………………………117
　　第3款　小　括……………………………………………………121
　第3節　アメリカにおける代表訴訟制度の意義と実態……………123
　　第1款　代表訴訟制度の意義の変容……………………………124
　　　一　代表訴訟の手続面における制約…………………………126
　　　　1　提訴請求要件の厳格化…………………………………126
　　　　2　特別訴訟委員会の利用…………………………………128
　　　二　代表訴訟が制約されるようになった要因………………130
　　　　1　代表訴訟の濫用…………………………………………130
　　　　2　適切なコーポレート・ガバナンスを確保するための他の諸制
　　　　　　度の発達…………………………………………………134
　　　　3　1970年代から80年代にかけてのアメリカ社会の状況………135
　　第2款　近時における代表訴訟の実態…………………………136
　　　一　Thompson & Thomas による調査研究……………………137
　　　二　Davis による調査研究………………………………………139
　　　三　Erickson による調査研究……………………………………142
　　第3款　小　括……………………………………………………145

第3章　わが国における課題の検討……………………………………147
　第1節　代表訴訟制度一般における諸問題…………………………148
　　第1款　代表訴訟制度の意義……………………………………148
　　　一　損害の塡補……………………………………………………150
　　　二　不正の抑止……………………………………………………153

三　法規範の形成……………………………………………159
　　四　わが国における代表訴訟制度の利用実態からの考察………162
　第2款　濫用的な訴訟への対処……………………………………168
　　一　濫用的な訴訟の類型と問題の所在………………………168
　　二　濫用的な訴訟への対処の検討……………………………171
　　　1　判断の主体…………………………………………172
　　　2　判断の方法（考慮要素）………………………………173
　　三　濫用的な訴訟の実態………………………………………183
　　四　まとめ………………………………………………………187
　第3款　提訴懈怠の可能性と被告の範囲…………………………189
　　一　提訴懈怠の可能性に関する伝統的な説明とそれに対する疑問…190
　　二　提訴懈怠の可能性に関するその他の説明………………191
　　三　被告の範囲の再検討………………………………………194
　　　1　重要な使用人………………………………………194
　　　2　支配株主およびその関係者………………………198
　第4款　小　括………………………………………………………200
第2節　親会社取締役の子会社管理責任の追及をめぐる問題……202
　第1款　問題の所在…………………………………………………202
　第2款　親会社取締役の子会社管理責任を追及することの実効
　　　　　性………………………………………………………205
　　一　子会社についての監視・監督義務………………………206
　　　1　親会社取締役の子会社監視・監督義務の存否………206
　　　　(1)　従来の学説および裁判例……………………………206
　　　　(2)　近時の見解……………………………………………208
　　　2　子会社監視・監督義務違反を理由とする損害賠償請求の実効
　　　　　性……………………………………………………………211
　　　　(1)　調査義務および是正義務……………………………213
　　　　(2)　企業集団における内部統制システム整備義務………216
　　二　子会社取締役の責任追及の不当な懈怠…………………221
　　　1　参考となる裁判例──第三者に対する損害賠償請求権の不

目　次

　　　　　行使の事例………………………………………………222
　　　　2　子会社取締役の責任追及の場合……………………224
　　　三　まとめ………………………………………………………226
　第3款　親会社への損害賠償の支払を認めることの適切性……228
　　　一　リーディングケース——三井鉱山事件最高裁判決……229
　　　二　損害額の算定に関する問題………………………………230
　　　　1　問題の所在…………………………………………………230
　　　　2　損害額の算定に関する近時の学説………………………234
　　　　3　検　討………………………………………………………237
　　　三　責任関係の処理方法としての適切性……………………241
　　　　1　三井鉱山事件判決をめぐる議論…………………………241
　　　　2　立法論的検討——株主の間接損害の救済方法をめぐる問題
　　　　　　との同質性…………………………………………………245
　　　　3　責任関係の処理に関する具体的検討……………………248
　第4款　小　括……………………………………………………255
第3節　多重代表訴訟制度の必要性と制度設計…………………257
　第1款　多重代表訴訟制度の必要性……………………………257
　第2款　多重代表訴訟が認められるべき範囲…………………261
　　　一　親会社と子会社の関係……………………………………262
　　　　1　完全親子会社関係の必要性………………………………262
　　　　2　親子会社関係（支配関係）の必要性……………………266
　　　　3　子会社の規模に関する限定の是非………………………269
　　　二　原告株主と親会社の関係——少数株主権化の是非……271
　　　三　対象となる責任……………………………………………276
　　　　1　被告の範囲…………………………………………………276
　　　　2　親会社の損害の要件………………………………………279
　第3款　多重代表訴訟の手続……………………………………281
　第4款　小　括……………………………………………………285

目　次

結　章　本書の結論と今後の課題……………………………287
　　一　本書の結論……………………………………………287
　　二　今後の課題……………………………………………292
　　三　最後に…………………………………………………293

事項索引………………………………………………………295
判例索引（日本）……………………………………………300
判例索引（アメリカ）………………………………………302

序　章

本書の目的と構成

一　本書の目的

　本書の目的は、わが国の企業グループにおいて適切なコーポレート・ガバナンスを実現する手段として、多重代表訴訟制度は必要であるか、必要であるとすればどのような制度設計が望ましいかを検討することである。

　平成26年の会社法改正により、多重代表訴訟制度が創設された[1]。多重代表訴訟とは、親会社の株主が、子会社や孫会社に代わって、子会社や孫会社の役員等の責任を追及する訴訟である。原告株主と被告役員等との間に親会社・子会社という2つの会社が介在している場合を二重代表訴訟、親会社・子会社・孫会社という3つの会社が介在している場合を三重代表訴訟とよび、このように原告株主と被告役員等との間に複数の会社が介在している場合を総称して多重代表訴訟とよぶ。

　多重代表訴訟制度が創設された背景には、大きく次の3つの事情がある。

　第1に、近年わが国では、多くの企業がグループ経営を行うようになり、持株会社形態での経営が大幅に増加している[2]。例えば、経済産業省

---

[1] 平成26年6月20日、「会社法の一部を改正する法律案」が可決・成立した。本書で引用する会社法の条文は、特に断りのない限り、改正後のものである。多重代表訴訟制度は、「最終完全親会社等の株主による特定責任追及の訴え」として、会社法847条の3において規定されている。

[2] 「持株会社」は、独占禁止法上の概念であり、会社総資産に占める子会社株式

序　章　本書の目的と構成

のアンケート調査によると、上場会社約1,000社のうち、約1割が純粋持株会社、7割超が事業持株会社を頂点とするグループ経営を行っているとのことである[3]。また、別の調査によれば、純粋持株会社の数は平成9年の解禁以降、着実に増加し、平成17年には150社を超え、平成22年には400社を超えているとのことである[4]。このような持株会社形態での経営においては、大部分の事業活動は子会社レベルにおいて行われることとなり、親会社株主の各種共益権による規律づけが事業本体に及びにくくなる。このような現象は「株主権の縮減」とよばれ、かねてより問題視されてきた。

　第2に、持株会社以外の一般の親子会社においても、子会社に対する親会社の監督が、十分な効果を上げていないのではないかという懸念がある。現に、子会社レベルにおいて不祥事が起こることは少なくなく、そのような子会社レベルで起こった不祥事は、しばしば企業グループ全

の取得価額の合計額の割合が50％を超える会社と定義されている（独占禁止法9条4項1号）。そして、一般に、自らは事業を行わずに他社の株式を保有し支配することを主な目的とする持株会社を「純粋持株会社」、自らも事業を行う持株会社を「事業持株会社」とよぶ（神田秀樹『会社法〔第16版〕』（弘文堂、2014年）377頁）。

[3] 法制審議会会社法制部会における経済産業省の意見書である、経済産業省「今後の企業法制の在り方について」（平成22年6月）20頁参照（http://www.moj.go.jp/content/000049412.pdf　平成26年10月13日最終確認）。以下で引用するものも含め、会社法制部会における議事録や資料は、法務省のウェブサイト（http://www.moj.go.jp/shingi1/shingi03500005.html　平成26年10月13日最終確認）において参照することができる。

　なお、経済産業省は、平成25年度に、純粋持株会社の実態についてのアンケート調査を行っており、その結果は同省のウェブサイト（http://www.meti.go.jp/statistics/tyo/mochikabu/index.html　平成26年10月13日最終確認）において参照することができる。

[4] 足立龍生＝山崎直＝宇垣浩彰「純粋持株会社体制におけるグループ経営上の落し穴」Mizuho Industry Focus, Vol. 89（2010年）3頁［図表1］参照（http://www.mizuhobank.co.jp/corporate/bizinfo/industry/sangyou/pdf/mif_89.pdf　平成26年10月13日最終確認）。

体に深刻な影響を与えている[5]。

　第3に、わが国では、平成5年商法改正によって代表訴訟制度が利用しやすくされて以来[6]、代表訴訟制度は、役員等に対する規律づけの手段として、コーポレート・ガバナンス上重要な役割を果たしている。そのため、このような代表訴訟制度による規律づけを、子会社の役員等にも及ぼす必要があると考えられるようになった。

　以上の事情を背景として、平成26年の会社法改正に際して、多重代表訴訟制度の創設が検討された。しかし、その審議過程においては、多重代表訴訟制度の創設の是非をめぐり激しい意見の対立があった。そのため、最終的には、大幅に限定された形で多重代表訴訟制度が創設されることとなった[7]。このことから、創設された多重代表訴訟制度は、創設

---

[5] 具体的には、雪印食品、東芝機械、三菱ふそうトラック・バス等における不祥事が、それぞれの親会社を含むグループ企業全体に大きな悪影響を与えたことが指摘されてきた（法制審議会会社法制部会第6回会議議事録30頁〔岩原紳作部会長発言〕、岩原紳作「『会社法制の見直しに関する要綱案』の解説〔Ⅲ〕」商事法務1977号（2012年）5頁、12頁注3参照）。より近時の事例としては、みずほ銀行や阪急阪神ホテルズにおける不祥事が、親会社を含むグループ企業全体に深刻な影響を与えたことも指摘することができる（山田泰弘「責任追及等の訴え——勝訴株主の弁護士報酬等の請求と多重代表訴訟」神作裕之ほか編『会社裁判にかかる理論の到達点』（商事法務、2014年）457-458頁参照）。その他の事例について、村中徹「子会社の管理における取締役・監査役の職務と実務課題」田原睦夫先生古稀・最高裁判事退官記念論文集『現代民事法の実務と理論〔上巻〕』（金融財政事情研究会、2013年）687頁も参照。

[6] 平成5年商法改正では、代表訴訟制度を利用しやすいものとするため、次の2点が定められた。①代表訴訟における「訴訟の目的の価額」を95万円〔平成15年の民事訴訟費用等に関する法律の改正後は160万円〕とみなし、代表訴訟の提起に際しての手数料を、請求額に関わらず一律に8,200円〔平成15年同法改正後は13,000円〕とした（平成5年改正商法267条4項〔会社法847条の4第1項に対応〕。民事訴訟費用等に関する法律4条2項、別表第一も参照）。②代表訴訟に勝訴した株主は、会社に対して、費用または弁護士報酬の相当額の支払を請求できることとした（平成5年改正商法268条ノ2第1項〔会社法852条1項に対応〕）。

[7] 具体的には、①完全親子会社関係の存在が要求されること、②責任の原因となった事実が生じた日において、親会社等が保有する子会社株式の帳簿価格が、

賛成派と反対派による一種の妥協の結果であるという見方もあり[8]、これが真に望ましい制度といえるか、検討する余地がある。また、改正に際しての議論を通じて、多重代表訴訟制度をめぐる意見対立の根底には、代表訴訟制度一般に対する理解や評価についての対立があることも、浮かび上がってきた。しかし、平成26年の会社法改正では、代表訴訟制度一般のレベルにおける制度改革は、正面から検討されなかった。すなわち、当該改正は、現行の代表訴訟制度をそのまま維持した上で、それに整合的な形で多重代表訴訟制度を創設したものである。したがって、代表訴訟制度一般のレベルにおける問題の検討が、今後の課題として残されている。本書は、こうした代表訴訟制度一般に通じる問題にも焦点を当てながら、多重代表訴訟制度の必要性、および具体的な制度設計のあり方について、検討するものである。

二　本書の構成

　本書の構成は、次のとおりである。まず、第1章において、わが国における議論の現状を把握し、検討すべきいくつかの課題を明らかにする。次に、当該課題を検討する上での手がかりを得るため、第2章において、アメリカ法の状況を考察する（その理由については、第1章の末尾において述べる）。最後に、第3章において、当該課題を検討することを通じて、わが国における多重代表訴訟制度およびそれと関連する諸制度について、望ましい制度設計のあり方を明らかにする。

　　親会社の総資産額の5分の1を超えていなければならないこと、③提訴権が1％の少数株主権であることが挙げられる（会社法847条の3）。
 [8] 特に、少数株主権とされた点は、「審議の最終段階でなされた妥協の性格が強い」といわれる（藤田友敬「親会社株主の保護」ジュリスト1472号（2014年）34頁）。実際に、岩原紳作「多重代表訴訟や監査・監督委員会の制度創設へ――全会一致の原則に基づき、折衷案を模索」金融財政事情2994号（2012年）11頁も、多重代表訴訟の少数株主権化は一種の妥協であったと述べ、阿部泰久「企業の自主判断に基づくガバナンス体制構築が重要」金融財政事情2994号（2012年）16頁も、経団連は多重代表訴訟制度の導入に反対していたが、提訴権を少数株主権とすることで最終的に何とか折り合ったと述べている。

第1章
わが国の現状と課題

　本章では、わが国における多重代表訴訟制度をめぐる議論の現状を整理・分析した上で、検討すべき課題を明らかにする。具体的には、以下の順序で議論を進める。

　まず、第1節において、多重代表訴訟制度の創設に至るまでの制度の変遷と議論の経緯を確認する。平成26年の会社法改正による多重代表訴訟制度の創設は、一朝一夕に成し遂げられたものではなく、長年にわたる制度の変遷や議論の蓄積を背景とするものである。したがって、これまでの制度の変遷や議論の経緯を確認することは、創設された多重代表訴訟制度の意義およびそれに内在する問題を理解する上で、有益であると考えられる。

　次に、第2節においては、多重代表訴訟制度に関するこれまでの学説上の議論について分析する。わが国では、多重代表訴訟制度に関して長年にわたって議論がなされてきた。その中では、多重代表訴訟制度を導入すべきか否か、導入するとしてどのような制度設計がよいのかについて、様々な意見があった。第2節では、これまでの議論が提起してきた多重代表訴訟制度の導入および制度設計上の問題点について、検証する。

　最後に、第3節では、以上の検討をもとに、わが国における多重代表訴訟制度およびそれに関連する諸制度について、どのような課題が存在しているかを明らかにする。

第1節　制度の変遷と議論の経緯

一　議論のはじまり

　多重代表訴訟に関するわが国の議論は、持株会社の登場によって生じる「株主権の縮減」への対応策の1つとして、展開されてきた。「株主権の縮減」の問題は、先駆的な研究によって、既に昭和28年（1953年）の時点で、次のように指摘されていた。すなわち、「持株会社およびその従属会社の一般株主も、法律の規定の上では通常の会社の株主と同様に、上述の諸権利〔筆者注：各種共益権と自益権を指す〕を有することはいうまでもない。しかし、それはあくまで法律的・形式的な考察においてであって、ひとたび事の実質に立ち入って観察するならば、法律上与えられているそれらの権利も実は全くの有名無実に帰するか、または少なくとも著しくその内容を変更または縮減されていることを知ることができる」との指摘である[1]。そして、その具体例の1つとして、持株会社の形成により、従属会社の取締役に対する代表訴訟が提起されなくなることが指摘されていた[2]。もっとも、この研究において、代表訴訟提起権は、共益権の1つとして列挙されているにすぎず、特別に重要視されているわけではない。代表訴訟が重要視されていないのは、当時においては代表訴訟制度がほとんど活用されておらず[3]、コーポレート・ガバナン

1　大隅健一郎『新版株式会社法變遷論』（有斐閣、1987年）181頁［初出・大隅健一郎『株式會社法變遷論』（有斐閣、1953年）181頁］。
2　大隅・前掲注1）182頁。
3　例えば、谷口安平「株主の代表訴訟」鈴木忠一＝三ヶ月章監修『実務民事訴訟講座5』（日本評論社、1969年）98頁、田中英夫＝竹内昭夫『法の実現における私人の役割』（東京大学出版会、1987年）43-44頁参照。昭和27年から昭和40年までの14年間において、東京地方裁判所が受理した代表訴訟の件数は、7件であるとされる（小関健二「少数株主権行使事件の実態──昭和27年～40

スにおいて、現在ほど重要な役割を果たしていなかったことによるものと思われる。また、この研究は、「株主権の縮減」の問題が生じることを指摘したものの、その解決策として、多重代表訴訟を認めるべきことを明示的に主張していたわけではなかった。

わが国において、多重代表訴訟の必要性を明示的に主張する見解が登場したのは、子会社による親会社株式の違法取得が問題となった平成5年の三井鉱山事件最高裁判決[4]を契機としてであった。同事件では、親会社取締役の親会社に対する損害賠償責任が通常の代表訴訟によって追及され、最高裁は当該責任を認めた。これに対して、子会社に第一次的な損害が生じた以上、子会社に損害賠償が給付されるべきであり、それを実現するために多重代表訴訟を認めるべきであるとの主張が、一部の学説によってなされた[5]。もっとも、同事件については、当初から、親会社取締役の対親会社責任の追及という形での解決を是認する見解が多く[6]、同事件を契機として多重代表訴訟制度の導入を主張した見解は、少数にとどまった。

この時期は、持株会社形態での経営が今日ほど広まっていなかったこともあって、「株主権の縮減の問題」および「多重代表訴訟制度の必要性」は、指摘されてはいたものの、それほど緊急性の高い重要な問題であるとは、考えられていなかったようである。

年までの統計」商事法務研究393号（1966年）33頁表4）。
4　最判平成5年9月9日民集47巻7号4814頁。
5　春田博「判批〔下〕」法律のひろば47巻11号（1994年）79頁、同「アメリカにおける重層代表訴訟の展開」長濱洋一教授還暦記念『現代英米会社法の諸相』（成文堂、1996年）208頁以下、周剣龍『株主代表訴訟制度論』（信山社、1996年）291頁以下参照。
6　森本滋「第一審判決判批」商事法務1210号（1990年）51頁、神田秀樹「判批」会社法判例百選〔第2版〕（2011年）51頁〔初出・会社判例百選〔第5版〕（1992年）49頁〕、吉原和志「判批」法学教室159号（1993年）35頁、龍田節「判批」商事法務1334号（1993年）37頁等。

二　「株主権の縮減」の顕在化と議論の高まり

　わが国において、多重代表訴訟制度の必要性が強く主張されるようになったのは、平成9年の純粋持株会社の解禁の前後である。すなわち、平成9年の独占禁止法改正による純粋持株会社の解禁によって、「株主権の縮減」の問題が顕在化することから、その対応策の1つとして、多重代表訴訟制度の必要性が強く主張されるようになった[7]。また、この頃には、通常の代表訴訟制度の利用も大幅に増え[8]、代表訴訟制度がコーポレート・ガバナンスにおいて重要な役割を果たすようになっていた。このことも、多重代表訴訟制度の必要性が強く主張されるようになったことの大きな要因であろう。

　さらに、平成11年商法改正において、株式交換・株式移転制度が導入され、完全親子会社関係の形成や持株会社の創設が容易になった。これによって、持株会社の数は、ますます増加した。同改正の際、多重代表訴訟制度の導入を含め、親会社株主の保護のあり方が問題とされたものの[9]、結局のところ、子会社に関する情報開示規定等が整備されるにと

---

[7] 森本滋「純粋持株会社と会社法」法曹時報47巻12号（1995年）3048頁、浜田道代「持株会社と株主の地位」資本市場法制研究会編『持株会社の法的諸問題』（資本市場研究会、1995年）57頁、前田雅弘「持株会社の法的諸問題(2)」資本市場119号（1995年）58頁（同「持株会社」商事法務1466号（1997年）28頁も参照）、黒沼悦郎「持株会社の法的諸問題(3)」資本市場120号（1995年）74頁、畠田公明「純粋持株会社と株主代表訴訟」ジュリスト1140号（1998年）18頁以下、柴田和史「二段階代表訴訟」竹内昭夫先生追悼論文集『商事法の展望――新しい企業法を求めて』（商事法務、1998年）516-517頁。

[8] 平成4年12月31日時点における地裁（本庁）係属中の代表訴訟の件数は、31件（その内訳は、平成4年度受理12件、平成3年度受理5件、平成2年度受理4件、平成元年度以前受理10件）であった（法務省民事局参事官室編『一問一答平成5年改正商法』（商事法務研究会、1993年）18-19頁）。これに対して、平成8年度・平成9年度・平成10年度における代表訴訟の新受件数は、それぞれ68件・88件・73件と大きく増加している（福井章代「会社法施行後の株主代表訴訟の概況」資料版商事法務334号（2012年）72頁表1）。

[9] 原田晃治ほか「『親子会社法制等に関する問題点』の解説」商事法務1497号（1998年）12頁以下参照。

第 1 節　制度の変遷と議論の経緯

どまった[10]。

　株式交換・株式移転制度の導入を契機とする持株会社形成の動きは、代表訴訟制度にも、直接的な影響を及ぼした。すなわち、代表訴訟の係属中に株式交換・株式移転が行われ、原告株主の株式が親会社株式に転換されるという事例が少なからず起こり、その場合に代表訴訟の原告適格が失われるか否かが問題となった。このことが問題となったいずれの訴訟においても、裁判所は、株式交換・株式移転によって原告適格が失われたとして、訴えを却下した[11]。このような裁判例に対しては、多くの学説が、株式交換・株式移転の後も、代表訴訟の原告適格を継続させるべきであると批判した[12]。さらには、より抜本的な解決策として、多重代表訴訟制度の導入を主張する学説も増えていった[13]。このような学

10　具体的には、子会社の株主総会議事録・取締役会議事録・定款・計算書類・会計帳簿等の閲覧謄写請求権が親会社株主に認められ、親会社監査役の子会社調査権が拡充された（前田庸「商法等の一部を改正する法律案要綱（案）の解説〔下〕」商事法務 1519 号（1999 年）4 頁以下参照）。

11　東京地判平成 13 年 3 月 29 日判例時報 1748 号 171 頁、名古屋地判平成 14 年 8 月 8 日判例時報 1800 号 150 頁、東京地判平成 15 年 2 月 6 日判例時報 1812 号 143 頁、名古屋高判平成 15 年 4 月 23 日裁判所ホームページ、東京高判平成 15 年 7 月 24 日判例時報 1858 号 154 頁。また、大和銀行株主代表訴訟の第一審判決（大阪地判平成 12 年 9 月 20 日判例時報 1721 号 3 頁）が被告に多額の損害賠償責任を認めていたにもかかわらず、控訴審において賠償額が大幅に減額された形での和解に至ったことの原因として、大和銀行の株式移転によって原告適格喪失の危険が生じていたことが指摘されている（河本一郎「大和銀行株主代表訴訟の和解を語る」取締役の法務 94 号（2002 年）5 頁以下等）。

12　周剣龍「判批」金融・商事判例 1127 号（2001 年）66 頁、吉本健一「判批」判例時報 1767 号（2002 年）182 頁（判例評論 516 号 36 頁）以下、高橋英治「判批」商事法務 1719 号（2005 年）133-134 頁等、学説の多数が裁判例の立場に反対している。また、裁判例が登場する前においても、原告適格の継続を主張する見解があった（江頭憲治郎ほか「〔座談会〕株式交換・株式移転――制度の活用について」ジュリスト 1168 号（1999 年）115 頁〔江頭憲治郎発言〕）。

13　鳥山恭一「判批」法学セミナー561 号（2001 年）114 頁、南隅基秀「判批」札幌学院法学 18 巻 2 号（2002 年）126 頁以下、新谷勝「持株会社の創設と株主代表訴訟の原告適格――大和銀行株主代表訴訟の和解が残した問題点」判例タイムズ 1085 号（2002 年）32 頁等。

第1章　わが国の現状と課題

説の動向は、商法学者を中心に構成された株主代表訴訟制度研究会が、株式交換・株式移転後の原告適格の継続を認めるべきこと[14]、および多重代表訴訟制度が必要であること[15]を提唱していたことにも、表れている。

　このような学説の影響もあって、平成17年の会社法制定において、代表訴訟の係属中に原告株主が株式交換・株式移転によって完全親会社の株主となった場合に、代表訴訟の原告適格は失われないとする規定が創設された（会社法851条）。しかし、多重代表訴訟制度の導入については、検討されたものの、実現には至らなかった[16]。他方で、会社法制定に際して、組織再編対価の柔軟化など、親子会社関係の形成が一層容易となる制度改正がなされた。このように、組織再編制度に関しては、規制緩和が先行し、それに伴う弊害への手当ては十分になされてこなかった。そのため、組織再編制度が濫用的に用いられるのではないかと憂慮された。実際に、そのような憂慮から、会社法制定時の衆議院法務委員

---

[14] 株主代表訴訟制度研究会「株式交換・株式移転と株主代表訴訟(1)――原告適格の継続」商事法務1680号（2003年）6頁以下。

[15] 株主代表訴訟制度研究会「株式交換・株式移転と株主代表訴訟(2)――企業結合と株主代表訴訟」商事法務1682号（2003年）12頁以下（もっとも、多重代表訴訟制度の具体的な制度案については意見がまとまらず、当面の実際的な改善案として、企業結合関係における内部統制システム構築の義務づけと開示の充実等が提案されるにとどまった）。

[16] 第162回国会衆議院法務委員会議事録第14号（2005年）〔江頭憲治郎参考人発言〕は、多重代表訴訟制度の導入を見送った理由として、次の2点を挙げる。①あるセクションを会社の一部門とすることもできるし子会社とすることもできるが、前者の場合、責任者が従業員ならば代表訴訟の被告にはならないのに対して、後者の場合、責任者は取締役となるから、多重代表訴訟が認められれば、責任者は代表訴訟の被告となりうる。このような観点から会社の組織を考えるということになっては、本末転倒である。②アメリカでは、責任追及の場面に限らず、取締役会が権限を濫用して訴訟を提起しないときは、会社のどのような権利についても代表訴訟を提起することができ、その反面、裁判所には訴えを認めるかどうかの相当広い裁量があり、日本とは前提を異にする。そのため、アメリカで多重代表訴訟が認められているからといって、日本でも導入できるということにはならない。

会および参議院法務委員会において、「企業再編の自由化及び規制緩和に伴い、企業グループや親子会社など企業結合を利用した事業展開が広く利用される中で、それぞれの会社の株主その他の利害関係者の利益が損なわれることのないよう、情報開示制度の一層の充実を図るほか、親子会社関係に係る取締役等の責任の在り方等、いわゆる企業結合法制について、検討を行うこと」とする附帯決議がなされていた[17]。

三　平成 26 年会社法改正による多重代表訴訟制度の創設

　会社法制定後、数年間は大きな法改正は行われなかったが、平成 22 年の法務大臣の諮問を契機として、会社法改正に向けた議論や作業が行われた。その結果、平成 26 年の会社法改正により、ついに多重代表訴訟制度が創設された。その具体的な経緯は、以下のとおりである[18]。

　平成 22 年 2 月、法務大臣から、「会社法制について、会社が社会的、経済的に重要な役割を果たしていることに照らして会社を取り巻く幅広い利害関係者からの一層の信頼を確保する観点から、企業統治の在り方や親子会社に関する規律等を見直す必要があると思われるので、その要綱を示されたい」との諮問（諮問第 91 号）が、法制審議会に対して出された。これを受けて、法制審議会に会社法制部会が設置され、会社法制の見直しの審議が行われた。親子会社に関する規律の見直しの一環として、多重代表訴訟制度の創設の是非についても審議が行われ、創設にお

17　衆議院法務委員会における「会社法案に対する附帯決議（平成 17 年 5 月 17 日）」第 8 項（商事法務 1732 号（2005 年）55-56 頁〔ニュース欄〕参照）、参議院法務委員会における「会社法案に対する附帯決議（平成 17 年 6 月 28 日）」第 7 項（商事法務 1736 号（2005 年）43 頁〔ニュース欄〕参照）。

18　平成 26 年会社法改正に関する詳細な経緯については、河合芳光「近時の会社法・商行為法制にかかわる動向」商事法務 1920 号（2011 年）31 頁以下、坂本三郎「会社法制に関する近時の動向」商事法務 1954 号（2012 年）35 頁以下、同「会社法制に関する今後の動向」商事法務 1987 号（2013 年）36 頁以下、同「会社法制に関する今後の動向」商事法務 2021 号（2014 年）17 頁以下、坂本三郎ほか「平成 26 年改正会社法の解説〔Ⅰ〕」商事法務 2040 号（2014 年）28 頁以下を参照。

第1章　わが国の現状と課題

おむね肯定的な学界と否定的な経済界との間で、意見が鋭く対立した。最終的に、大幅に限定された形で多重代表訴訟制度を創設するという案に落ち着き、当該案を含む要綱が平成24年9月に決定された[19]。その後、平成25年11月に「会社法の一部を改正する法律案」が国会に提出され、平成26年6月に可決・成立した。多重代表訴訟制度については、法案作成や国会審議の段階での大きな修正はなく、要綱どおりの内容で、法改正が行われた[20]。

---

[19] 「会社法制の見直しに関する要綱及び附帯決議」法制審議会第167回会議（平成24年9月7日開催）(http://www.moj.go.jp/content/000102013.pdf　平成26年10月13日最終確認)。

[20] 岩原紳作ほか「〔座談会〕改正会社法の意義と今後の課題〔下〕」商事法務2042号（2014年）7頁〔坂本三郎発言〕参照。また、多重代表訴訟制度とは別に、「旧株主による責任追及等の訴え」として、会社法851条の内容を拡張する規定も設けられた（会社法847条の2）。会社法851条は、代表訴訟の係属中に原告株主が株式交換等によって完全親会社の株主となった場合に、代表訴訟の原告適格が失われないことを定めたものである。そのため、株式交換等が代表訴訟の提訴前になされた場合には、同条は適用されず、株主の原告適格は失われるものとされていた（東京地判平成19年9月27日判例時報1992号134頁参照）。しかし、提訴が株式交換等の前か後かで違いを設ける理由はないことから（異論として、藤田友敬「親会社株主の保護」ジュリスト1472号（2014年）36頁参照）、提訴が株式交換等の前になされていない場合においても原告適格の継続を認めるとする規定が、改正法によって追加されたわけである（岩原紳作「『会社法制の見直しに関する要綱案』の解説〔Ⅲ〕」商事法務1977号（2012年）9-10頁参照）。

第2節　多重代表訴訟制度に関するこれまでの議論

　以上のような経緯の中、多重代表訴訟制度に関して具体的にどのような議論が展開されてきたのか。本節では、多重代表訴訟制度の導入に積極的な見解と消極的な見解とに分けて、その内容を検証する。

第1款　多重代表訴訟に積極的な見解

　多重代表訴訟制度の導入を主張する見解は、持株会社の利用によって顕在化する「株主権の縮減」に対処するための制度、ひいては「親会社株主の保護[21]」のための制度という観点から、議論を展開してきた。もっとも、初期の見解は、多重代表訴訟制度の必要性を主張するにとどまり、多重代表訴訟を認めるべき範囲やその手続については、ほとんど具体的に論じてこなかった[22]。その後次第に、制度設計のあり方についても具体的に論じられるようになったが、その内容は様々であり、統一的な見解は形成されてこなかった[23]。
　例えば、次の点において、意見が分かれている。第1に、立法により多重代表訴訟制度を導入するのか[24]、解釈により多重代表訴訟を承認す

---

[21] 企業結合法制において、親会社等の子会社に対する責任が「子会社の少数株主および債権者の保護」の問題であることと対比して、株主権の縮減の問題は「親会社株主の保護」の問題であると位置づけられることが多い。

[22] 前掲注7）の文献を参照（もっとも、畠田論文は、多重代表訴訟を認めるべき範囲について具体的に論じている）。

[23] 前掲注15）において触れたとおり、株主代表訴訟制度研究会においても、多重代表訴訟制度を導入すべきであるという意見が支配的であったが、具体的な要件・手続等については意見がまとまらず、具体的な立法提案には至っていない。

[24] 立法論であることを明示的に述べる見解として、土田亮「多重株主代表訴訟

るのか[25]、という根本的な点において相違がある。この根本的な相違が、以下の個別問題における相違につながっているという面もある。第2に、多重代表訴訟を基礎づける根拠や理由についても、様々な見解がある。すなわち、復委任の法理[26]、親会社株主は子会社の実質的所有者であること[27]、損害の塡補と不正の抑止という通常の代表訴訟制度の基礎にある政策的理由の延長[28]、子会社へ損害賠償を給付する必要性[29]などが、多重代表訴訟を承認すべき根拠として主張されてきた。第3に、多重代表訴訟を認めるべき範囲についても、様々な見解がある。具体的には、完全親子会社関係を要求する見解[30]、完全親子会社関係は不要であるが親子会社関係は必要であるとする見解[31]、子会社の重要性を要求する見解[32]、親子会社の役員間に利害共通関係または役員兼任関係があることを求め

の法構造についての一考察」名城法学53巻1号（2003年）69-70頁、古川朋雄「米国における二重代表訴訟制度の日本法への導入について」六甲台論集54巻3号（2008年）65頁以下がある。立法論であることを明示していない見解も、立法論としての主張であることを前提としているものが多いと思われる。

25 解釈論によって多重代表訴訟を認める見解として、畠田・前掲注7) 19-20頁（完全親子会社関係およびそれに近い関係が存在する場合には、解釈論として多重代表訴訟を認めるべきであるとするが、親子会社関係一般については立法が必要であるとする）、南隅・前掲注13) 128頁以下、新谷・前掲注13) 39頁、山田泰弘『株主代表訴訟の法理――生成と展開』（信山社、2000年）325-327頁、浜田道代「役員の義務と責任・責任軽減・代表訴訟・和解」商事法務1671号（2003年）43-44頁、柳伸之介「多重代表訴訟における子会社役員の責任に関する実質的考察」阪大法学62巻3＝4号（2012年）1146頁以下等がある。

26 山田・前掲注25) 310-313頁、浜田・前掲注25) 44頁、柳・前掲注25) 1146-1148頁・1155-1157頁参照。

27 周・前掲注5) 293頁、畠田・前掲注7) 19頁、南隅・前掲注13) 129頁。

28 柴田・前掲注7) 517頁、新谷勝『株主代表訴訟　改正への課題』（中央経済社、2001年）264頁。古川・前掲注24) 65-66頁も参照。

29 春田・前掲注5) 法律のひろば80頁、同・前掲注5) 重層代表訴訟208頁以下。

30 新谷・前掲注28) 265頁、古川・前掲注24) 68頁。

31 南隅・前掲注13) 129頁、土田・前掲注24) 64頁。

32 山田・前掲注25) 325頁・338頁注64（簡易組織再編が認められる基準を適用する）。柳・前掲注25) 1156頁（対象となる子会社役員の範囲は、企業グループ内における裁量の幅等によって、実質的に判断すべきである）も参照。

る見解[33]などが主張されている。第4に、原告適格や提訴請求など手続要件の面についても、様々な主張がある。例えば、株式の6か月保有要件を親子会社の間にも適用するかについて、意見が分かれている[34]。

　このように、多重代表訴訟制度の導入を主張する見解は、導入の必要性については意見が一致していても、その具体的な制度設計については意見が一致してこなかった。このことは、平成26年の会社法改正に際しての議論において、多重代表訴訟の具体的制度設計をめぐり様々な意見が出されたこと[35]の1つの大きな原因となったように思われる。

第2款　多重代表訴訟に消極的な見解の指摘する問題

　他方、近時の学説においては、多重代表訴訟制度の導入に賛成する見解ばかりではなく、導入に消極的な見解も見られた[36]。また、導入に賛成する見解においても、多重代表訴訟の意義や必要性はさほど大きくないとして、相当に限定された範囲において導入すべきであると主張するものがあった[37]。これらの見解は、多重代表訴訟について、様々な問題

---

[33] 根本伸一「『多重代表訴訟』の特殊性と普遍性」法律論叢85巻1号（2012年）294頁。

[34] 適用を肯定する見解として古川・前掲注24）70頁、否定する見解として土田・前掲注24）65頁。

[35] 概観として、神作裕之「会社法制の見直しの動向——会社の機関・親子会社・組織再編関係を中心として」監査役586号（2011年）59頁以下を参照。

[36] 舩津浩司『「グループ経営」の義務と責任』（商事法務、2010年）418頁以下、松井秀征「結合企業法制・企業集団法制の方向性」ビジネス法務10巻6号（2010年）30頁、同「多重代表訴訟制度の導入について」MARR 2011年3月号44-45頁、中東正文「企業結合」商事法務1940号（2011年）33頁。なお、高橋均「完全親子会社形態における完全子会社取締役の責任追及のあり方」商事法務1793号（2007年）28頁以下も参照。

[37] 加藤貴仁「企業グループのコーポレート・ガバナンスにおける多重代表訴訟の意義〔下〕」商事法務1927号（2011年）37頁以下、大杉謙一「多重代表訴訟について——グループ会社経営と子会社取締役が負う義務の内容」民事研修658号（2012年）7頁。

第1章　わが国の現状と課題

を指摘している。これまで指摘されてきた問題は、①多重代表訴訟以外の対処法の存在、②通常の代表訴訟制度との不整合、③通常の代表訴訟制度に内在する問題の増幅という3つに大きく分類することができる[38]。

38　3つの分類の中において挙げたもののほか、多重代表訴訟制度に対する批判として、次の3点がある。しかし、いずれも決定的な批判であるとは言い難い。
　　第1に、多重代表訴訟制度が創設されると、親子会社関係の形成がためらわれるようになり、企業の組織形態の選択が歪められるという批判がある（前掲注16）〔江頭憲治郎発言〕参照）。しかし、同制度が存在することがあるべき姿なのであれば、同制度が存在しないことこそが組織形態の選択に歪みを及ぼしているともいえ、組織形態の選択に影響を与えるというだけでは同制度を否定する理由とはなりにくい（前田雅弘「親会社株主の保護」ジュリスト1439号（2012年）40頁。法制審議会会社法制部会第6回会議議事録16頁〔伊藤靖史幹事発言〕、加藤・前掲注37）37頁も参照）。また、被告とされる者の実質的範囲を代表訴訟制度全体において統一的に定めることができれば、組織形態の選択への影響はなくなるといえる。
　　第2に、多重代表訴訟制度の導入によって、外国子会社の取締役の責任を追及する訴訟が濫用的に提起されるリスク（とりわけアメリカでの訴訟リスク）が、増大すると指摘されている（北川浩「多重代表訴訟導入に対する問題意識——海外子会社に関する議論の必要性を中心に」商事法務1947号（2011年）26頁以下、大杉・前掲注37）13頁以下）。この問題への対応として、多重代表訴訟制度の対象となる子会社や孫会社は「株式会社」に限られ、外国会社は含まれないこととされた（会社法847条の3第1項、坂本三郎ほか「平成26年改正会社法の解説〔V〕」商事法務2045号（2014年）31頁参照）。もっとも、そのような規定をアメリカの裁判所が尊重する絶対的な保証はないため、リスクは完全にはなくならないとの指摘もある（大杉・前掲注37）14-15頁）。しかし、アメリカの裁判官や法学者も、日本法の明文規定や立案担当者の解説を尊重すると述べているように（21世紀政策研究所「多重代表訴訟についての研究報告——米・仏の実地調査を踏まえて」（2012年）52-53頁（http://www.21ppi.org/pdf/thesis/120120.pdf　平成26年10月13日最終確認））、改正法の規定によって海外での訴訟リスクは大幅に限定されたといえ、過度に問題視すべきではない（前田・前掲40頁注14、岩原・前掲注20）13頁注6）。
　　第3に、多重代表訴訟制度を導入すると、子会社取締役の経営判断が萎縮してしまうとの批判もある（松井・前掲注36）MARR45頁等）。しかし、これは、基本的に実体法レベルで対処すべき問題である。多重代表訴訟制度が存在しなくても、親会社自身や子会社の少数株主によって通常の代表訴訟が提起されうる以上、子会社取締役の経営判断が萎縮するおそれは生じうるからである。そ

第2節　多重代表訴訟制度に関するこれまでの議論

以下では、これら3つの問題について、多重代表訴訟制度の導入に積極的な見解からの反論も交えながら、考察を行う。

一　多重代表訴訟以外の対処法の存在

　第1の問題は、多重代表訴訟以外の対処法の存在である。すなわち、親会社取締役の対親会社責任を追及することで、親会社株主の保護は足りると指摘されている[39]。具体的には、次のように論じられる。親会社取締役は、親会社に対して子会社を適切に管理する義務を負っている。子会社において不正が行われた場合、親会社株主は、親会社取締役の子会社管理義務違反の責任を通常の代表訴訟によって追及することができ

して、近時、経営判断を広く尊重する最高裁判決（最判平成22年7月15日判例時報2091号90頁〔アパマンショップHD事件判決〕）が現れており、経営判断の萎縮の問題は、相当に改善されつつあるといえる（北村雅史ほか「〔座談会〕親子会社の運営と会社法〔上〕」商事法務1920号（2011年）15頁〔加藤貴仁発言〕、唐津恵一ほか「〔座談会〕会社法制の見直しに関する中間試案について」ソフトロー研究19号（2012年）133頁〔田中亘発言〕参照）。さらに、近時行われた企業や機関投資家に対するアンケート調査においても、代表訴訟制度が経営の萎縮をもたらすことは、実際には少ないことがうかがわれる（宮島英昭ほか「日本型コーポレート・ガバナンスはどこへ向かうのか〔下〕──『日本企業のコーポレート・ガバナンスに関するアンケート』調査から読み解く」商事法務2009号（2013年）14頁）。河本・前掲注11）9頁も、代表訴訟制度による経営者の意思決定の萎縮は生じていないと述べる。
　このように、上記3つの批判は、多重代表訴訟制度に対する決定的な批判であるとは言い難いため、本書ではこれ以上取り上げない。

[39]　舩津・前掲注36）14頁、松井・前掲注36）MARR45頁、中東・前掲注36）33頁参照。この点は、比較的早期の学説においても指摘されていた。例えば、川濱昇「持株会社の機関」資本市場法制研究会編『持株会社の法的諸問題』（資本市場研究会、1995年）74頁は、「親会社株主の利益は親会社取締役の責任を追及できれば充分だともいえる」ため、多重代表訴訟制度の導入の必要性は、それほど深刻に考えなくてもよいのかもしれないと述べていた。
　なお、株主総会の権限の問題も含め、「株主権の縮減」の問題一般について、原則として、縮減した株主権の復元によって対処するのではなく、親会社取締役等の親会社に対する義務と責任の問題として、対処すべきであるとの主張もなされている（舩津・前掲注36）8-23頁。中東・前掲注36）32-33頁も参照）。

る。親会社株主の保護としてはそれで十分であり[40]、多重代表訴訟制度を認める必要性は乏しい。親会社取締役の対親会社責任の追及と多重代表訴訟とは、両立しないわけではないが、多重代表訴訟には（後述のような）種々の問題があるため、親会社取締役の子会社管理に関する義務と責任を精緻化することこそが重要である[41]。

また、これと類似した方向性を示す見解として、企業集団における内部統制システムによる子会社の管理を第一次的なものと考え、それを補完するものとして、多重代表訴訟制度を位置づける見解がある[42]。すなわち、内部統制システムによる管理では問題が発生すると思われる場合に範囲を限定して[43]、多重代表訴訟制度の導入を検討するべきであるとの見解である。他方、多重代表訴訟の対象とならない子会社の管理については、内部統制システムと親会社取締役の義務・責任を拡充（強化）し、

---

[40] 川濱昇＝中東正文「〔ワークショップ〕株式交換」私法 61 号（1999 年）159 頁、山田泰弘＝中東正文「〔ワークショップ〕代表訴訟制度の課題」私法 65 号（2003 年）151 頁参照。

[41] 松井・前掲注 36）ビジネス法務 30 頁。加藤・前掲注 37）38 頁も参照。

[42] 加藤・前掲注 37）38 頁。高橋均『株主代表訴訟の理論と制度改正の課題』（同文舘出版、2008 年）347 頁も、「会社法で規定された企業集団としての内部統制システムの構築・運用を通じた評価を優先した上で、なお完全子会社の不祥事が増大するようであれば、その時点において、改めて多重株主代表訴訟制度の立法化について検討を行うべき」であるとする。

なお、前述したように、株主代表訴訟制度研究会においては、多重代表訴訟制度を導入すべきという意見が支配的ではあったものの、具体的な制度内容については意見が一致しなかったことから、多重代表訴訟制度についての具体的な提言は見送られた。その代わりに、「当面の実際的な改善案」として「多重代表訴訟に代わり、株主の権利保護の機能をある程度果たしうる手段として、取締役の企業結合関係における内部統制システム構築義務と開示の充実を図ること」が提言された（株主代表訴訟制度研究会・前掲注 15）12 頁以下）。

[43] 具体的には、①完全親会社と完全子会社の取締役などを兼任する者の責任、および②一定の規模条件を満たす完全子会社の取締役などの責任に限り、親会社による監督や提訴は期待できないとして、多重代表訴訟を認めるべきであるとする（加藤・前掲注 37）39 頁。②の定義については純利益などの経営指標を基準とすることを提案している）。

第2節　多重代表訴訟制度に関するこれまでの議論

親会社取締役会は、事業部門に対する監視・監督と同程度に、子会社取締役の行為を監視・監督する義務を負うと述べる[44]。この見解も、親会社取締役の義務・責任を第一次的な問題とする点において、前段落の見解と同列に扱うことができる。すなわち、この見解は、親会社取締役による子会社管理のうち、内部統制システムによる管理を重視するものであると整理することができよう。

　内部統制システムの構築を含め、親会社取締役による子会社管理を多重代表訴訟制度による規律づけの代替手段として位置づけるという発想は、平成26年の会社法改正に関する審議過程においても見られた。このことは、「会社法制の見直しに関する中間試案」[45]にも表れている。中間試案においては、多重代表訴訟制度を創設するA案と創設しないB案が併記されていたが、B案には、親会社取締役が親会社に対して負う子会社管理義務の実効性を高めるための諸提案が、注として付記されていた[46]。

　このような立場に対して、多重代表訴訟制度の導入に積極的な見解からは、親会社取締役の責任を追及することは困難であること[47]、および子会社に対する損害賠償の支払による処理の方が適切であることが[48]、反論として主張されてきた。

　多重代表訴訟制度の必要性やその導入範囲を検討するにあたっては、

44　加藤・前掲注37）39-40頁（41頁も参照）。
45　法制審議会会社法制部会「会社法制の見直しに関する中間試案」（以下、「中間試案」という）商事法務1952号（2011年）4頁以下。
46　前掲注45）中間試案11-12頁。法務省民事局参事官室「会社法制の見直しに関する中間試案の補足説明」商事法務1952号（2011年）41-42頁も参照。
47　その理由としては、親会社取締役には子会社管理につき広い裁量が認められること、および損害や因果関係の立証が困難であることが、挙げられている（畠田・前掲注7）19頁、山田・前掲注25）254頁、株主代表訴訟制度研究会・前掲注15）9-10頁、前田・前掲注38）39頁等）。
48　春田・前掲注5）法律のひろば77頁以下、同・前掲注5）重層代表訴訟208頁、周・前掲注5）291-292頁、畠田・前掲注7）19頁、南隅・前掲注13）128頁等参照。

これらの反論も踏まえ、親会社取締役の子会社管理責任を追及することの実効性や適切性について、分析する必要がある。また、その上で、親会社取締役の子会社管理責任の追及と多重代表訴訟との関係（役割分担のあり方）についても、考察する必要があろう。

二 通常の代表訴訟制度との不整合

第2の問題として、多重代表訴訟制度は、現行法の定める通常の代表訴訟制度と整合的でないと指摘されている。具体的には、「被告の範囲」および「提訴懈怠の可能性」の2点についての指摘である。以下、それぞれの指摘について考察する。

1 被告の範囲

1点目の指摘は、「もし親子会社が単一の会社であるとすれば、子会社取締役は親会社の従業員に相当するのであって、代表訴訟の対象には本来ならないはずである」というものである[49]。このような状況において親会社株主による子会社取締役の責任追及を許容することは、縮減された株主権の復元を超えることになるとも、指摘されている[50]。

これに対しては、以下のように、多くの反論がある。

まず、多重代表訴訟制度の導入論と反対論とで想定している状況が異なるのではないかとの指摘がある。すなわち、反対論は、①親会社が自社の事業部門を会社分割等によって分社化した場合などを想定しているが、導入論は、②金融持株会社のように、株式交換等によって持株会社が創設されたものの、子会社が事業の中核であり続け、持株会社自体は

---

[49] 舩津・前掲注36) 420-421頁参照。松井・前掲注36) ビジネス法務30頁は、「そもそも、完全子会社の代表取締役などは、事業部制を採っている会社の部長と実質的に大差がない。これを株主代表訴訟の対象にするということは、実質的に使用人（従業員）を株主代表訴訟の対象にしていると評価できるのであり、これはその者が負っている義務や責任に比して過大な追及方法を与えることにもなりかねない」と述べる。

[50] 加藤貴仁「企業グループのコーポレート・ガバナンスにおける多重代表訴訟の意義〔上〕」商事法務1926号（2011年）6頁。

「かすがい」のような役割を果たしているにすぎない場合を想定しているという指摘である[51]。この指摘は、②の場合において、単なる「かすがい」にすぎない親会社に焦点を当てた見方をすべきでないとの主張を含意しているものと思われる。

さらに、①の場合（事業部門を分社化した場合）についても、次のような反論がある。すなわち、単一の会社の事業部門制の下では、その部門に対応する取締役が少なくとも1人はおり、その者が株主に対して責任を直接追及される立場にある。これに対し、事業部門を分社化すると、当該部門を直接統括し株主からの責任追及にさらされる人物が全くいないシステムを作り出すことができ、ガバナンスが緩くなりすぎる[52]。これが多重代表訴訟制度の導入の根拠であるとすると、子会社取締役は親会社から見れば実質従業員であるというロジックの強調には、問題がある[53]。論者は、実質的に親会社の従業員であることを理由に被告から外すということが理屈として成り立つのか、疑問であると述べる[54]。

ほかにも、理論面からの反論として、親会社従業員と子会社取締役の法的地位は質的に異なるのではないかと指摘されている[55]。すなわち、親会社の部長等は、親会社の業務執行者の指揮命令を受けて職務を行うにすぎないが、子会社取締役は、自ら子会社の業務執行の決定または執

---

51 法制審議会会社法制部会第6回会議議事録20頁〔野村修也幹事発言〕。
52 法制審議会会社法制部会第11回会議議事録14頁〔藤田友敬幹事発言〕、唐津ほか・前掲注38）131頁〔藤田友敬発言〕。もっとも、単一の会社の事業部門制の下でも、執行役員制度の採用により、その部門に対応する取締役を置かないシステムを作り出すことができる。しかし、そうであるからといって、そのようなシステムが当然に正当化されるわけではなく、後述するように、単一の会社における執行役員制度の方にも問題があると考えるべきである。
53 法制審議会会社法制部会第11回会議議事録14頁〔藤田友敬幹事発言〕。
54 唐津ほか・前掲注38）136-137頁〔藤田友敬発言〕。
55 前田・前掲注38）39頁（法制審議会会社法制部会第6回会議議事録23頁〔神作裕之幹事発言〕も参照）。また、実質従業員にすぎないという要素は、責任発生のレベルでは考慮要素になりうるとしても、発生した責任を追及する場面においては考慮すべきか疑問であるとも述べられている（前田・同40頁）。

行に関わる[56]。確かに、子会社取締役は、親会社による指図や監督を事実上受ける点では従業員に類似するが、それに従うことを法的に義務づけられているわけではない[57]。このことは、従業員が使用者の指揮命令に従うことを法的に義務づけられていることと、質的に異なるといえる。

次に、実態面からの反論もある。すなわち、わが国においては、使用人兼務取締役、業務執行取締役、および執行役員が多数存在し、従業員と取締役の区分は企業ごとに千差万別である[58]。このような状況の下では、「子会社取締役は親会社の従業員にすぎないから、代表訴訟の対象とされるべきでない」という主張自体にあまり説得力がないと指摘されている[59]。

そもそも、執行役員[60]など重大な権限を有する者であっても、その者が使用人であれば代表訴訟を一切提起しえないのは問題ではないかとい

56 　前田・前掲注38) 39頁。

57 　加藤・前掲注50) 7頁、法制審議会会社法制部会第20回会議議事録24頁〔齊藤真紀幹事発言、岩原紳作部会長発言〕参照。

58 　唐津ほか・前掲注38) 136頁〔唐津恵一発言〕参照。わが国における役員と従業員の連続性について比較的詳細に論じるものとして、柳・前掲注25) 1138-1140頁も参照。

59 　唐津ほか・前掲注38) 136頁〔唐津恵一発言〕。また、これまでも使用人兼務取締役が実質的には従業員としての責任を代表訴訟で追及されることがあったとの指摘がある（法制審議会会社法制部会第11回会議議事録12頁〔上村達男委員発言〕。森本滋「株主代表訴訟における『取締役の責任を追及する訴え』」商事法務1932号（2011年）8頁も参照）。現に、論者の指摘する判決は、「〔平成17年改正前〕商法266条1項5号にいう『行為』は、それが法令又は定款に違反する行為であることからしても、取締役の固有の権限に基づく行為に限られるものではなく、取締役の地位にある者が会社の業務に関してした行為であれば足りる」との一般論を述べている（東京地判平成6年12月22日判例時報1518号3頁〔ハザマ組株主代表訴訟事件判決〕）。

60 　上場会社に対するアンケート調査の結果によれば、監査役会設置会社の7割近くが執行役員制度を採用している。執行役員制度を採用している会社は、資本金規模の大きな会社ほど多くなる傾向にあり、資本金500億円超の会社では約8割が執行役員制度を採用している（商事法務研究会編『株主総会白書2013年版』商事法務2016号（2013年）110頁）。

第 2 節　多重代表訴訟制度に関するこれまでの議論

うことが、従来から少なからず指摘されてきた[61]。すなわち、会社の意思決定や業務執行において重大な権限を有する者が取締役ではなく執行役員とされることにより、代表訴訟提起権に関しては、単一の会社においても「株主権の縮減」の問題が生じているといえる。「役員であれば提訴懈怠の可能性があるが、従業員であれば提訴懈怠の可能性はない」と一律にはいえず[62]、現行法が役員等の間においてのみ類型的な提訴懈怠の可能性を想定していることは、いわば「割り切り」であるとされる[63]。つまり、従業員が代表訴訟の被告とならないことは、決して自明であるとはいえない[64]。したがって、「被告の範囲」に関する代表訴訟と多重代表訴訟との整合性の問題は、究極的には、代表訴訟制度一般にお

---

[61] 畠田公明「執行役員の法的地位と責任」商事法務 1505 号（1998 年）59 頁、岩原紳作ほか「〔座談会〕経営環境の変化と企業の取締役会改革」商事法務 1505 号（1998 年）42-43 頁〔岩原紳作発言〕、岩原紳作「取締役会の改革と執行役員制度の諸問題」取締役の法務 59 号（1999 年）27 頁、阿部一正ほか『条解・会社法の研究 11　取締役(6)』別冊商事法務 248 号（2002 年）3-4 頁〔森本滋発言〕、近藤光男「最近の株主代表訴訟をめぐる動向〔下〕」商事法務 1929 号（2012 年）49 頁、柳・前掲注 25) 1140 頁・1148-1149 頁等。株主代表訴訟制度研究会・前掲注 15) 12 頁注 30 も参照。

　執行役員について、代表訴訟の対象とすべきであると明示的に主張するものとして、近藤光男ほか「執行役員制度に関する法的検討〔下〕」商事法務 1543 号（1999 年）24 頁、山田・前掲注 25) 57-58 頁がある。

[62] 唐津ほか・前掲注 38) 137 頁〔藤田友敬発言〕。

[63] 法制審議会会社法制部会第 11 回会議議事録 14 頁〔藤田友敬幹事発言〕。

[64] アメリカでは、代表訴訟の被告の範囲には一切の限定がなく、第三者に対する請求権も代表訴訟の対象となる。See e.g., WILLIAM T. ALLEN, REINIER KRAAKMAN, & GUHAN SUBRAMANIAN, COMMENTARIES AND CASE ON THE LAW OF BUSINESS ORGANIZATION 367 (4th ed. 2012). したがって、アメリカでは、全ての従業員が代表訴訟の対象となる（その代わり、提訴請求手続等を通じて、提訴の適否を個別的に判断する仕組みになっている。詳しくは、第 2 章第 3 節第 1 款一を参照）。

　さらに付言すれば、わが国でも、住民訴訟においては、地方公共団体の「職員」に対する損害賠償請求等も制度の対象に含まれている（地方自治法 242 条の 2 第 1 項 4 号）。

ける「被告の範囲」のあり方にまで遡って、検討する必要がある[65]。

2　提訴懈怠の可能性

2点目の指摘は、「子会社取締役の責任については、通常の代表訴訟の場合と同程度の提訴懈怠の可能性が存在するわけではない」というものである。その内容は次のとおりである。現行法において、通常の代表訴訟は、同僚意識等の人的関係から提訴懈怠の類型的な可能性が生ずることを前提としている[66]。しかし、親会社取締役と子会社取締役等との間には、後者に対する責任追及を懈怠させる人的関係が、常に存在するとは限らない[67]。単一の会社の取締役と同程度に責任追及が懈怠される可能性があると当然にいえるのは、親会社と子会社の取締役を兼任する者に限られる[68]。

従来、多重代表訴訟制度の導入を主張する見解の多くは、ほとんど理由を説明することなく、親会社取締役による子会社取締役の責任追及は期待できないと述べてきた[69]。この点において、従来の導入論は、確かに理由づけが不十分であったといわざるをえない。そして、親会社取締

---

[65] 法制審議会会社法制部会第6回会議議事録23頁〔神作裕之幹事発言〕も、「そもそもなぜ株主代表訴訟の被告を取締役等に限らなければならないのかという根本のところも、本来はやはり議論されるべきで、なぜ親会社の部長だと代表訴訟を提起できないのかという点自体が、本当はそもそも問題となり得る」と述べる。さらに、同29頁〔田中亘幹事発言〕も、「根本的には、代表訴訟制度の被告を誰にすべきか、提訴懈怠可能性ということで網をかけるにふさわしいのは誰かというところが、重要な論点になるのではないか」と述べる。

[66] 上柳克郎=鴻常夫=竹内昭夫編集代表『新版注釈会社法(6)』(有斐閣、1987年) 358頁〔北沢正啓〕、神田秀樹「株主代表訴訟に関する理論的側面」ジュリスト1038号 (1994年) 66頁、龍田節『会社法大要』(有斐閣、2007年) 163頁、伊藤靖史ほか『会社法〔第2版〕』(有斐閣、2011年) 228頁〔伊藤靖史〕等。最判平成21年3月10日民集63巻3号361頁も、「役員相互間の特殊な関係から会社による取締役の責任追及が行われないおそれがある」と述べる。

[67] 加藤・前掲注50) 5頁。

[68] 加藤・前掲注37) 39頁。唐津ほか・前掲注38) 137頁〔藤田友敬発言〕も参照。

[69] 森本・前掲注7) 3048頁、黒沼・前掲注7) 74頁等参照。

役と子会社取締役との間に同僚意識等の人的関係が存在しない場合がありうることは、否定できないように思われる[70]。

しかし、提訴懈怠の可能性を、「同僚意識等の人的関係」のみによって統一的に説明する必要はない。実際に、現行法の下においても、代表訴訟制度の基礎にある提訴懈怠の可能性は、同僚意識等の人的関係に基づくものに限られていない。利益供与を受けた者（会社法120条3項）や通謀引受人等（同212条1項、285条1項）に対する代表訴訟が、その例である。これらの者への責任追及は、利益供与等に関与した取締役らの責任につながりうることから、提訴が懈怠される可能性が高いため、代表訴訟の対象とされていると考えられる[71]。同様の観点から、子会社取締役の不正行為について、親会社取締役は任命や監督に関する非難を受けることがありえ、利益供与を受けた者等への責任追及の場合と同類型の提訴懈怠の可能性があるという指摘もある[72]。

このように、同僚意識等の人的関係が存在しないからといって、提訴懈怠の類型的可能性が存在しないということには、直ちにならない。ここでも、究極的には、わが国における代表訴訟制度一般において想定す

70　もっとも、稲葉威雄「企業結合法制をめぐる諸問題〔中〕——持株会社・企業再編・グループ経営の進展に伴う企業統治を中心とした検討」監査役500号（2005年）46頁は、「親会社の取締役も子会社の取締役も、経営者仲間であり、馴合いが起こり易いことは、同一会社の取締役同士の場合と本質的な差はない」と論じる。なお、北村ほか・前掲注38）17頁〔北村雅史発言〕も、「これは価値観の違いかもしれませんが、監査役と取締役の関係と同じように、親会社役員と子会社役員の間でもやはり提訴懈怠の可能性が類型的に認められると理解するのも、それほどおかしくないと思います」と述べる。

71　前田・前掲注38）39頁参照。なお、利益供与を受けた者の責任が代表訴訟の対象とされている理由に関しては、「自ら違法な利益供与をした会社がそれを取り戻すということは、普通は考えられない」という説明もある（竹内昭夫『改正会社法解説〔新版〕』（有斐閣、1983年）252頁）。

72　前田・前掲注38）39頁。西尾幸夫「子会社運営に関する親会社株主の権限」ジュリスト1140号（1998年）14頁も、「通常は、親会社取締役による子会社取締役の責任追及は逆に自己の責任にも及んでくる可能性も高く、子会社の少数株主が代表訴訟を提起することがない限り、責任が追及されないことになる」と述べる。株主代表訴訟制度研究会・前掲注15）6頁も参照。

べき「提訴懈怠の可能性」の内容について、再検討する必要がある[73]。このような「提訴懈怠の可能性」に関する議論は、前述の「被告の範囲」に関する議論の前提となるものであり、両者は併せて検討されるべきである。

三 通常の代表訴訟制度に内在する問題の増幅——濫用的な訴訟の増加のおそれ

第3の問題は、現行の代表訴訟制度に内在する問題が多重代表訴訟制度の導入によって増幅されるというものである。具体的には、濫用的な訴訟の増加が懸念されている[74]。すなわち、次のような指摘で

---

[73] 法制審議会会社法制部会第6回会議議事録28-29頁〔田中亘幹事発言〕参照。

[74] 関連する批判として、子会社取締役の責任追及は、人事の一環として親会社取締役の経営判断に委ねられるべきであるが、多重代表訴訟を認めることは、そのような人事への不当な干渉になると主張されている（松井・前掲注36）MARR44-45頁、大杉・前掲注37) 7頁参照）。もっとも、単一の会社においても、不正を犯した取締役の責任を追及するか否かは、人事的要素を多分に含む問題である（取締役と従業員との間に連続性のあるわが国においては、特にそういえる）。よって、上記批判は、人事上の裁量の制約という代表訴訟制度に内在する問題が、多重代表訴訟制度の導入によって増幅するとの指摘であるといえる。したがって、これも、代表訴訟制度一般の観点から考察すべき問題である（加藤貴仁「グループ企業の規制方法に関する一考察(2)」法学協会雑誌129巻9号（2012年）1925頁も、株主が取締役会の権限に介入するという点では、代表訴訟も多重代表訴訟も同じであると述べる）。

　しかしながら、そもそも、代表訴訟制度は会社内部での責任追及を信頼しないことを前提とした制度であるため、代表訴訟制度を認める以上、その範囲において取締役会の人事上の裁量が制約されることはやむをえない（法制審議会会社法制部会第11回会議議事録13頁〔藤田友敬幹事発言〕も参照）。また、代表訴訟制度は、不正行為が行われたという有事の場合に限って、例外的に役員等に対する責任追及権限を株主にも認める制度であり、平時における人事権までをも奪うわけではない。代表訴訟の数自体も多いとはいえず、大規模な会社において、代表訴訟は、重大な不祥事が発生した場合に提起される傾向にある（福井・前掲注8) 72頁以下参照）。そして、重大な不祥事が発生した場合には、役員等が刑事罰等による制裁を受けることも少なくなく、それによっても、制裁に関する取締役会の裁量は実質的に制約される。取締役会は、民事上、刑事

第 2 節　多重代表訴訟制度に関するこれまでの議論

ある[75]。わが国の代表訴訟制度は、欧米と比べて提訴のハードルが低く、「1 人の株主が責任を追及するといえば、他の全ての株主が反対であっても最後まで訴訟ができるという制度」になっている。つまり、わが国では、提訴段階において、株主共同の長期的利益の観点から提訴が適切であるか否かを検討することができない[76]。このような現行の代表訴訟制度に内在する問題が、多重代表訴訟制度の導入によって増幅するおそれがある。換言すれば、通常の代表訴訟すら株主のためにならない「悪い訴訟」が少なくないのに、多重代表訴訟制度の導入により、ますます

上または行政上の制裁が科された後に、それを反映して人事上の処分を修正・変更することもできる。以上の理由から、取締役会の人事上の裁量を理由に、代表訴訟制度・多重代表訴訟制度を制約することは、説得力に欠けるように思われる。ただし、既に「十分な」人事上の制裁が加えられた後に代表訴訟が提起された場合には、当該訴訟を不必要な訴訟（一種の濫用的な訴訟）として却下することは考えられる（加藤貴仁「企業結合法制と銀行規制の関係について」金融法務研究会『金融規制の観点からみた銀行グループをめぐる法的課題』（金融法務研究会事務局、2013 年）10 頁注 32）。この意味で、人事上の制裁は、濫用的な訴訟への対応策の中で、考慮されるべきものであろう。

[75] 法制審議会会社法制部会第 11 回会議議事録 11 頁〔中東正文幹事発言〕、同 14-15 頁〔藤田友敬幹事発言〕、落合誠一「『会社法制の見直しに関する中間試案』の基本的論点」商事法務 1965 号（2012 年）33 頁参照。

[76] 藤田友敬「株主代表訴訟の現代的展開」川嶋四郎＝中東正文編『会社事件手続法の現代的展開』（日本評論社、2013 年）44 頁は、「原告株主の判断と会社（株主全体）の利益との乖離の問題について、アメリカ法が、裁判所による事案毎の個別判断により柔軟に対処するのに対して、日本法は、株主代表訴訟の適用範囲の形式的・画一的な限定により事前に対処し、その要件が満たされる限り、もはや株主全体の利益になるか否かを個別的に問うことはしないわけである」と述べる。

　もっとも、アメリカでも、基本的に、「当該訴訟が会社（株主全体）の利益になるか否か」が裁判所によって直接審査されるわけではないことには、注意を要する。直接的には、取締役会の利害関係や独立性の有無等が審査されるにとどまる。*See* Reinier Kraakman, Hyun Park, & Steven Shavell, *When Are Shareholder Suits in Shareholder Interests?*, 82 GEO. L.J. 1733, 1753 (1994). アメリカの代表訴訟制度において裁判所が果たす役割については、第 2 章第 3 節第 1 款一を参照。

そのような「悪い訴訟」が増えてしまうという警戒感が抱かれている[77]。

この問題は、多重代表訴訟制度限りで対処すべきものではなく、代表訴訟制度一般の問題として対処すべきものである[78]。よって、多重代表訴訟制度のあり方を論じる本書において検討する必要性が必ずしもあるわけではない。しかし、濫訴に対する懸念は相当に強く、多重代表訴訟制度に反対する意見の多くは、多重代表訴訟制度に固有の問題ではなく、代表訴訟制度一般において濫訴を防止する仕組みが十分でないことを理由とするものであったといわれる[79]。したがって、濫訴の懸念について正面から検討しなければ、多くの者を納得させる議論をすることはできないであろう。そこで、本書では、代表訴訟制度一般のレベルにおける検討として、濫用的な訴訟の問題についても検討を試みる。

四 まとめ

以上、多重代表訴訟制度に消極的な見解が挙げる、同制度の3つの問題（①親会社取締役の子会社管理責任の追及という多重代表訴訟に代わる対処法の存在、②被告の範囲および提訴懈怠の可能性に関する通常の代表訴訟

---

[77] 藤田・前掲注76) 55-56頁。
[78] 唐津ほか・前掲注38) 134頁・141頁〔藤田友敬発言〕、前田・前掲注38) 44頁。
[79] 岩原紳作＝中西敏和「〔対談〕会社法制の見直しへ向けた課題と展望――中間試案取りまとめを振り返って」商事法務1956号（2012年）14頁〔岩原紳作発言〕、前田・前掲注38) 44頁、唐津ほか・前掲注38) 132頁〔藤田友敬発言〕、白井正和「会社法制の見直しが検討されている事項の背景にあるもの」金融法務事情1945号（2012年）9-10頁等を参照。

例えば、松井秀征「親会社の子会社に対する責任」商事法務1950号（2011年）11頁は、わが国の濫訴防止措置が諸外国と比べて不十分であることを問題視して、「そもそも今般の会社法制の見直しでも、多重代表訴訟の問題を検討するよりも、あるいは子会社少数株主の親会社に対する代表訴訟の可能性を検討するよりも、本当は現在の会社法847条における濫用防止措置のあり方について検証するところから出発すべきように思われる」と述べる（同「ドイツにおける株式会社法制の運用実態とわが国への示唆〔上〕」商事法務1941号（2011年）30頁も同旨）。

第 2 節　多重代表訴訟制度に関するこれまでの議論

制度との不整合、③濫訴対策の不十分さという通常の代表訴訟制度に内在する問題の増幅）について考察した。

　後二者の問題は、通常の代表訴訟制度のあり方にも密接に関係するため、多重代表訴訟制度の固有の問題ではなく、代表訴訟制度一般の問題として考察する必要がある。このように、多重代表訴訟制度をめぐる問題の多くは、代表訴訟制度一般のあり方に関する問題に根ざしている。これらの問題を検討するにあたっては、コーポレート・ガバナンスにおいて代表訴訟制度が果たすべき役割や機能にまで遡って、検討することが必要となろう[80]。

　平成 26 年改正会社法によって、多重代表訴訟制度は、かなり限定された形で創設された。すなわち、①完全親子会社関係の要件、②子会社の規模の限定、③少数株主権化などにより、多重代表訴訟の提起が認められる範囲は、狭く限定されている。改正法は、代表訴訟制度一般に通じる問題については現状を維持したまま、それとなるべく整合的な形で多重代表訴訟制度を創設したものといえる[81]。このように、平成 26 年の会社法改正に際しては、代表訴訟制度一般にまで及ぶ制度改革は行われなかったため、代表訴訟制度一般において検討すべき上記の諸問題は、今後の課題として残されている[82]。

　また、第 1 点目の問題、すなわち多重代表訴訟以外の対処法の存在も、

---

[80] 神作・前掲注 35）59 頁も、「多重代表訴訟をめぐる議論から明らかなことは、縮減している権利を復元するという単純な話ではなく、株主代表訴訟制度が、どのような理由から認められているか、その制度趣旨に遡って、結合企業関係に即して検討していく必要がある」と指摘する。

[81] ただし、提訴権が少数株主権とされた点は、一般の代表訴訟制度にはない独自の制限である。これは、導入賛成派と反対派の妥協の結果であるともいわれており（序章の注 8）を参照）、その正当性には疑問がある。

[82] 藤田・前掲注 76）57 頁参照。加藤貴仁「株主代表訴訟は『銀の弾丸』か？——現在における存在意義を問い直す」ビジネス法務 14 巻 5 号（2014 年）140 頁は、「多重代表訴訟の導入の是非を巡る議論は、株主代表訴訟がわが国のコーポレート・ガバナンスにおいて果たすべき役割を再検討する契機として生かされるべき」であると述べる。

重要な検討事項である。多重代表訴訟によらなくても、親会社取締役の義務と責任の拡充によって適切に対処することが可能であるならば、多重代表訴訟制度を導入する必要性は乏しいといえる。仮に導入するとしても、限定した範囲で導入することが合理的となるであろう。問題は、「親会社取締役の責任追及による対処で十分であるといえるか」および「多重代表訴訟と比べて適切であるといえるか」である。つまり、親会社取締役の子会社管理責任の追及による対処の実効性と適切性についても、検討する必要がある。

平成26年の会社法改正に際しての議論においては、明文化は見送られたものの、親会社取締役が親会社に対して子会社を管理する義務を負うことが、確認されている[83]。もっとも、親会社取締役の子会社管理責任と多重代表訴訟制度との関係は、不明確である[84]。一般に、親会社株主は両方の手段を行使することができると考えられているように思われるが、調整の必要はないのであろうか。この点も、検討する必要がある。

以上のように、多重代表訴訟制度の必要性、および必要と考える場合の具体的制度設計を検討するためには、代表訴訟制度一般における諸問題、および親会社取締役の子会社管理責任に関する諸問題について、先に検討しておく必要がある。

---

[83] 岩原・前掲注20）8頁。それを反映して、平成26年改正会社法により、企業集団における内部統制システムの整備に関する規定が、省令レベルから法律レベルへと格上げされた（会社法348条3項4号、362条4項6号、399条の13第1項1号ハ、416条1項1号ホ参照）。

[84] 岩原＝中西・前掲注79）14頁〔岩原紳作発言〕は、両者は二者択一的なものではなく、両方存在してもよいものであるが、これまで事実上一種のトレードオフとして考えられてきたと述べる（舩津・前掲注36）402-403頁も参照）。北村ほか・前掲注38）18頁〔加藤貴仁発言〕は、「親会社の取締役の責任追及という手段と多重代表訴訟という手段は決して排他的なものではなくて、おそらく何か望ましいミックスのかたちがある、そのミックスのいわばその役割分担をどこにみつけるかということが、今後の課題ではないか」と述べる。

第3節　わが国における課題

　本章では、第1節において、多重代表訴訟制度の創設に至るまでの制度の変遷と議論の経緯を確認し、第2節において、多重代表訴訟制度に関するこれまでの学説上の議論を整理・分析した。以上のように見てきたわが国における議論の現状からは、大きく次の3つの課題を導くことができる。

　第1に、代表訴訟制度一般のレベルにおいて検討すべき諸問題がある。具体的には、濫用的な訴訟への対処および被告の範囲等について、代表訴訟一般の問題として検討する必要がある。また、当該検討の前提として、さらには多重代表訴訟制度の意義を考察する前提として、代表訴訟制度の意義自体についても、再確認しなければならない。

　第2に、親会社取締役の子会社管理責任を追及することの実効性と適切性を検討する必要がある。その上で、親会社取締役の子会社管理責任と多重代表訴訟制度との関係（役割分担のあり方）についても、考察しなければならない。両者は論理的に排他的なものではないとしても、制度の重複により非効率な状態が生じる可能性もある。とりわけ、親会社取締役の責任と子会社取締役の責任の両方が追及されることはありうるのか、その場合の帰結は合理的であるのかが問題となる。一方が他方よりも望ましい手段であるならば、望ましい方の手段を中心とした制度設計を目指すべきであるとも考えられる。

　第3に、以上2つの課題の検討結果を前提として、わが国における多重代表訴訟制度の必要性、および望ましい制度設計のあり方について、今一度検討する必要がある。これまで、多重代表訴訟制度の導入に積極的な見解も、具体的な制度設計については意見が様々であり、望ましい多重代表訴訟制度の内容について、統一的な見解は形成されてこなかった。そもそも、多重代表訴訟を解釈により承認するのか、立法により導

第1章　わが国の現状と課題

入するのかといった根本レベルでの相違もあり、議論は錯綜していた。しかし、平成26年の会社法改正によって、多重代表訴訟制度が創設されたことにより、議論のための土台ができたといえる。今後は創設された制度をベースとして、どのように当該制度を運用・改良していくべきかを議論するのが、生産的であろう[85]。

本書では、これら3つの課題を検討するにあたり、比較法的考察によって、検討の手がかりを得ることを試みる。比較法的考察の対象は、アメリカ法である。その理由は、多重代表訴訟が制度として明確に存在し、活発に利用されているのは、筆者の知る限りアメリカにおいてのみだからである[86]。なお、このことは、多重代表訴訟制度の奇異性を直ちに示すものではない。多重代表訴訟は、代表訴訟がある程度活用されて

---

[85] もちろん、わが国において多重代表訴訟制度が望ましくない制度であることが明らかになれば、制度自体を廃止すべきである。

[86] 多重代表訴訟制度を含め、親会社株主保護のための諸制度について、米英独仏4か国の状況を考察する研究として、加藤貴仁「グループ企業の規制方法に関する一考察(1)」法学協会雑誌129巻8号（2012年）1663頁がある。

なお、オーストラリアやカナダ等、コモンウェルス諸国の中には、制定法の文言上、多重代表訴訟を許容している国が、少なからず存在する。*See e.g.*, Australia Corporations Act 2001 s. 236 (1)(a); New Zealand Companies Act 1993 s. 165 (1)(a); Canada Business Corporations Act 1985 s. 239 (1). また、近時、イギリスと同じ法体系に属する香港においても、多重代表訴訟が最上級審判決において承認されている（*See* Waddington Ltd. v. Chan Chun Hoo & Ors [2009] 4 HKC 381; (2008) 11 HKCFAR 370. 加藤・同1717頁注124および対応する本文も参照）。同判決を受けて、香港では、上記コモンウェルス諸国と同様に、制定法の文言が多重代表訴訟を許容するものに改正された。*See* Hong Kong Companies Ordinance 2014 s. 732; *see also* Re Li Chung Shing Tong (Holdings) Ltd. [2011] 5 HKC 531.

さらに、近時、韓国においても、多重代表訴訟制度の創設を含む立法提案が、法務部（日本の法務省に相当する）によって再びなされているようである（韓国では2006年にも多重代表訴訟制度の創設が提案されていたが、経済界の反対により、最終的には実現しなかった。洪済植「韓国における多重代表訴訟制度」藤田勝利先生古稀記念論文集『グローバル化の中の会社法改正』（法律文化社、2014年）435頁以下参照）。

第 3 節　わが国における課題

いる場合に初めて活用されるものである[87]。そして、代表訴訟が実際に広く活用されているのは、欧米諸国の中では、アメリカのみであるといわれている[88]。したがって、アメリカにおいてのみ多重代表訴訟制度が発達しているのは、理由のないことではない。

　アメリカの多重代表訴訟制度には、100 年以上にも及ぶ長い歴史がある。多重代表訴訟制度が誕生・発展してきた経緯、多重代表訴訟制度を基礎づける理論的・政策的根拠、および多重代表訴訟の制度設計のあり方について、アメリカ法の状況を考察することは、前記第 3 の課題への示唆を得るために有用であると考えられる。また、アメリカにおける親会社取締役の子会社管理責任のあり方、およびそれと多重代表訴訟制度との関係を考察することは、前記第 2 の課題を検討するための手がかりになろう。さらに、アメリカにおける代表訴訟制度の意義や実態は、歴史とともに変容しており、各時代の状況とその要因を分析することによって得られる示唆は、少なくないと考えられる。こうした示唆は、前記第 1 の課題の検討に際して役立つであろう。以上の理由から、前記 3 つの課題を検討するにあたっての手がかりを得るために、アメリカ法の状況を考察しておくことは有意義である。そこで、本書では、第 2 章においてアメリカ法の考察を行い、それにより得られた知見を参考としながら、第 3 章においてわが国における前記 3 つの課題の検討を行う。

---

[87] 北村ほか・前掲注38) 13-14 頁〔加藤貴仁発言〕、加藤・前掲注74) 1924 頁参照。

[88] *See* Martin Gelter, *Why Do Shareholder Derivative Suits Remain Rare in Continental Europe?*, 37 BROOK. J. INT'L L. 843, 844-849（2012）（代表訴訟制度が実際に活用されるには、そのための諸条件が全て満たされる必要があるが、現在のところ、それらの諸条件の全てが満たされているのは、アメリカと日本のみであろう。ヨーロッパ各国では、それらの諸条件のいずれかが満たされていない）。

　また、中国、韓国、シンガポール、および台湾においても、代表訴訟制度が存在するものの、提訴権が少数株主権であることや、原告の各種費用の負担が大きいこと等が要因となって、実際に利用されることは少ないようである（財団法人国際民商事法センター監修・株主代表訴訟研究会編集『アジアにおける株主代表訴訟制度の実情と株主保護』（商事法務、2010 年）参照）。

第2章
アメリカ法の考察

　本章では、前章において提示した3つの課題を検討する上での手がかりを得るために、アメリカ法の状況を考察する。具体的には、次のような順序で考察を進める。

　まず、第1節において、アメリカにおける多重代表訴訟制度の内容を分析する。ここでは、歴史的経緯に沿って、制度の変遷過程および判例・学説における議論を詳細に見ていく。

　次に、第2節では、親会社取締役の子会社管理責任の追及に関するアメリカの判例および学説上の議論を分析する。ここでは、親会社取締役の子会社管理責任と多重代表訴訟制度との関係にも、焦点を当てる。

　最後に、第3節では、アメリカにおける代表訴訟制度一般の意義や実態について、前章において提示した第1の課題（代表訴訟制度一般のレベルにおいて検討すべき諸問題）の検討に必要な範囲において、考察を行う。

第2章 アメリカ法の考察

第1節　アメリカにおける多重代表訴訟制度

　アメリカにおける代表訴訟制度[1]を考察する上では、デラウェア州法の考察が最も重要になる。なぜなら、代表訴訟制度は会社の設立地の州法によって規律される部分が大きく、アメリカの上場会社の6割近くがデラウェア州を設立州としているからである[2]。もっとも、多重代表訴訟制度に関しては、デラウェア州法における発展は比較的遅く、デラウェア州最高裁判所が多重代表訴訟を初めて認めたのは、1988年のことである。1980年代後半までの間、多重代表訴訟の法理は、他の州の裁判所や連邦裁判所において発展し、確立されてきた。そして、デラウェア州でも、他の法域（jurisdiction）において確立していた法理を継承する形で、多重代表訴訟が承認され、発展していった。それゆえ、アメリカの多重代表訴訟制度を理解する上では、デラウェア州以外の法域における判例も、非常に重要となる。
　本節では、アメリカにおける多重代表訴訟制度の発展の流れを、歴史的経緯に沿って分析する[3]。その概要は、以下のとおりである。

<small>1　わが国の株主代表訴訟に相当する訴訟は、アメリカでは"derivative suit"と称されている（二重代表訴訟・三重代表訴訟・多重代表訴訟は、それぞれ"double derivative suit"・"triple derivative suit"・"multiple derivative suit"と称されている）。"derivative suit"の訳語としては、直訳的に「派生訴訟」という訳語が用いられることもある。本書では、アメリカ法の考察においても「代表訴訟」の訳語を用いるが、「派生」の概念も、アメリカの多重代表訴訟を理解する上で重要であるため、必要に応じて使用する。
2　*See* Lucian Arye Bebchuk & Alma Cohen, *Firms' Decisions Where to Incorporate*, 46 J.L. & Econ. 383, 391 tbl. 2（2003）; E. Norman Veasey & Christine T. Di Guglielmo, *What Happened in Delaware Corporate Law and Governance from 1992-2004? A Retro-spective on Some Key Developments*, 153 U. Pa. L. Rev. 1399, 1403（2005）.
3　アメリカの多重代表訴訟制度に関する先行研究としては、主に次のものがあ</small>

第 1 節　アメリカにおける多重代表訴訟制度

　まず、第 1 款では、多重代表訴訟の起源を確認する。多重代表訴訟の起源となったのは、19 世紀後半および 20 世紀初めの 2 つの判例である。第 1 款では、これらの判例を分析し、多重代表訴訟が認められるようになった理由や背景を明らかにする。

　第 2 款では、20 世紀前半から中葉にかけての判例の展開を考察する。この時期は、多重代表訴訟が急増した時期であり、多数の判例が生まれた。二重代表訴訟だけでなく、三重代表訴訟を認める判例も登場した。この時期においては、まだ多重代表訴訟の法理は発展途上であったため、多重代表訴訟を認めるために様々な根拠が判例によって示された。他方、多重代表訴訟を否定する判例も少なからず見られた。第 2 款においては、多重代表訴訟の発展途上段階における種々の判例を分析する。

　第 3 款では、20 世紀後半における多重代表訴訟の伝統的理論の確立について論じる。多重代表訴訟制度に関する学術論文は、この時期に集中しており、同制度を基礎づける理論の確立に大きく貢献した。学説は、総じて、多重代表訴訟は通常の代表訴訟の拡張として当然に認められると論じた。判例においても、前の時代の判例に見られたような特別な根

る。周剣龍『株主代表訴訟制度論』（信山社、1996 年）102 頁以下、春田博「アメリカにおける重層代表訴訟の展開」長濱洋一教授還暦記念『現代英米会社法の諸相』（成文堂、1996 年）191 頁以下、畠田公明「純粋持株会社と株主代表訴訟」ジュリスト 1140 号（1998 年）16 頁以下、柴田和史「二段階代表訴訟」竹内昭夫先生追悼論文集『商事法の展望――新しい企業法を求めて』（商事法務、1998 年）491 頁以下、山田泰弘『株主代表訴訟の法理――生成と展開』（信山社、2000 年）259 頁以下、加藤貴仁「グループ企業の規制方法に関する一考察(1)」法学協会雑誌 129 巻 8 号（2012 年）1674-1679 頁。

　また、主にデラウェア州における多重代表訴訟制度について扱った先行研究として、釜田薫子「アメリカにおける親会社株主保護」森本滋編『企業結合法の総合的研究』（商事法務、2009 年）268-270 頁、小林一郎「デラウエア州判例が示す多重代表訴訟の実像と日本法への導入の限界」商事法務 1943 号（2011 年）37 頁以下、21 世紀政策研究所「多重代表訴訟についての研究報告――米・仏の実地調査を踏まえて」（2012 年）1 頁以下〔山田純子〕（http://www.21ppi.org/pdf/thesis/120120.pdf　平成 26 年 10 月 13 日最終確認）、顧丹丹「組織再編後の株主代表訴訟と二（多）重代表訴訟」法学会雑誌 53 巻 2 号（2013 年）151 頁以下がある。

拠論に基づいて多重代表訴訟を承認するものは、ほとんど見られなくなり、多重代表訴訟は通常の代表訴訟の拡張として当然に認められるという理解が一般的となった。第3款では、多重代表訴訟の伝統的理論が確立していった過程、およびその内容について考察する。

第4款では、デラウェア州における多重代表訴訟制度の展開について論じる。デラウェア州では、1980年代後半以降、他州において確立していた伝統的な理論を継承する形で多重代表訴訟が認められ、定着していった。もっとも、近年、多重代表訴訟に関して、伝統的な理論とは異なる新たな理論が判例において登場しており、注目されている。第4款では、デラウェア州における新たな理論の展開についても、詳しく分析する。

最後に、第5款では、本節の議論を簡単にまとめる。

第1款　多重代表訴訟の起源（19世紀後半～20世紀はじめ）

本款では、アメリカの多重代表訴訟が、どのような状況において、どのような理由に基づいて誕生したのか、その起源である2つの判例に遡って考察する。両判例は、共通点が多く、また判旨も比較的詳細であるため、多重代表訴訟の起源を分析するにあたって有益な素材であるといえる。

一　Ryan判決

アメリカにおいて、多重代表訴訟が最初に認められたのは、19世紀後半のことである。すなわち、1879年のRyan v. Leavenworth, Atchison & Northwestern Railroad Co. 判決[4]において、カンザス州最高裁判所が二重代表訴訟を初めて認めた。以下では、Ryan判決について、詳しく分析する。

4　Ryan v. Leavenworth, Atchison & Northwestern Railroad Co., 21 Kan. 365, 1879 WL 731（1879）.

第1節　アメリカにおける多重代表訴訟制度

【事実の概要】
　S 会社（Missouri River Railroad Co.）は、1864 年に設立された鉄道会社である。1865 年には、L_1 郡（Leavenworth 郡）および L_2 市（Leavenworth 市）が、S 会社株式を 25 万ドル分ずつ引き受けた。その後、S 会社は、Y ら 15 名からなるパートナーシップとの間で鉄道建設請負契約（以下、「本件契約」という）を締結し、同パートナーシップに鉄道建設を請け負わせた。S 会社の社長は同パートナーシップの構成員の 1 人であったが、同パートナーシップの構成員の名前は秘匿されていた。本件契約は、次の 3 つの条件を含んでおり、Y らに有利な内容であった。①S 会社は、Y らに S 会社の 70 万ドル分の株式および 50 万ドル分の社債を発行する。②当該社債を担保するために、S 会社は全ての会社資産に対して、第 1 順位のモーゲージを設定する。③S 会社は、完成後の鉄道を訴外 A 会社（Missouri Pacific Co.）に賃貸する。A 会社の役員および取締役のほとんどは、前記パートナーシップの構成員であった。1866 年 1 月に、①および②の条件が実行された。その後、S 会社の株主総会において、Y らは S 会社の（過半数の）取締役に選任され、S 会社の支配権を取得した。完成後の鉄道は、③の条件に基づき、訴外 A 会社に貸し出された。S 会社は賃料その他から大きな利益を上げたが、その全ては Y らによって掌握され、株主への配当はなされなかった。

　1868 年に、鉄道会社である P 会社（Leavenworth, Atchison & Northwestern Railroad Co.）が設立された。L_1 郡および L_2 市は、保有する S 会社株式を P 会社に譲渡することを計画した。それを察知した Y らは、自らへの調査や責任追及を回避しようとして、P 会社への出資および鉄道建設への協力を申し出た。P 会社の株主であった X（Ryan）らは、Y らの詐欺的な意図に気づかずに、出資を受け入れた。Y らは、P 会社の株式のうち 19 分の 11 を取得し、取締役会の過半数を占め、P 会社を支配した。1868 年 12 月に、L_1 郡および L_2 市は、S 会社株式 25 万ドル分ずつを P 会社に譲渡した。この時、Y らは既に P 会社の支配権を握っていた。

　Y らは、P 会社を自己の利益のために経営してきた。P 会社も完成した鉄道を賃貸し、その収益は Y ら取締役間で分配され、P 会社の株主には何ら配当がなされなかった。

　X らは P 会社に提訴請求をした。これに対して、P 会社は Y らへの責

第 2 章　アメリカ法の考察

任追及を拒否した。この拒否は、Y らの P 会社に対する支配の結果であった。また、P・S 両会社は、X らによる帳簿等の閲覧・謄写請求も拒否した。

X らは、Y らを相手として、二重代表訴訟を提起した。その請求内容は、本件契約および Y らへの 70 万ドル分の S 会社株式発行の無効宣告、社債発行等に関する Y らの S 会社に対する損害賠償、S 会社への財産の返還等である。Y らは、X らの提訴権限等について争った。原審は、X らの提訴権限を否定した[5]。これに対して、X らは控訴した。

【判旨】

まず、裁判所は、本件契約が詐欺により無効であると判示した[6]。そして、原告 X らが本件訴訟を提起することのできる地位にあるか否かについて、以下のように判示した。

P 会社は、L_1 郡および L_2 市から S 会社株式を購入し、それに付随する全ての附帯権利を取得した[7]。P 会社には、取得日以降の全ての配当を受け取る権利、すなわち、分配されていない全ての収益に対する割合的持分がある。追及されるべき問題は、大きな利益が実現してきたにもかかわらず、収益の全てが取締役らによって不当に掌握され、横領されてきたために、S 会社において全く配当がなされてこなかったことである。本件訴訟の目的は、株主への配当を可能にするために、Y らが所持して

5　原審において、原告 X らの提訴権限が否定された理由の 1 つとして、次のような事実があった。すなわち、P 会社が L_1 郡および L_2 市から取得した 50 万ドル分の S 会社株式は、Y によって詐欺的に S 会社の社長および取締役に譲渡され、消却されてしまった。そして、それに代わる新たな S 会社株式 25 万ドル分ずつが、被告ら 2 名（Scott と Newman）に無償で発行された。Id. at *22.
　　カンザス州最高裁判所は、次のように述べて、上記事実を理由に X らの提訴権限は否定されないと判示した。P 会社の保有する S 会社株式は、Y らによって詐欺的に譲渡され、Scott と Newman への S 会社の新株発行も、詐欺的に無償でなされたものである。P 会社は、当該 S 会社株式のエクイティ上の所有者であり、Scott と Newman は、当該 S 会社株式につき受託者としてコモンロー上の権限を有するにすぎない。したがって、P 会社は、実質的に Scott と Newman の名で S 会社株式を所有しているといえる。Ibid.

6　Id. at *18-20.
7　Id. at *22.

いる金銭や財産をS会社に返還させることである[8]。

Yらへの70万ドル分の株式の発行が詐欺により無効であるならば、P会社はS会社の有効な株式のほぼ全てを保有していることになる[9]。P会社は、S会社の利益について持株割合による分配を受ける権利を有する。よって、S会社が提訴を拒否した場合、P会社はその株主としてS会社のために訴訟を提起する権利を有する。両社がYらの支配下にあって提訴請求に対して提訴を拒否する場合、原告XらはP会社の株主として提訴権を有することになる。そして、両社はこの訴訟の必要的当事者（necessary parties）であり、S会社による提訴拒否に相当する提訴の許可（excuse）がXらに与えられた場合で、かつP会社が提訴を拒否した場合、XらはP会社の株主として提訴権を有することになる。もし、このような法理が採用されないのであれば、Xらは全ての救済を否定されてしまい、かつ、Xらが問題とする不正は是正されないままになるであろう[10]。

もし、YらがS会社に金銭や財産を返還することを強制されれば、S会社の資産は溢れるほどに満たされるかもしれない[11]。S会社株式は大きく値上がりするかもしれない。その結果、P会社は、S会社株式の大部分の所有者として、大きな利益を得るかもしれない。Xらは、P会社の株主として、当該利益の直接の享受者（direct recipients）になるであろう。それゆえ、Xらは、S会社とその役員との間の責任関係に私的利害関係を有する[12]。

Ryan判決は、アメリカにおいて二重代表訴訟を初めて承認した判決であり、多重代表訴訟の起源を知る上で非常に重要である。以下では、Ryan判決が二重代表訴訟を肯定した状況、二重代表訴訟を承認した理由、および想定されている二重代表訴訟の手続の3点について、考察する。

第1に、本判決は、どのような状況において二重代表訴訟を承認した

8　*Ibid.*
9　*Id.* at *23.
10　*Ibid.*
11　*Id.* at *24.
12　*Ibid.*

のか。本件においてまず注目すべき事情は、被告Yらによって P 会社および S 会社が支配されていたことである。そのため、P 会社および S 会社自身による提訴は、期待することができない状況にあった。これは、次の段落で述べる「二重代表訴訟を認めるべき理由」につながる。また、本件では、提訴時点において P 会社は S 会社の過半数の株式を保有していなかったものの、株式発行の無効が認められれば、P 会社は S 会社株式のほとんど全てを所有することになった。よって、本判決は、P 会社と S 会社の間に 100 ％に近い親子会社関係が存在する場合に、二重代表訴訟を認めたものであると評価することができる。もっとも、本判決においては、二重代表訴訟を認めるにあたって、完全親子会社関係の存在までは要求されていない。

　第 2 に、本判決は、二重代表訴訟を認めるべき理由として、大きく 2 つの実質的理由を挙げている。1 つは、二重代表訴訟の法理を認めなければ、原告 X らは救済を受けることができず、かつ、問題の不正も是正されないことである。被告 Y らが P 会社および S 会社を支配していることが、その要因となっている。もう 1 つの実質的理由は、親会社株主である X らは、子会社財産が回復すれば子会社株式の価値の上昇を通じて利益を得るため、子会社役員の責任を追及することに私的利害関係を有するというものである。これは、親会社株主にすぎない X らによる提訴を正当化する理由であり、X らの原告適格を実質的に基礎づけるものである。

　第 3 に、本判決は、二重代表訴訟の手続として、原告が親子会社双方に対して提訴請求を行うこと、および両会社が提訴を拒否することを要求しているようである。また、本判決は、親子会社双方が二重代表訴訟の必要的当事者（necessary parties）[13]であると述べている。

---

[13] 必要的当事者（necessary party）とは、訴えが提起された紛争を完全・適正に解決するために訴訟当事者とされる必要のある者のうち、裁判権（jurisdiction）が及ばないなど、その者を訴訟当事者としないことに正当な理由がある場合には、訴えが却下されない者をいう（田中英夫編集代表『英米法辞典』（東京大学出版会、1991 年）579 頁）。

第1節　アメリカにおける多重代表訴訟制度

二　Holmes 判決

次に多重代表訴訟が認められたのは、ニューヨーク州においてである[14]。すなわち、1917年、ニューヨーク州中間上訴裁判所は、Holmes v. Camp 判決[15]において、二重代表訴訟を肯定した。この Holmes 判決は、他の判例や論文において引用されることの多い重要な判例である。そのため、Holmes 判決についても、以下で詳しく分析する。

【事実の概要】
　　S会社（Doe Run Lead Co.）は、P会社（St. Joseph Lead Co.）の株式の大部分を所有していた。Y（Jones）は、S会社の副社長およびP会社の役員兼取締役であった。Yらは、P会社の株式が一般に知られているよりもはるかに大きな価値を有しており、またP会社が多額の配当を予定しているという情報を秘して、S会社からP会社株式を詐取した。その後、S会社株主がS会社株式をP会社株式と交換したことにより、P会社はS会社株式の97％を保有することになった。当初XらはS会社

　　ただし、本判決の後、二重代表訴訟において、親子会社は双方とも不可欠当事者（indispensable party）であると理解されるようになった（後掲注204）およびそれに対応する本文を参照）。不可欠当事者とは、訴えが提起された紛争を完全・適正に解決するためにその者を訴訟当事者とすることが「いかなる場合にも」要求され、その者を訴訟当事者としていない訴えは却下されることとなる者をいう。その者を訴訟当事者としないことに正当な理由がある場合には訴えが却下されない必要的当事者と異なり、その者に受訴裁判所の裁判権（jurisdiction）が及ばないために当事者となしえない場合ですら、訴えは却下される（田中編・同440頁）。

14　1913年のデラウェア州衡平法裁判所の判決である Martin v. D. B. Martin Co., 88 A. 612, 10 Del. Ch. 211（1913）も、多重代表訴訟の例として挙げられることがある。しかし、同判決の事案は、親会社株主が親会社に子会社の帳簿等の提出を求めたというものであり、同訴訟において、子会社は被告とされていなかった。同判決は、法人格否認の法理により親会社と子会社を同一視して、親会社に対して子会社の帳簿の提出を命じたものである。したがって、同判決を多重代表訴訟の例として挙げることが適切であるかは、疑問である。

15　Holmes v. Camp, 180 A.D. 409, 167 N.Y.S. 840（1917）.

の株主であったが、当該株式の交換によってX₁（Holmes）を除いた全員がP会社の株主となった。他方、X₁はS会社の株主であり続けた。Xらは、Yらを相手として[16]、S会社から詐取したP会社株式またはその価額をS会社に返還するよう求めて、代表訴訟を提起した。Yらは、X₁以外の原告には原告適格がなく、本件訴訟は不当併合（misjoinder）であるとの妨訴抗弁を申し立てた。原審がYらの申立てを認めたため、Xらは控訴した。

【判旨】
　ニューヨーク州中間上訴裁判所は、以下のように述べて、原判決を破棄した。
　本件は、適法な提訴請求の後に両社の取締役らが各会社の名において訴訟を提起することを拒否した場合、持株会社の株主が子会社のために代表訴訟を提起することができるかという、興味深い問題を提起する[17]。この問題は、ニューヨーク州では先例のない問題であり、当裁判所の知る限り、他のどこの法域においても裁判上議論されてこなかったものである[18]。当裁判所は、このような訴えを許容すべきでないことの確たる理

---

[16]　厳密には、Yが死亡したため、Yの遺言執行者（Camp）がYに代わって訴訟当事者となった。*Holmes*, 180 A.D. 409, at 410.

[17]　*Id.* at 411.

[18]　本判決は、「もっとも、そのような訴訟は、ペンシルベニア州において、少なくとも仮差止命令を是認する限りで支持されている」として、Carter v. Reducers' & Refiners' Oil Co., Ltd., 164 Pa. 463, 30 Atl. 391 (1894) を引用する。*Holmes*, 180 A.D. 409, at 412. このCarter事件は、親会社にあたるPパートナーシップ・アソシエイションの持分権者X（Carter）が、子会社にあたるSパートナーシップ・アソシエイション（Reducers' & Refiners' Oil Co., Ltd.）の重要財産売却の仮差止命令を求めて、提起した訴訟である。Holmes判決が引用するように、Carter事件は二重代表訴訟の事例として挙げられることがある。*E.g.*, 154 A.L.R. 1295 (originally published in 1945). しかし、パートナーシップ・アソシエイションに関する事例であることを措いても、同事件は、二重代表訴訟の事例とはいえない可能性がある。Xは、Sパートナーシップ・アソシエイションによる重要財産の売却は定款（article）違反であり、能力外の行為であると主張していた。能力外の行為を差し止める株主の権利は、当該行為が履行されるまでの間は株主の直接的な権利である（他方、当該行為が既成事実

第1節　アメリカにおける多重代表訴訟制度

由を、何ら見出すことができない[19]。

　株主代表訴訟は特殊な制度である。株主は、自己の権利が直接侵害されたという理由、または個人的救済を求める権利が与えられているという理由により提訴するわけではない。原告が直接的利益を欠いていても提訴を許されるのは、正義の装置を発動するためであり、さもなければ完全に失墜してしまうであろう正義を守るためである[20]。このような訴訟形態は、エクイティが創造したものであり、株主は、当該救済に直接的な利益を有していなくても、提訴することを許されるのである。

　代表訴訟において株主が果たす役割は、単なる扇動者（instigator）の役割である。訴訟原因（the cause of action）は会社に帰属しており、財産の回復は会社へなされなければならない。このような法的状況の下で、持株会社の株主が、子会社の利益および持株会社の間接的な利益のために、そのような訴訟を提起することができない理由を見出すことは、容易ではない。原告の持株会社における株式持分は、おせっかいで差し出がましい干渉者にすぎないとの非難から原告を解放するのに、十分である。もし、持株会社の株主が本件のような訴訟を提起することができないとすれば、近年増加している持株会社の自由な利用によって、多くの不正の是正が妨げられるであろう[21]。

Holmes 判決についても、Ryan 判決の分析と同様に、事案の状況、二重代表訴訟を承認した理由、および想定されている二重代表訴訟の手続の3点を分析する。

　1点目の事案状況については、本件においてP会社はS会社の株式

　　（fait accompli）となった後であれば、直接の訴権は会社に帰属し、株主は派生的権利のみを有する）とされている。See Note, *infra* note 90, at 1317 n. 34. 同事件では、Sパートナーシップ・アソシエイションの重要財産の売却はまだ実行されていなかったと見られ（*See Carter*, 164 Pa. 463, at 468）、そうであるとすると、Xの差止訴訟は、Pパートナーシップ・アソシエイションの「直接の」差止請求権を代位行使する「通常の」代表訴訟であったと考えられる。

19　*Holmes*, 180 A.D. 409, at 412.
20　*Ibid*.
21　*Ibid*.

を 97％保有しており、完全親子会社関係にはないものの、それに近い関係が存在している点が注目される。この点において、本件は Ryan 判決と類似する[22]。他方、Ryan 判決と異なる事情としては、S 会社において当該不正行為が行われた後に、親子会社関係が形成されたという点が挙げられる。つまり、親子会社関係が形成される前において、X らは通常の代表訴訟を S 会社に代わって提起することができたが、S 会社株式を P 会社株式に交換したことによって通常の代表訴訟の原告適格を喪失した事例として、本件を見ることができる[23]。問題の不正行為と親子会社関係の形成の前後によって場合を分けて、二重代表訴訟制度のあり方を論じることもありうる[24]。しかし、本判決は、問題の不正行為が親子会社関係の形成前に行われたという事情を特に重視せず、二重代表訴訟一般に妥当する議論として、判旨を展開している。

　2 点目として、本判決が二重代表訴訟を承認する理由も、注目に値する。まず、本判決は、通常の代表訴訟について、原告が直接的な利益を有していないにもかかわらず、正義を実現するためにエクイティが認めた特殊な訴訟であると述べる。そして、そのような代表訴訟の性質に鑑みれば、二重代表訴訟を否定すべき理由を見出すことはできないという理由から、二重代表訴訟を承認している。ここでは、正義の実現という通常の代表訴訟の目的から二重代表訴訟も自然に認められることが、示唆されている。実際、本判決は、「二重代表訴訟を認めなければ、持株会社の利用によって不正の是正が妨げられてしまう」と述べており、正

---

[22] さらに、Y が S 会社の副社長および P 会社の役員兼取締役であったことから、本件も、Ryan 判決と同様に、被告が親子会社の双方を支配していた場合の事例と見る余地があるかもしれない。しかし、本判決はそのような認定を行っておらず、学説も本判決をそのような事例として分類していない。

[23] もっとも、本件では、多数決によって強制的に全ての S 会社株式が P 会社株式に交換されたわけではなく、X らの個々の承諾の下、株式の交換が行われたものと見られる。そうであるとすると、本件は、X らの（通常の）代表訴訟の原告適格が強制的に奪われた事案ではない。

[24] 現に、近時のデラウェア州最高裁判決は、そのような場合分けをした上で、二重代表訴訟について論じている（本節第 4 款二 1 参照）。

第1節　アメリカにおける多重代表訴訟制度

義の実現という観点を重視しているといえる。また、Xらの原告適格については、Xらが持株会社の株主であるという事実によって、基礎づけることができるとしている。

3点目として、本判決は、手続面について多くを述べていないものの、引用した判旨の冒頭から示唆されるように、親子会社双方に対して提訴請求を行うことを手続要件としているように読める。なお、本件において、Xらは、実際に、P会社とS会社の双方に対して、事前の提訴請求を行っていた[25]。

三　両判決の分析のまとめ

最後に、Ryan判決およびHolmes判決から、二重代表訴訟は、どのような状況の下で、どのような理由によって承認され、どのような訴訟形態と考えられていたのかをまとめる。

まず、二重代表訴訟は、その起源において、完全親子会社関係が形成されている状況で認められたわけではなかった。もっとも、両判決とも、親会社が子会社に対して100％に近い大きな持株割合を保有しており、完全親子会社関係に近い関係が存在していた事案に関するものであった。

次に、両判決とも、二重代表訴訟を承認するにあたっては、救済の確保、不正の是正の必要性、または正義の実現といった実質的な根拠を強調している。他方で、両判決とも、二重代表訴訟の理論的根拠や構造については、明らかにしていない[26]。ただ、両判決とも、親子会社両方への提訴請求を手続要件とするようであるし、Ryan判決は親子会社の両方が必要的当事者であるとも述べている[27]。これらは、第3款で述べる

---

[25] See Holmes v. Camp, 219 N.Y. 359, 365, 114 N.E. 841, 843（1916）; Holmes v. Camp, 176 App. Div. 771, 772-773, 162 N.Y. Supp. 1014, 1015-1016（1917）.

[26] 実は、両判決とも、「二重派生（double derivative）」という文言すら用いておらず、他に二重代表訴訟を指し示す名称や概念も挙げていないため、二重代表訴訟の構造をどのように観念していたのか、不明である。

[27] 他方、Holmes判決では、親会社は訴訟当事者とされていなかった。Holmes事件の前訴判決において、州外会社であった親会社は必ずしも当事者とされている必要はないと判示されていた。See Holmes v. Camp, 219 N.Y. 359, 373, 114

ように、後に確立される二重代表訴訟の伝統的理論（二重代表訴訟は、親会社株主が親会社の代表訴訟提起権を親会社に代わって行使することによって、提起される訴訟であるとする理論）と整合的であり、事後的に見ると、両判決は当該理論を黙示的に採用していたと見る余地もある。

第2款　多重代表訴訟の発展途上段階における様々な判例（20世紀前半〜中葉）

アメリカでは、Holmes 判決以降、二重代表訴訟が数多く提起されるようになり、20世紀前半には様々な根拠により多重代表訴訟を認める判例が現れた。また、二重代表訴訟だけでなく、三重代表訴訟も提起されるようになり、裁判所もそれを承認した。他方で、この時期においては、多重代表訴訟に否定的な判例も、少数ながら存在した。このように、20世紀前半から中葉にかけての時期は、多重代表訴訟に関する様々な判例が登場し、議論が豊かになった時期である。

本款では、20世紀前半から中葉にかけての判例の状況を、次の3つの観点から扱う。第1に、多重代表訴訟を正当化するために判例が提示した様々な論拠を分析する（一）。第2に、多重代表訴訟に否定的な裁判例について考察する（二）。第3に、裁判所が二重代表訴訟だけでなく三重代表訴訟をも承認するようになった経緯について論じる（三）。

一　多重代表訴訟の様々な根拠論の登場

Holmes 判決以降、多重代表訴訟を認める判決が急激に増加した。Ryan 判決や Holmes 判決が多重代表訴訟の理論的根拠や構造を明確に示さなかったこともあって、その後の判例においては、様々な理論によって多重代表訴訟の正当化が試みられた。しかし、いずれの理論も難

N.E. 841, 845 (1916). もっとも、これは、親会社が「必要的当事者」であることと矛盾しない。必要的当事者については、裁判所の裁判権が及ばないなど、その者を訴訟当事者としないことに正当な理由がある場合には、当事者としなくても訴えは却下されないからである（前掲注13）も参照）。

第1節　アメリカにおける多重代表訴訟制度

点を有していたり、多重代表訴訟が認められるべき全ての場合を説明することができなかったりしたために、支配的な見解となるには至らなかった。ここでは、判例によって提唱された多重代表訴訟の様々な根拠論について、学説による批判も交えながら考察する。

1　法人格否認の法理

第1に、20世紀の前半においては、法人格否認の法理に基づいて多重代表訴訟を正当化する判決が存在した[28]。これには、子会社が親会社の道具（instrumentality）またはエージェントにすぎないという理由により親子会社を同一視して、多重代表訴訟を認めた判決を含めることができる[29]。

法人格否認の法理を多重代表訴訟の根拠とすることに対しては、大きく次の2つの批判がある。第1の批判は、形式的・論理的な批判である。すなわち、法人格否認の法理を適用した場合、親子会社が単一の会社とみなされるため、ここでの代表訴訟は、二重代表訴訟ではなく、単一の会社に代わる通常の代表訴訟として考えるべきであるとの批判である[30]。

[28]　*E.g.*, Hirshhorn v. Mine Safety Appliances Co., 54 F. Supp. 588（W.D. Pa. 1944）.

[29]　これらの判決は、「エージェント理論」または「道具理論」として紹介されることもあるが、法人格否認の法理を言い換えたものにすぎないといわれる。*See* Painter, *infra* note 119, at 149；Locascio, *infra* note 132, at 752.
　　この類型に属する裁判例として、*See* Piccard v. Sperry Co., 30 F. Supp. 171（S.D.N.Y. 1939）（子会社は、単にA会社株式を処分するという目的だけのために、親会社によって使われた導管（conduit）または道具（instrumentality）にすぎなかった。この点で、子会社は、同様の目的のために雇われる他のエージェントと異なる地位にあるわけではなかった）；Blaustein v. Pan Am. Petroleum & Transp. Co., 174 Misc. 601, 712, 21 N.Y.S.2d 651, 752（N.Y. Sup. Ct. 1940）（子会社らは、収益を生む仕組みを創り出すために親会社によって使われた道具（tools）であった）．

[30]　Note, *infra* note 90, at 1313；Note, *infra* note 98, at 938；Painter, *infra* note 119, at 147. なお、学説には、多重代表訴訟と法人格否認の法理に基づく通常の代表訴訟との両方を、親会社株主の利用できる救済手段として挙げる見解がある。Note, *infra* note 90, at 1313-1318. この見解によれば、両者は、提訴請求な

実際に、法人格否認の法理によって通常の代表訴訟としての代表訴訟の提起を認めたものと読めるような判決もある[31]。

第2の批判は、より実質的な批判である。すなわち、判例上、法人格否認の法理が認められる場面は非常に狭くかつ不明確であり、原告側の立証の負担も重いため、法人格否認の法理を多重代表訴訟の一般的な根拠とすることは適切でないとの批判である[32]。実際に、法人格否認の法理によって多重代表訴訟を根拠づける判例は、次第に見られなくなり、1950年代以降はほとんど見られなくなった。

2 共通支配

第2に、親会社および子会社が被告によって支配されていることを理由に、多重代表訴訟を認めた判決が少なからず存在した[33]。このような

どの手続要件の面において、違いがある。Id. at 1318-1324.
[31] See Martin v. D. B. Martin Co., 88 A. 612, 10 Del. Ch. 211 (1913).
[32] Note, infra note 90, at 1313; Note, infra note 98, at 938; Painter, infra note 119, at 148; Locascio, infra note 132, at 745; DEBORAH A. DEMOTT, SHAREHOLDER DERIVATIVE ACTIONS LAW & PRACTICE § 2.02 (1992).

なお、Note, infra note 90, at 1317-1318 は、代表訴訟の場面では法人格否認の要件を緩和するようである。具体的には、親会社が子会社取締役の過半数を選任するのに十分な株式を保有していれば、常に親子会社を一体として扱って、親会社株主による通常の代表訴訟の提起を認めている。

[33] E.g., United States Lines, Inc. v. United States Lines Co., 96 F.2d 148 (2d Cir. 1938)（本件のような二重代表訴訟を許容することの正当化根拠は、不正を被った会社とその株主であり代表訴訟提起権を有する会社とが、ともに加害者とされる者の支配下にあることである); Saltzman v. Birrell, 78 F. Supp. 778 (S.D.N.Y. 1948)（親会社、子会社および孫会社の全てが、被告によって支配されている場合において、三重代表訴訟を認めた); Kaufman v. Wolfson, 132 F. Supp. 733 (S.D.N.Y. 1955)（親会社、子会社および孫会社の全てが被告によって支配されていることを理由に、親会社が子会社に対して支配的持分 (controlling interest) を有していない場合においても、三重代表訴訟を認めた); see also Kaufman v. Wolfson, 1 A.D.2d 555, 151 N.Y.S.2d 530 (1956). なお、前款で述べたように、二重代表訴訟を初めて承認した Ryan 判決も、親子会社の双方が被告らの支配下にあった事案に関するものであった。

第1節　アメリカにおける多重代表訴訟制度

事例は、共通支配（common control）の類型と称されることが多い[34]。共通支配が存在する場合には、親子会社の双方において提訴が期待しえないことを理由に、多重代表訴訟が認められた。すなわち、不正行為者が子会社および親会社を支配しているため、子会社が当該不正行為者に対して直接に訴訟を提起することも、親会社が当該不正行為者に対して代表訴訟を提起することも期待できない。また、子会社の他の株主が代表訴訟を提起するという保証もない[35]。そのため、親会社株主に多重代表訴訟提起権を認める必要があるとされている。このように、共通支配の理論は、提訴懈怠のおそれを究極的な根拠としている。

共通支配が存在する場合に多重代表訴訟を認める必要性が大きいことには、学説上も異論はない[36]。しかし、共通支配の法理によって、多重代表訴訟を認めるべき場合が全てカバーされるわけではないとの批判がある[37]。また、支配の認定は困難であるし[38]、明白な支配がなくても提訴懈怠が生ずる場合があるとの批判もある[39]。共通支配を二重代表訴訟の根拠として認める学説も、複数存在する根拠の1つとして、認めるにすぎない[40]。このように、共通支配は多重代表訴訟の一般的な根拠とはな

---

[34]　See Note, *infra* note 98, at 938 ; Painter, *infra* note 119, at 150 ; Locascio, *infra* note 132, at 746.

[35]　See Note, *infra* note 98, at 938 ; Locascio, *infra* note 132, at 746 n. 149.

[36]　See Note, *infra* note 98, at 938 ; Painter, *infra* note 119, at 150-151.

[37]　See Note, *infra* note 98, at 938（現代における会社相互間の関係を考慮すれば、支配権を有さない取締役や第三者が不正行為者である場合にも、多重代表訴訟による救済の余地が認められるべきである）。

[38]　Locascio, *infra* note 132, at 747-748（会社は、株式保有や兼任取締役以外にも様々な影響力を行使することによって、他の会社を支配することができる。そのため、支配の有無を株式保有割合や兼任取締役数等の「客観的テスト」によって判断することは、実態にそぐわない。他方、「主観的テスト」は、広範かつ詳細な調査を要するため、裁判所にとって大きな負担となる）。

[39]　Locascio, *infra* note 132, at 750（取締役が訴訟を提起したがらない理由として、訴訟が会社や取締役自身にとって不利益なPRになるとの懸念、および損害の発生を知った株主が損害発生防止の努力を懈怠したことを理由に取締役に対して代表訴訟を提起することの懸念等がある）。

[40]　See Painter, *infra* note 119, at 162（二重代表訴訟が認められる場合として、

らなかった。もっとも、その基礎にある「提訴懈怠のおそれ」は、多重代表訴訟が認められる場合を画する上で、重要な考慮要素と考えられるようになっていった。

3 二重の信認関係

第3に、二重の信認関係とよばれる考え方に基づき、二重代表訴訟を根拠づけた判決がある。すなわち、Goldstein v. Groesbeck 判決[41]は、通常の代表訴訟における会社と株主の関係を受認者（fiduciary）と受益者（beneficiary）の関係（信認関係）として捉え、それを親子会社関係にも拡張して適用することにより、二重代表訴訟を肯定した。具体的には、同判決は、「株主〔代表〕訴訟は本質的に受認者に対する権利を実現（enforce）するための受益者による訴訟にすぎない。二重代表訴訟は、受益者が今度は受認者となる訴訟であり、かつ第1の受認者に対する受益者としての権利の実現を拒む場合の訴訟である」と判示する[42]。

この判決の基礎にある考え方は、次のように理解されている[43]。二重

> 共通支配が存在する場合以外にも、親会社が子会社を支配している場合、および親会社の取締役会による提訴拒否が信認義務違反となる場合を挙げる）。Painter の見解については、本節第3款において詳しく論じる（本節第3款一3参照）。

41　Goldstein v. Groesbeck, 142 F.2d 422 (2d Cir. 1944).
42　*Goldstein*, 142 F.2d 422, at 425.
43　*See* Note, *infra* note 98, at 938-939; Locascio, *infra* note 132, at 751. なお、Painter は、Goldstein 判決について若干異なる説明をしている。すなわち、代表訴訟提起権（the derivative cause of action）は親会社の資産であるから、親会社が代表訴訟の提起を不当に拒否することは、親会社資産の浪費および株主に対する信認義務違反を構成し、親会社株主は子会社に帰属する当該訴訟原因（the cause of action）を二重派生的に実現（enforce）することができると説明する。Painter, *infra* note 119, at 146. もっとも、Painter 自身は、このような考え方に対して、代表訴訟提起権を資産とみることは資産の通常の意味に反するとして批判的である。Painter は、むしろ親会社の保有する子会社株式を資産と捉え、その浪費（子会社への投資の浪費）を信認義務違反と構成して、二重代表訴訟の根拠とすべきであると主張している。*Id.* at 146, 154. Painter の見解については、本節第3款において詳しく論じる（本節第3款一3参照）。

第1節　アメリカにおける多重代表訴訟制度

代表訴訟の場面においては、受認者と受益者の関係（信認関係）が2つ存在する。1つは子会社と親会社の間に存在し、もう1つは親会社と親会社株主の間に存在する。第1の信認関係においては、子会社が受認者であり、親会社が受益者である。第2の信認関係においては、親会社が受認者となり、親会社株主が受益者である。子会社は株主である親会社に対して信認義務を負い、同様に親会社は親会社株主に対して信認義務を負う。Goldstein 判決は、通常の代表訴訟を、受認者が受益者に対して負う信認義務を受益者が実現（enforce）する訴訟として理解する。その考え方を拡張すれば、二重代表訴訟は、親会社株主が第2の信認関係の受益者としてその受認者である親会社の義務を実現する訴訟ということになる。ここで問題となる親会社の義務とは、第1の信認関係に基づく代表訴訟を提起する義務のことである[44]。

　Goldstein 判決が採用した二重の信認関係理論に対しては、次のような理論的批判が、学説からなされている。第1に、親会社と親会社株主との間に信認関係が存在し、親会社が親会社株主に提訴義務を直接負うのであれば、親会社がその義務に違反した場合、親会社株主は親会社に対して直接の訴訟原因（a direct cause of action）を有することになり、親会社株主が提起する訴訟は、二重代表訴訟でも通常の代表訴訟でもなく、親会社に対する直接訴訟（a direct personal suit）になってしまうと批判されている[45]。より一般化すると、信認関係は会社と株主との間ではなく、取締役と会社（総株主）との間に存在するとの批判であるといえる。第2に、会社の訴訟上の地位に関する批判がある。すなわち、前記の二重の信認関係理論が多重代表訴訟の正しい理論であるならば、各会社は必然的に真の被告（real defendant）となる[46]。しかし、多重代表訴訟が「会社に代わって」提起されるものであるならば、会社は真の被

44　Locascio, *infra* note 132, at 751 n. 184.
45　*See* Note, *infra* note 98, at 939 ; Locascio, *infra* note 132, at 751-752（株主全員が直接訴訟を提起する原告適格を有する結果、訴訟が急増するおそれがある。これは、まさに代表訴訟制度が阻止していると思われる事態である）.
46　*See* Note, *infra* note 98, at 939.

告にはなりえず、名目的被告（nominal defendant）でしかないはずである[47]。したがって、二重の信認関係理論によると、会社の訴訟上の地位に矛盾が生じることになる[48]。

このような学説上の批判もあって、二重の信認関係理論に基づいて多重代表訴訟を認めた判決は、前記 Goldstein 判決のほかには見当たらない。しかし、同判決が示した「通常の代表訴訟の法的構造を多重代表訴訟にも拡張する」という方向性は注目に値し、多重代表訴訟に関するその後の学説および判例に大きな影響を与えた[49]。

4　持株会社と事業会社の関係

最後に、2つの会社の間に持株会社と事業会社の関係が存在することを根拠として、二重代表訴訟を認めた判決がある。すなわち、Breswick & Co. v. Harrison-Rye Realty Corp. 判決[50] である。同判決は、「二重代

---

[47] See ibid（論理的には、会社は原告であるべきである。しかし、提訴を拒んだ会社に対して判決効を及ぼすために、会社は名目的に被告とされる。会社は本案に関して被告側に参加することを制限される）.

[48] See Locascio, *infra* note 132, at 752（代表訴訟において会社は真の原告であると考えられている。しかし、二重の信認関係理論に従うと、会社は真の被告となり、会社は真の原告かつ真の被告であるという矛盾した地位に立つことになる）.

[49] なお、一部の学説によって提唱された二重代表訴訟の正当化根拠として、「特定履行理論」というものがある。これは次のようなものである。親会社は、子会社に対する不正を是正するために、子会社をして提訴させるべく子会社に対する支配権を使用する義務を負う。親会社株主は、二重代表訴訟において、事実上、これらの連結された義務（connected duties）の特定履行（specific performance）を強制することができる。HENRY W. BALLANTINE, CORPORATIONS 350 (rev. ed. 1946); W. Fletcher, Cyclopedia of the Law of Corporations §5977 (Database updated September 2013).

　これに対しては、「二重の信認関係」理論の一種にほかならず、同理論と同様の難点があるとの批判がある。See Locascio, *infra* note 132, at 753.

[50] Breswick & Co. v. Harrison-Rye Realty Corp., 114 N.Y.S.2d 25, 280 App.Div. 820 (1952).

第1節　アメリカにおける多重代表訴訟制度

表訴訟は、2つの会社の関係が持株会社と事業会社の関係である場合[51]、または親会社が子会社を所有および支配している場合[52]にのみ、提起することができる」と判示した。

しかし、持株会社と事業会社の関係によって二重代表訴訟を根拠づけることに対しては、実質的な理由が何ら存在しないため、恣意的かつ人為的であるとの批判がある[53]。他の裁判例においてもこの見解は批判されており[54]、Breswick 判決のほかに、この理論を採用した判決は見当たらない。

二　多重代表訴訟に否定的な諸判決

以上のように、裁判所は多様な根拠に基づき多重代表訴訟を承認するようになっていったが、20世紀前半においては、多重代表訴訟に否定的な判決も、少数ながら存在した。しかしながら、これらの判決はいず

---

[51] Breswick 判決は、持株会社と事業会社の関係が存在する場合に二重代表訴訟を認めることに関して、4つの判決を引用する。すなわち、Goldstein v. Groesbeck, 2 Cir., 142 F.2d 422; United States Lines, Inc. v. United States Lines Co., 2 Cir., 96 F.2d 148; Hirshhorn v. Mine Safety Appliances Co., D.C., 54 F. Supp. 588; Piccard v. Sperry Co., D.C., 30 F. Supp. 171 の4つである。しかし、これらの判決は、「持株会社と事業会社の関係」を二重代表訴訟の根拠として明示しているものではない。これらの判決は、本款において既に論じたとおり、それぞれ、二重の信認関係（Goldstein 判決）、共通支配（United States Lines 判決）、法人格否認の法理（Hirshhorn 判決および Piccard 判決）を根拠として、二重代表訴訟を認めるものである。しかも、Hirshhorn 判決に至っては、「持株会社と事業会社の関係」は二重代表訴訟の根拠にならないと判示している。すなわち、同判決は、持株会社と事業会社の関係が存在する場合においてのみ二重代表訴訟が許容されうると被告が述べたことに対して、United States Lines 判決の「共通支配」理論を引用しつつ、二重代表訴訟を根拠づけるのは、親会社が事業会社であるか持株会社であるかではなく、支配の要素であると判示している。Hirshhorn, 54 F. Supp. 588, at 592.

[52] ここでは、Holmes v. Camp, 180 App.Div. 409, 167 N.Y.S. 840 が引用されている。

[53] See Painter, *infra* note 119, at 150.

[54] See *Hirshhorn*, 54 F. Supp. 588, at 592.

れも形式的な理由を述べるにとどまっており、多重代表訴訟を否定すべき実質的な理由は、ほとんど述べられていない。ここでは、多重代表訴訟に否定的な判決の代表例をいくつか挙げる。

まず、連邦裁判所において、多重代表訴訟に否定的な判決がいくつか下された。例えば、連邦地方裁判所の Busch v. Mary A. Riddle Co. 判決[55] は、不可欠当事者 (indispensable party)[56] である親会社が訴状の送達を受けておらず、出廷もしていないことを理由に、二重代表訴訟を却下した[57]。その際、親会社が訴訟当事者とされていなかった Holmes 判決のように[58]、例外的に訴えの適法性を認める余地を検討したものの、連邦裁判所の判例においてそのような手続は現在承認されていないとの形式的理由から、例外を認めなかった[59]。このため、Busch 判決の射程は、親会社が訴状の送達を受けておらず出廷もしていなかったという当該事案の範囲に、とどまるべきであると評されている[60]。

Sabre v. United Traction & Elec. Co. 判決[61]も、二重代表訴訟を否定した連邦裁判所の判例として、挙げられることがある。しかし、当該事件においては、原告が二重代表訴訟として訴訟を提起していたのか自体が、疑わしい[62]。また、同判決は、当該事案の下において法人格の否認を否定したものにすぎないと解釈することができるとも、指摘されている[63]。

55　Busch v. Mary A. Riddle Co., 283 F. 443（D. Del. 1922）.
56　前掲注 13) の後段を参照。
57　*Id.* at 444.
58　Holmes 事件の前訴判決において、州外会社であった親会社は必ずしも当事者とされている必要はないと判示されていた。*See* Holmes v. Camp, 219 N.Y. 359, 373, 114 N.E. 841, 845（1916）. 前掲注 27) も参照。
59　*See Busch*, 283 F. 443, at 444-445. 他方で、Busch 判決は実質的考察において二重代表訴訟に好意的な判示をしている。*Ibid.*
60　*See* Note, *infra* note 90, at 1316; Painter, *infra* note 119, at 148 n. 13.
61　Sabre v. United Traction & Elec. Co., 225 Fed. 601（D.R.I. 1915）.
62　*See* Note, *infra* note 90, at 1315; Painter, *infra* note 119, at 148.
63　*See* Note, *infra* note 98, at 937 n. 33.

第1節　アメリカにおける多重代表訴訟制度

　DeVan v. United States 判決[64]は、明示的に二重代表訴訟を否定した連邦裁判所の判決である。DeVan 判決は、前述の Busch 判決、Sabre 判決、および Goldstein 判決の原審判決[65]を引用して、連邦裁判所の一貫した実務は二重代表訴訟を否定するようであると判示した[66]。DeVan 判決も、多重代表訴訟を否定すべき実質的な理由を何ら述べていない。また、引用された上記の諸判決は、いずれも前述のとおり難点があるものばかりである。そのため、DeVan 判決は、先例としての価値が疑わしいと評されている[67]。

　次に、初期の頃から二重代表訴訟が承認されてきたニューヨーク州においても、二重代表訴訟に否定的な判決が見られる。すなわち、ニューヨーク州第一審裁判所の Schneider v. Greater M. & S. Circuit 判決[68]は、傍論において、親会社株主が子会社と第三者との間の合意について異議を唱える権利を有するか、疑わしいと評している[69]。もっとも、同判決も、法人格否認の法理により親会社株主が提訴権を取得する可能性については、承認するようである[70]。ニューヨーク州では、既に Holmes 判決が二重代表訴訟を承認しており、Schneider 判決後の判例も多重代表訴訟を一貫して承認している[71]。そのため、Schneider 判決が二重代表訴訟に否定的な立場を採ったことについて、先例としての価値は疑わしいと評さ

---

[64] DeVan v. United States, 50 F. Supp. 992（D.N.J. 1943）.
[65] Goldstein v. Groesbeck, 42 F. Supp. 419（S.D.N.Y. 1941）. 本判決は、その後連邦控訴裁判所において破棄された。Goldstein v. Groesbeck, 142 F.2d 422（2d Cir.）, *cert. denied*, 323 U.S. 737（1944）. Goldstein 判決については本款一3を参照。
[66] *DeVan*, 50 F. Supp. 992, at 995.
[67] *See* Note, *infra* note 90, at 1315；Painter, *infra* note 119, at 148 n. 13.
[68] Schneider v. Greater M. & S. Circuit, 259 N.Y.S. 319（1932）.
[69] *Id.* at 327-328.
[70] *Id.* at 328.
[71] *See e.g.*, Druckerman v. Harbord, 174 Misc. 1077, 22 N.Y.S.2d 595（1940）；Breswick & Co. v. Harrison-Rye Realty Corp., 114 N.Y.S.2d 25, 280 App.Div. 820（1952）.

れている[72]。

　このように、多重代表訴訟に否定的な判例は、いずれも実質的な根拠に基づくものではなく、説得力に乏しいといえる。その後、多重代表訴訟が定着するにつれ、多重代表訴訟を否定する判例は見られなくなっていった。現在では、多重代表訴訟は、ほとんど疑いなく承認されているといわれている[73]。

三　三重代表訴訟の承認

　20世紀の半ばにおいて、判例は二重代表訴訟のみならず、三重代表訴訟をも承認するに至った。三重代表訴訟が初めて承認されたのは、1948年のMarcus v. Otis判決[74]においてである。もっとも、同判決は、三重代表訴訟の許容性について明示的に論じてはおらず、三重代表訴訟を黙示的に承認したものにすぎない[75]。三重代表訴訟の許容性について明示的に論じたのは、Saltzman v. Birrell判決[76]およびKaufman v. Wolfson判決[77]である。Saltzman判決は、「二重代表訴訟が許容されるとすれば、三重代表訴訟が許容されるべきでないという正当な理由はない」と述べる[78]。Kaufman判決は、United States Lines判決[79]およびHolmes判決[80]を引用して、三重代表訴訟を承認した。すなわち、三重

72　Note, *infra* note 90, at 1315.
73　*See* AMERICAN LAW INSTITUTE, PRINCIPLES OF CORPORATE GOVERNANCE: ANALYSIS AND RECOMMENDATIONS, at §7.02 Comment f., REPORTER'S NOTE 8（1994）. もっとも、1934年証券取引所法に基づく「短期売買差益返還請求権」については、同請求権自体が立法によって特別に認められたものであることから、制定法の文言が重視され、多重代表訴訟は否定されている。Untermeyer v. Valhi, Inc., 665 F. Supp. 297（S.D.N.Y. 1987）．後掲注320）も参照。
74　Marcus v. Otis, 168 F.2d 649, *aff'd on rehearing*, 169 F.2d 148（2d Cir. 1948）．
75　*See* Saltzman v. Birrell, 78 F. Supp. 778, 783（S.D.N.Y. 1948）．
76　Saltzman v. Birrell, 78 F. Supp. 778（S.D.N.Y. 1948）．
77　Kaufman v. Wolfson, 132 F. Supp. 733（S.D.N.Y. 1955）．
78　*Saltzman*, 78 F. Supp. 778, at 783.
79　前掲注33）参照。
80　本節第1款二参照。

第1節　アメリカにおける多重代表訴訟制度

代表訴訟の正当化根拠は、親会社、子会社および孫会社が被告によって支配されていることであり[81]、親会社株主が訴訟によって利益[82]を受けることを理由に、親会社株主の原告適格も承認されると判示された[83]。その後、三重代表訴訟は裁判実務において定着し[84]、現在では、二重代表訴訟が認められる以上、三重以上の多重代表訴訟も認められることについて異論はない[85]。

第3款　多重代表訴訟の伝統的理論の確立（20世紀後半）

多重代表訴訟に関する判例の増加に伴い、20世紀の後半には、学説上においても、多重代表訴訟の構造や根拠等が論じられるようになった。学説は多重代表訴訟の必要性を承認しており、多重代表訴訟を否定するものは見られない。学説は、多重代表訴訟を通常の代表訴訟の拡張として位置づけている。20世紀後半の判例も、このような学説の影響を受けて、多重代表訴訟は通常の代表訴訟の延長として当然に認められるという考え方を示すようになった。このように20世紀後半に確立した多重代表訴訟の理論は、デラウェア州において近年登場した新たな理論[86]と対比する形で、「伝統的理論」とよぶことができる。本款では、多重代表訴訟の伝統的理論が学説・判例によって形成された過程、および伝

---

[81] *Kaufman*, 132 F. Supp. 733, at 735. これは前述の「共通支配」による二重代表訴訟の正当化を三重代表訴訟の場合に応用したものである。

[82] 原告株主の受ける利益としては、①勝訴した場合に親会社株式を通じて受ける利益、および②3社を支配している被告の不正の摘発や処罰によって受ける利益が挙げられている。*Ibid.* ②は、被告による将来の不正の抑止という、特別予防の利益を指すものと考えられる。

[83] Holmes判決の表現を用いて、三重代表訴訟における原告の利害は「おせっかいで差し出がましい干渉者にすぎないとの非難から原告を解放するのに十分である」と判示された。*Ibid.*

[84] *See e.g.*, Fischer v. CF & I Steel Corp., 599 F. Supp. 340（S.D.N.Y. 1984）.

[85] *See* AMERICAN LAW INSTITUTE, *supra* note 73, at §7.02 Comment f.

[86] デラウェア州における「新たな理論」については、本節第4款二において詳しく分析・検討する。

統的理論の内容について考察する。

一　学　説

多重代表訴訟を認めた初期の判決は、その正当性を実質的な根拠によって基礎づけており、多重代表訴訟の理論的根拠や構造については明確に述べていなかった[87]。学説は、多重代表訴訟を肯定する判例を支持しつつ、それを理論的にも正当化しようとしてきた。学説は、初期の段階から、「二重代表訴訟は、親会社株主が親会社の代表訴訟提起権を親会社に代わって行使することによって、提起される訴訟である」という理論構成を示してきた[88]。その後の学説においても、この理論構成が支持されている。以下では、そのような理論を基礎とする代表的な3つの見解を分析する。これらの見解は、アメリカ法律協会（American Law Institute）の策定した「コーポレート・ガバナンスの原理：分析と勧告」§7.02のコメントfの立場を裏づけるものとして引用されており[89]、後述する同コメントの趣旨を理解する上でも重要である。

1　Harvard Law Review Note の見解

第1の見解として、Harvard Law Review Note[90]の見解がある。この論稿は、親会社が子会社の取締役の過半数を選任し、それによって実効

---

[87] 本節第1款で検討した Ryan 判決および Holmes 判決を参照。もっとも、これらの判決も、親子会社双方に対する提訴請求を、手続要件として想定しているようであり、以下で述べる学説と同様の理論構成を（黙示的に）前提としていた可能性がある。

[88] See Note, *Remedies of Stockholder of Parent Corporation for Injuries to Subsidiaries*, 50 HARV. L. REV. 963, 963-964（1937）（二重代表訴訟の理論は、通常の代表訴訟の理論と極めて類似している。子会社に対する加害は、間接的に親会社に損害を与える。そして、不正の是正を子会社の取締役が拒否した場合、親会社は、株主として子会社に代わって訴える権利を取得する。さらに、親会社取締役も提訴を拒否した場合、当該訴権は、親会社株主によって適法に行使されうる).

[89] See AMERICAN LAW INSTITUTE, *supra* note 73, at §7.02 REPORTER'S NOTE 8.

[90] Note, *Suits by a Shareholder in a Parent Corporation to Redress Injuries to the Subsidiary*, 64 HARV. L. REV. 1313（1951）.

第1節　アメリカにおける多重代表訴訟制度

的な支配権（working control）を行使するのに十分なほどの子会社株式を保有している場合を前提とした上で、子会社に生じた損害に関して、親会社株主が採りうる救済手段を検討するものである[91]。この見解は、親会社株主が採りうる手段の1つとして二重代表訴訟を取り上げ、それを「子会社に代わって訴えるという親会社の派生的権利を親会社株主が派生的に行使する」訴訟として説明している[92]。つまり、親会社株主の二重代表訴訟提起権は、子会社の有する実体的請求権から2度派生した（twice derived）ものであるとされている[93]。さらに、この見解は、「法人格否認の法理」または「共通支配」を根拠として二重代表訴訟を認める裁判例に対し、通常の代表訴訟にない要件を二重代表訴訟において課す必要はないと批判する[94]。この見解は、子会社自身が訴えることのできるあらゆる被告に対して、子会社自身が請求することのできるあらゆる救済を求めて、二重代表訴訟は提起可能であると述べる[95]。

このように、この見解は、提訴請求などの手続要件が加重されることを除き[96]、通常の代表訴訟にはない特別の制約を課すことなく、二重代表訴訟を認めるものである。もっとも、この見解は、親会社が子会社に対して実効的な支配権（working control）を有する状況を前提に議論を展開しており、実効的な支配権が存在しない状況においても同様に二重代表訴訟を認めるのか否かは、明らかでない。しかし、この見解の論理からは、ある会社が他の会社の株式を保有しておりさえすれば、前者の株主は二重代表訴訟を提起できるはずである。実際に、次に挙げる第2

---

[91]　*Id.* at 1313.
[92]　*Ibid.*
[93]　*Ibid.*
[94]　*Id.* at 1313-1314.
[95]　*Id.* at 1314. これは、アメリカにおける代表訴訟制度一般において、被告や訴訟物に関する制約が一切ないことの反映である。
[96]　この見解は、二重代表訴訟の場合、提訴請求が親子会社双方に対して要求されるなど、通常の代表訴訟の場合よりも手続要件が加重されるとする。*Id.* at 1318-1321. これは、親会社株主の二重代表訴訟提起権が子会社の有する実体的請求権から「2度派生して」生じることの手続要件面への反映であるといえる。

の見解および第3の見解の論者は、第1の見解をそのように理解しているようである[97]。

2 New York University Law Review Note の見解

第2の見解として、New York University Law Review Note[98] の見解がある。この論稿も、通常の代表訴訟の構造を拡張したものとして多重代表訴訟の構造を捉えた上で、理論的に精緻な分析を行っている。この見解は理論的に明快であり、多重代表訴訟の伝統的理論を理解する上で重要である。

まず、この見解は、理論的に通常の代表訴訟自体が2つの訴訟から構成されることを指摘する[99]。すなわち、(通常の)代表訴訟は、①提訴権を会社から取得するための訴訟、および②取得した提訴権にかかる請求権を行使する訴訟から構成される。①の訴訟における被告は会社であり、②の訴訟における被告は当該請求権の相手方(不正行為者等)である。会社が有する提訴権を行使するか否かの判断は、第一次的には取締役会に委ねられており、取締役会の決定は、経営判断原則によって保護される。株主は、経営判断原則の保護を覆すことにより①の訴訟に勝訴して初めて、②の訴訟を提起することができる[100]。このように株主が二次的な権利行使者となって代表訴訟を提起することが認められる背景には、「不正は是正されなければならない」という政策的理由があるとされる[101]。

---

[97] Note, *infra* note 98, at 940 ; Painter, *infra* note 119, at 152-153.

[98] Note, *An Examination of the Multiple Derivative Suit and Some Problems Involved Therein in Light of the Theory of the Single Derivative Suit*, 31 N.Y.U. L. Rev. 932 (1956).

[99] *Id.* at 935. 通常の代表訴訟自体が2つの訴訟から構成されていることは、一般的な理解である。*See* Robert C. Clark, Corporate Law 639 (1986); Hawes v. Oakland, 104 U.S. 450, 452-453 (1881); Brown v. Tenney, 532 N.E.2d 230, 232, 125 Ill.2d 348, 126 Ill.Dec. 545 (1988).

[100] 以上、通常の代表訴訟の理論的説明について *See* Note, *supra* note 98, at 932-935.

[101] *Id.* at 935. 株主に代表訴訟の唯一の原告適格が認められる理由は、株主が会

第1節　アメリカにおける多重代表訴訟制度

　次に、この見解は、以上のような通常の代表訴訟の基礎にある理論と政策的理由が多重代表訴訟にも適用されると論じる[102]。すなわち、理論面に関しては、通常の代表訴訟が2つの訴訟を1つにしたものであるのと同様に、二重代表訴訟は3つの訴訟を、三重代表訴訟は4つの訴訟を1つにしたものであると理解する[103]。これらの各訴訟は、真の被告（不正行為者等）を相手とするものを除いては、各会社の取締役会による提訴拒否決定の審査に関するものである[104]。つまり、二重代表訴訟であれば、親会社および子会社の取締役会における提訴拒否決定が問題となり、三重代表訴訟であれば、親会社、子会社および孫会社の取締役会における提訴拒否決定が問題となる。通常の代表訴訟の場合と同様に、各会社の取締役会の決定は、経営判断原則によって保護される[105]。原告である親会社株主は、各取締役会の決定に対する経営判断原則の保護を全て覆さなければ、多重代表訴訟を提起することができない[106]。そして理論上、次のように、上位の会社における提訴拒否決定から順に審査がなされるべきことになる。すなわち、親会社株主は、最初に親会社の提訴拒否決定について経営判断原則の保護を覆さなければならない[107]。これに成功した場合に初めて、親会社株主は、子会社に対して提訴請求を行う法的権限を取得し、子会社の提訴拒否決定に対する審査を求めることができる。この先の審査に関しては、二重代表訴訟の場合であれば通常の代表訴訟と同じであるが[108]、三重代表訴訟の場合はその前に中間子会社の提

　　　社の部分的所有者であり、会社に対する侵害は株主の所有権的権利に対する間接的な侵害となるからであるとされる。*Ibid.*
102　*Id.* at 939.
103　*Ibid.*
104　*Ibid.*
105　*Ibid.*
106　*Ibid.*
107　*Ibid.*
108　すなわち、①原告である親会社株主が真の被告（不正行為者等）に対する提訴権を子会社から取得するための訴訟と、②取得した提訴権にかかる請求権を行使する訴訟が、順に進められる。①の訴訟では、不正行為者等に対する提訴

訴拒否決定の審査を経なければならない[109]。以上のような理論面だけでなく、政策面に関しても、「不正は是正されなければならない」という通常の代表訴訟の基礎にある政策的理由が、多重代表訴訟においても妥当するとされる[110]。このように、この見解は、通常の代表訴訟の基礎にある理論および政策を拡張することによって、多重代表訴訟を根拠づける。

以上のように多重代表訴訟を理解した場合、多重代表訴訟を認める多くの裁判例において存在する「支配[111]」の要素は、通常の代表訴訟において法的要件とされないのと同様に、多重代表訴訟においても法的要件とはされない[112]。しかし、この見解は、支配の要素が重要でないと考えているわけではない。むしろ、支配の要素は、以下のように、提訴請求要件において極めて重要な考慮要素になるとする[113]。親会社株主は、多重代表訴訟を提起するために、各会社の取締役会に、原則として提訴請求をしなければならない[114]。手続要件として提訴請求が要求されるのは、各会社の取締役会に提訴判断を行う機会を与え、経営判断原則の保護を与えるためである[115]。そのため、経営判断原則が適用されない場面では、提訴請求は免除される[116]。支配の要素は、提訴請求が免除されるか否か

　　権に関する子会社取締役会の提訴拒否決定の当否が審査され、原告が経営判断原則の保護を覆すことができた場合に、②の訴訟が開始される。
109　*Id.* at 939-940.
110　*Id.* at 940.
111　この文献において、「支配」は、「取締役会の過半数を安定的に選任することができるのに十分な株式の所有」と定義されている。*Id.* at 936. そして、「支配」には、「内部的支配」と「共通の外部的支配」の2つの形態があるとされる。「内部的支配」とは、親子会社間に存在する支配であり、「共通の外部的支配」とは、親子会社（および孫会社）が外部の単一の自然人または会社の管理下にあることであるとされる。*Ibid.*
112　*Id.* at 941（代表訴訟の理論と政策は、支配の存否と無関係であるとされる）.
113　*Ibid.*
114　理論上、提訴請求は、親会社・子会社・孫会社……と、上位の会社から順になされなければならないとされる。*Id.* at 942.
115　*See id.* at 941.
116　*Ibid.*

の判断において、重要であるとされる[117]。この見解は、経営判断原則の保護が強力であるため、とりわけ支配の要素がない事例において、多重代表訴訟が認められる場合は極めて限定的になることを示唆している[118]。

3　Painterの見解

第3の見解として、Painterの見解[119]がある。この見解については、不明確な部分もあるものの[120]、以下のようにまとめることができる。Painterも、「親会社株主が、親会社の代表訴訟提起権を親会社に代わって行使して提起する訴訟」として、二重代表訴訟を捉えている[121]。その上で、次の3つの場合において、二重代表訴訟は認められるとする。第1に、Painterは、不正行為者が親会社と子会社の双方を支配している場合（いわゆる共通支配の場合）を、二重代表訴訟が認められるべき1つの類型として挙げる[122]。その理由として、親会社と子会社のいずれによ

117　See id. at 941-942. 具体的には、次の4つの類型に分けて説明がなされている。第1に、親会社の取締役らが不正行為者である場合の二重代表訴訟においては、原告である親会社株主は全ての提訴請求を免除されるとする。親会社および子会社は、不正行為者の支配下にあり、どちらの取締役会も、独立した判断を下すことができるとは考えられないからである。第2に、各会社が不正行為者による共通の外部的支配の下にある場合においても、同様に、全ての提訴請求が免除されるべきであるという。他方、第3に、内部的支配が存在しても、不正行為者が取締役や共通支配者でなければ、全ての会社の取締役会への提訴請求が要求されるべきであろうと述べる。各取締役会は、原告株主の提訴請求に対して、なおも独立した判断を下すことができるからである。第4に、支配が存在しない状況においては、不正行為を行った取締役会を除いて、各取締役会への提訴請求が要求されるべきであるとする。Id. at 941-942.

118　Id. at 941.

119　William H. Painter, *Double Derivative Suit and Other Remedies with Regard to Damaged Subsidiaries*, 36 IND. L.J. 143（1961）.

120　See Locascio, *infra* note 132, at 736 n. 70（Painterの論文は、1961年までの二重代表訴訟の歴史について論じるが、どのような状況において裁判所は二重代表訴訟を認めるべきかという問題について、結論に到達していない）.

121　See Painter, *supra* note 119, at 145.

122　Id. at 150-151.

る提訴も期待することができず、二重代表訴訟を認めなければ、原告の救済も不正の是正も実現されえないことが述べられている。同様の考慮は、「不正行為者が親会社のみを支配しているものの、子会社が親会社の支配に服している場合」にも当てはまり、この場合にも共通支配の場合と同様に、二重代表訴訟が認められるべきであることが示唆されている[123]。第2に、Painter は、親会社が子会社を支配している場合においても、二重代表訴訟が認められると考えている。その理由は必ずしも明確ではないが、親会社が子会社を支配している場合には、役員の兼任、取締役と役員の一致およびその他の利益共同体の諸要素が親子会社間に存在するために、親会社の取締役は利害関係者であるとされ、提訴の可否を判断する資格を失うことが指摘されている[124]。第3に、Painter は、親会社が子会社を支配していない場合においても、二重代表訴訟が認められる可能性はあると述べる。すなわち、親会社経営陣による代表訴訟提起の拒否が、経営上の裁量を逸脱するものであり、会社の資産の浪費に匹敵する信認義務違反となる場合には、二重代表訴訟が認められるとする[125]。もっとも、取締役会には提訴の判断に際して広い裁量が与えら

---

[123] *Id.* at 151. 他方で、「不正行為者が親会社を支配しているものの、親会社は子会社を支配していない場合」、および「不正行為者が子会社のみを支配しており、親会社については支配していない場合」については、共通支配の場合と同列に論じることができないとされる。それぞれ、子会社または親会社が提訴について適切に判断することを期待できるからである。*Ibid.*

[124] *See id.* at 153-154. Painter は、親会社が子会社の支配を有していない場面において二重代表訴訟を広く認めることに対して、懐疑的である。その理由としては、親会社が子会社を支配していない場面では、本文で述べたような親子会社間の利益共同体的諸要素がほとんど存在しないことが挙げられ、また、会社荒らし訴訟の防止等の政策的理由も示唆されている。*Ibid.*

[125] *Id.* at 154. ここで浪費が問題とされる会社の資産とは、子会社に対する親会社の投資（子会社株式）であるとされる。*Ibid.* 前掲注43）において述べたように、Painter は、Goldstein 判決に対して、同判決は代表訴訟提起権を資産と考えてその浪費を信認義務違反と捉えるものであり、通常の資産の理解に反するとの批判を行っている。*See id.* at 146-147.

また、Painter は、提訴拒否に際しての親会社取締役会の信認義務違反は、親会社取締役に対する親会社の損害賠償請求権、ひいては親会社株主の通常の代

第1節　アメリカにおける多重代表訴訟制度

れるため、「支配」が存在しない場合に、二重代表訴訟が許容される場面は限定的であるとされる[126]。

結論部分において、Painter は、①親会社または不正行為者が子会社を支配している場合には、いつでも二重代表訴訟が認められ、また、②親会社取締役会が通常の代表訴訟の提起を拒否したことが信認義務違反となる場合にも、二重代表訴訟が認められるとする[127]。①のうち、不正行為者が子会社を支配している場合とは、共通支配の場合を指すものと思われる。また、①において「いつでも」とあるのは、提訴請求が免除されるとの趣旨であると読むことができる[128]。このように、Painter の見解も、提訴請求要件を通じて、二重代表訴訟の可否を判断するものであると位置づけることができる。

Painter は、二重代表訴訟について述べた上記のことは、多重代表訴訟一般に妥当すると述べている[129]。すなわち、通常は、被告による共通支配、または一方の会社による他方の会社の支配のどちらかによる、十分な支配関係が存在することを理由に、多重代表訴訟が認められるであろうと述べる[130]。また、支配関係が存在していない場合でも、前記信認義務違反のテストを各会社間において適用することによって、多重代表訴訟が認められる可能性があるとする[131]。

> 表訴訟提起権を生じさせるかもしれないとするが、親会社株主は通常の代表訴訟ではなく二重代表訴訟によって救済を受けるべきであると主張する。See id. at 155-159. この点に関しては、本章第2節において詳しく論じる（本章第2節第2款参照）。
> 126　Id. at 154.
> 127　Id. at 162.
> 128　See id. at 153-154.
> 129　Id. at 155.
> 130　Ibid.
> 131　Ibid. もっとも、審査の順序については、前記 New York University Law Review Note の見解が説くところ（前掲注114）参照）と正反対である。すなわち、Painter は、まず、最下層の会社に代わる通常の代表訴訟の提訴権の有無が審査され、その後、二重代表訴訟の提訴権の有無、三重代表訴訟の提訴権の有無の順に、原告株主の提訴権に至るまで、その有無が審査されると述べる。Ibid.

4　小括および Locascio の見解

　以上の3つの見解のように、20世紀後半の学説において、多重代表訴訟の構造は、通常の代表訴訟の構造を拡張したものであると理解されるようになった。すなわち、通常の代表訴訟と同様に、多重代表訴訟においても、原告株主には各会社の取締役会への提訴請求要件が課され、各取締役会の提訴拒否が不当である場合、または提訴請求が無益であるとして免除される場合にのみ、提訴が許されると理解されるようになった。多重代表訴訟は、関係する全ての会社の取締役会に対して提訴請求を行うことが要求される等、手続要件が増える点において、通常の代表訴訟と異なるものの、それ以外に通常の代表訴訟の場合と異なる特別な要件が課されるわけではない。二重代表訴訟は、「親会社株主が、親会社の代表訴訟提起権を親会社に代わって行使することによって、提起する訴訟」として理論構成され、同様に、三重代表訴訟も、「親会社株主が、親会社の二重代表訴訟提起権を親会社に代わって行使することによって、提起する訴訟」として理論構成されるようになった。

　多重代表訴訟を通常の代表訴訟の拡張として捉えるという考え方は、その後の学説においても見られるところである。上記3つの学説から30年近く後になって、理論構成には触れていないものの、通常の代表訴訟の政策的根拠が二重代表訴訟にも等しく妥当するという理由によって二重代表訴訟を承認する学説が、登場している。すなわち、Locascio の1989年の論文である[132]。Locascio は、二重代表訴訟を基礎づけるために従来の裁判例が挙げてきた様々な根拠をいずれも不十分であると批判した上で[133]、通常の代表訴訟の政策的根拠である「損害の塡補」と「不正の抑止」が二重代表訴訟においても同様に妥当するという理由によって、二重代表訴訟を根拠づける[134]。以下では、Locascio の見解を概観する。

　まず、Locascio は、通常の代表訴訟と同様に、二重代表訴訟も損害

---

[132] David W. Locascio, *The Dilemma of the Double Derivative Suit*, 83 Nw. U.L. Rev. 729 (1989).

[133] *Id.* at 743-753.

[134] *Id.* at 753-758.

塡補機能を有すると論じる[135]。すなわち、通常の代表訴訟においても二重代表訴訟においても、財産給付は被害を受けた会社に対してなされ、全ての株主と債権者がそのような財産給付によって間接的に利益を受ける[136]。二重代表訴訟は株主にとって不完全な損害塡補しかもたらさないかもしれないが、損害塡補機能の不完全性は二重代表訴訟に固有のものではなく、通常の代表訴訟においても生じる。二重代表訴訟を許容するために、裁判所は、エクイティ上、単に当事者が損害を被るおそれがあること以上の法的基礎を必要としない[137]。連邦最高裁判所は、Hawes v. Oakland 判決[138] において通常の代表訴訟を初めて承認したが、同判決は何らかの法理論を根拠としたわけではなく、株主が損害を被る地位にあることを理由とした[139]。Locascio は、二重代表訴訟も同様に、それ以上の正当化根拠を必要としないと述べる[140]。

次に、Locascio は、抑止機能について、二重代表訴訟では通常の代表訴訟の場合以上に重要になると論じる[141]。第1に、上場会社においては、株式市場や議決権行使にかかる委任状制度が取締役の行動を規律し、それが不正行為の抑止にもつながる[142]。しかしながら、株式保有が閉鎖的であることが多い子会社においては、株式市場や委任状制度による取締役への規律づけは不十分になる[143]。第2に、会社の法人格の階層が増えれば、不正行為が発見される可能性は小さくなる。ましてや、不正行為を是正するための訴訟が提起される可能性は、（二重代表訴訟制度がな

---

135 *Id.* at 755.
136 *See ibid.*
137 *Id.* at 756. エクイティが救済を与えることなく不正を容認することはないであろうということは、確立されたエクイティ上の原則である。*See id.* at 756 n. 230.
138 Hawes v. Oakland, 104 U.S. 450, 460（1881）.
139 Locascio, *supra* note 132, at 756.
140 *Ibid.*
141 *Ibid.*
142 *Id.* at 756-757.
143 *Id.* at 757.

ければ）さらに小さくなる[144]。子会社の活動をチェックする二重代表訴訟制度がなければ、取締役と経営者は、会社の法人格の層を1つ追加するだけで、自らを責任追及から隔離することができる。背信的な取締役は、会社の全ての事業活動を、子会社を通じて行うかもしれない[145]。二重代表訴訟制度は、株主の法的保護と経営とのバランスを改善させるであろう[146]。代表訴訟の原告適格を有する者が増えれば増えるほど、子会社の活動に対する監視が強化され、不正行為の発見と是正の可能性が高まり、ひいては、不正行為の抑止効果も高まる[147]。

Locascio は、「二重代表訴訟は、親会社株主が親会社の代表訴訟提起権を親会社に代わって行使することによって、提起される訴訟である」という理論構成を採用するのか否かについては、明確に述べていない。しかし、通常の代表訴訟の政策的根拠をもって二重代表訴訟の正当化根拠としており、通常の代表訴訟を拡張したものとして、二重代表訴訟を捉えている。この点において、Locascio は、前述の3つの学説と同じ方向性を示しているといえる。最近では、多重代表訴訟に関して学説上の議論が活発に展開されることはほとんどなく、多重代表訴訟を通常の代表訴訟の拡張として捉えることに、学説上異論はないように見える。

---

[144] *Ibid.*
[145] *Ibid.*
[146] *Id.* at 758.
[147] *Ibid.* このような主張に対して、Locascio は、「二重代表訴訟により過剰な抑止効果が生み出される」との批判がなされることを想定している。このような批判に対して、Locascio は、次のような反論を述べている。すなわち、経営判断原則によって、注意義務違反による訴訟から取締役は保護され、会社の意思決定の萎縮も防止される。取締役は、リスクのある事業上の決定を裁判所によって後知恵で批判されることを恐れる必要はなく、忠実義務違反による責任追及のみを警戒すればよい。その結果、子会社取締役による自己取引が過剰に抑制される可能性はある。しかし、そのような自己取引が子会社の利益になることは稀であり、そのような自己取引を促進する必要性は低い。したがって、子会社取締役の自己取引が過剰に抑制される可能性があることは、二重代表訴訟の禁止を正当化することにはならない。*Ibid.*

第 1 節　アメリカにおける多重代表訴訟制度

二　判例——Brown 判決

　以上のような学説の影響もあって、判例も、特別の根拠論に依拠することなく、通常の代表訴訟の延長線上にあるものとして、多重代表訴訟を認めるようになっていった。その代表例は、イリノイ州における Brown v. Tenney 事件の控訴審判決[148]と最高裁判決[149]である[150]。いずれも、二重代表訴訟の許容性およびその根拠について詳細に論じており、引用されることも多い重要な判決である。以下では、やや長くなるが、当該両判決について分析する。

【事実の概要】

　1975 年、原告 X（Brown）、被告 Y（Tenney）、および訴外 A の 3 人は、イリノイ州法に基づいて S 会社（Pioneer Commodities, Inc.）を設立した。3 人は S 会社の取締役に就任し、Y が社長となり、X が副社長となった。1982 年 8 月 31 日の時点において、S 会社の株主は、X（持株比率 48.5％）、Y（同 48.5％）、訴外 B（同 2％）および訴外 C（同 1％）の 4 名であった。同日、当該 4 名の株主は、イリノイ州法に基づいて P 会社（T/B Holding Co.）を設立し、保有している S 会社株式を同じ比率で P 会社株式と交換した。これによって、P 会社は S 会社の持株会社となったが、その後も、上記 4 名は P 会社を通じて S 会社における利益と支配を維持した。

　1983 年 12 月、X は、Y らを被告として、資産流用等の差止めおよび金銭的な救済を求め、個人訴訟ならびに P 会社および S 会社に代わって代表訴訟を提起した。当該訴訟における X の主張の内容は、Y が、1983 年 5 月に B・C の議決権行使委任状を得て、P 会社の支配権を取得した後、当該支配権を濫用して、S 会社の資産を流用するなどの不正行為を行ったというものであった。

148　Brown v. Tenney, 508 N.E.2d 347, 155 Ill.App.3d 605（1987）.
149　Brown v. Tenney, 532 N.E.2d 230, 125 Ill.2d 348, 126 Ill.Dec. 545（1988）.
150　なお、前述した Locascio の見解は、これらの判決の後に発表されたものであり、両判決から影響を受けている。

第一審裁判所において、Yは、当該不正行為時点においてXがS会社の株式を保有していなかったこと（行為時保有要件[151]の不充足）を理由に、XにはS会社に代わって代表訴訟を提起する原告適格がないと主張した。これを受けて、第一審裁判所は、修正訴状の提出の許可をXに与えずに、訴えを却下した。これに対し、Xは二重代表訴訟の理論の採用を主張して、控訴した。イリノイ州控訴裁判所は、次のように判示して、Xの二重代表訴訟提起権を認めた。

【控訴審判決判旨】
「二重代表訴訟は、親会社または持株会社の株主が、子会社に代わって訴えるという会社の派生的権利を派生的に行使するよう、求める訴訟である[152]。換言すれば、株主は、親会社または持株会社が子会社の保有する訴訟原因（the cause of action）に対して派生的な権利を有しているという事実に基づき、事実上、子会社に代わって代表訴訟を提起している[153]。一般的に、このタイプの訴訟は、本件のように親会社が子会社を所有および支配している場合に提起される[154]。……

イリノイ州の裁判所は、二重代表訴訟を承認すべきか否かという問題を、直接検討したことが未だない。いくつかの法域（jurisdictions）は、このような訴訟の承認を拒否した[155]。これらの法域が二重代表訴訟を認め

---

[151] 行為時保有要件（contemporaneous ownership requirement）とは、問題の不正行為が生じた時点において、原告が当該会社の株式を保有していなければならないという、通常の代表訴訟における原告適格要件である。その趣旨は、濫用的な訴訟の防止、および連邦裁判所における州籍相違管轄の濫用的取得の防止にある。*See* Note, *supra* note 90, at 1319.

[152] Note, *Suits by a Shareholder in a Parent Corporation to Redress Injuries to the Subsidiary*, 64 HARV. L. REV. 1313（1951）; 19 Am.Jur.2d Corporations sec. 2253, at 155（1986）; *see e.g.*, Birch v. McColgan（S.D.Cal. 1941）, 39 F. Supp. 358, 366.

[153] 13 Fletcher, Cyclopedia of Corporations sec. 5977, at 207（perm. ed. 1984）.

[154] 19 Am.Jur.2d Corporations sec. 2349, at 223（1986）; *see e.g.*, Breswick & Co. v. Harrison-Rye Realty Corp.（1952）, 114 N.Y.S.2d 25, 280 App.Div. 821.

[155] *See e.g.*, Busch v. Mary A. Riddle Co.（D.C.Del. 1922）, 283 F. 443; Sabre v. United Traction & Electric Co.（D.C.R.I. 1915）, 225 F. 601; Sheehan v. Municipal Light & Power Co.（S.D.N.Y. 1943）, 54 F. Supp. 169; Gaillard v.

第1節　アメリカにおける多重代表訴訟制度

ようとしないのは、行為時保有要件（原告株主は、問題の行為が行われた時点において、当該会社の株式を保有していなければならないという要件）への固執に基づくようである[156]。

　二重代表訴訟の承認は原告の行為時保有要件を緩和することになるにもかかわらず、主要な判例および学説は、このような訴訟の許容を支持する[157]。当該訴訟の受容は、現代の会社における変容しつつある技術と構造（the changing techniques and structures of the modern corporation）という、現実を認めるものである[158]。裁判所は、二重代表訴訟の採用を支持するため、様々な理論的根拠に依拠してきた[159]。二重代表訴訟を許容する裁判所が言及するもう1つの考慮事項は、次のようなものである：

> 『子会社に対する損害または損失の負担は、究極的には、子会社の資産価値および株式価値の下落の結果として生じる持株会社の株式価値の下落を通じて、持株会社の株主に降りかかる。』[160]

Natomas Co. (1985), 173 Cal.App.3d 410, 219 Cal.Rptr. 74 ; Schneider v. Greater M. & S. Circuit (1932), 259 N.Y.S. 319, 144 Misc. 534, 236 App.Div. 582.

[156] *See e.g.*, Gaillard v. Natomas Co. (1985), 173 Cal.App.3d 410, 219 Cal.Rptr. 74.

[157] *See generally*, 154 A.L.R. 1295 (1945) ; Note, *Suits by a Shareholder in a Parent Corporation to Redress Injuries to the Subsidiary*, 64 HARV. L. REV. 1313, 1314 (1951).

[158] Kaufman v. Wolfson (1956), 151 N.Y.S.2d 530, 532, 1 App.Div.2d 555.

[159] *See generally* Note, *Suits by a Shareholder in a Parent Corporation to Redress Injuries to the Subsidiary*, 64 HARV. L. REV. 1313, 1313-1314 (1951) ; 13 Fletcher, Cyclopedia of Corporations sec. 5977, at 207 (perm. ed. 1984)（持株会社は子会社に対するあらゆる不正行為を是正するために子会社に対する支配権を行使する義務を負い、持株会社株主は、事実上、当該義務の特定履行を求めることができる）; *see e.g.*, Goldstein v. Groesbeck (2d Cir. 1944), 142 F.2d 422（株主〔代表〕訴訟は本質的に権利を実現するための受益者による訴訟であるという理論を採用した）; United States Lines, Inc. v. United States Lines Co. (2d Cir. 1938), 96 F.2d 148（同一の個人により両会社が支配されているという事実に基づき訴訟が許容された）; Hirshhorn v. Mine Safety Appliances Co. (W.D.Penn. 1944), 54 F. Supp. 588（会社の法人格が否認された事例の類推によって訴訟が承認された）; Martin v. D.B. Martin Co. (1913), 10 Del. Ch. 211, 88 A. 612（エージェンシー概念に依拠して訴訟が許容された）。

[160] 19 Am.Jur.2d Corporations sec. 2349, at 223 (1986).

第 2 章　アメリカ法の考察

　本件において、Xのような地位にある株主の二重代表訴訟提起権を否定するための説得的な議論を展開する、コモンロー上またはエクイティ上の十分な反対理論を、当裁判所は何ら示されていないし、調査によっても見出すことができない。反対に、当裁判所は、会社の存在を統制する諸概念が、現代社会において変容しつつある会社にも適用可能でなければならないことに、賛成する。硬直した時代遅れな諸理論に無批判に従うことは、会社構造の実態に適合しない不公正な判決に帰着するかもしれない。これらの理由により、当裁判所は、二重代表訴訟がイリノイ州における法の一部となるべきであると考える。
　本件事案に当てはめると、Xは、訴状において、自己がP会社（S会社の全株式を有している）の株主であることを主張してきた。さらに、訴訟原因を生じさせるであろう、S会社に対してなされた様々な不正行為についても主張してきた。これに加えて、二重派生的な訴訟原因が認められるためには、両会社の取締役が、適切な提訴請求がなされた後に、各会社の名において訴訟を提起することを拒否したことが必要である[161]。Xは、本件において、Yに対して実際に提訴請求を行ったと主張する。しかしながら、一般的に、取締役の過半数が係争事項の関係者自身であるという本件のような事例では、提訴請求は無益であるため、明らかに免除されるであろうことにも留意すべきである[162]。Xが通常の代表訴訟を提起するために必要な要件を満たしているという事実に照らし、当裁判所は、本件の事実の下で、Xは二重代表訴訟を提起する原告適格を有すると考える。したがって、第一審裁判所は、修正訴状の提出の許可を与えなかった点において、判断を誤ったといえる。」[163]

　控訴審判決の要点として、次の5点を挙げることができる。第1に、二重代表訴訟は、親会社株主が親会社の代表訴訟提起権を親会社に代わって派生的に行使して、提起する訴訟であると判示されている。これは、前述した学説における二重代表訴訟の理論構成と一致している。第

161　13 Fletcher, Cyclopedia of Corporation sec. 5977, at 207（perm. ed. 1984）.
162　Conway v. Conners (1981), 101 Ill.App.3d 121, 126, 56 Ill.Dec. 610, 427 N.E.2d 1015.
163　*Brown*, 508 N.E.2d 347, at 349-351.

第1節　アメリカにおける多重代表訴訟制度

2に、「一般的に」二重代表訴訟は、親会社が子会社を所有かつ支配している場合に提起されると述べ、本件もそのような場合に当てはまるとしている。もっとも、二重代表訴訟が許容される場合が、そのような場合に限られるとまで、述べられているわけではない。第3に、本判決は、二重代表訴訟における行為時保有要件の理解として、問題の不正行為の時点において、親会社株主が子会社株式を保有している必要はないと解している。第4に、本判決は様々な根拠によって二重代表訴訟を承認してきた判例を引用しながらも、自らは特定の根拠論には依拠することなく、二重代表訴訟を認めている。その際、二重代表訴訟を否定すべき理由が存在しないという消極的な理由と、会社を統制する諸概念は現代社会における会社構造の変容に合わせて柔軟に適用されるべきである（さもなければ、会社構造の実態に適合しない不公正な結果が生じる）という積極的かつ実質的な理由を挙げている。これらの消極的および積極的理由は、第1款において検討した Holmes 判決の挙げる理由と類似している。二重代表訴訟の許容性に関する本判決の立場をまとめると、二重代表訴訟の構造を、「親会社株主が、親会社の代表訴訟提起権を親会社に代わって派生的に行使することによって、提起する訴訟」として捉えた上で、特別な根拠論に拠らずとも、前記の実質的な理由を考慮すれば、二重代表訴訟は承認されるべきである、という立場であるといえる。第5に、本判決は、二重代表訴訟の手続要件として、親子会社双方に対する提訴請求を原告株主に課している。これも、前記二重代表訴訟の構造論と整合的であり、学説の説くところとも一致している。

　以上のような控訴審判決に対し、Yは、イリノイ州法において二重代表訴訟が承認されるという点に異議を唱えて、上告した。Yは、二重代表訴訟を否定するために、次の4点を主張した[164]。①有力な先例は、二重代表訴訟を許容していない。②法律の制定時に立法府が二重代表訴訟を明示的に認めたわけではないため、裁判所に二重代表訴訟を認める権限はない。③二重代表訴訟の承認は、イリノイ州の公序（public policy）

164　*See Brown*, 532 N.E.2d 230, at 234.

に反する。④二重代表訴訟は、イリノイ州における起業に萎縮効果を与える。イリノイ州最高裁判所は、二重代表訴訟の許容性について、以下のように詳細に判示した上で、Yの上告を退けた。

【最高裁判決判旨】
　はじめに、最高裁は、他の法域において二重代表訴訟が認められるようになった背景、および他の法域における二重代表訴訟の手続等について、詳細に論じた。
　「持株会社は、他社の株式を集中的に保有する会社であり、それによって当該他社の方針や経営について管理・監督を行い、影響力を行使する[165]。『持株会社は、取締役の不正行為から株主を保護することに関して、多くの新たな問題を生じさせた』といわれてきた[166]。持株会社の株主は、子会社に対して通常の代表訴訟を提起することができない。なぜなら、代表訴訟を提起するための子会社株式所有の要件を、技術的に満たさないからである。通常の代表訴訟は、子会社の株主名簿上の株主（ここでは持株会社）によってのみ、提起されうる。ゆえに、持株会社の株主は、本件のように持株会社が不正行為者であるような場合でさえ、救済方法がない状態に置かれるであろう。会社の構造において〔法人格の〕階層が積み重ねられれば、多くの不正行為の是正が妨げられ、不正行為者は司法の介入を免れるであろう[167]。しかしながら、法は、一見正しいが実体のない仕組み、見せかけ、または行為の迂遠さによって騙されてはならない[168]。
　以上のような事態が発生し、被害者が『持株会社の株主は子会社に何ら利益を有さない』という誘惑的で不誠実な議論に陥れられることを防ぐため、裁判所は通常の代表訴訟という布（cloth）から1つの救済策を

165　See North American Co. v. Securities & Exchange Comm'n (1946), 327 U.S. 686, 701, 66 S.Ct. 785, 794, 90 L.Ed. 945, 956.
166　Note, *Remedies of Stockholder of Parent Corporation for Injuries to Subsidiaries*, 50 Harv. L. Rev. 963 (1937).
167　See Holmes v. Camp (1917), 180 A.D. 409, 411, 167 N.Y.S. 840, 842.
168　D.I. Felsenthal Co. v. Northern Assurance Co. (1918), 284 Ill. 343, 353-354, 120 N.E. 268.

第1節　アメリカにおける多重代表訴訟制度

こしらえた。すなわち、二重代表訴訟である[169]。通常の代表訴訟においては、株主は会社の行使されていない権限から直接的に提訴権限を取得する。二重代表訴訟においては、持株会社の株主は子会社に帰属している（かつ派生的な意味においてのみ持株会社に帰属している）権利の実現（enforce）を求める。このことは、二重代表訴訟の提訴権が直接的には（損害を受けた）子会社から生じることを意味するが、それには、子会社と持株会社の双方が侵害の是正を怠るか、拒否するか、または行いえないことが必要となろう[170]。持株会社の株主は、代表訴訟により生じる二次的な訴訟原因——持株会社に帰属している訴訟原因——を行使する扇動者（instigator）にすぎない[171]。

　二重代表訴訟の直接的な受益者は、通常の代表訴訟の場合と同様、提訴権を元々有していた子会社であり、あらゆる財産回復は子会社に給付される[172]。二重代表訴訟の間接的な受益者は、持株会社の派生的権利を利用して、子会社に代わって訴訟を提起した『代闘士（champion）』株主である。二重代表訴訟の提訴権は、持株会社が財産や資産の保護を怠ったときに、その株主に生じる。子会社は持株会社によって支配・管理されている。そのため、『代闘士』株主は、弁護士報酬や訴訟費用を持株会社に支払ってもらえるかもしれない。さらに、持株会社の全株主が、子会社財産の回復を通じて、持株会社の株式価値の上昇を享受するであろう[173]。

　通常の代表訴訟の背後にある指導原理に従うと、侵害を受けた子会社は、実質的利益当事者であるため、被告として二重代表訴訟の当事者と

---

169 〔訳注〕原文は "courts have fashioned a remedy from the single derivative cloth——the double derivative suit" となっており、"suit" には訴訟とスーツ（服）の2つの意味が掛けられている。
170 *See e.g.*, Haberman v. Washington Public Power Supply System（1987）, 109 Wash.2d 107, 147, 744 P.2d 1032, 1060, *mod. on other grounds*（1988）, 110 Wash.2d 24, 750 P.2d 254 ; *see also* 13 W. Fletcher, Cyclopedia of Private Corporations § 5977, at 207（perm. ed. 1984）; Annot., 154 A.L.R. 1295（1945）.
171 Feen v. Ray（1985）, 109 Ill.2d at 345, 93 Ill.Dec. 794, 487 N.E.2d 619.
172 *Haberman*, 109 Wash.2d at 147-148, 744 P.2d at 1060.
173 19 Am.Jur.2d Corporations § 2349, at 223（1986）.

第2章 アメリカ法の考察

されなければならない[174]。そして、原告株主は、持株会社に帰属している派生的権利を行使しているため、持株会社も被告として指名しなければならない[175]。」[176]

続いて、最高裁判所は、本題である「イリノイ州において二重代表訴訟は認められるべきか」という問題について、両当事者の主張を踏まえながら論じた。ここで、最高裁判所は、Yの上告における前記4つの主張に対する回答を述べている。

まず、Yの①の主張（先例は二重代表訴訟を承認していないとの主張）に対して、裁判所は次のように判示する。

「二重代表訴訟は、エクイティにおいて長く認められている法理であり、株主と会社の関係をカバーするエクイティ上の諸原理から成るキルト作品に、1世紀以上も昔から編み込まれてきた[177]。二重代表訴訟を根拠づける理論は様々であったが[178]、Yの主張とは反対に、二重代表訴訟はほとんど普遍的に受容されている[179]。

Yは、二重代表訴訟を承認しなかったものとして、いくつかの事例を引用する。当裁判所が、これらの事例について詳細に論じる必要はない。なぜなら、それらの事例は、持株会社と子会社が存在する場面に関する

174　Druckerman v. Harbord (1940), 174 Misc. 1077, 22 N.Y.S.2d 595.
175　Sternberg v. O'Neil (Del. Ch. 1987), 532 A.2d 993, 999.
176　*See Brown*, 532 N.E.2d 230, at 233-234.
177　*See* Ryan v. Leavenworth, Atchison & Northwestern R.R. Co. (1879), 21 Kan. 365, 402-404.
178　*See e.g., Brown*, 155 Ill.App.3d at 609, 108 Ill.Dec. 186, 508 N.E.2d 347 (and cases cited therein) ; *see also* Breswick & Co. v. Harrison-Rye Realty Corp. (1952), 280 A.D. 821, 114 N.Y.S.2d 25, 26（持株会社と事業会社の関係）; Piccard v. Sperry Corp. (S.D.N.Y. 1939), 30 F. Supp. 171, 171-173（子会社が単なる導管または道具であること）.
179　*See e.g.*, Kennedy v. Nicastro (N.D.Ill. 1981), 517 F. Supp. 1157, 1162 ; Gadd v. Pearson (M.D.Fla. 1972), 351 F. Supp. 895, 900-901 ; Kaufman v. Wolfson (1956), 1 A.D.2d 555, 557, 151 N.Y.S.2d 530, 532-534 ; *see also* 2 Model Business Corp. Act 761-762 (3d ed. Supp. 1987) ; Model Business Corp. Act 50 (2d ed. 1971) ; BLUMBERG, THE LAW OF CORPORATE GROUPS : PROCEDURAL LAW § 16.01 et seq., at 350-357 (1983).

第1節　アメリカにおける多重代表訴訟制度

ものではないからである。むしろ、それらの事例は、会社の合併後における訴訟の存続に関するものである。それゆえ、当裁判所はそれらの事例に従わない。

　圧倒的多数の先例は、二重代表訴訟を容認する。とりわけ、本件のように、子会社が持株会社によって管理（controlled）または支配（dominated）されている場合に、容認している[180]。」[181]

　次に、Yの②の主張（二重代表訴訟の承認は司法立法に等しいとの主張）に対して、裁判所は次のように述べる。
　「Yは、当裁判所が二重代表訴訟を承認することは司法立法に等しいと主張する。Yの主張とは反対に、本判決は、代表訴訟のエクイティ上の起源と、株主・会社間の関係におけるエクイティの原理の優先適用（prior application）を承認するものにすぎない。

　株主代表訴訟は、受益者による訴訟以外の何物でもないといわれてきた。二重代表訴訟は、この理論の単なる拡張であり、この場面では受益者が今度は受認者にもなる[182]。……

　本件において、Xは、Yが自己の利益のために子会社および一連の出来事を指図した不正行為者であると主張する。Yは、持株会社も支配しているため、子会社の方針を制約なく意のままに支配・指揮しており、不正を妨げられることがない。言い換えると、Xによれば、子会社〔における活動〕は、誰からも責任を問われない。なぜなら、その株主つまり持株会社は、不正行為者によって、支配されているからである。このような状況の下で救済を否定することは、正義に反する。当裁判所は、会社の形態を無視（look through）してもよい。

　もし、持株会社が存在しなければ、子会社も存在しないであろう。そ

---

[180] *See e.g.,* Principles of Corporate Governance : Analysis & Recommendations §7.02, at 48-49（Tent. Draft No. 8, 1988）（より一般的で、かつ、より望ましい実務は、当該〔二重代表訴訟の〕法理を、原告株主の会社が、被害を受けた会社に対して少なくとも事実上の支配持分を有する場合に、限定するというものである）; S. Solomont & Sons Trust, Inc. v. New England Theatres Operating Corp.（1950）, 326 Mass. 99, 110, 93 N.E.2d 241, 247.

[181] *Brown*, 532 N.E.2d 230, at 234-235.

[182] Goldstein v. Groesbeck（2d Cir. 1944）, 142 F.2d 422, 425.

の場合、少数派株主は、通常の代表訴訟を難なく提起することができるであろう。現実には、本件において持株会社が盾として使われている。子会社の真の所有者は、持株会社ではなく、原告を含めた持株会社の株主である。〔救済が〕子会社と持株会社の双方によって不正に妨げられる場合、原告が唯一頼りにすることができるのは、裁判所である。

　株主によって提起される訴訟に貼られたラベル（例えば単純、二重、三重、多重）が何であれ、それはなお本質において派生的なもの（derivative）であり、ゆえにエクイティの原理に服する[183]。したがって、持株会社の株主は、持株会社および子会社に対して提訴請求を行い、両社が提訴を拒否した後に、持株会社によって管理または支配されている子会社に代わって、二重代表訴訟を提起することができると当裁判所は判断する。」[184]

　最後に、Yの③および④の主張（二重代表訴訟はイリノイ州の公序に反するとの主張、およびイリノイ州での起業を萎縮させるとの主張）に対して、裁判所は次のように述べる。

　「Yは、事業免許税（franchise tax）の税収の減少、取締役のための責任保険の財源不足、あらゆる情報の要求が会社に押し寄せること、および株主による訴訟の氾濫など、二重代表訴訟を否定すべき政策的理由を主張している。しかし、当裁判所は、これらの結果が生じるであろうとは予測しない。むしろ、背信的な、濫用的な、そして狡猾な取締役や役員が子会社に対して犯した不正を持株会社の株主が是正することができないという結果を、当裁判所は懸念する。」[185]

　以上のように判示して、イリノイ州最高裁判所は二重代表訴訟を承認し、上告を棄却した。

最高裁も、控訴審判決と同じく、二重代表訴訟がほぼ普遍的に受容さ

---

[183] *See* Rosenthal v. Burry Biscuit Corp. (1948), 30 Del. Ch. 299, 309-313, 60 A.2d 106, 111-113（代表訴訟は、エクイティ上において提訴されなければならない。なぜなら、それはエクイティ上の救済だからである）.
[184] *Brown*, 532 N.E.2d 230, at 235-236.
[185] *Brown*, 532 N.E.2d 230, at 236.

れていること、および先例のほとんどは親子会社間に支配関係がある場合のものであることを指摘している。また、多重代表訴訟を通常の代表訴訟の拡張として捉えている点、および親子会社双方に対する提訴請求を手続要件として要求している点も、控訴審判決ひいては前述の学説と一致している。

最高裁判決が控訴審判決とやや異なっている点は、エクイティの原理を強調している点である。すなわち、二重代表訴訟は、子会社の役員や取締役の責任を問う者がいなくなるという、持株会社の利用の弊害に対処するために、通常の代表訴訟と同様にエクイティ上の原理として発展してきたものであると、最高裁は判示した。これにより、二重代表訴訟が通常の代表訴訟の延長線上にあることが、一層明確になったといえる。

最高裁は、多重代表訴訟を認めるべき実質的理由において、「親子会社間の支配関係」を重視している。しかし、最高裁が「親子会社間の支配関係」を独立の法的要件として課すのか、それとも提訴請求レベルにおける重要な考慮要素として考えているのかは、明らかでない。二重代表訴訟が通常の代表訴訟の理論の「単なる拡張」であるという判示は、後者の理解と親和的である。

三　伝統的理論における多重代表訴訟制度の概要

上述のように、20世紀後半において、判例および学説は、「二重代表訴訟は、親会社株主が親会社の代表訴訟提起権を親会社に代わって行使することによって、提起される訴訟である」と理解するようになった。すなわち、「多重代表訴訟は、原告株主が実体法上の権利から2度以上派生した権利（a right twice or more derived）[186]を行使することによって、提起される訴訟である」という、多重代表訴訟の伝統的な理論が確立した。そして、多重代表訴訟は、特別な根拠や理論に基づかなくとも、通常の代表訴訟の拡張として、当然に認められるようになった。以下では、このような伝統的な理論の下での多重代表訴訟制度の概要――具体的に

---

[186] See NORMAN D. LATTIN, THE LAW OF CORPORATIONS 433 (2d ed. 1971).

は、多重代表訴訟の認められる範囲、および多重代表訴訟の手続——について論じる。

1　多重代表訴訟の認められる範囲——支配関係の要否

多重代表訴訟の認められる範囲については、親会社が子会社を支配している場合に限定されるべきかが、主に問題とされてきた。他方で、完全親子会社関係の存在や子会社の規模によって、多重代表訴訟の範囲を限定すべきであるとの主張は見られない[187]。ここでは、支配関係の要否について、若干の考察を行う。

前記 Brown 事件最高裁判決は、親会社による子会社の支配を重視していた。また、多重代表訴訟が許容された事例のほとんどにおいて親会社が子会社を支配していたことが、同判決によって指摘されていた。アメリカ法律協会の策定した「コーポレート・ガバナンスの原理：分析と勧告」§7.02 のコメント f においても、「より一般的で、かつ、より望ましい実務は、原告がその株主であるところの会社が、被害を受けた会社に対して、少なくとも事実上の支配持分（a de facto controlling interest）を有する状況に、〔二重代表訴訟の〕法理を限定するものである」と述べられている[188]。

しかし、上記コメントは、その理由を述べておらず、その趣旨は必ずしも明確でない。ただ、§7.02 のレポーターズノートにおいて、上記コメントの立場を根拠づけるものとして、本款の一において示した3つの学説[189]が引用されている[190]。これらの学説は、支配関係を独立の要件として捉えているわけではなく、提訴請求要件における重要な考慮要素の

---

[187] 「〔二重代表訴訟は、〕子会社が完全に所有されている場合、または他の誰も訴えることができない場合のみに、限定される必要はない」と判示した判例もある。See Kaufman v. Wolfson, 1 A.D.2d 555, 557, 151 N.Y.S.2d 530, 532 (1956).

[188] AMERICAN LAW INSTITUTE, *supra* note 73, at §7.02 Comment f.

[189] すなわち、Harvard Law Review Note の見解、New York University Law Review Note の見解、および Painter の見解の3つである。

[190] AMERICAN LAW INSTITUTE, *supra* note 73, at §7.02 REPORTER'S NOTE 8.

第1節　アメリカにおける多重代表訴訟制度

1つとして捉えているといえる[191]。したがって、上記コメントも、支配関係を独立の要件として挙げているわけではなく、提訴請求要件における重要な考慮要素として、考えているものと推測することができる[192]。

また、実際の裁判例においても、被告が親子会社双方を支配している場合（共通支配の場合）には、親会社と子会社の間に支配関係が存在しなくても、多重代表訴訟が許容されている[193]。さらに、傍論ながら、多重代表訴訟において、親会社による子会社株式の最低保有数に関する要件を設けることは、妥当でないと述べた判例もある[194]。支配関係がないこと自体を理由に、訴えを却下した裁判例は、ほとんど見当たらない[195]。学説においても、支配関係を独立の要件として要求する見解はほとんど見られず[196]、

191　New York University Law Review Note の見解は、このことを明示している（本款一2 参照）。
192　このような理解は、「より一般的で、かつ、より望ましい実務」という同コメントの曖昧な表現にも、親和的であるように思われる。
193　*E.g.*, United States Lines, Inc. v. United States Lines Co., 96 F.2d 148（2d Cir. 1938）; S. Solomont & Sons Trust, Inc. v. New Eng. Realties Operating Corp., 326 Mass. 99, 93 N.E.2d 241（1950）; West v. West, 825 F. Supp. 1033（N.D.Ga. 1992）.
194　Saltzman v. Birrell, 78 F. Supp. 778, 783（S.D.N.Y. 1948）.
195　二社の間に支配関係が存在しないことを理由に、二重代表訴訟を認めなかった判決としては、Pessin v. Chris-Craft Industries, Inc. 判決がある。同判決は、支配関係を要求する理由として、二社間に支配関係が存在すれば、両社の独立性が認められず、提訴を期待することができないことを挙げる。したがって、二社間の支配関係のほかに提訴懈怠の可能性を基礎づける事情があれば、二重代表訴訟を認める趣旨の判決であるように思われる（実際に、同判決が先例として引用する Kaufman 判決は、親会社が子会社の支配的持分を保有していなかったものの、被告による関係会社に対する共通支配が存在したために三重代表訴訟が認められた事例であった。前掲注33) 参照）。*See* Pessin v. Chris-Craft Industries, Inc., 181 A.D.2d 66, 72（N.Y. App. Div. 1992）.
196　支配関係を重視する学説として、Blumberg の見解がある。Blumberg は、多重代表訴訟の根拠を「単一の企業（a single enterprise）」の概念に求め、支配関係をその要件と考えている。すなわち、Blumberg は次のように論じる。親会社株主は、「単一の企業」を構成する全ての会社の事業と業務に法的利害関係を有する。それゆえ、親会社株主は、（親会社・子会社を問わず）企業のあらゆ

第2章 アメリカ法の考察

明示的に支配関係は要件でないと述べる見解もある[197]。以上の考察から、支配関係は独立の要件ではなく、あくまで提訴請求要件における重要な考慮要素にとどまると見るのが、妥当であると思われる。

2 多重代表訴訟の手続

次に、伝統的な理論の下における多重代表訴訟の手続について、二重代表訴訟の場合を例に概観する。基本的に、二重代表訴訟では、通常の代表訴訟における手続要件が、親会社と子会社との間、および親会社株主と親会社との間において、要求される。これは、二重代表訴訟の提訴権が、子会社に帰属する請求権から2度派生して生じるものである（換言すれば、二重代表訴訟は、2つの通常の代表訴訟が積み重なって1つの訴訟になったものである）という、二重代表訴訟の伝統的な理論から、論理的に導かれる[198]。具体的には、次の3点を指摘することができる。

第1に、提訴請求手続は、親子会社両方の取締役会に対して行うことが要求される[199]。通常の代表訴訟において、株主が会社から「派生」的に提訴権を取得するには、①取締役会に対して提訴請求を行い取締役会

　　　る場所で生じる不正を是正するために、（単純・多重を問わず）代表訴訟を提起することができる。そして、同じ「支配」の下にある関係会社の集団が、「単一の企業」とみなされる。Phillip I. Blumberg, The Law of Corporate Groups: Procedural Problems in the Law of Parent and Subsidiary Corporations § 16.02-16.04 (1983).

197　See Note, supra note 98, at 941; Lattin, supra note 186, at 433; Comment, Corporations——A Multiple Derivative Action is Valid in Certain Instances Though the Corporation in Which Plaintiff Holds Shares Does Not Own a Controlling Interest in the Corporation Which Controls the Corporation in Whose Behalf Plaintiff Sues, 44 Geo. L.J. 334, 335-336 (1956) (前掲注194) に対応する本文において論じた Saltzman 判決の立場を支持する).

198　前掲注96) 参照。

199　See e.g., Brown, 532 N.E.2d 230, at 235-236; see also Note, supra note 90, at 1318; Note, supra note 98, at 941. なお、Lattin は、子会社取締役会が親会社取締役会によって支配されている場合は、子会社に対する提訴請求は無益となるため、親会社に対してのみ提訴請求を行えばよいであろうと述べる。Lattin, supra note 186, at 433.

が提訴を不当に拒否すること、または②提訴請求が無益であるとして免除されることが必要である。二重代表訴訟では、提訴権の「派生」が2度必要になる。したがって、親会社株主は二重代表訴訟を提起するために、親会社の取締役会および子会社の取締役会について、①提訴請求を行った上で、提訴が不当に拒否されたことを主張するか、または②提訴請求の無益性を主張するかしなければならない。

第2に、行為時保有要件[200]も、親会社株主と親会社との間、および親会社と子会社との間の両方に適用されると一般的に理解されている[201]。もっとも、行為時保有要件の硬直的な適用は、適切な訴訟をも妨げてしまうおそれがあるため、行為時保有要件は柔軟に適用すべきであるとの主張も少なくない[202]。

第3に、通常の代表訴訟において会社が不可欠当事者（indispensable party）[203]であることから、二重代表訴訟においては親子会社双方が不可欠当事者になると解されている[204]。もっとも、学説では子会社に判決効

200　前掲注151) 参照。

201　*See* LATTIN, *supra* note 186, at 433-434；Note, *supra* note 98, at 943；Comment, *supra* note 197, at 336-337.

202　例えば、Lattin は、行為時保有要件の杓子定規的な適用は適切な訴訟をも阻害してしまうとして、要件の趣旨に合った範囲においてのみ、行為時保有要件を適用すべきであると主張する。LATTIN, *supra* note 186, at 434；*see also* Note, *supra* note 98, at 943（不正行為者が、不正行為の後、原告株主による行為時保有ルールの遵守を妨げうる地位にある場合には、同ルールの厳格な適用に対して、救済を与えることが望ましい）；Comment, *supra* note 197, at 336-337（少なくとも、不正行為後の株式の譲渡が違法である場合、および法人格否認の法理によって株式の譲渡人と譲受人が一体とみなされる場合には、例外として二重代表訴訟の提起は妨げられない）；Note, *supra* note 90, at 1319（親会社と子会社との間にも行為時保有要件を適用することによって、多くの正当な訴訟までもが排除されてしまう危険が生じる。当該危険は、嫌がらせ目的で二重代表訴訟が利用されるリスクよりも、重大であるように思われる）.

203　前掲注13) 参照。

204　*See* Painter, *supra* note 119, at 159 n. 46；Busch v. Mary A. Riddle Co., 283 F. 443, 444 (D. Del. 1922)；Levine v. Milton, 219 A.2d 145, 146 (Del. Ch. 1966)；Sylvia Martin Foundation, Inc. v. Swearingen, 260 F. Supp. 231, 234 (S.D.N.Y. 1966).

が及べば親会社もそれに拘束されることから、子会社のみを不可欠当事者とすれば足りるとする見解もある[205]。

第4款　デラウェア州における多重代表訴訟の法理の展開

デラウェア州において、多重代表訴訟の法理が展開されるようになったのは、主に1980年代以降である。デラウェア州の裁判所は、他州の裁判所とは異なって、多重代表訴訟の正当化根拠に関する議論を展開することはせず、主に手続要件の面について判示してきた。もっとも、その判示内容を見る限り、「二重代表訴訟は、親会社株主が親会社の代表訴訟提起権を親会社に代わって行使することによって、提起される訴訟である」という、伝統的理論を継承していたと考えられる。ところが、近年、デラウェア州最高裁判所は多重代表訴訟の構造についての新たな理論を提唱し、デラウェア州における多重代表訴訟制度のあり方は大きく変容している。以下では、伝統的理論を継承し発展させていった時期（一）と、新たな理論を独自に展開していった時期（二）の2つの時期に分けて、デラウェア州における多重代表訴訟制度の発展過程を分析・検討する。

一　伝統的理論の継承

まず、伝統的な理論を継承し発展させていった時期における、デラウェア州の多重代表訴訟制度の状況について検討する。具体的には、3つのデラウェア州最高裁判所の判決を分析する。これらの判決は、いずれも、多重代表訴訟の手続面について、重要な判示を行ったものである。以下、年代順に、各判決を分析する。

---

[205] *See* Note, *supra* note 90, at 1319 ; LATTIN, *supra* note 186, at 434.

第 1 節　アメリカにおける多重代表訴訟制度

1　二重代表訴訟の承認

デラウェア州最高裁判所は、1988 年の Sternberg v. O'Neil 判決[206]において、二重代表訴訟を初めて承認した[207]。同事件では、オハイオ州会

---

[206]　Sternberg v. O'Neil, 50 A.2d 1005（Del. 1988）.
[207]　Sternberg 判決の前にも、デラウェア州衡平法裁判所においては、二重代表訴訟が認められていた。すなわち、Leibert v. Grinnell Corp., 194 A.2d 846, 847（Del. Ch. 1963）は、二重代表訴訟の形で提起された訴訟について、「見たところ、原告は二重派生理論（double derivative theory）に基づいて提訴している」と述べて、二重代表訴訟であることを認めていた。もっとも、その許容性などの法的問題については、何ら言及していない（そもそも、当事者間においても、争われていなかった）。

　なお、次の 3 つの裁判例も、多重代表訴訟を肯定したデラウェア州衡平法裁判所の判例として挙げられることがある。しかし、以下に述べるとおり、いずれも、デラウェア州法において二重代表訴訟を一般的に認めた判例であるとは、いえないと考えられる。

　第 1 に、1913 年の Martin v. D. B. Martin Co., 88 A. 612, 10 Del. Ch. 211（1913）が、二重代表訴訟の例として紹介されることがある。しかし、前掲注 14）において述べたように、この判決は、親会社株主が親会社を被告として子会社の帳簿等の提出を求めた事案に関するものであり、二重代表訴訟の例といえるか疑わしい。

　第 2 に、Levine v. Milton, 219 A.2d 145（Del. Ch. 1966）がある。同事件は、パナマの会社である P 会社の株主 X が、P 会社の完全子会社であり同じくパナマの会社である S 会社の取締役等を被告として、二重代表訴訟を提起したというものである。デラウェア州衡平法裁判所は、次の 2 つの理由を述べて当該訴えを却下した。1 つは、二重代表訴訟において親会社と子会社は不可欠当事者であるが、双方とも出廷しておらず、かつ出廷を強制する手段もないという理由である。もう 1 つは、パナマの会社法には、二重代表訴訟制度はおろか代表訴訟制度すら存在しないという理由である。このように、本判決においては、デラウェア州会社法において二重代表訴訟が承認されるか否かは問題となっていない。

　第 3 に、Schreiber v. Carney, 447 A.2d 17（Del. Ch. 1982）も、二重代表訴訟を認めた判決として紹介されることがある。See Locascio, supra note 132, at 744-745. この判決は、S 会社の株主 X が、組織再編合併（reorganization merger）の結果、S 会社の完全親会社 P 会社の株主となった後、組織再編前の行為に関して、S 会社に代わって代表訴訟を提起したという事案に関するものである。デラウェア州では、合併によって元の会社の株式を失った株主は、原

社の完全子会社である、デラウェア州会社の有する請求権にかかる二重代表訴訟について、デラウェア州裁判所の裁判権の有無が争われた。デラウェア州最高裁判所は、二重代表訴訟が適法であることを前提に、同事件に関するデラウェア州裁判所の裁判権を認めた。

　Sternberg 判決は、二重代表訴訟が許容される根拠に関して特に論じておらず、二重代表訴訟の適法性を当然の前提として認めている[208]。前款までにおいて見たとおり、1980 年代後半当時には、他の多くの州に

>　則として、代表訴訟の原告適格を失うという判例法理が存在するため、X の原告適格の有無が争われた。衡平法裁判所は、同法理の例外として、組織再編合併が、旧会社（S 会社）の株式と新たに設立された持株会社（P 会社）の株式との交換にすぎず、旧会社と新会社の構造が事実上同一である場合には、代表訴訟の原告適格は失われないと判示した。この考え方は、後の判例においても継承され、原告適格喪失の法理には「組織再編の例外」があると解されている（後掲注 221）参照）。本判決をもって、二重代表訴訟を一般に承認した判例として位置づけることには、疑問がある。確かに、本判決は、「本件訴訟は、実際は二重代表訴訟である」と述べているし（*Schreiber*, at 22）、X が S 会社の権利を代位行使していることに疑いはない。しかし、デラウェア州においては、後述するように、通常の代表訴訟の原告適格は合併が行われた場合には原則として失われ、株主は、改めて二重代表訴訟を提起しなければならないと解されている。本件のように、合併によっても代表訴訟の原告適格が失われないとする例外は、従前の（通常）代表訴訟の原告適格を継続させるものと考えられており、二重代表訴訟の例として扱われていない（本判決後の判例も、本判決を二重代表訴訟の例として挙げていない）。したがって、二重代表訴訟を一般に認めたものとして本判決を位置づけることは、適切ではないと思われる。例えるならば、日本の会社法 851 条や 847 条の 2 をもって、二重代表訴訟が一般的に認められているとは解されていないのと、同じであるといえる。
>
> [208] *Sternberg*, 50 A.2d 1005, at 1007. Sternberg 事件では、親会社がオハイオ州会社であることから、同判決は、デラウェア州法ではなくオハイオ州法を適用したのであって、デラウェア州法において二重代表訴訟を認めた判例であるとはいえないかもしれない。しかし、同判決は、オハイオ州法が適用されるのはデラウェア州における管轄が確定した後においてであると述べており、管轄の有無を決定するにあたって、オハイオ州法を適用したわけではないと考えられる。*See id.* at 1122-1123. 一般に、Sternberg 判決は、デラウェア州法において二重代表訴訟を承認したものであると解されている。*See* Lambrecht v. O'Neal, 3 A.3d 277, 283 n. 13（Del. 2010）。

おいて多重代表訴訟の法理が確立していた。そのために、本件では、多重代表訴訟の適法性自体については争われず、デラウェア州最高裁判所も特に問題としなかったものと思われる。

また、Sternberg 判決は、親会社と子会社の双方が二重代表訴訟の不可欠当事者であると判示した点においても、注目される[209]。この点に関する同判決の理由づけには問題もあるものの[210]、親会社と子会社の双方が不可欠当事者であるとする結論自体は、伝統的な理解と整合的であるといえる。

2 二重代表訴訟における提訴請求手続

次に、デラウェア州最高裁は、Rales v. Blasband 判決[211]において、二重代表訴訟における提訴請求の無益性の審査基準に関し、重要な判断を示した。

Rales 判決を理解するための前提として、デラウェア州法における通常の代表訴訟の提訴請求手続の概要を確認しておく。デラウェア州において代表訴訟の提起が認められるのは、①原告株主が取締役会に提訴請

---

209 *Sternberg*, 50 A.2d 1005, at 1124. この点について、Sternberg 判決は、前掲注 207）の Levine 判決を引用している。
210 Sternberg 判決は、「通常の代表訴訟において、会社は不可欠当事者である。財産の回復に際して、金銭給付を受領することができるように、会社の存在が要求される。同じ論理が、二重代表訴訟にも適用される。親会社は、子会社に対する二重代表訴訟の不可欠当事者である。なぜなら、子会社の被った損失に対する財産回復は、親会社へと向かうであろう（would go to the parent）からである」と述べる。*Ibid.* しかし、二重代表訴訟において、財産の給付を直接に受領するのは子会社である。親会社は、子会社財産の回復を通じて間接的に利益を受けるが、そのことは親会社が不可欠当事者であることの理由にはならないであろう。親会社が不可欠当事者となる理由としては、「二重代表訴訟には、原告が親会社から提訴権を取得する訴訟が、構成要素として含まれているからである」という説明の方が、説得的であると思われる。Sternberg 判決の前記判示は、その後の裁判例においても、批判されている。*See* Hamilton Partners, L.P. v. Englard, 11 A.3d 1180, 1199-1200（Del. Ch. 2010）.
211 Rales v. Blasband, 634 A.2d 927（Del. 1993）.

求を行い、かつ、取締役会がそれを不当に拒否した場合、または②提訴請求が無益であるとして免除される場合に、限定されている[212]。もっとも、①のように提訴請求をすることは、取締役会の判断能力を承認したことと解釈され[213]、原告株主にとって不利益になる。そのため、通常、原告株主は、②の方法を選択して、提訴請求を行わずに代表訴訟を提起する。それに対して、被告により訴状却下の申立てがなされ、訴答(pleading)段階において、「提訴請求の無益性」の有無が争われることになる。提訴請求の無益性は、Aronson v. Lewis 判決[214]が示した基準により審査される。その基準とは、原告により主張された具体的事実に基づき、①取締役（の過半数）が利害関係を有さず独立していること、または②問題とされる取引（the challenged transaction）が経営判断の適切な行使の成果であったことについて、合理的な疑いが生じるか否かというものである（Aronson テスト）[215]。このように、Aronson テストは、訴訟で問題とされる取引についての取締役会の意思決定に焦点を当てている。したがって、問題とされる取引についての取締役会の意思決定が存在しない場合には、Aronson テストを適用することはできない[216]。

Rales 事件では、問題とされる取引が行われた後に親子会社関係が形成され、それによって親会社の株主となった原告（元子会社株主）が、二重代表訴訟[217]を提起した。本件において問題とされた取引は、親子会

212 *See* Levine v. Smith, 591 A.2d 194, 200 (Del. 1991); Del. Ch. Ct. R. 23.1 (a).
213 *See* Spiegel v. Buntrock, 571 A.2d 767, 775 (Del. 1990).
214 Aronson v. Lewis, 473 A.2d 805 (Del. 1984).
215 *Aronson*, 473 A.2d 805, at 814.
216 Aronson テストを適用することができない場合として、主に次の3つの場合がある。すなわち、①問題とされている経営判断を行った取締役会の過半数が入れ替わっている場合、②代表訴訟の対象が取締役会の経営判断ではない場合（監視義務違反が対象となっている場合等）、③問題とされる経営判断が他の会社の取締役会によってなされた場合（多重代表訴訟の場合等）である。*See Rales*, 634 A.2d 927, at 934.
217 当初、このような代表訴訟（親子会社関係形成前の子会社における取引に関して、親子会社関係の形成後に初めて、提起された代表訴訟）は、二重代表訴訟のいとこ（a first cousin）ではあるが、通常の代表訴訟でも二重代表訴訟で

社関係の形成前に子会社においてなされたものであり、それに関する親会社取締役会の意思決定は、およそ存在しなかった。そのため、本件は、親会社取締役会への提訴請求の無益性を審査するにあたり、Aronson テストを適用することができない事案であった。

Rales 判決は、Aronson テストを適用できない場合には、提訴請求に関する取締役会の決定の信頼性に焦点を当てて提訴請求の無益性を判断すべきであるとして、次のような基準を提示した。すなわち、「具体的事実に基づき、訴状提出時点において、取締役会が、提訴請求への応答にあたり、利害関係なく、独立した経営判断を適切に行使することができるであろうということに、合理的な疑いが生じるか否か[218]」というものである（Rales テスト）。提訴請求にかかる意思決定が実際になされたわけではないので、Rales テストにおいては、取締役の利害関係や独立性の有無が決定的となる[219]。

さらに、Rales 判決は、子会社に対しても提訴請求が必要であることを前提に、子会社への提訴請求の無益性は、なお Aronson テストによって審査されると判示した[220]。このように、親会社に対する提訴請求

もない、新奇の訴訟であると理解されていた。See Rales, 634 A.2d 927, at 930. しかし、その後、デラウェア州最高裁判所は、このような訴訟も性質上二重代表訴訟であることを認めている。See Lambrecht v. O'Neal, 3 A.3d 277, 285 n. 21 (Del. 2010).

なお、Rales 判決に対しては、「同事件において、原告は、二重代表訴訟としてではなく、通常の代表訴訟として訴訟を提起していたのであり、そのような原告の原告適格を認めたことは、デラウェア州の判例法理〔後掲注221〕およびそれに対応する本文を参照〕に反する」との批判が、その後の判例においてなされている。See Lewis v. Ward, 852 A.2d 896, 903 (Del. 2004); In re First Interstate Bancorp Consol. S'holder Litig., 729 A.2d 851, 868 n. 18 (Del. Ch. 1998); see also Lambrecht v. O'Neal, 3 A.3d 277, 285 n. 23, 292 n. 56 (Del. 2010).

[218] Rales, 634 A.2d 927, at 934.
[219] なお、Rales 判決では、親会社に対する提訴請求の無益性が認められた。Id. at 935-937.
[220] Id. at 934.

だけでなく、子会社に対する提訴請求をも要求することは、「二重代表訴訟は、親会社株主が親会社の代表訴訟提起権を親会社に代わって行使することによって、提起される訴訟である」という伝統的な理論と整合的である。このため、Rales 判決も、多重代表訴訟の伝統的な理論に基づくものであると考えられる。

3 三角合併による代表訴訟の原告適格の喪失と二重代表訴訟

デラウェア州においては、通常の代表訴訟の係属中に三角合併が行われたことによって、元の会社の株主でなくなった原告は、係属中の代表訴訟の原告適格を原則として失うものとされている[221]。なぜなら、原告株主は、三角合併により元の会社の株主ではなくなるため、判例法上要求される継続保有（continuous ownership）要件を満たさなくなるからである。他方、このような原告適格喪失の法理に基づき、三角合併によって、代表訴訟を提起していた株主から救済手段が奪われてしまうことは、問題とされていた。

このような問題意識に応えて、デラウェア州最高裁判所は、Lewis v. Ward 判決において、原告株主は二重代表訴訟を新たに提起することができるため、一切の救済手段を失うわけではないと判示した[222]。そして、合併後に新たに提起される二重代表訴訟の提訴請求に関する手続や審査基準については、前記 Rales 判決によるものとされた[223]。したがって、Lewis v. Ward 判決も、多重代表訴訟の伝統的な理論に基づいているものと考えられる。

もっとも、Lewis v. Ward 事件では、原告は、従前の代表訴訟の継続

---

[221] *See* Lewis v. Anderson, 477 A.2d 1040, 1046（Del. 1984）. もっとも、合併の場面においては、次の２つの例外が認められている。すなわち、①合併が代表訴訟の原告適格を喪失させることを目的として詐欺的に行われたものである場合、または②合併が組織の再編にすぎず、企業体に対する原告の所有権に影響を与えない場合には、原告適格は失われない。*See id*. at 1046 n. 10.

[222] Lewis v. Ward, 852 A.2d 896, 906（Del. 2004）.

[223] *Ibid.*

のみを主張して、二重代表訴訟を提起しなかった。そのため、同事件では、実際に二重代表訴訟の提起が認められたわけではない。実際に三角合併後の新たな二重代表訴訟の提起が認められたのは、次に検討するLambrecht v. O'Neal 判決においてである。

二 新たな理論の登場

1 Lambrecht v. O'Neal 判決

近時、デラウェア州最高裁判所は、Lambrecht v. O'Neal 判決[224]において、三角合併によって代表訴訟の原告適格を失った者による二重代表訴訟の提起を実際に認めた。その際、デラウェア州最高裁判所は、二重代表訴訟について、伝統的な理論とは異なる新たな理論を展開した。同判決は、デラウェア州法における多重代表訴訟制度を理解する上で極めて重要であるため、以下で詳しく分析する[225]。

【事実の概要】
　S 会社（Merrill Lynch & Co., Inc.）の株主 X らは、同社の取締役 Y らを被告として、ニューヨーク南部地区連邦地方裁判所に通常の代表訴訟を提起した[226]。X らは、Y らが S 会社を債務担保証券の引受けに参加させたこと、モーゲージ関連事業についてのリスクの警告を無視したこと、および従業員に多額の賞与を支払ったこと（以下、「本件不正行為」という）は、S 会社に対する信認義務違反に当たると主張していた[227]。ところが、当該代表訴訟の係属中に、S 会社は、逆三角合併[228]によって、P 会

---

[224] Lambrecht v. O'Neal, 3 A.3d 277（Del. 2010）.
[225] Lambrecht 判決について論じた邦語文献として、小林・前掲注3）41 頁以下、21 世紀政策研究所・前掲注3）12 頁以下〔山田純子〕、加藤・前掲注3）1677-1679 頁、顧・前掲注3）172 頁以下、楠元純一郎「株式交換と二重代表訴訟」商事法務 2022 号（2014 年）45 頁以下がある。
[226] *Lambrecht*, 3 A.3d 277, at 279.
[227] *Id.* at 280.
[228] これは、実質的には P 会社が S 会社の完全親会社となる「株式交換」と同じである。デラウェア州会社法には株式交換制度がないため、会社は三角合併を用いて他の会社を完全子会社化しているわけである。本件では、P 会社は、①

社（Bank of America）の完全子会社となった[229]。これにより、Xらは、S会社の株主ではなくなり[230]、その完全親会社であるP会社の株主となった。Xらは、S会社の株主ではなくなったため、原告適格を失い、前記代表訴訟は却下された[231]。

Xらは、今度は二重代表訴訟として、同様の訴訟を提起した[232]。Yらは、Xらは次の2点を証明しなければならないと主張して、訴え却下の申立てをした。すなわち、(a)本件不正行為の時点において原告がP会社の株主であったこと、および(b)同時点においてP会社がS会社の株主であったことの2点である[233]。Yらの主張は、「二重代表訴訟は2つの代表訴訟が積み重なって1つになったものである」という理解に基づいていた[234]。すなわち、Yらは、「二重代表訴訟の原告株主は、2つの代表訴訟の手続要件を全て充足しなければならない」ことを前提に、原告株主と親会社との間の行為時保有要件として(a)の要件を、親会社と子会社との間の行為時保有要件として(b)の要件を主張したのであった[235]。

ニューヨーク南部地区連邦地方裁判所は、「デラウェア州法の下では、

子会社を設立し、②その子会社とS会社を合併させ、③S会社株主には合併対価としてP会社株式を交付することで、S会社を完全子会社としている。三角合併のうち、買収会社（P会社）の子会社の方を存続会社とする場合を「順三角合併（forward triangular merger）」といい、本件のように、買収対象会社（S会社）の方を存続会社とする場合を「逆三角合併（reverse triangular merger）」という（以上につき、カーティス・J・ミルハウプト編『米国会社法』（有斐閣、2009年）179頁参照）。

なお、アメリカ法では、合併契約書に記載することにより、逆三角合併の存続会社となる買収対象会社の株主の有する株式についても、他の株式（親会社株式）等と強制的に交換することができる（*E.g.*, Del. Code Ann. tit. 8, § 251. 柴田和史「持株会社による企業組織と商法」ジュリスト1123号（1997年）48頁も参照）。

229 *Lambrecht*, 3 A.3d 277, at 279.
230 前掲注228）の後段を参照。
231 *See In re* Merrill Lynch & Co., Inc., Sec., Derivative and ERISA Litig., 597 F. Supp.2d 427（S.D.N.Y. 2009）.
232 *Lambrecht*, 3 A.3d 277, at 279.
233 *Id.* at 280.
234 *Id.* at 287. これは二重代表訴訟の伝統的理論と同内容であるといえる。
235 *Ibid.* 行為時保有要件については、前掲注151）を参照。

二重代表訴訟の原告は上記(a)および(b)を証明しなければならないか」という法律問題について、デラウェア州最高裁判所に対して意見確認[236]を行った[237]。本判決は、当該意見確認に対するデラウェア州最高裁判所の回答である。

【判旨】
　最高裁は、結論として、二重代表訴訟において、原告は前記(a)と(b)のいずれも証明する必要がないと判示した[238]。最高裁は、判決理由中において、以下のように、二重代表訴訟の理論面について詳細に論じている。
　まず、議論の前提として、最高裁は二重代表訴訟の本質について、次のように述べる。「二重代表訴訟は、完全に保有されている、または過半数支配されている子会社に帰属する請求権を実現（enforce）するために、親会社の株主によって提起される訴訟である。通常、そのような請求権については、自己の取締役会を通じて行動する親会社のみが、それを実現する権能を与えられている。しかしながら、親会社の取締役会が子会社の請求権を行使するかどうかにつき、公平な経営判断を下すことのできないことが立証される事例が起こりうる。そうした事例においては、親会社株主は、親会社に代わって、すなわち二重派生的に（double derivatively）、当該請求権を実現することを許される」[239]。
　次に、最高裁は、二重代表訴訟を2つの類型に分ける。第1の類型は、子会社レベルで不正行為が生じた時点において、既に親会社が子会社を

---

[236] 意見確認（法律問題意見確認（certification of question of law））とは、他の法域の法を適用すべき場合において、当該法域の法の内容が明確でないときに、その法域の裁判所の意見を確認する手続である。この制度は、本件のように、連邦裁判所と州裁判所との間においても認められている（田中編・前掲注13）133頁）。
[237] In re Merrill Lynch & Co., Inc., Sec., Derivative & ERISA Litig., 692 F. Supp.2d 370 (S.D.N.Y. 2010).
[238] なお、ほとんど理由を説明することなく、二重代表訴訟において(a)および(b)の要件を課したデラウェア州衡平法裁判所の判決があった。See Saito v. McCall, 2004 WL 3029876 (Del. Ch. 2004). 当該衡平法裁判所判決の立場は、Lambrecht判決において否定された。See Lambrecht, 3 A.3d 277, at 290-293.
[239] Id. at 282.

第2章 アメリカ法の考察

所有しており、原告株主が初めから二重代表訴訟を提起する場合である[240]。第2の類型は、（本件のように）当初は通常の代表訴訟として提訴していたが、その後当該会社が他の会社の完全子会社となり当初の代表訴訟が却下された後に、親会社株主となった者が新たに二重代表訴訟を提起する場合である[241]。

最高裁判所は、デラウェア州法が第1の類型の二重代表訴訟を承認することを確認している[242]。その理由としては、二重代表訴訟が認められないとすると、子会社の請求権を行使しないという親会社の決定が経営判断原則によって保護されない場合であっても、問題の不正行為を是正するための手続上の手段が、全くなくなってしまうことが挙げられている[243]。さらに、注目すべきことに、第1の類型の二重代表訴訟に関して、提訴請求の相手方は親会社取締役会のみであると判示された[244]。もっとも、その理由は述べられていない。なお、「完全」親会社ではない親会社において第1の類型の二重代表訴訟が認められるか否かは、デラウェア州の判例上未確定であるとされ、本判決においてもその点の判断は留保されている[245]。

最後に、最高裁は、第2の類型の二重代表訴訟についても、従来の判例の流れを確認した上で承認し[246]、Yらの前記主張を以下の4つの論拠によって退けた。

[240] Ibid.
[241] Id. at 282-283. 第2の類型の二重代表訴訟は、三角合併が通常の代表訴訟の原告適格を原告株主から奪う点において、第1の類型の二重代表訴訟と実質的に異なるとされる。Id. at 283. また、前記 Rales v. Blasband 事件のように、不正行為が行われた後、三角合併の前に通常の代表訴訟が提起されておらず、三角合併の後に二重代表訴訟として初めて訴訟が提起された場合も、Lambrecht 事件の事案と法的に重要な違いはなく、第2の類型の二重代表訴訟に含めてよいことが示唆されている。Id. at 285 n. 21.
[242] 第1の類型の二重代表訴訟の例として、前記 Sternberg v. O'Neil 判決のほか、Sutherland v. Sutherland, 2010 WL 1838968（Del. Ch. 2010）が挙げられている。Lambrecht, 3 A.3d 277, at 282 n. 13.
[243] Id. at 283.
[244] Id. at 282.
[245] Id. at 283 n. 14.
[246] Id. at 286.

第1に、最高裁は、Yらの前記主張は不当な帰結に至ると判示した[247]。すなわち、Yらの主張するように、第2類型の二重代表訴訟において、(a)親会社株主と親会社との間の行為時保有要件、および(b)親会社と子会社との間の行為時保有要件を課すならば、「奇妙な偶然の状況を除き、二重代表訴訟の提起は事実上不可能となる[248]」。このような結果は、通常の代表訴訟の係属中に三角合併が行われ原告適格が失われた場合において、二重代表訴訟による救済を奨励してきた従来の判例に反する[249]。

第2に、最高裁は、要件(b)は理論的に不要であると判示した。最高裁は、以下のように述べる。完全親会社は完全子会社の請求権を派生的に（derivatively）行使する必要はなく、「100％の支配権の直接の行使（direct exercise of its 100 percent control）」によって実現することができる[250]。P会社のS会社に対する単独所有権を根拠に、P会社は（自身の取締役会または授権を受けた役員を通じて）、S会社をして当該請求権を実現するために必要なことをさせるための直接の指揮（direct control）を使用する権限を有する[251]。そして、このような「100％の支配権の直接の行使」のためにP会社が保有していなければならないS会社株式は、三角合併時に取得したS会社株式のみでよい[252]。したがって、要件(b)は不要である。

第3に、最高裁は、要件(a)も理論的に不要であると判示した。その理由は、以下のとおりである。二重代表訴訟において、親会社株主は親会社の地位に代位する[253]。すなわち、親会社株主は、子会社の100％所有者として親会社が有する「三角合併後の」権利（子会社に三角合併前から

---

[247] *See id.* at 288.
[248] *Ibid.* これは、ニューヨーク南部地区連邦地方裁判所のRakoff判事が本件の意見確認を求めた際に述べたコメントの引用である。*See In re Merrill Lynch*, 692 F. Supp.2d 370, at 373.
[249] *See Lambrecht*, 3 A.3d 277, at 288. デラウェア州最高裁判所は、「明白な法ルールがそう要求しない限り、当裁判所は、当該救済手段を事実上無にするであろう手続要件を課すことによって、自らの先例を掘り崩すべきではない」と述べる。*Ibid.*
[250] *Ibid.*
[251] *Id.* at 289.
[252] *Ibid.*
[253] *Ibid.*

帰属している請求権を行使する権利）を実現（enforce）することになる[254]。原告は、問題とされる不正行為の時点において、親会社株式を保有していた必要はなく、親会社に代わって二重代表訴訟を提起しようとする時点において、親会社株式を保有していれば足りる[255]。なぜなら、親会社株主の二重派生的請求（double derivative claim）は、子会社に帰属する請求権の行使の懈怠という、親会社取締役会の合併後の行為に基づくからである[256]。

第4に、最高裁は、要件(a)および(b)の否定は「政策的に」不当であるとのYらの主張を退けた。Yらは、両要件を否定することは、①親子会社の法人格の独立性を軽視し、②三角合併後の（通常の）代表訴訟の継続を否定してきた判例法理を覆し、③行為時保有要件の基礎にある「代表訴訟の濫用防止」の政策を損なわせると主張していた[257]。最高裁は、次のように述べて、これらの主張を退けた。三角合併後の二重代表訴訟は、三角合併前の代表訴訟の事実上の継続ではなく、新たな別個の訴訟である[258]。当該訴訟において、原告適格は異なる時間的・事実的基礎――すなわち、完全子会社に帰属する請求権の行使を親会社取締役会が合併後に懈怠したこと――に依拠している（②への反論）[259]。また、二重代表訴訟は、子会社の請求権を行使するか否かを親会社取締役会が公平に判断しえないという、例外的な場合を除いて進めることができない[260]。したがって、親子会社の独立性の保持および濫用的な訴訟の防止は、どちらも十分に尊重されている（①および③への反論）[261]。

Lambrecht判決では、二重代表訴訟の構造について、従来の伝統的な理論とは異なる新たな説明をしている点が注目される。伝統的に、二

---

[254] *Ibid.*
[255] *Ibid.*
[256] *Ibid.*
[257] *See id.* at 289-290.
[258] *Id.* at 290.
[259] *Ibid.*
[260] 本判決は、親会社に対する提訴請求の無益性の審査基準としてRalesテストを適用するものと見られる。*See id.* at 289 n. 40.
[261] *See id.* at 290.

第1節　アメリカにおける多重代表訴訟制度

重代表訴訟は、親会社株主が親会社の「派生」訴訟提起権を「派生」的に行使することによって、提起される訴訟であると理解されてきた。「二重代表訴訟は、2つの代表訴訟が積み重なって1つの訴訟になったものである」というYらの主張は、二重代表訴訟の伝統的な理論と一致する。これに対して、Lambrecht判決は、二重代表訴訟に関する新たな理論を示した。すなわち、同判決は、「親会社株主が、親会社の子会社に対する支配権を親会社に代わって行使することによって、提起する訴訟」として、二重代表訴訟を説明している。この新たな理論においては、「二重派生（double derivative）」といいながらも、権利ないし権限の派生は、親会社と親会社株主との間において1度しか存在しないことになる。

　このようなLambrecht判決の理論構成は、非常に分かりにくい[262]。とりわけ、親会社が子会社に対する支配権の行使を怠ったことを基礎として親会社株主が当該支配権を親会社に代わって行使することが、なぜ子会社に帰属する請求権の親会社株主による行使という実際上の効果につながるのであろうか。その理由が説明されていない点において、Lambrecht判決の論理には飛躍があるように思われる[263]。

　最高裁がこのような分かりにくい論理を持ち出した主眼は、被告の主張する2つの要件を課すと、二重代表訴訟が事実上不可能になってしまうという、第1の論拠にあるように思われる。しかしながら、二重代表

[262] Lambrecht判決の理論構成の分かりにくさは、その後のデラウェア州衡平法裁判所の判決がLambrecht判決の法理を誤解した点にも、表れている。すなわち、Hamilton Partners, L.P. v. Englard判決は、親会社が三角合併によって子会社に帰属している請求権を実体法上取得し、それを直接行使するものとして、Lambrecht判決の法理を理解したものと見られる。*See* Hamilton Partners, L.P. v. Englard, 11 A.3d 1180, 1203-1205（Del. Ch. 2010）。このような理解が誤りであることは、その後のデラウェア州最高裁判決によって、明確に指摘されている。*See* Sagarra Inversiones, S.L. v. Cementos Portland Valderrivas, S.A., 34 A.3d 1074, 1080 n. 13（Del. 2011）。

[263] Lambrecht判決の法理に類似する理論として、かつて一部の学説によって主張されていた「特定履行理論」というものがある（前掲注49）参照）。Lambrecht判決は、この特定履行理論を採用したとみる余地があるかもしれない（小林・前掲注3）43頁参照）。もっとも、同理論の内容自体も不明確である。

訴訟の途を確保するためには、行為時保有要件をその趣旨に合わせて柔軟に解釈するという方法もあったはずである。現に、そのような解釈を行う裁判例[264]や学説[265]も存在していた。それにもかかわらず、デラウェア州最高裁判所は、このような方法を採らずに、二重代表訴訟の構造論の方を変更したのである。

さらに、最高裁判所の挙げる第3の論拠（二重代表訴訟の基礎は親会社の提訴拒否であり、行為時保有要件の基準時が提訴時点となること）も、通常の代表訴訟の場合[266]と比較して整合的といえるか疑問がある。しかも、提訴時点を行為時保有要件の基準時とすることは、濫用的な提訴の防止および州籍相違管轄の濫用的取得の防止という、同要件の目的にも合わない[267]。第4の論拠において述べられているように、新たな理論の下では、濫訴の防止は「提訴請求要件」によって担われることになる。

Lambrecht判決は、第1の類型の二重代表訴訟において、提訴請求の相手方は親会社取締役会のみであると判示している。これも、従来の伝統的な理解とは異なるものであるが、「二重代表訴訟は、親会社株主が親会社の子会社に対する支配権を親会社に代わって行使することによって、提起される訴訟である」という新たな理論構成からは、自然な帰結である。権利ないし権限の派生は、親会社と親会社株主との間にしか存在しないからである。したがって、Lambrecht判決は、第1の類

264　*See* Blasband v. Rales, 971 F.2d 1034, 1046 n. 14（3d Cir. 1992）.
265　前掲注202）およびそれに対応する本文参照。
266　通常の代表訴訟では、問題とされる不正行為の時点が行為時保有要件の基準時となる（前掲注151）参照）。
267　もっとも、二重代表訴訟の新たな理論が第2の類型の二重代表訴訟にのみ妥当するのであれば、濫訴防止等は当初の代表訴訟の提訴時点において図られているため、問題は少ないであろう。しかし、第2の類型の二重代表訴訟には、三角合併前に通常の代表訴訟が提起されておらず、三角合併後に初めて二重代表訴訟が提起された場合（Rales v. Blasband事件のような場合）も、含まれると考えられる（前掲注241）参照）。さらに、後述するように、デラウェア州の判例は、新たな理論を第1の類型の二重代表訴訟にも及ぼしている。したがって、新たな理論において行為時保有要件が形骸化された影響は、小さくないと考えられる。

第1節　アメリカにおける多重代表訴訟制度

型の二重代表訴訟についても、当該新たな理論構成を採用しているものと推測することができる。同様に、Lambrecht 判決は、第2の類型の二重代表訴訟についても、提訴請求は親会社に対して行えば足りると考えているようである[268]。実際、その後の判例において、第1の類型の二重代表訴訟にも新たな理論が妥当すること、および第2の類型の二重代表訴訟においても提訴請求は親会社に対してのみ行えば足りることが、明らかにされている[269]。

　なお、Lambrecht 判決は、多重代表訴訟の伝統的な理論を完全に否定しているわけではない。Lambrecht 判決は、親会社は事実上の支配権の行使によって子会社に提訴させることができるので、代表訴訟提起権を行使する必要はないと述べただけである。つまり、「二重代表訴訟は、親会社株主が親会社の代表訴訟提起権を親会社に代わって行使することによって、提起される訴訟である」という伝統的な理論は、何ら否定されていない。よって、親会社の子会社に対する事実上の支配権が認められず、新たな理論が妥当しない場面において、なおも、伝統的理論による二重代表訴訟が認められる余地があるかもしれない。

　また、本判決は、完全親会社でない親会社においても二重代表訴訟が認められるか否かについて、判断を留保している。しかし、親会社の子会社に対する事実上の支配権は、完全親子会社関係がなくても、存在しうる[270]。よって、論理的には、完全親会社ではない親会社の株主につい

268　See Lambrecht, 3 A.3d 277, at 289 n. 40, 290.

269　後述「2　その後の判例の展開」を参照。

270　Lambrecht 判決は、完全親子会社関係がない場合の支配につき、Weinstein Enterprises, Inc. v. Orloff 判決を参照判例として挙げている。See Lambrecht, 3 A.3d 277, at 289 n. 39. Weinstein 判決は、親会社株主による子会社帳簿の閲覧請求に関する判決であり、デラウェア州一般会社法220条の解釈が問題となったものである。具体的には、子会社要件における支配の意義、および文書に対する支配の意義の2点が問題となった。前者では、原則として議決権の過半数の保有が、後者では、親会社が現実の支配力の行使によって単独で子会社に文書を提出させることができることが、必要であると判示されている。この判示は、制定法上の文言の解釈に関するものであり、これが多重代表訴訟において

ても、新たな理論に基づく二重代表訴訟の提訴権を認めることは、可能であろう[271]。

2　その後の判例の展開

Lambrecht 判決の法理は、デラウェア州におけるその後の判例においても踏襲され、その射程や手続要件等についても、徐々に明らかにされつつある。以下では、重要な3つの判例を取り上げて、分析を行う。

(1) Hamilton 判決

まず、デラウェア州衡平法裁判所の Hamilton Partners, L.P. v. Englard 判決[272]において、Lambrecht 判決の法理が、第1の類型の二重代表訴訟にも適用された[273]。その際、Hamilton 判決は、Lambrecht 判決の考え方を現実的かつ実際的なアプローチであるとして、肯定的に評価している[274]。また、Hamilton 判決は、Lambrecht 判決の法理を前提に、二重代表訴訟における提訴請求は、子会社レベルでは不要であり、

どのように影響するかは、不明である。See Weinstein Enterprises, Inc. v. Orloff, 870 A.2d 499（Del. 2005）. 邦語による Weinstein 判決の分析として、近藤光男＝志谷匡史編『新・アメリカ商事判例研究〔第2巻〕』（商事法務、2012年）353頁〔釜田薫子〕がある。

271　ただし、子会社の少数株主の保護のため、完全親子会社関係がない場合においては、事実上の支配権の行使は法的に許されないと評価されて、新たな理論に基づく二重代表訴訟が認められない可能性もあるかもしれない。

272　Hamilton Partners, L.P. v. Englard, 11 A.3d 1180（Del. Ch. 2010）.

273　なお、Hamilton 判決は、完全親子会社関係が存在する場合を前提に議論を展開しており、Lambrecht 判決の法理を完全親子会社関係が存在しない場合にまで拡張したわけではない。

274　*Hamilton*, 11 A.3d 1180, at 1203. Hamilton 判決は、Lambrecht 判決の結論を現実的で妥当な解決であるとしつつも、理論面・法技術面では疑問があると述べた。*Id.* at 1203-1205. もっとも、前掲注262）で述べたとおり、Hamilton 判決は、Lambrecht 判決の理論構成について誤解をしていた（ただ、この誤解は、Hamilton 判決における他の判示事項の論理的正当性を直ちに左右するものではないと考えられる）。

第 1 節　アメリカにおける多重代表訴訟制度

親会社レベルにおいてのみ要求されると判示した[275]。その理由は、Lambrecht 判決の法理によれば、親会社が 100 ％の支配権を通じて子会社が提訴するか否かを決定するため、子会社レベルにおいて提訴請求の無益性を別個に分析すべき法的または論理的な根拠は存在しないからであるとされる。

　また、Hamilton 判決は、裁判所は親会社について人的裁判権（personal jurisdiction）を有する必要はないと判示した点においても、注目に値する。デラウェア州における多重代表訴訟のリーディングケースである Sternberg 判決は、親会社は二重代表訴訟の不可欠当事者であるため、裁判所は親会社に対して人的裁判権を有さなければならないと解していた[276]。これに対して、Hamilton 判決は、①二重代表訴訟において救済は子会社に対して与えられるため、親会社についての人的裁判権は救済を与える上で必要でないこと、および②提訴請求の無益性の審査において、親会社に対するディスカバリーは認められず、無益性が認められても親会社に特に不利益な結果とはならないことから、親会社に対して裁判所が人的裁判権を有する必要はないと判示した[277]。さらに、親会社に対する人的裁判権を要求すべきではない積極的な理由として、③親会社に対する人的裁判権を要求すると、二重代表訴訟を審理することができる裁判所が存在しないという状況が生じる危険があり、法の監視を逃れる目的で企業構造が設計されるおそれすらあることを挙げる[278]。Hamilton 判決が親会社に対する人的裁判権を不要であると判示していることは、同判決が親会社を不可欠当事者と考えていないことを示唆するものである[279]。なお、子会社については、従来の判例と同じく、二重代表訴訟の

275　*Id.* at 1206-1207.
276　*See Sternberg*, 50 A.2d 1005, at 1124. 裁判所が親会社に対して人的裁判権を有していない場合、二重代表訴訟は却下される。*Ibid.*
277　*Hamilton*, 11 A.3d 1180, at 1200.
278　*Ibid.*
279　前掲注 13）後段の不可欠当事者に関する説明を参照。Hamilton 判決は、親会社が二重代表訴訟の不可欠当事者ではないと明言こそしないものの、親会社が二重代表訴訟の不可欠当事者であるとする Sternberg 判決に対して、相当に

不可欠当事者であると判示されている[280]。

(2) Sagarra Inversiones 判決

次に、デラウェア州最高裁判所は、Sagarra Inversiones, S.L. v. Cementos Portland Valderrivas, S.A. 判決[281]において、(第1の類型の)三重代表訴訟についても、Lambrecht判決の法理を適用した。すなわち、三重代表訴訟も、親会社株主が親会社の地位に代位して——つまり、孫会社に対する100％の支配権の直接の行使によって、孫会社の請求権を実現（enforce）する親会社の権限に基づいて——提起する訴訟であると判示された[282]。したがって、原告適格要件は親会社との関係でのみ要求され、提訴請求も親会社に対してのみ行うべきことになる[283]。

デラウェア州最高裁判所がLambrecht判決の法理を第1の類型の三重代表訴訟にまで及ぼしたことは、重要である。これによって、デラウェア州では、Lambrecht判決が示した新たな理論が、多重代表訴訟一般に妥当する法理として確立したといえるであろう[284]。

(3) Bear Stearns 判決

そのほか注目すべき判決として、In re Bear Stearns Companies, Inc. Securities, Derivative, and ERISA Litigation 判決[285]がある。本判決は、

> 懐疑的である。*Id.* at 1199-1200.
> 280 *Id.* at 1199.
> 281 Sagarra Inversiones, S.L. v. Cementos Portland Valderrivas, S.A., 34 A.3d 1074 (Del. 2011).
> 282 *Sagarra*, 34 A.3d 1074, at 1079-1080.
> 283 *Id.* at 1080.
> 284 もっとも、Sagarra Inversiones 判決も、親会社から孫会社に至るまで100％の株式所有関係が存在した事案についての判決であり、完全親子会社関係が存在しない場合において多重代表訴訟が認められるか否かは、明らかにされていない。*See id.* at 1079 n. 10.
> 285 *In re* Bear Stearns Companies, Inc. Securities, Derivative, and ERISA Litigation, 763 F. Supp. 2d 423, 50 Employee Benefits Cas. 2581 (S.D.N.Y. 2011).

連邦裁判所の判決ではあるが、デラウェア州法を適用したものである。本判決において、ニューヨーク南部地区連邦地方裁判所は、デラウェア州法の解釈として、親会社が問題の不正行為から利益を得ている場合、親会社株主に二重代表訴訟の原告適格は認められないと判示した[286]。すなわち、「子会社に対する侵害が親会社に対しても損害を生じさせていなければならないことは、二重代表訴訟の基本的な要件である」という[287]。その理由として、「当該要件がなければ、親会社とその株主に損害を及ぼしておらず、むしろその利益となっているかもしれない行為について、原告株主が（自己がその株主である）親会社の利益に反して提訴することが、可能となってしまう」との危惧が示されている[288]。そのような提訴を認めることは、「両社の取締役会に対する過剰な介入であり、代表訴訟の限界を超えるであろう」とも述べられている[289]。

もっとも、本判決において、親会社が損害を被ったことの積極的な主張・立証が、原告株主に要求されているわけではない。本判決は、子会社に対する侵害行為が親会社に利益をもたらしたことが事実の主張において既に現れている場合に、親会社株主の原告適格を否定したものである。

三　まとめ

デラウェア州では、1988年のSternberg判決において、最高裁判所が二重代表訴訟を承認して以来、伝統的な理論に黙示的に基づいて、多重代表訴訟制度が発展してきたといえる。例えば、デラウェア州の判例は、親会社株主に親会社と子会社の双方に対して提訴請求を行うことを要求していた。また、二重代表訴訟において親子会社の両方が不可欠当事者であると判示していた。このような判示は、多重代表訴訟の伝統的

---

[286] *In re* Bear Stearns, 763 F. Supp. 2d 423, at 538-539. なお、本判決においても、提訴請求は親会社に対してのみ要求されることが、確認されている。*Id.* at 540.
[287] *Id.* at 538.
[288] *Ibid.*
[289] *Id.* at 539.

な理論と整合的である。

　ところが、近時、Lambrecht判決により、多重代表訴訟についての新たな理論が示された。すなわち、「二重代表訴訟は、親会社株主が親会社の代表訴訟提起権ではなく、親会社の子会社に対する支配権を親会社に代わって行使することによって、提起される訴訟である」という理論である。このような新たな理論の下では、提訴請求は親会社に対してのみ行えば足り、行為時保有要件も親会社株主と親会社との間でのみ問題とされるようになった。もっとも、Lambrecht判決の射程については、問題が残されている。とりわけ、多重代表訴訟は、完全親子会社関係が存在する場合以外においても認められるのか、認められるとすれば、どのような範囲において認められるのかが、重要な問題として残されている。

　伝統的な理論の下であれ、新たな理論の下であれ、デラウェア州の判例は、多重代表訴訟であるからといって、提訴に際して、通常の代表訴訟には見られない特別な要件を課してこなかった。伝統的な理論の下では、手続要件の適用対象が通常の代表訴訟よりも増えたが、新たな理論の下では、手続要件も通常の代表訴訟と同程度に軽減されている。むしろ、行為時保有要件に至っては、提訴時を基準時とすることで形骸化したとさえいえる。このような判例の変容の背景には、Lambrecht判決が述べるように、多重代表訴訟の途を過度に制限すべきではなく、濫用的な訴訟も提訴請求要件によって通常の代表訴訟と同程度に防止すれば足りるという考え方があるように思われる。

第5款　小　括

　本節では、アメリカの多重代表訴訟制度について、歴史的な経緯に沿いながら考察を行った。本節における考察の概要は、以下のようにまとめることができる。

　アメリカにおいて、多重代表訴訟制度は、19世紀後半に誕生したのち、多くの判例と学説における議論を経て、通常の代表訴訟制度の延長線上

第 1 節　アメリカにおける多重代表訴訟制度

にある制度として、当然に認められるようになった。そして、その理論的構造も、通常の代表訴訟の理論的構造を拡張したものとして理解されるようになった。すなわち、「二重代表訴訟は、親会社株主が親会社の代表訴訟提起権を親会社に代わって行使することによって、提起される訴訟である」という伝統的な理論が、20世紀後半に確立した。このような理論の下では、多重代表訴訟であるからといって、特別な要件が設定されるわけではなく、通常の代表訴訟と同様に、提訴請求等の手続要件によって不適切な提訴が排除される。他方で、このような伝統的な理論には、行為時保有要件・提訴請求要件などの手続要件の適用対象が増え、提訴が過度に制約されてしまうという不都合もある。

これに対して、近年デラウェア州において、多重代表訴訟に関する新たな理論が登場している。すなわち、「二重代表訴訟は、親会社株主が親会社の子会社に対する支配権を親会社に代わって行使することによって、提起される訴訟である」という理論である。デラウェア州において新たな理論が登場したことの一因として、伝統的な理論における上記の不都合があった。新たな理論の下では、手続要件が緩和され、上記不都合は解消されている。近時のデラウェア州における展開は、多重代表訴訟の伝統的な構造論が絶対的なものではないことをも示している。

伝統的な理論の下においても、新たな理論の下においても、多重代表訴訟であるという理由だけで、通常の代表訴訟にはない特別な制限が設けられているわけではない。多重代表訴訟は、通常の代表訴訟の延長線上にある制度として、通常の代表訴訟と同様に広く認められるべきであると考えられているように思われる。

第2節　親会社取締役の子会社管理責任の追及に関するアメリカの議論

　子会社において不正行為が行われた場合、親会社株主は、多重代表訴訟に代わる救済手段として、子会社管理義務違反に基づく親会社取締役の責任を、通常の代表訴訟により親会社に代わって追及することもできる。このような親会社取締役の子会社管理責任の追及について、アメリカではどのように考えられているのか。さらに、多重代表訴訟制度とはどのような関係にあるのか。本節では、これらの問題について考察を行う[290]。

　もっとも、アメリカにおいて、親会社取締役の子会社管理責任が問題となった事例は、ほとんど見当たらず、ニューヨーク州法に関する判例において、わずかに見られる程度である。そこで、本節では、ニューヨーク州法における判例について考察し（第1款）、それに関する学説上の議論を分析する（第2款）[291]。

　なお、デラウェア州法において、親会社取締役の子会社管理責任があまり問題とならない理由の推測として、以下の5点を指摘することができる。

　第1に、デラウェア州では、そもそも単一の会社において、取締役の監視義務（内部統制システム整備義務）が認められるようになったのも、1996年のCaremark判決[292]以降にすぎない。それ以前においては、監

---

[290]　本節におけるこのような考察は、第1章第3節において示した、わが国における第2の課題（親会社取締役の子会社管理責任の追及をめぐる問題）を検討する上での手がかりを得るために行うものである。

[291]　本節の議論に関する先行研究として、舩津浩司『「グループ経営」の義務と責任』（商事法務、2010年）151-155頁・365頁以下がある。

[292]　*In re* Caremark International Inc. Derivative Litigation, 698 A.2d 959（Del.

第2節　親会社取締役の子会社管理責任の追及に関するアメリカの議論

視義務に消極的な 1963 年の Graham v. Allis-Chalmers 判決[293]が、リーディングケースとされていた[294]。そのような状況の下では、親会社取締役の子会社管理義務を問題にするという発想自体が、生まれにくいであろう。

第2に、デラウェア州において、監視義務に関する裁判所の審査基準は、取締役にとって相当に有利である。すなわち、監視義務に関する取締役の責任が認められるのは、①取締役が報告もしくは情報についてのシステムの整備を完全に懈怠した場合、または②（そのようなシステムを整備したものの）システムの稼働について意識的に監視を怠り、そのために注意が必要なリスクや問題について知ることができなかった場合に限られる[295]。さらに、このいずれの場合についても、取締役の責任が認められるには、取締役に義務違反の認識があったことが必要となる[296]。原告がこれらの立証に成功することは、非常に困難である[297]。

第3に、デラウェア州一般会社法 102 条(b)項(7)号に基づく定款による免責制度によって、信認義務違反による責任の成立は、大幅に制限されている。すなわち、監視義務に関しては、「誠実性の欠如」（誠実義務違反ともいわれる）を原告が具体的に主張しなければ、訴えが却下されてしまう。ここでの「誠実性の欠如」も、前記の審査基準によって審査されるため[298]、原告にとって立証のハードルが高い。よって、監視義務違反の責任が代表訴訟において追及されても、本案の審理に至ること自体

Ch. 1996).
[293] Graham v. Allis-Chalmers Mfg. Co., 188 A.2d 125 (Del. 1963).
[294] 監視義務に関するデラウェア州の判例法の展開について、*See* Jennifer Arlen, *The Story of Allis-Chalmers, Caremark, and Stone : Directors' Evolving Duty to Monitor*, in CORPORATE LAW STORIES 323 (J. Mark Ramseyer eds., 2009).
[295] *See* Stone v. Ritter, 911 A.2d 362, 370 (Del. 2006).
[296] *Ibid*.
[297] デラウェア州衡平法裁判所の Allen 判事は、監視義務違反は会社法上原告が勝訴することが最も困難な責任類型であるかもしれないと述べている。*See In re Caremark*, 698 A.2d 959, at 967 ; *see also Stone*, 911 A.2d 362, at 372.
[298] *See Stone*, 911 A.2d 362, at 367-369, 372.

が、非常に少ないと考えられる[299]。

　第4に、子会社取締役に対する責任追及を懈怠したことについての親会社取締役の責任も、容易には認められないと指摘されている[300]。通常、取締役は、提訴しないとの決定を正当化するために、何らかの事業上の理由を挙げることができ、経営判断原則によってそれが尊重されるからである。

　第5に、以上のようなハードルの高い手段によらなくても、端的に多重代表訴訟を提起して、子会社取締役の責任を追及すれば足りると考えられる[301]。

第1款　判　例

　前述のように、アメリカでは、親会社取締役が子会社の管理について損害賠償責任を問われることは少ない。そのような事例は、ニューヨーク州法に関する判例において多少存在する程度である。リーディングケースとなる判例は、ニューヨーク州最高裁判所の General Rubber Co. v. Benedict 判決[302]である。この判決は、多重代表訴訟に関する学術論文においてもしばしば取り上げられる重要な判決であることから、以下で詳しく検討する。

---

[299] 21世紀政策研究所・前掲注3）45-46頁〔インタビューに対するCoffee教授の回答〕も、親会社取締役の子会社監督の懈怠を理由とする代表訴訟は、定款の免責条項によって却下されることが多いと述べる。

[300] *See* Locascio, *supra* note 132, at 750-751 ; *see also* John C. Coffee, Jr. & Donald E. Schwartz, *The Survival of the Derivative Suit : An Evaluation and a Proposal for Legislative Reform*, 81 COLUM. L. REV. 261, 281-282（1981）.

[301] もっとも、提訴請求要件等の手続要件があるため、多重代表訴訟による子会社取締役の責任の追及は、必ずしも容易であるとはいえない。しかし、親会社取締役の子会社管理責任の追及と比べれば、多重代表訴訟を提起することの困難は相対的に小さいと思われる。

[302] General Rubber Co. v. Benedict, 215 N.Y. 18, 109 N.E. 96（1915）.

第2節　親会社取締役の子会社管理責任の追及に関するアメリカの議論

【事実の概要】

X会社（General Rubber Co.）の子会社S会社の社長である訴外Aは、X会社の取締役である被告Y（Benedict）が25％超の出資をしている訴外B会社に対して、S会社から資金を違法に融資していた。その後、B会社が破綻したため、S会社は18万5000ドルの損失を被った。Yは、違法融資の事実を知っていたが、X会社の取締役会に知らせることなく、これを黙認していた（Yが違法融資についてAと共謀していた可能性もあった）。X会社は、Yが違法融資の存在を知らせていれば、当該違法融資やS会社の損失を防止することができたとして、Yに対して損害賠償請求訴訟を提起した。

重要な争点は、次の2点であった。①この事件において親会社X会社が被った損害は、子会社S会社の財産状況の悪化によって生じたものであり、いわゆる間接損害である。判例上、間接損害については、株主が自己への賠償金の支払を直接求めることはできないとされている（Smith v. Hurd[303]ルール）[304]。そのため、本件において親会社X会社による親会

---

[303] Smith v. Hurd, 53 Mass. 371 (1847). 同様の法理は、ニューヨーク州の判例上も存在しており、他の法域においても広く認められている。*See* Niles v. N.Y.C. & H.R.R.R. Co., 176 N.Y. 119, 68 N.E. 142 (1903); 167 A.L.R. 279 (Originally published in 1947).

[304] Smith v. Hurd ルールの「形式的根拠」としては、会社が独立の法人格を有していることが挙げられる。すなわち、第一次的な損害は会社に生じており、株主の損害は間接的なものにすぎず、また、株主と不正行為者との間に特別の法的関係（privity）は存在しないという理屈である。しかし、同ルールの「実際上の根拠」は、株主に直接の損害賠償請求権を認める場合に生じる弊害や処理の煩雑さにあるとされる。*See* Note, *Personal Recovery by Shareholders for Injury to Corporation*, 2 U. CHI. L. REV. 317, 317-318 (1935)（会社も損害賠償請求権を有するため、株主による直接の損害賠償請求権を認めると、被告は二重の責任を負うことになる。他方で、会社の損害賠償請求を否定するならば、会社の事業経営や債権者が危険に晒されるかもしれない。また、株主による直接の損害賠償請求を承認すると、多数の訴訟が提起される可能性がある。それよりも、会社の請求権にかかる単一の訴訟による事件解決の方が、簡便である。さらに、株主が直接の請求権を有する必要性はない。すなわち、会社財産の回復により、株主の間接的な損害も、通常は救済される。そして、取締役が会社の損害賠償請求権の行使を懈怠する場合、株主は代表訴訟を提起することができる）。

社取締役Yへの損害賠償請求を認めてよいかが、問題となった。②親会社取締役Yは、子会社S会社に対して損害賠償責任を負う可能性があるが、親会社X会社に対しても責任を負うとすると、二重に責任を負うことになり、不当ではないかということも問題となった。

【判旨】
　まず、①の問題について、ニューヨーク州最高裁判所は、次のように判示した。YはX会社の取締役であるから、X会社に対して、その資産を保全することについて誠実に注意する義務を負う[305]。X会社に対するYの不正行為が、他の者に対しても不正行為となりうるからといって、X会社が、救済を受けられなくなるわけではない[306]。YがS会社に対する何らかの義務に違反しているとしても、それは、YがX会社に対して負っている義務と同一のものではない[307]。

　つまり、ニューヨーク州最高裁は、S会社とYとの間の責任関係とは別個に、X会社とYとの間には独自の責任関係が存在すると認定することによって、①の問題を処理したのである。これは、Smith v. Hurd ルールに対する「別個の義務（separate duty）」の例外[308]とよばれる法理を適用したものである。

　次に、②の二重責任の問題について、ニューヨーク州最高裁判所は、次のように判示した。

　「義務が重なり合うために二重責任のおそれがあるとの主張がなされている。今日、Yは、X会社が保有する〔S会社〕株式の減価を賠償するよう、求められている。明日、Yは、S会社からの訴訟において、浪費財産

---

[305] *General Rubber*, 215 N.Y. 18, at 21. 要求される注意の程度は、平均的な注意力を有する者が自己の所有物に対して用いるのと、同一の注意である。本件において、Yは、少なくともS会社の財産が害されている事実をX会社に警告すべきであったと判示された。*Id.* at 23.
[306] *Ibid.*
[307] *Ibid.*
[308] 別個の義務（separate duty）の例外は、前掲注304）で述べた Smith v. Hurd ルールの「形式的根拠」を克服するものである。もっとも、同ルールの「実際上の根拠」を克服するものではない（後掲注324）参照）。なお、別個の義務の具体例について、*See* Note, *supra* note 88, at 964 n. 8.

第 2 節　親会社取締役の子会社管理責任の追及に関するアメリカの議論

の賠償を求められるかもしれない。当裁判所は、所論は訴訟原因（the cause of action）と損害とを混同していると考える。Y に支払能力があり、共謀者として S 会社に対する不法行為責任を負うならば、そのような訴訟原因の存在は、他のあらゆる保有資産と同様に、〔S 会社〕株式の価値に反映されるであろう。S 会社が何らの救済手段も有さない場合における株式価値の減少と、支払能力のある不正行為者を相手とする救済手段が存在している場合における株式価値の減少は、別物である。会社の訴訟原因が認容される場合における株式価値の減少と、訴訟原因が〔認容されるか〕疑わしい場合における株式価値の減少も、別物である。争われている請求権は、額面額で評価されることはほとんどない。たとえ、訴訟による救済手段が会社に存在していても、訴訟の費用、遅延、不確実性、その他の諸要素のために、浪費された金銭が会社に返還された場合よりも、株式価値は小さくなるかもしれない。そのような価値の減少の程度は、陪審によって判定されることになる。我々は、当該訴訟原因の本質的性格をしっかりと心にとどめておかなければならない。本件は、抜き取られた金銭を S 会社に返還させるための訴訟ではない。本件は、下落した S 会社株式の価値を X 会社に回復させるための訴訟である。」[309]

つまり、ニューヨーク州最高裁は、Y の X 会社に対する責任と Y の S 会社に対する責任は性質が異なること、および前者の責任にかかる損害額の算定の中で後者の責任が考慮されることを理由として、後者の責任とは別に前者の責任を認めても構わないと判示したわけである。

【反対意見】

もっとも、General Rubber 判決には、2 名の裁判官による反対意見が付されている[310]。その要点は、次のとおりである[311]。直接的かつ第一次的な損害を被った者は、子会社 S 会社である。X 会社の損害は、S 会社の損害に由来する間接損害にすぎない。S 会社は自己の損害を回復することが可能であり、それによって、X 会社の損害も完全に塡補されるであろう。Y が S 会社の取締役でないという事実は、重要ではない。

---

[309] *General Rubber*, 215 N.Y. 18, at 24-25.
[310] *Id.* at 26-33.
[311] *Id.* at 32.

General Rubber 判決の多数意見の考え方は、その後のニューヨーク州の判例においても維持され、親会社取締役が子会社取締役を兼任している場合においても、妥当するとされている。すなわち、Hopps v. Claude Neon, Inc. 判決[312]は、親子会社双方の取締役を兼任していた者が、子会社の資産を奪い親会社に間接損害を与えたとして、親会社から信認義務違反の責任を追及された事例において、当該取締役兼任者の責任を認めた。同判決では、当該取締役兼任者が子会社に対しても責任を負うことは、親会社に対する責任を否定する理由にならないと判示された[313]。つまり、各会社に対する侵害行為は別個独立のものと評価され、親子会社は双方とも、当該取締役兼任者に対して損害賠償を請求することができるとされた[314]。

---

[312] Hopps v. Claude Neon, Inc., 281 A.D. 90, 91 (1st Dep't 1952). 本判決は、Y (Hopps) がP会社に対して提起していた訴訟に対して、P会社がYに対して提起した反訴 (counterclaim) に関するものである。当該反訴は、YがP会社の完全子会社であるS会社の財産を横領して、P会社に間接損害を与えたことに基づく、P会社に対するYの損害賠償責任に関するものであった。Yは、P会社およびS会社の取締役を兼任していた。ニューヨーク州中間上訴裁判所は、本文記載のように判示して、P会社に対するYの責任を認めた。なお、本判決には1名の裁判官により、次のような反対意見が付されていた。すなわち、本訴訟においてはS会社を訴訟に引き込むことが可能であったし、そうすべきであった。反訴もS会社の名で提起させることが可能であったし、そうさせるべきであった。本件においては、S会社不在のまま、P会社の間接損害に関して判決を下すべきではない。*Id.* at 93. なお、類似の事案に関する先行判例として Parascandola v. National Sur. Co. (*In re* Auditore's Will), 249 N.Y. 335, 164 N.E. 242 (1928) がある。

また、子会社レベルではなく、孫会社レベルにおいて不正行為がなされた場合においても、General Rubber 判決の考え方は妥当するとされている。*See* Qantel Corp. v. Niemuller, 771 F. Supp. 1361, 1367 (S.D.N.Y. 1991).

比較的最近の判決である *In re* First Central Financial Corporation, 269 B.R. 502, 510-513 (Bkrtcy.E.D.N.Y. 2001) においても、これらの判決の多数意見の立場が踏襲されている(本判決は連邦の倒産裁判所の判決であるが、ニューヨーク州法が適用されている)。

[313] *Hopps*, 281 A.D. 90, at 91-92.
[314] *Id.* at 92.

第2節　親会社取締役の子会社管理責任の追及に関するアメリカの議論

　General Rubber 判決は、多重代表訴訟による救済については何ら言及しておらず、親会社取締役の対親会社責任の追及と多重代表訴訟との関係は、明らかではない。General Rubber 判決が多重代表訴訟に言及していない理由の1つは、この判決が出された1915年の段階では、まだ、多重代表訴訟制度がニューヨーク州において根づいていなかったことが考えられる[315]。しかし、その後も、親会社取締役の対親会社責任の追及と多重代表訴訟との関係に言及した判決は、ほとんど見当たらない。両者の関係について言及する数少ない判決として、Piccard v. Sperry Co. 判決[316]がある。同判決の事案は、P会社（Sperry Co.）の完全子会社S会社（Sperry Securities Co.）が保有するA会社株式の売却損に関して、P会社取締役Yらの責任を追及するため、（P会社の普通株式に関する議決権信託証書の保有者である）Xが提起した代表訴訟において、Xには原告適格がないとの理由で、Yらがサマリー・ジャッジメントによる却下を申し立てたというものである。同判決は、次のように判示して、サマリー・ジャッジメントの申立てを退けた。

　　「S会社は、単にA会社株式を処分するという目的だけのために、P会社によって使われた導管（conduit）または道具（instrumentality）にすぎなかった。S会社は、この点で、同様の目的のために雇われる他のエージェントと異なる地位にあるわけではなかった。たとえ、そういえないとしても、General Rubber 判決によれば、P会社の取締役であるYらに対して、義務違反を理由とする訴訟は、なおも維持することができた。」[317]

　上記判示の前半部分は、法人格否認の法理に基づいて二重代表訴訟を認めるものであると一般に理解されている[318]。後半部分は、General

---

315　ニューヨーク州において多重代表訴訟を初めて認めた判決は、1917年の Holmes v. Camp, 180 App.Div. 409, 167 N.Y.S. 840 である（本章第1節第1款二参照）。
316　Piccard v. Sperry Co., 30 F. Supp. 171 (S.D.N.Y. 1939).
317　*Piccard*, 30 F. Supp. 171, at 173.
318　前掲注29) およびそれに対応する本文を参照。

第 2 章　アメリカ法の考察

Rubber 判決の考え方に依拠して、親会社取締役の対親会社責任を追及する通常の代表訴訟を認めるものである。Piccard 判決は、二重代表訴訟と親会社取締役の責任追及との関係を、並列的な関係、または（前者が利用できない場合に初めて後者が利用可能になるという意味での）代替的な関係と見ているように読める[319]。もっとも、この判示は、サマリー・ジャッジメントの申立てを却下するために述べられたものであり、ここでは、両手段の関係が中心的な問題となったわけではない。そのため、この点において、本判決の先例としての意義は、あまり大きくないように思われる。

　以上のように、多重代表訴訟制度が一般的に認められるようになってからも、判例上、親会社取締役の対親会社責任の追及は否定されていない。また、逆に、親会社取締役の責任追及という手段が存在することを理由に、多重代表訴訟制度は不要であると述べる判例も見られない[320]。

[319] See Painter, *supra* note 119, at 159 n. 45（Piccard 判決は、二重代表訴訟に加えて、選択的に、親会社の直接の損害賠償請求権も利用可能であるかもしれないことを示唆した）。

[320] Locascio, *supra* note 132, at 735 n. 66 は、このような立場に立つものとして、1934 年証券取引所法 16 条(b)項に基づく短期売買差益の返還請求に関して二重代表訴訟を否定した、Untermeyer v. Valhi, Inc., 665 F. Supp. 297 (S.D.N.Y. 1987) を挙げる。しかしながら、同判決の中核的な理由は、立法によって特別に設けられた制度である、同法 16 条(b)項の適用範囲は安易に拡張されるべきでないという点にある。*Untermeyer*, 665 F. Supp. 297, at 299-300. 同判決は、多重代表訴訟を肯定してきた諸判例を 16 条(b)項に適用することはできないとして、16 条(b)項の短期売買差益返還請求訴訟の特殊性を強調している。See *ibid*. 親会社取締役の責任追及に関しては、先行判例との事案の相違を述べる文脈において、次のように、付随的に言及されているにすぎない。

　「〔原告が援用する Blau v. Oppenheim, 250 F. Supp. 881 (S.D.N.Y. 1966)〕は、本件事例とは区別される。Oppenheim 事件における重要な事実は、発行者の〔合併による〕消滅、およびそのために 16 条(b)項に基づく訴訟の原告適格を有する者が存在しないという懸念である。……本件では、発行者 Sea-Land は、……会社として存続している。Sea-Land 自身が、〔短期売買差益の取得者である〕Valhi に対して 16 条(b)項の訴訟を提起することができた。Sea-Land が不提訴を選択しても、その株主として、〔Sea-Land の親会社である〕CSX

第2節　親会社取締役の子会社管理責任の追及に関するアメリカの議論

判例上、両手段の関係について、確立した法理が存在しているわけではない。このように両手段の関係について述べる判例がほとんどないのは、多重代表訴訟の法理の確立以降、親会社取締役の対親会社責任が追及されること自体が、非常に少ないためであるかもしれない。

第2款　学　説

学説においては、親会社取締役の対親会社責任の追及を認める General Rubber 判決の多数意見に批判的な見解が多い[321][322]。学説は、親会社取締役が子会社に対しても損害賠償責任を負う場合を念頭に置いて[323]、次の

> が Valhi に対する16条(b)項の訴訟を提起することができた。もし、被告 Valhi と CSX との間の合意のために、CSX の提訴が不当に阻止されたのであれば、CSX の株主は救済のない状態となる。彼らは、CSX の取締役および役員に対して、信認義務違反を理由に、代表訴訟を提起することができるであろう」*Untermeyer*, 665 F. Supp. 297, at 300.

[321] *See* Note, *supra* note 88, at 965-967; Painter, *supra* note 119, at 155-159; Locascio, *supra* note 132, at 735-738; *see also* Note, *Direct Recovery by a Corporation for Damage Sustained as Stockholder in Another Corporation*, 28 HARV. L. REV. 409, 411 (1915); Note, *supra* note 304, at 319-321. 他方、Note, *supra* note 90, at 1316 は、General Rubber 判決におけるような親会社取締役に対する通常の代表訴訟を、親会社株主の救済手段として認める。もっとも、この見解も、損害額の算定が困難であるという難点は認めている。*Id.* at 1317 n. 32.

[322] なお、親会社取締役が親会社の資産として子会社を適切に管理する義務を負うとの判示部分（前掲注305）およびそれに対応する本文を参照）については、学説からの批判は見られない。親会社取締役の監視義務が企業グループ全体に及ぶ旨を指摘する近時の文献として、*See* Virginia Harper Ho, *Of Enterprise Principles and Corporate Groups : Does Corporate Law Reach Human Rights?*, 52 COLUM. J. TRANSNAT'L L. 113, 157 (2013).

[323] 親会社取締役が子会社に対して損害賠償責任を負うことは、学説の挙げる反対理由の一部（子会社の少数株主や債権者の保護の問題、および二重責任の問題）において、決定的に重要となる。そのため、学説の中には、親会社取締役が子会社に対して損害賠償責任を負わない場合には、親会社による親会社取締役への損害賠償請求を認めてもよいとするものもある。*See* Note, *supra* note 321, at 411; Note, *supra* note 304, at 320; *see also* Painter, *supra* note 119, at

4点を反対理由に挙げる[324]。

第1に、損害額算定の困難さが指摘されている[325]。General Rubber 判決は、親会社が受けた損害の額を算定するための前提として、子会社に帰属する損害賠償請求権の価値の算定を求める。そのためには、子会社による損害回復の潜在的な可能性が、考慮されなければならない[326]。また、子会社の債権者（および優先株主）の権利が親会社に優先するため、子会社の財務状況についての包括的な調査も必要である[327]。そもそも、親会社の損害となる「子会社株式の価値の下落」は、子会社の財産的損失だけでなく、他の多くの要素によって決定される[328]。このように複雑な評価を伴うため、損害額の算定は非常に困難な作業となる[329]。

第2に、子会社の少数株主および債権者を害する危険がある[330]。General Rubber 判決の論理は、子会社株主のうち親会社にのみ直接の

> 159. 他方、他の反対理由（損害額算定の困難、二重の損害回復の可能性、および複数の訴訟が提起されることによる弊害）は、親会社取締役が子会社に対して損害賠償責任を負わない場合においても、当てはまる。

324 反対理由の多くは、Smith v. Hurd ルールの実際上の根拠（前掲注304）参照）と重なるものである。このことは、別個の義務（separate duty）の例外が同ルールの実際上の問題を解消するわけではないことを意味する。現に、Note, *supra* note 304, at 319 は、別個の義務の例外はたとえ同ルールの形式的根拠を克服しても、その実際上の根拠とは無関係であることから、そのような例外を認めること自体に批判的である。同様の理由により、別個の義務の例外に対して批判的な学説として、*See* Comment, *The Shareholder's "Individual" Suit*, 38 YALE. L.J. 965, 970-971 (1929).

325 *See* Locascio, *supra* note 132, at 735-736; Note, *supra* note 88, at 965.

326 *See* Locascio, *supra* note 132, at 736.

327 *See* Note, *supra* note 88, at 965-966.

328 Locascio, *supra* note 132, at 736. さらに、親会社の子会社株式保有割合が時間の経過に伴って変動している場合には、損失の発生時期等についても考慮しなければならず、評価は一層複雑になる。*Id.* at 736 n. 68.

329 General Rubber 判決は損害額の評価を陪審に委ねるが、これに対しては、法律の素人である陪審員にそのような複雑な法的思考を要求することは、混乱を招きかねないとの批判がある。*See* Painter, *supra* note 119, at 156-157.

330 *See* Note, *supra* note 88, at 966; Painter, *supra* note 119, at 158; Locascio, *supra* note 132, at 737.

第2節　親会社取締役の子会社管理責任の追及に関するアメリカの議論

損害回復を認めるものである。これは、親会社を他の子会社株主よりも優遇するものである[331]。親会社が損害賠償の給付を受けた後に、他の子会社株主は代表訴訟を提起することができるが、被告の資力が不十分である場合には、他の子会社株主は損害を十分に回復することができない。その結果、親会社と他の子会社株主の間で不平等が生じる[332]。さらに、子会社が倒産した場合には、親会社が子会社財産から優先的に支払を得たことによって、子会社の債権者の利益が害される[333]。

　第3に、二重の責任および二重の損害回復の可能性は、General Rubber判決の示す損害算定方法によって緩和されるものの、なおも残されている[334]。親会社の損害を算定する際、子会社が不正行為者に対して有する損害賠償請求権は、額面額よりも低い価値で評価される。そのため、親会社が賠償金の支払を受けた後に、子会社が損害賠償請求権を行使する場合には、不正行為者は、子会社の損害額の一部について、二重の責任を負うことになる[335]。同時に、このことは、親会社が二重に損害の回復を得ることを意味する。そして、子会社の有する損害賠償請求権の価値が低く評価されるほど、二重の責任および二重の損害回復が生

[331]　*See* Painter, *supra* note 119, at 158（不正行為者がたまたま親会社取締役であったというだけで、親会社と他の子会社株主との間で処遇に差が生じるのは適切でない）.

[332]　*See* Locascio, *supra* note 132, at 737.

[333]　*Ibid.*

[334]　*See* Note, *supra* note 88, at 966 n. 13 ; Painter, *supra* note 119, at 158. しかも、他のいくつかの裁判例は、General Rubber判決のような損害賠償請求権の価値の控除を行わずに、損害額を算定しているようであるとの指摘もある。*See* Note, *supra* note 304, at 319 ; Note, *supra* note 88, at 965 n. 10.

[335]　*See* Note, *supra* note 88, at 966 n. 13（なお、この結果は、親会社に対して既に支払われた金額を子会社に対する賠償額から控除することによって、回避することが可能である。しかし、その場合、今度は、子会社の少数株主から親会社への利益移転が生じてしまう。子会社株主間の平等を保つ方法として、衡平法裁判所は、前の訴訟で親会社に支払われた金額と1株当たりの割合が等しい金額を、親会社以外の子会社株主に対して直接支払うよう、被告に命じることができる。もっとも、このような処理は、手続的に煩雑であり、また、剰余金の配当に類似するため、子会社の債権者を害する危険がある）.

じる金額は大きくなる[336]。

　第4に、複数の訴訟が提起されることにより、弊害が生じる[337]。親会社による親会社取締役の責任追及がなされても、子会社による責任追及がなおも可能であり、紛争の終局的解決のためには多くの訴訟が必要になる。また、子会社株式が複数の会社によって保有されている場合、訴訟の数はさらに増える可能性がある[338]。このことは、関係当事者および社会の両方にとってコストを増加させる[339]。さらに、親会社による直接訴訟における子会社の損害賠償請求に関する判決は、他の子会社株主や子会社自身が提起する訴訟において、既判事項（res judicata）とはならない[340]。そのため、矛盾する判決が下されてしまう可能性もある[341]。代表訴訟には、複数の訴訟の提起によって生じるこれらの弊害を回避するという機能がある[342]。

　これら4つの問題点は、多重代表訴訟による事件処理においては、解消されると指摘されている[343]。すなわち、第1に、多重代表訴訟においては、子会社に生じた損害のみが問題となるため、損害額の算定につい

---

[336] 二重の責任および二重の損害回復が生じる金額が大きくなる場合として、次のような例が挙げられている。すなわち、最初に親会社が直接の損害賠償を請求した時点で被告が無資力である場合、子会社の請求権は投機的（speculative）な価値しか有さずほとんど無価値であるため、親会社はほぼ完全な賠償を命じる勝訴判決を得ることができる。しかし、その後、被告の資力が回復すると、被告は親子会社の双方に対して賠償を強いられることになる。その結果、被告は親会社への賠償額全体について二重に責任を負い、また親会社は二重に損害の回復を得ることになる。*See* Note, *supra* note 304, at 319 n. 14.

[337] *See* Note, *supra* note 88, at 966 ; Painter, *supra* note 119, at 158-159 ; Locascio, *supra* note 132, at 736-737.

[338] *See* Locascio, *supra* note 132, at 737.

[339] *See ibid*（また、多くの訴訟で防御活動をしなければならないおそれがあることは、適切な者が取締役に就任することを妨げる可能性がある）。

[340] *See* Painter, *supra* note 119, at 158 n. 41 ; *see also* Note, *supra* note 88, at 966 n. 13.

[341] *See* Painter, *supra* note 119, at 158 n. 41.

[342] *See id*. at 158-159.

[343] Note, *supra* note 88, at 966 ; Painter, *supra* note 119, at 159.

第 2 節　親会社取締役の子会社管理責任の追及に関するアメリカの議論

て特別の困難は生じない。第 2 に、損害賠償は子会社に支払われるため、子会社の他の株主や債権者の利益を害することもない。第 3 に、被告は、子会社に対してのみ損害賠償を支払えば足りるため、二重の責任を負う危険もない。子会社株主の損害は、子会社の損害回復を通じてのみ塡補されるため、親会社による二重の損害回復も起こらない。第 4 に、紛争は、原則として一度の多重代表訴訟によって解決される。

このため、学説においては、親会社取締役の対親会社責任を追及するのではなく、多重代表訴訟によって紛争を解決することが望ましいと主張されている[344]。親会社の親会社取締役に対する損害賠償請求が認められるのは、子会社の親会社取締役に対する損害賠償請求権が発生していない場合に限られるべきであるとの主張もある[345]。また、子会社に帰属する損害賠償請求権についての判決が出されるまでの間、親会社に帰属する損害賠償請求権に関する訴訟を停止（stay）するという対応策も、提案されている[346]。

第 3 款　小　括

本節では、親会社取締役の子会社管理責任の追及に関して、アメリカの判例および学説上の議論を分析・検討した。本節における検討の結果は、次のようにまとめることができる。

アメリカでは、子会社において不正がなされた場合に、親会社取締役の親会社に対する子会社管理責任を追及することを認める判例が、一部の州において存在する。しかし、このような判例に対して、学説上では、

---

[344] Note, *supra* note 88, at 967 ; Painter, *supra* note 119, at 159 ; *see also* Locascio, *supra* note 132, at 738.
[345] 前掲注 323）参照。
[346] *See* Note, *supra* note 321, at 411 n. 12 ; Note, *supra* note 304, at 319-320. さらに、親会社取締役の対親会社責任を追及する訴訟において、子会社も当事者に加え、子会社の有する請求権を含めた一括的な判決を下すことによって、紛争を解決すべきであるという提案もある。Note, *supra* note 321, at 411.

①損害額算定の困難、②子会社の少数株主および債権者を害する危険、③二重の責任および二重の損害回復のおそれ、ならびに④複数の訴訟が提起されることによる弊害を理由として、反対する見解が多い。これらの学説は、損害が第一次的には子会社において生じた場合、その賠償は子会社に対してなされるべきであり、親会社株主は、原則として多重代表訴訟を提起することによって、救済を受けるべきであると主張している[347]。実際の訴訟でも、子会社における不正行為について、親会社取締役の子会社管理責任が追及されることは少なく、多重代表訴訟によって不正行為者自身の対子会社責任が追及されることが、ほとんどであると思われる[348]。

---

[347] Painter は、子会社における不正行為に関して、親会社株主が利用可能な数少ない救済手段のうち、最も重要かつ効果的であるのは、二重代表訴訟であると述べる。Painter, *supra* note 119, at 145.

[348] 同様の分析結果を述べるものとして、舩津・前掲注291) 153頁・366頁参照。

第3節　アメリカにおける代表訴訟制度の意義と実態

　第1節において見たように、アメリカでは、多重代表訴訟制度は、通常の代表訴訟制度の延長線上にある制度として捉えられている。多重代表訴訟を提起するにあたっては、特別な要件は課されておらず、提訴請求手続をはじめとする通常の代表訴訟と同様の手続によって統制されている。最近では、学説においても、多重代表訴訟制度について独立に論じられることはほとんどなく、多重代表訴訟は、代表訴訟の単なる一類型として、扱われているように見える。したがって、多重代表訴訟制度の意義を理解する上では、代表訴訟制度一般の意義や実態について考察することが、必要であると考えられる。また、アメリカにおける代表訴訟制度一般の意義や実態について考察することは、わが国における代表訴訟制度の意義を再確認する契機にもなり、第1章第3節において挙げたわが国における第1の課題（代表訴訟制度一般における諸問題）を検討するための手がかりを得る上でも、有益であろう。
　そこで、本節では、アメリカにおける代表訴訟制度一般の意義と実態について考察する。具体的には、以下の順序で検討を進める。まず、第1款において、代表訴訟制度のコーポレート・ガバナンスにおける意義の変容、およびその背景事情について分析する。アメリカにおける代表訴訟制度をめぐる状況は、1970年代から80年代にかけて、大きく変容した。その要因や背景を分析することは、アメリカ会社法における代表訴訟制度の意義を理解する上で重要であると考えられる。次に、第2款において、代表訴訟に関する近時の実態調査を整理・分析することを通じて、アメリカにおける代表訴訟制度の現状を明らかにする。最後に、第3款では、本節の議論の小括を行う。

第1款　代表訴訟制度の意義の変容

　代表訴訟制度は、長年の間、会社経営者に対する主たる規律づけの手段として、コーポレート・ガバナンスの根幹をなしていると評価されてきた。例えば、1949年の連邦最高裁判所判決は、代表訴訟制度について、「長らく会社経営陣に対する主たる規制者であった」と評している[349]。学説においても、代表訴訟は、「会社の内部事項を規律するために、法が発達させてきた最も重要な手続」であるなどと高く評価されていた[350]。特に、1950年代後半から60年代には、数多くの代表訴訟が提起され、代表訴訟制度は、コーポレート・ガバナンスにおいて重要な役割を果たしているといわれていた[351]。このような中、代表訴訟の原告は、「私的法務総裁（private attorney general）」と称されることもあった[352]。

　しかし、1970年代から80年代にかけて、代表訴訟は、判例法によって、手続上大きく制限されるようになった[353]。また、デラウェア州をはじめ

---

[349] Cohen v. Beneficial Indus. Loan Corp., 337 U.S. 541, 548 (1949). そのほか、代表訴訟制度の抑止効果を高く評価する判決として、See e.g., Brendle v. Smith, 46 F. Supp. 522, 525-526 (S.D.N.Y. 1942).

[350] Eugene V. Rostow, *To Whom and for What Ends are Corporate Management Responsible?*, in THE CORPORATION IN MODERN SOCIETY 46, 48-49 (Edward S. Mason eds., 1960) ; see also BALLANTINE, *supra* note 49, at 334.

[351] See Coffee & Schwartz, *supra* note 300, at 262 n. 5 ; Daniel J. Dykstra, *The Revival of the Derivative Suit*, 116 U. PA. L. REV. 74 (1967).

[352] See John C. Coffee, Jr., *Rescuing the Private Attorney General : Why the Model of the Lawyer as Bounty Hunter Is Not Working*, 42 MD. L. REV. 215, 216 (1983). 「私的法務総裁」の概念は、行政訴訟における原告適格の拡大に際して登場し、証券法・反トラスト法上の訴訟や株主代表訴訟にまで波及していった。See id. at 215-216.

[353] 1940年代にも、代表訴訟の原告に被告の費用についての担保の提供を義務づける制定法がニューヨーク州等で創設され、代表訴訟の消滅の危機が訪れた。この危機は、原告が制定法を回避するための様々な戦術を見出したことによって、切り抜けられた。See Coffee & Schwartz, *supra* note 300, at 261 ; see also CLARK, *supra* note 99, at 652-655 ; WILLIAM T. ALLEN, REINIER KRAAKMAN, &

第3節　アメリカにおける代表訴訟制度の意義と実態

とする多くの州では、一定の信認義務に違反した取締役の責任を（定款の規定に基づいて）免除することを認める制度が、州会社法において制定された[354]。これらの制約により、代表訴訟の提訴数は大幅に減少し[355]、近年では、代表訴訟がコーポレート・ガバナンスにおいて果たしている役割は、小さくなったと評されている[356]。

　このように、アメリカの代表訴訟制度は、1970年代から80年代にかけて大きく変容した。本款では、70年代から80年代において、代表訴訟に対して加えられるようになった手続上の制約の内容について概観し（一）、そのような制約が加えられるようになった要因について分析する（二）。

GUHAN SUBRAMANIAN, COMMENTARIES AND CASE ON THE LAW OF BUSINESS ORGANIZATION 376 (4th ed. 2012) （現在では、原告が担保の提供を要求されることはほとんどない）.

[354] *E.g.*, Del. Code Ann. tit. 8, § 102(b)(7). このような免責制度が州の制定法によって設けられた契機は、デラウェア州最高裁判所のSmith v. Van Gorkom, 488 A.2d 858 (Del. 1985) 判決が、取締役に対して、注意義務違反に基づく巨額の損害賠償責任を認めたことにある。同判決のために、D&O保険市場における需給バランスが崩れ、保険料が高騰するなど、D&O保険制度の存続自体が揺らいだ。このような事態に対処するため、早くも同判決の翌年、デラウェア州において免責制度が制定され、他の多くの州もこれに追随した。以上のような同判決の前後の経緯については、*See* Stephen M. Bainbridge, *The Story of Smith v. Van Gorkom*, in CORPORATE LAW STORIES 197 (J. Mark Ramseyer eds., 2009).

[355] *See* Randall S. Thomas, *The Evolving Role of Institutional Investors in Corporate Governance and Corporate Litigation*, 61 VAND. L. REV. 299, 305 (2008).

[356] *See* Larry E. Ribstein, *Accountability and Responsibility in Corporate Governance*, 81 NOTRE DAME L. REV. 1431, 1473 n. 164 (2006); *see also* E. Norman Veasey & Michael P. Dooley, *The Role of Corporate Litigation in the Twenty-First Century*, 25 DEL. J. CORP. L. 131, 142 (2000) （代表訴訟は「死んでしまった」という論者さえいた）.

第2章 アメリカ法の考察

一 代表訴訟の手続面における制約

　1970年代から80年代にかけて、代表訴訟制度には、判例法によって手続上の大きな制約が加えられた。具体的には、「提訴請求要件の厳格化」および「特別訴訟委員会の申立てによる訴え却下の許容」の2点である[357]。以下では、それぞれの内容について概観する。

1 提訴請求要件の厳格化

　かつては、提訴請求要件は、ほとんど形式的な要件でしかなかったといわれている[358]。すなわち、訴訟において問題とされる不正行為が取締役会の構成員によるものである場合には、提訴請求は免除されるのが通常であった[359]。また、1970年代後半よりも前においては、少なくとも連邦裁判所において、提訴請求要件は緩やかに解釈されていたため、提訴請求要件について訴訟で争われることは、ほとんどなかったとの指摘もある[360]。デラウェア州においても同様に、かつては、提訴請求の無益性

---

[357] See Ribstein, *supra* note 356, at 1473.

[358] See Richard M. Buxbaum, *Conflict-of-Interests Statutes and the Need for a Demand on Directors in Derivative Actions*, 68 Calif. L. Rev. 1122, 1123 (1980).

[359] See William A. Klein, John C. Coffee, Jr., & Frank Partnoy, Business Organization and Finance: Legal and Economic Principles 210 (11th ed. 2010); Buxbaum, *supra* note 358, at 1123.

[360] See Davis, *infra* note 420, at 397-398. そもそも、1970年代後半以前においては、提訴請求手続の目的について、2つの対立する見解が存在していた。すなわち、第1の見解は、会社に帰属している請求権を行使するか否かの決定は本質的に経営判断であるという、実体的な命題の手続的な補完として、提訴請求手続を理解するものである。この見解によれば、提訴判断権は取締役会に専属的に帰属し、提訴の拒否に対する裁判所の審査は経営判断原則によって大きく制約されることになる。第2の見解は、提訴請求手続を単に「会社内部における救済手段の枯渇の法理」として理解するものである。すなわち、会社自身による責任追及や継続中の違法行為の是正など、代表訴訟によらない紛争処理を促すことが提訴請求の目的であるとする見解である。この見解によると、株主による提訴請求が拒否されれば（または提訴請求の無益性が立証されれば）、株主は、取締役会の経営判断の如何によらず、自由に訴訟を提起することができる（取

第3節　アメリカにおける代表訴訟制度の意義と実態

が比較的認められやすかった。例えば、取締役らが問題の行為に関与したとして被告とされている場合には、提訴請求は無益であるとして免除されるという判例が存在していた[361]。このように、1970年代の後半になるまでは、提訴請求要件はあまり重要でなかったとされる[362]。

ところが、1970年代半ばから、判例の状況は、明らかに変わったといわれる[363]。デラウェア州でも、1984年のAronson判決[364]において、

> 締役会は訴訟の進行を止めることができない)。70年代後半以前においては、取締役や役員を被告とする代表訴訟に関しては、第2の見解が一般的な理解であったとの見方もある。以上につき、See id. at 396-397; see also Coffee & Schwartz, supra note 300, at 262, 265-271. 現に、デラウェア州衡平法裁判所も、1980年の時点において、第2の見解に基づき、「一旦、会社が取締役の信認義務違反に関する明らかに有効な請求権の行使を拒否した場合、株主は、代表訴訟を提起することによって不正を是正する、第1次的かつ独立の権利（a primary and independent right）を与えられる」として、もはや取締役会は当該訴訟に対するコントロール権限を有さないと判示していた。See Maldonado v. Flynn, 413 A.2d 1251, 1263（Del. Ch. 1980）. もっとも、同判決は、翌年、デラウェア州最高裁判所によって破棄された。すなわち、後掲注370）において挙げるZapata判決である。Zapata判決は、特別訴訟委員会に関する重要な判例であるが、提訴請求手続に関する第2の見解を否定した点においても重要である。
>
> なお、岩原紳作「株主代表訴訟の構造と会社の被告側への訴訟参加」竹内昭夫編『特別講義商法Ⅰ』（有斐閣、1995年）232頁は、わが国の提訴請求制度も、上記第2の見解のように、代表訴訟によらない紛争解決の可能性を尽くすことを求めたものにすぎず、会社（取締役会等）の判断によって株主による代表訴訟の提起が妨げられることはないとの立場に立っていると述べる。

[361] E.g., Fleer v. Frank H. Fleer Corp., 125 A. 411, 414（Del. Ch. 1924）; Miller v. Loft, Inc., 153 A. 861, 862（Del. Ch. 1931）. 伝統的に、デラウェア州の判例は、提訴請求の無益性の審査において、取締役会が訴訟に対して敵対的であるか否か、すなわち、取締役会が訴訟に抵抗する傾向にあるか否かに、焦点を当てていたといわれる。See John C. Coffee, Jr., New Myths and Old Realities: the American Law Institute Faces the Derivative Action, 48 BUS. LAW. 1407, 1411-1412（1993）; e.g., Sohland v. Baker, 141 A. 277, 282（Del. 1927）.

[362] See Davis, infra note 420, at 398.

[363] See KLEIN, COFFEE, & PARTNOY, supra note 359, at 210.

[364] Aronson v. Lewis, 473 A.2d 805（Del. 1984）. なお、Aronson判決の邦語による分析として、近藤光男＝志谷匡史編『新・アメリカ商事判例研究』（商事法

最高裁は、問題の行為を取締役会が承認したからといって、自動的に提訴請求が無益であるとされるべきではないとして[365]、従来の判例の立場を否定し、経営判断原則を用いた審査基準を定立した。すなわち、デラウェア州最高裁は、①取締役（の過半数）が利害関係を有さず独立していること、または②問題とされる取引が経営判断の有効な行使の成果であったことについて、合理的な疑いを生じさせる具体的な事実を、原告は主張しなければならないとの審査基準を定立した（Aronson テスト）[366]。

　Aronson 判決により、提訴請求の無益性が認められる場面は、大きく限定されるようになった。とりわけ、本案審理前においては、ディスカバリー制度を利用することができないため、上記①または②について、合理的な疑いを生じさせる具体的な事実を主張することは、原告株主にとって大きな負担であるといわれている[367]。

2　特別訴訟委員会の利用

　さらに、1970 年代後半から 80 年代にかけて、特別訴訟委員会（special litigation committee）が利用されるようになった。特別訴訟委員会は、新たに任命された利害関係のない社外取締役によって構成され、一旦適法に提起された代表訴訟の継続の是非を審査する機関である。特別訴訟委員会は、代表訴訟を却下すべきであると判断した場合、裁判所に却下の申立てを行う。特別訴訟委員会の申立てに対して、裁判所がどのような審査を行うかは、州によって様々である。経営判断原則を適用して特別訴訟委員会の判断を大幅に尊重する州がある一方で[368]、裁判所が比較

務、2007 年）22 頁以下〔伊勢田道仁〕がある。
[365] *Aronson*, 473 A.2d 805, at 814. その理由としては、取締役全員を被告とすることで提訴請求の無益性が認められてしまえば、衡平法裁判所規則 23.1 条の要求する提訴請求要件が、無意味なものとなってしまうことが指摘された。*Ibid*.
[366] *Ibid*.
[367] *See* Davis, *infra* note 420, at 399-400. ミルハウプト編・前掲注 228）124-125 頁も参照。
[368] その代表例は、ニューヨーク州である。*See* Auerbach v. Bennet, 47 N.Y.2d 619（1979）.

的厳格な審査を行う州もある[369]。デラウェア州においては、中間的な立場が採られている。デラウェア州最高裁判所は、1981年のZapata判決[370]において、いわゆる2段階テストとよばれる判断枠組みを定立した[371]。すなわち、1段階目のテストにおいて、裁判所は、当該訴訟委員会の独立性および誠実性、ならびに委員会の下した結論を支える根拠の合理性を審査する。これらの立証責任は委員会が負う。立証が不十分であると裁判所が判断した場合、訴え却下の申立ては認められない。他方、立証に成功した場合、裁判所は、裁量により2段階目のテストに進むことができる。2段階目のテストにおいては、裁判所が、自ら独自に経営判断を下すことによって、訴え却下の申立てを認めるか否かを判断する。2段階目のテストにおいて、裁判所は、適切な場合には、会社の最善の利益のみならず、法律問題（matters of law）と公序（public policy）にも、特別の考慮を払わなければならない。

このように、州によって程度の差はあるものの、特別訴訟委員会が利用されるようになったことにより、代表訴訟が却下される場面は増加した。実際、特別訴訟委員会は、ほとんど全ての事例において却下の申立てを行っているといわれており[372]、特別訴訟委員会が代表訴訟を制約す

---

[369] その代表例は、マサチューセッツ州である。*See* Houle v. Low, 556 N.E.2d 51 (Mass. 1990). 特別訴訟委員会の申立てを尊重しない大きな理由は、取締役会により任命される委員は、構造的バイアス（structural bias）によって、訴訟継続の是非について公正な判断をすることが期待できないと考えられることにある。構造的バイアスとは、社外取締役といえども、選任過程や社会的地位等の種々の要因から、被告である役員や取締役に同情的な判断を行いやすいというものであり、その存否・程度については様々な意見がある。構造的バイアスをめぐる米国での議論の概観として、アーサー・R・ピント＝ダグラス・M・ブランソン（米田保晴監訳）『アメリカ会社法』（レクシスネクシス・ジャパン、2010年）627頁以下、釜田薫子「米国における社外取締役の独立性と構造的偏向」大阪市立大学法学雑誌58巻2号（2011年）258頁以下を参照。

[370] Zapata Corp. v. Maldonado, 430 A.2d 779（Del. 1981）.

[371] *Zapata*, 430 A.2d 779, at 788-789.

[372] *See* CLARK, *supra* note 99, at 645; AMERICAN LAW INSTITUTE, *supra* note 73, at §7.10 Comment d; KLEIN, COFFEE, & PARTNOY, *supra* note 359, at 212.

る効果は大きい[373]。

二　代表訴訟が制約されるようになった要因

　ここで問題となるのは、1970年代後半から80年代にかけて、代表訴訟制度が制約されるようになった実質的な理由は何か（すなわち、提訴請求要件が厳格化され、特別訴訟委員会が利用されるようになった要因は何か）ということである[374]。結論を先に述べれば、これには2つの大きな要因がある。すなわち、①代表訴訟の濫用的な提起が深刻であったこと、および②適切なコーポレート・ガバナンスを確保するための他の諸制度が発達してきたことである。さらに、③70年代から80年代にかけてのアメリカの社会状況も、代表訴訟を制約する動きに、少なからず影響を与えたと指摘されている。以下では、これら3点について、それぞれ具体的に考察する。

1　代表訴訟の濫用

　アメリカでは、古くから代表訴訟が濫用的に提起されることが問題とされてきた。アメリカにおける濫訴の特徴は、原告側弁護士が主導する形で濫用的な訴訟を提起している点にある。特に、代表訴訟の原告側代理人となることを専門とする法律事務所の存在が、アメリカにおいて濫用的な代表訴訟が数多く提起されてきたことの大きな要因となってい

---

[373] もっとも、近時では、特別訴訟委員会は従来いわれてきたほど代表訴訟の却下の申立てを行っているわけではなく、原告側の主張に好意的な結論を下すことも少なくないとの調査研究もある。See Minor Myers, *The Decisions of the Corporate Special Litigation Committees : An Empirical Investigation*, 84 IND. L.J. 1309（2009）. しかしながら、論者自身も認めるとおり、この調査研究は限られたデータに基づいたものであり、特別訴訟委員会の活動の全体像を知るためには、さらなる調査が必要であるとされる。*Id.* at 1311-1312.

[374] 代表訴訟が制約されるようになった要因を検討するものとして、*See e.g.*, Thompson & Thomas, *infra* note 407, at 1756-1760; Davis, *infra* note 420, at 400-418.

第3節 アメリカにおける代表訴訟制度の意義と実態

る[375]。

そもそも、アメリカでは、代表訴訟は一般に弁護士が主導することによって提起されている[376]。弁護士が代表訴訟の提起を主導する動機は、高額の報酬の獲得にある[377]。アメリカの弁護士報酬は成功報酬制が一般的であり、弁護士は、代表訴訟の勝訴判決や和解を通じて、多額の報酬を獲得することができる[378]。その結果、弁護士は、いくつかの訴訟が多額の報酬につながることを期待して、勝訴の見込みの低い訴訟であって

---

[375] *See* REINIER KRAAKMAN ET AL., THE ANATOMY OF CORPORATE LAW : A COMPARATIVE AND FUNCTIONAL APPROACH 175 (2d ed. 2009). 原告側代理人となることを専門とする法律事務所が出現した背景には、①成功報酬制、②ディスカバリーの仕組み、③訴答に関する諸ルール、④多額の弁護士報酬の授与、⑤訴訟費用や弁護士報酬についての敗訴者負担制度の不存在がある。*Ibid.*

[376] *See* Coffee & Schwartz, *supra* note 300, at 316(原告側弁護士が代表訴訟を推進するエンジンである); KLEIN, COFFEE, & PARTNOY, *supra* note 359, at 208(代表訴訟は、典型的に、株主を見つけた弁護士や自身が零細株主である弁護士によって、提起される)。

[377] もっとも、アメリカでは、このような弁護士報酬によるインセンティブ自体は、代表訴訟制度に必要なものであると一般に考えられている。なぜなら、株主は、集合行為問題のために、代表訴訟を提起する経済的動機を有さないため、提訴のインセンティブを生み出すための何らかの仕組みが必要であると考えられているからである。*See* ALLEN, KRAAKMAN, & SUBRAMANIAN, *supra* note 353, at 370-371. つまり、高額の弁護士報酬は、提訴インセンティブの不足を解消するために必要であるとされるが、その反面において、弁護士が会社(総株主)の利益に反した行動をとるという問題(エージェンシー問題)を増大させているわけである。*See* Roberta Romano, *The Shareholder Suit : Litigation Without Foundation?*, 7 J.L. ECON. & ORG. 55, 55 (1991).

[378] *See* Reinier Kraakman, Hyun Park, & Steven Shavell, *When Are Shareholder Suits in Shareholder Interests?*, 82 GEO. L.J. 1733, 1743 n. 31 (1994)(全ての法域において、代表訴訟とクラス・アクションにおける弁護士報酬について、成功報酬制が認められている。実務では、認容額の20〜30％の報酬が支払われることが多い); Jessica M. Erickson, *Corporate Misconduct and the Perfect Storm of Shareholder Litigation*, 84 NOTRE DAME L. REV. 75, 101 (2008)(弁護士は、訴訟において支出した費用にかかわらず、認容額の20〜30％の報酬を得ることが多い)。

も、多数の訴訟を提起する傾向にある[379]。勝訴判決や和解に至る訴訟がわずかな数であっても、そのような訴訟では多額の報酬を得ることができるため、多数の訴訟を手当たり次第に提起することが、経済的合理性を有するわけである[380]。このように、原告側弁護士は、強い経済的な動機の下、リスクをいとわない企業家（a risk-taking entrepreneur）として行動している[381]。そのため、代表訴訟を提起する者は、「私的法務総裁（private attorney general）」というよりも、「賞金稼ぎ（bounty hunter）」であるとの認識が、強まっていった[382]。

さらに、原告側弁護士と被告経営者等の馴合いによって、会社（総株主）の利益に反した和解がなされることが、重大な問題となっている。請求が棄却される可能性が高い場合であっても、被告である経営者等は、訴訟対応（法廷での証言等）からの解放や評判の低下の回避等を優先して、

---

[379] See Franklin A. Gevurtz, *Who Represents the Corporation? In Search of a Better Method for Determining the Corporate Interest in Derivative Suits*, 46 U. PITT. L. REV. 265, 291 (1985); *see also* James D. Cox, *The Social Meaning of Shareholder Suits*, 65 BROOK. L. REV. 3, 32 (1999)（原告側弁護士は、個々の代表訴訟を、自己の事務所が提起する複数の訴訟から構成されるポートフォリオの中に位置づけて、評価する）; Erickson, *supra* note 378, at 101（原告側弁護士にとって重要なのは、代表訴訟から得られる利益の期待値が、自己が有する他の訴訟機会のそれを上回るか否かである）; Randall S. Thomas & Robert B. Thompson, *Empirical Studies of Representative Litigation*, in RESEARCH HANDBOOK ON THE ECONOMICS OF CORPORATE LAW 152, 155 (Claire A. Hill & Brett H. McDonnell eds., 2012)（原告側弁護士は、多くの訴訟から成るポートフォリオを維持することによって敗訴リスクを管理することができるため、勝訴可能性が低いものも含めて多数の訴訟を提起しようとするかもしれない）.

[380] 原告側弁護士は、敗訴した場合でも、ほとんど不利益を被らない（訴訟に費やした時間や労力が無駄になる程度である）。これは、アメリカにおいて、訴訟費用と弁護士報酬が敗訴者負担ではなく、自己負担であることによる。*See* Gevurtz, *supra* note 379, at 290-291.

[381] *See* John C. Coffee, Jr., *Understanding the Plaintiff's Attorney: The Implications of Economic Theory for Private Enforcement of Law Through Class and Derivative Actions*, 86 COLUM. L. REV. 669, 676 (1986).

[382] このことは、代表訴訟だけでなく、証券訴訟等にも当てはまる。*See* Coffee, *supra* note 352, at 217-218; *see also* Coffee, *supra* note 381, at 679.

第3節 アメリカにおける代表訴訟制度の意義と実態

和解に応じる可能性がある[383]。和解において支払われる弁護士報酬が会社や保険会社（D&O 保険）により支出されることも、被告が和解に応じる要因となっている[384]。

他方、請求が認容される可能性が高い場合にも、馴合いによる和解がなされる可能性がある[385]。原告側弁護士は、敗訴の可能性を避けるため（またはより高い報酬を得るため）、責任を免れたい被告経営者との間で、次のような和解を締結するインセンティブを有する。すなわち、被告が会社に対して少額の賠償金を支払うこと、または見せかけだけのコーポレート・ガバナンス改革を行うことによって、実質的に責任を免れることと引き換えに、原告側弁護士に対して（請求認容判決の際に得られる報酬を上回る）多額の報酬が会社から支払われるという内容の和解である[386]。

和解には裁判所の承認が必要であるものの、裁判所は実質的な審査をほとんど行わないため、馴合いによる和解を防止することはできていない[387]。原告株主も、訴訟の結果に利害関係をほとんど有さないため、弁護士による不当な和解を阻止することは通常ない[388]。このような馴合い

---

[383] See ALLEN, KRAAKMAN, & SUBRAMANIAN, *supra* note 353, at 375. さらに、プロスペクト理論とよばれる行動経済学の知見を利用した研究によれば、訴訟一般において、請求棄却の可能性が高い場合、わずかな勝訴の可能性に過大な重みをつける原告とわずかな敗訴の可能性に過大な重みをつける被告との間で、過大な金額での和解が成立しがちになると指摘されている。See Chris Guthrie, *Framing Frivolous Litigation : A Psychological Theory*, 67 U. CHI. L. REV. 163 (2000)； see also, DANIEL KAHNEMAN, THINKING, FAST AND SLOW 310-321 (2011)（邦訳：ダニエル・カーネマン（村井章子訳）『ファスト＆スロー――あなたの意思はどのように決まるか？〔下〕』（早川書房、2012 年）29 章）.

[384] See Romano, *supra* note 377, at 57； ALLEN, KRAAKMAN, & SUBRAMANIAN, *supra* note 353, at 375.

[385] See KLEIN, COFFEE, & PARTNOY, *supra* note 359, at 208.

[386] *Ibid*.

[387] See Romano, *supra* note 377, at 57； Erickson, *infra* note 447, at 1824-1825； see also Coffee, *supra* note 352, at 237； Coffee & Schwartz, *supra* note 300, at 318-319； Cox, *supra* note 379, at 33-35.

[388] See Erickson, *infra* note 447, at 1824； Erickson, *supra* note 378, at 101.

による和解の「期待」は、勝訴の見込みの乏しいものを含め数多くの代表訴訟を提起する原告側弁護士のインセンティブを、ますます増大させている[389]。

以上のような代表訴訟制度の濫用的な利用が、1970年代後半から80年代にかけて、代表訴訟制度が制約されるようになったことの1つの大きな原因であった[390]。すなわち、裁判所が提訴請求手続や特別訴訟委員会に関する判例法を創り出したのは、代表訴訟を提起する原告側弁護士のインセンティブを抑制するためであったと理解することができる[391]。

2 適切なコーポレート・ガバナンスを確保するための他の諸制度の発達

また、1970年代頃から、コーポレート・ガバナンスに関して、代表訴訟制度に代わる規律づけを担う各種の仕組みが発達してきた。代表訴訟制度の制約と新たな仕組みの発達は、相互作用的に進展したといわれている[392]。

新たな規律づけの仕組みとして挙げられるのは、会社支配権市場の発達、インセンティブ報酬など契約上の工夫、社外取締役から成る監督機関としての取締役会（モニタリング・モデル）への移行[393]、機関投資家の活動の活発化、会計士・弁護士・アナリスト等のゲートキーパーの役割の強化、証券クラス・アクションや州会社法に基づくクラス・アクショ

---

[389] *See* KLEIN, COFFEE, & PARTNOY, *supra* note 359, at 209.

[390] *See* Ribstein, *supra* note 356, at 1472-1473 ; Veasey & Dooley, *supra* note 356, at 142 ; Thompson & Thomas, *infra* note 407, at 1758 ; *see also* Davis, *infra* note 420, at 400（代表訴訟制度が制約されるようになった背景には、アメリカ社会が過度に司法化された訴訟好きな社会となっていることへの公衆の懸念があったこと、およびその元凶がクラス・アクションを含めた代表訴訟（representative suits）にあると考えられたことがある）.

[391] *See* ALLEN, KRAAKMAN, & SUBRAMANIAN, *supra* note 353, at 376.

[392] *See* Davis, *infra* note 420, at 411.

[393] 取締役会のモニタリング・モデルへの移行は、1970年代に始まったといわれる。*See e.g.*, George W. Dent, Jr., *The Revolution in Corporate Governance, the Monitoring Board, and the Director's Duty of Care*, 61 B.U. L. REV. 623 (1981).

第3節　アメリカにおける代表訴訟制度の意義と実態

ンによるエンフォースメントである[394]。さらに、SEC（Securities and Exchange Commission　証券取引委員会）によるエンフォースメントの強化[395]、およびホワイトカラー犯罪に対する刑事訴追の増加も指摘されている[396]。

このような新たな規律づけの仕組みが発達しつつあったために、手続上の制約によって代表訴訟による規律づけが縮小しても、問題性は小さいと考えられたわけである。こうした中、代表訴訟制度に期待される役割は、とりわけ「注意義務」のエンフォースメントにおいて、小さくなった[397]。提訴請求の無益性および特別訴訟委員会の申立てに関する司法審査の基準において、経営判断原則の考え方が採り入れられていることは、このことからも理解できる。実際、判例が経営判断原則の適用範囲を拡大し、経営判断原則に対する関心が高まったのも、1970年代であったといわれる[398]。

3　1970年代から80年代にかけてのアメリカ社会の状況

さらに、1970年代から80年代にかけてのアメリカ社会の状況も[399]、代表訴訟制度を制約する動きに影響を与えたといわれる。この時代のアメリカでは、政治がリベラリズムから保守主義へと移行し、それに伴い司法のあり方も司法積極主義から司法消極主義へと移行した[400]。また、

394　*See* Thompson & Thomas, *infra* note 407, at 1756-1758.

395　*See* Davis, *infra* note 420, at 415（SECによる民事差止訴訟（civil injunctive action）は、1966年の67件から、1973年には178件へと大幅に増加した）。

396　*See ibid.*

397　*See id.* at 388-389.

398　川濵昇「米国における経営判断原則の検討(1)」法学論叢114巻2号（1984年）81-82頁参照。

399　この時代のアメリカ社会の状況については、紀平英作編『新版世界各国史24 アメリカ史』（山川出版社、1999年）384頁以下を参照。

400　株主による訴訟に対する60年代と70年代の連邦最高裁判例における評価の違いが、司法積極主義に立つWarren Courtと、より保守的なBurger Courtとの間の考え方の相違に、起因しているかもしれないという指摘がある。*See* Cox, *supra* note 379, at 3-4; *see also* James D. Cox & Randall S. Thomas, *SEC*

当時のアメリカ社会は、経済的な低迷から抜け出すために、経済成長を目標とするようになっていった[401]。そのような社会状況の中、代表訴訟制度は、経営者の高潔さの確保には役立っても、会社の業績向上にはあまり役立たないとして、重要視されなくなったと指摘されている[402]。

第2款　近時における代表訴訟の実態

代表訴訟に種々の手続的制約が課されたため、株主による訴訟の原告側代理人となることを専門としている法律事務所は、証券クラス・アクションへと主戦場を変えた。そのため、代表訴訟の数が減少し、代わって証券クラス・アクションの数が増加した[403]。その結果、1990年代には、証券クラス・アクションにおける濫用的な訴訟が、より一層問題とされるようになった[404]。このような濫用的な訴訟に対処するため、立法によって、証券クラス・アクション制度の改革が行われた。すなわち、1995年の私的証券訴訟改革法（Private Securities Litigation Reform Act of 1995）、および1998年の証券訴訟統一基準法（Securities Litigation Uniform Standards Act）である[405]。このような状況の下、学説の関心も、代表訴訟から証券クラス・アクションへと移っていき、代表訴訟に関す

Enforcement Heuristics : An Empirical Inquiry, 53 DUKE L.J. 737, 739-740 (2003).
[401] *See* Cox, *supra* note 379, at 4（1970年代半ばまでには、社会変革ではなく、経済成長が、アメリカ政治の支配的なイデオロギーになっていた）.
[402] *See* Davis, *infra* note 420, at 400 ; *see also* Cox, *supra* note 379, at 4 n. 5（この時代は、政治がリベラリズムから保守主義へと移行した時代であり、小口投資家の権利を拡大し続ける環境にはほとんどなかった）; Coffee & Schwartz, *supra* note 300, at 323（過剰規制や司法積極主義に対して警戒すべき時代においては、会社の自治を尊重すべきという感情は、軽視することができない）.
[403] *See* Stephen J. Choi & Robert B. Thompson, *Securities Litigation and Its Lawyers : Changes During the First Decade After the PSLRA*, 106 COLUM. L. REV. 1489, 1492（2006）.
[404] 黒沼悦郎『アメリカ証券取引法〔第2版〕』（弘文堂、2004年）142頁参照。
[405] これらの改革の概要については、黒沼・前掲注404）142-155頁を参照。

る研究は、かつてと比べて減少している[406]。

2000年以降の代表訴訟に関する実態調査として、以下の3つの研究がある。本款では、それらの実態調査を概観することを通じて、アメリカにおける代表訴訟の近時の状況を明らかにしたい。

一 Thompson & Thomasによる調査研究

Thompson & Thomas[407]は、1999年および2000年の2年間にデラウェア州衡平法裁判所に提起された全ての訴訟に関するデータに基づき、以下のような調査結果を発表している。

上記2年間において提起された信認義務に関する1,048件の訴訟うち、クラス・アクションは824件、代表訴訟は137件、個別的な直接訴訟は87件であった[408]。このように、デラウェア州衡平法裁判所においては、代表訴訟よりもクラス・アクションの方が、数多く提起されている。また、重複した内容の訴訟を統合すると、全体の訴訟数は348件、クラス・アクションは223件、代表訴訟は84件、個別的な直接訴訟は74件となる[409]。このことから、クラス・アクションでは、同一の事件について複数の訴訟が提起される傾向にあるとわかる。

代表訴訟事件においては、株主と経営者との間、または支配株主と少数株主との間における利益相反の要素を含むものが少なくない[410]。このことは、提訴請求の免除が認められないことを理由とする却下が、却下事例全体の4分の1にすぎないことにも反映されていると見られる[411]。

他方、クラス・アクションにおいては、買収の場面における取締役の

---

406 *See* Davis, *infra* note 420, at 388; Erickson, *infra* note 447, at 1752; Thomas & Thompson, *supra* note 379, at 155.
407 Robert B. Thompson & Randall S. Thomas, *The Public and Private Faces of Derivative Lawsuits*, 57 VAND. L. REV. 1747 (2004).
408 *Id.* at 1762.
409 *See ibid.* 合計数が合わないのは、複数の類型の訴訟が提起された事件があるためである。
410 *Id.* at 1772.
411 *Id.* at 1783.

注意義務違反を基礎づける事実が主張されることが多い⁴¹²。すなわち、注意義務違反を理由とする責任追及訴訟は、代表訴訟よりもクラス・アクションの形で提起される傾向にある。

このような調査結果となった理由について、Thompson & Thomas は、「原告側弁護士は、提訴請求の免除が認められる可能性の高い場合や、クラス・アクション等の他の訴訟を提起することができない場合に限って、代表訴訟の提起を選択しているのであろう」と説明している⁴¹³。すなわち、Thompson & Thomas によれば、原告側弁護士は、注意義務の領域においては、手続上のハードル（特に提訴請求要件と特別訴訟委員会制度）および定款による免責制度の存在から、代表訴訟よりもクラス・アクションを選択しているとのことである⁴¹⁴。

また、代表訴訟は、クラス・アクションに比べ、濫用的な訴訟が少ない傾向にある⁴¹⁵。さらに、少数ながらも相当数の代表訴訟においては、株主にとって利益となる金銭的・非金銭的救済が与えられている⁴¹⁶。

Thompson & Thomas は、以上の調査結果から、上場会社における

412　*Id.* at 1748, 1773; Robert B. Thompson & Hillary A. Sale, *Securities Fraud as Corporate Governance : Reflections upon Federalism*, 56 Vand. L. Rev. 859, 860-861 (2003); Robert B. Thompson & Randall S. Thomas, *The New Look of Shareholder Litigation : Acquisition-Oriented Class Actions*, 57 Vand. L. Rev. 133, 144-145, 168 (2004).

413　Thompson & Thomas, *supra* note 407, at 1773-1774.

414　*Id.* at 1773.

415　*Id.* at 1768-1772（代表訴訟はクラス・アクションと比べて、①１つの紛争あたりの訴訟の数が少なく、②同一の法律事務所が複数の事件において原告側代理人として登場することが少なく、③訴訟の原因となる事実の発生から訴訟が提起されるまでの日数が長く、④特定の産業を狙う傾向にない）。なお、州法に基づくクラス・アクションも、支配株主による少数株主の締出しやMBOなど、利益相反が問題となる場面では、比較的有効に機能しているようである。See Thomas & Thompson, *supra* note 379, at 157.

416　Thompson & Thomas, *supra* note 407, at 1774-1780. 代表訴訟によってもたらされる利益には、このほかにも、代表訴訟制度の存在自体によって生じる「不正の抑止」による利益があると指摘されている。*Id.* at 1774.

代表訴訟の規律づけ機能について、比較的肯定的に評価している[417]。その上で、Thompson & Thomas は、持株比率が１％を超える株主（機関投資家が想定されている[418]）について、提訴請求手続を排除すべきであるとの提案を行っている[419]。

二　Davis による調査研究

Davis[420] は、2000 年から 2007 年の第１四半期の間における（デラウェア州法を準拠法とする）上場会社の経営者に対する代表訴訟について、調査を行った。Davis は、デラウェア州裁判所および連邦裁判所の公表裁判例 294 件のデータに基づき、次のような調査結果を発表している。

Davis は、上記の 294 件の代表訴訟を、①閉鎖会社の事例（58 件）、②上場会社における不祥事一般の事例（152 件）、③上場会社における支配権濫用の事例（84 件）の３つの類型に分類する[421]。

①の類型（閉鎖会社の事例）では、58 件中 32 件の訴訟において、原告株主が全部または一部につき勝訴している[422]。このことから、閉鎖会社においては、相当数の原告株主が、訴答（pleading）段階における手続要件を乗り越えることができたことがわかる[423]。閉鎖会社における代

417　*Id.* at 1786.
418　*See* Thomas, *supra* note 355, at 307（1995 年の私的証券訴訟改革法（PSLRA）において、指導的原告として証券クラス・アクションの威厳を高めることが、機関投資家に期待されたことに鑑み、代表訴訟においても、機関投資家に同様の役割を期待することができるのではないかと指摘する）．現に、証券クラス・アクションにおいては、機関投資家が、和解金の額を引き上げたり、弁護士報酬の額を引き下げたりするなど、原告側弁護士の行動を監視する役割をある程度有効に果たしているようである。*See generally* Thomas & Thompson, *supra* note 379, at 159-160.
419　Thompson & Thomas, *supra* note 407, at 1790.
420　Kenneth B. Davis, Jr., *The Forgotten Derivative Suit*, 61 Vand. L. Rev. 387 (2008).
421　*Id.* at 418-419.
422　*Id.* at 425.
423　*Id.* at 425-426.

表訴訟が成功を収める理由として、Davis は、閉鎖会社における代表訴訟は、上場会社における代表訴訟とは異なり、株主本人が主導する傾向にあること[424]、および閉鎖会社の事例の多くは、支配者による搾取事例としての性格も有することを挙げている[425]。

②の類型（上場会社における不祥事一般の事例）では、86 件の訴訟が裁判所によって却下されており、却下を免れたものは 26 件しかない[426]。却下された訴訟のうち、提訴請求の懈怠を理由とするものは 57 件である[427]。このことから、②の類型においては、提訴請求要件が厳格なスクリーニング（選別）の仕組みとして作用していることがわかる[428]。事案の内容に関しては、不実の財務情報の開示に関するものが、最も大きな割合を占め、64 件に上る[429]。この場合には、証券クラス・アクションも同時に提起されるため、代表訴訟の提起が、損害填補または抑止の手段として、追加的な便益を生んでいるのか疑わしいと評されている[430]。不実開示や監視義務違反の事例において、原告が勝利することは稀であるが、勝利すれば大きな儲けとなる傾向にある[431]。その他の事案内容としては、経営者の報酬に関するものが 32 件[432]、企業買収や支配権取引に関

---

[424] これは、閉鎖会社における代表訴訟においては、弁護士主導による濫用的な訴訟が少ないことを意味していると考えられる。*See id.* at 418.

[425] *Id.* at 426.

[426] *Id.* at 427. 残りの 40 件は、手続問題（訴訟の併合や主任弁護士の指名等）または和解や費用支払の承認に関する事件であった。なお、却下を免れた 26 件のうち 8 件は、1934 年証券取引所法 16 条(b)項の短期売買差益返還請求に関する代表訴訟であり、提訴請求要件が存在しないものである。*Id.* at 427-428.

[427] *Id.* at 428.

[428] *Ibid.*

[429] *Ibid.*

[430] *Ibid.*

[431] *Id.* at 429（原告が却下の申立てを切り抜けた 8 件の訴訟のうち、少なくとも 4 件が、最終的に和解され、その全てが巨額の弁護士報酬または金銭授与を含んでいた）。

[432] *Id.* at 431.

第3節　アメリカにおける代表訴訟制度の意義と実態

するものが13件[433]であった。後者のうち、自己取引や会社の機会の奪取といった古典的な忠実義務違反の事例は3件であり、他の事案類型よりも勝訴の確率が高い[434]。

③の類型（上場会社における支配権濫用の事例）においては[435]、②の類型よりも原告株主が勝訴する可能性が高い。原告は、28件の訴訟において勝訴しているか、却下の申立てを切り抜けている[436]。他方、裁判所が訴えを却下したのは43件であり[437]、そのうち12件が提訴請求の懈怠に基づくものである[438]。これは、たとえ取締役らが被告の支配下にあっても、取締役会の過半数が取引に個人的な利害関係を有していない場合においては、原告株主が提訴請求要件を乗り越えることは容易でないことの反映であるとされる[439]。もっとも、自己取引等の利益相反事例においては、提訴請求要件は乗り越えやすく、提訴請求の懈怠を理由に却下されたのは、35件中4件のみである[440]。また、「明確な」支配関係が存在する場合、提訴請求の免除がAronsonテストの文面よりも緩やかに

---

[433]　*Id.* at 432.

[434]　*Ibid.* さらに、これら3件は、全てトップニュースになった事件についての訴訟であるとされる。*Id.* at 433. なお、古典的な忠実義務違反に関する訴訟が少ない理由として、Davisは、種々の抑止手段の組合せ（メディアの監視、公的エンフォースメント、クラス・アクション、および代表訴訟）が、大規模な会社における悪質な忠実義務違反の防止に有効に作用している可能性、および問題が明らかになった場合に当事者らがすぐに和解している可能性を指摘する。*Ibid.*

[435]　事案の内容については、支配権者と会社の直接取引に関するもの（株式の発行や償還に関するものが少なくない）が31件であり、最も多い。*Id.* at 439. そのほか15件が、被告が共通に支配している組織間での取引や資産移転に関するものである。*Ibid.*

[436]　*Ibid.*

[437]　*Ibid.* このうち、原告適格の欠如を理由として却下された事件は26件である。*Id.* at 442.

[438]　*Id.* at 440. 他方、10件の訴訟において提訴請求の免除が認められている。*Ibid.*

[439]　*Ibid.*

[440]　*Ibid.*

認められているようであると指摘される[441]。

Davis は、以上の調査結果を踏まえて、代表訴訟制度は、③の類型のように支配株主の存在する上場会社において、大きな意味を有すると主張する[442]。すなわち、②の類型（上場会社における不祥事一般の事例）については、効率的な証券市場、メディアによる監視、および公的エンフォースメントが、代表訴訟制度が伝統的に提供してきた保護を（濫用的な訴訟によるコストや混乱を伴うことなく）提供している。そのため、代表訴訟の必要性はさほど大きくない[443]。また、①の類型（閉鎖会社の事例）における株主間の利害対立は、事前においては契約によって、事後においては様々なアドホックな救済によって[444]、解決することができる[445]。これに対して、③の類型（上場会社における支配権濫用の事例）では、これらの代替手段は、実際上、利用することができない。株式は市場で取引されており、私的なアレンジメントや株主に対する特別な救済の付与は困難である。また、支配株主の存在する会社は、アナリストやメディアによる厳しい監視が行われるほどには、規模が大きくないことが少なくない。その結果、③の類型においては、代表訴訟制度による規律づけが、大きな重要性を持ち続けている[446]。

三　Erickson による調査研究

Erickson[447] は、2005 年 7 月 1 日から 2006 年 6 月 30 日までの 1 年間に連邦地方裁判所に提起された（経営者の信認義務違反を理由とする）代表訴訟について、以下のような調査結果を発表している。

上記 1 年間の間に、182 件という多くの代表訴訟が、連邦地方裁判所

441　*Id.* at 440-441.
442　*Id.* at 450.
443　*Ibid.*
444　*See id.* at 423-424.
445　*Id.* at 450.
446　*Ibid.*
447　Jessica Erickson, *Corporate Governance in the Courtroom : An Empirical Analysis*, 51 Wm. & Mary L. Rev. 1749（2010）.

において提起されている[448]。このことは、デラウェア州衡平法裁判所に提起される代表訴訟の4倍以上の代表訴訟が、連邦地方裁判所において提起されていることを意味する[449]。このことから、代表訴訟は「消えた」わけではなく、連邦地方裁判所において提起されるようになっただけであることがわかる[450]。連邦地方裁判所に提起される代表訴訟は、証券クラス・アクションの提起に伴う、後追い的な訴訟であることが多く、その主張内容も類似している[451]。

これらの代表訴訟の70％近くが、取り下げられるか、却下されている[452]。もっとも、提訴請求の懈怠または特別訴訟委員会の申立てに基づいて却下された事案は、そのうちの20％未満であり、それほど多いわけではない[453]。他方で、和解によって終結した訴訟が30％近くある[454]。和解の多くは、会社に対して意味のある金銭給付を与えるものではなく[455]、コーポレート・ガバナンスの改革を内容とするものである[456]。

[448] これは同一事案に関する重複した訴訟等を統合した後の数字である。Id. at 1757.
[449] Id. at 1761-1762.
[450] Ibid.
[451] Id. at 1773-1777. 代表訴訟が証券クラス・アクションの後追いの形で提起されていることにつき、Ericksonは、1995年の私的証券訴訟改革法（PSLRA）の指導的原告条項への対処である可能性があると指摘する。すなわち、PSLRA制定前においては、株主らがほとんど同一内容の証券クラス・アクションを多数提起することが一般的であった。PSLRAの制定により、そのような株主の多くが排除された。しかし、株主および原告側弁護士は、訴訟の提起をあきらめたわけではなく、その努力を代表訴訟に向けたと考えられる。Id. at 1778; see also Thomas & Thompson, supra note 379, at 166（証券クラス・アクションの後追いの形で代表訴訟が提起されるのは、当該代表訴訟の原告側弁護士が証券クラス・アクションにおける和解交渉に参加するためである疑いがある）.
[452] See Erickson, supra note 447, at 1789-1792.
[453] Id. at 1787.
[454] Id. at 1794.
[455] 上場会社における42件の和解のうち、会社に対して意味のある金銭の支払がなされたのは、18件のみである。Id. at 1802.
[456] Id. at 1803-1804.

第2章 アメリカ法の考察

　しかし、和解において定められるコーポレート・ガバナンス改革の効果には、疑問がありうる。和解において要求される改革の多くは、問題となった不祥事に直接対処するものではなく、コーポレート・ガバナンス「一般」を向上させることを狙ったものである[457]。その内容は、取締役会の独立性の向上等、企業業績の改善との相関関係が実証研究によって証明されていないものであることが多い[458]。他方、企業価値と相関関係があることが実証研究によって証明された改革（期差取締役会やポイズン・ピルの廃止等）を要求する和解は、ほとんどない[459]。

　Erickson は、このような和解について、アクティビスト投資家によるコーポレート・ガバナンス改革運動の一環である可能性があると指摘する。というのも、上場会社の代表訴訟においては、機関投資家が原告株主となることが少なくなく[460]、また、和解で要求される改革の内容の多くと、アクティビスト投資家が推進しているベストプラクティス改革の内容とが、一致しているからである[461]。

　他方で、Erickson は、従来から指摘されていたように、原告側弁護士が報酬目的で上辺だけの改革を伴った和解を行っている可能性があるとも、指摘する[462]。実際に、上場会社においては、特定の法律事務所が数多くの代表訴訟において原告側代理人となっていたこと[463]、および裁判所は特定のガバナンス改革の実益についてほとんど調査せずに和解を承認していたことからも[464]、和解の多くが馴合い的・表面的なものであった可能性は小さくない。

　以上の調査結果から、Erickson は、代表訴訟における和解の現状に

---

[457] *Id.* at 1808.
[458] *Id.* at 1816-1820.
[459] *Id.* at 1822-1823.
[460] *Id.* at 1766-1767（上場会社の代表訴訟において、機関投資家が原告となっている割合は 33.3 %である）.
[461] *Id.* at 1823.
[462] *Ibid.*
[463] *Id.* at 1768-1769.
[464] *Id.* at 1825.

批判的であり、少なくとも、和解に対する裁判所の監督を強化すべきであると主張している[465]。また、代表訴訟の意義が証券クラス・アクションの意義と重複しているのであれば、代表訴訟制度自体の廃止も、検討されなければならないとも述べている[466]。他方、代表訴訟制度にコーポレート・ガバナンス上の独自の意義があるのであれば、代表訴訟制度の改革が検討されなければならないとも主張している[467]。

第3款　小　括

　本節では、アメリカにおける代表訴訟制度一般の意義と実態について考察した。本節における考察の概要は、以下のようにまとめることができる。

　かつて、アメリカでは、代表訴訟制度は、会社経営者に対する主たる規律づけの手段として、コーポレート・ガバナンス上重要な役割を担っていた。ところが、1970年代から80年代の判例法によって、代表訴訟は手続上大幅に制約されるようになった。その背景には、当時のアメリカ社会の状況のほか、弁護士による濫用的な提訴の弊害が深刻であったこと、およびコーポレート・ガバナンスにおける他の規律づけ手段が発達してきたことがあった。手続上の制約の結果、代表訴訟の提訴数は減少し、そのコーポレート・ガバナンス上の役割は小さくなった。

　特に、注意義務に関しては、社外取締役中心の取締役会、市場の規律、証券クラス・アクションなど他の規律づけ手段が充実しているため、代表訴訟による規律づけの必要性は小さいといえる。また、近年では、注意義務違反に関する代表訴訟が証券クラス・アクションとともに数多く

---

[465] Id. at 1830.
[466] Ibid.
[467] Id. at 1930-1931（例として、会社の利益を適切に代表するのに十分な大きさの株式を保有する者にのみ提訴権を与えること、または大きな株式を保有する株主には提訴請求要件などの手続的ハードルを排除することを挙げる）。

提起されているが[468]、これらの訴訟は、弁護士によって濫用的に提起されているものが少なくないと考えられ、問題視されている[469]。このように、注意義務違反についての代表訴訟は意義が小さく、弊害が大きい傾向にある。

他方、取締役の忠実義務違反の事例、および支配株主による支配権の濫用の事例においては、代表訴訟は有効に機能しており、原告側弁護士による濫用も比較的少ないようである[470]。その要因として、このような訴訟においては、株主による訴訟の原告側代理人となることを専門とする法律事務所の関与が少ないことがあると見られる[471]。

このように、アメリカにおける代表訴訟制度は、弁護士による濫用という弊害があるものの、現在でもコーポレート・ガバナンスにおいて一定の意義を有している。代表訴訟制度が適切に機能するかどうかは、原告側弁護士の行動に大きく左右される。学説は、代表訴訟制度について、原告側弁護士による濫用を抑制しつつも、その機能を高めるような改革が必要であると主張している[472]。

---

468 前掲注451）に対応する本文を参照。

469 前掲注462）〜464）に対応する本文を参照。

470 本節第2款のThompson & Thomasによる調査研究、およびDavisによる調査研究を参照。

471 前掲注415）参照。濫用的に代表訴訟を提起する弁護士は、会社に損失が発生した場合において、言いがかりをつけやすい注意義務違反の構成により提訴しているものと推測することができる（近藤光男「経営判断の法則と監査役」監査役382号（1997年）4頁も参照）。

472 前掲注419）に対応する本文、および前掲注465）〜467）に対応する本文を参照。また、馴合いによる和解を防止するため、被告経営者の金銭的負担を和解の要件とするなど、和解の内容を規制すべきであることが、かねてより主張されている。See e.g., Coffee & Schwartz, supra note 300, at 318-321 ; Cox, supra note 379, at 39-40.

第3章
わが国における課題の検討

　本章では、前章におけるアメリカ法の考察から得られた知見を参考としながら、第1章において提示した日本法における3つの課題を検討する。3つの課題とは、①代表訴訟制度の意義、濫用的な訴訟への対処、および被告の範囲といった代表訴訟制度一般における諸問題の検討、②親会社取締役の子会社管理責任を追及することの実効性と適切性の検討、③多重代表訴訟制度の必要性および具体的な制度設計のあり方の検討の3つである。①および②の課題が、③の課題の重要な前提となっている。本章各節では、①～③の課題をそれぞれ順に検討する。

第 3 章　わが国における課題の検討

第 1 節　代表訴訟制度一般における諸問題

　本節では、第 1 章において提示した課題のうち、代表訴訟制度一般のレベルにおいて検討すべき課題を扱う。具体的な検討の順序は、以下のとおりである。まず、第 1 款では、総論として、代表訴訟制度の意義を再確認する。次に、第 2 款および第 3 款では、代表訴訟制度一般のレベルで検討すべき具体的な制度設計上の問題について考察する。すなわち、第 2 款では「濫用的な訴訟への対処」について検討し、第 3 款では「被告の範囲」およびその前提となる「提訴懈怠可能性の内容」について検討する。

第 1 款　代表訴訟制度の意義

　本款では、代表訴訟制度の意義を再確認する。多重代表訴訟制度の必要性は、通常の代表訴訟制度の意義と密接に関係するからである[1]。また、代表訴訟制度の意義を総論的に確認することは、具体的な制度設計について各論的に検討する上でも有益である。
　わが国では、従来から、代表訴訟制度の意義は「損害の塡補」と「不正の抑止」にあると理解されてきた。厳密には、役員等の責任制度自体が、損害の塡補と不正の抑止という意義を有しており[2]、代表訴訟制度は

1　加藤貴仁「グループ企業の規制方法に関する一考察(2)」法学協会雑誌 129 巻 9 号（2012 年）1924 頁参照。第 2 章第 1 節において見たように、アメリカでも、多重代表訴訟は通常の代表訴訟の拡張として認められてきたものであり、現在では代表訴訟の一類型として広く承認されている。
2　江頭憲治郎『株式会社法〔第 5 版〕』（有斐閣、2014 年）459 頁。なお、江頭・同頁は、役員等の責任制度について、抑止機能を重視する立場から解釈等を再検討する必要があると述べる。責任軽減制度など、役員等の責任制度に関する近時の立法も、損害の塡補よりも不正の抑止を重視しているといえる。会社法

第 1 節　代表訴訟制度一般における諸問題

役員等の責任追及の実効性を高めることを通じて、損害の塡補と不正の抑止に資することになる。損害の塡補と不正の抑止の関係については、損害の塡補が主たる目的であり、不正の抑止は副次的な効果であるという、主従の関係が存在すると伝統的に説明されてきた[3]。確かに、「損害が発生していなければ、そもそも損害賠償請求権自体が認められず、不正の抑止のみを理由として代表訴訟を提起することはできない」という意味において、伝統的な説明は正しい[4]。しかしながら、実態を考えた場

> 制定時に、取締役の無過失責任規定が大幅に削減された理由としても、無過失責任規定は取締役の任務懈怠の抑止につながらないことが挙げられていた（江頭・同 460 頁注 1 参照）。
> 3　河本一郎ほか「〔座談会〕株主代表訴訟」民商法雑誌 110 巻 2 号（1994 年）199 頁〔森本滋発言〕、高田裕成ほか「〔座談会〕株主代表訴訟の手続法上の問題点」民商法雑誌 115 巻 6 号（1997 年）819 頁〔前田雅弘発言〕、同 823 頁〔山本克己発言〕、株主代表訴訟制度研究会「株主代表訴訟に関する自民党の商法等改正試案骨子に対する意見」商事法務 1471 号（1997 年）7 頁等。
> 　また、不法行為に基づく損害賠償責任の意義について、最高裁は本文と同趣旨の判示をしている（最判平成 9 年 7 月 11 日民集 51 巻 6 号 2573 頁）。もっとも、このような考え方に対しては、不法行為に基づく損害賠償責任の主要な目的の少なくとも 1 つは加害行為の抑止であると主張する見解がある（森田果＝小塚荘一郎「不法行為法の目的――『損害塡補』は主要な制度目的か」NBL874 号（2008 年）10 頁）。民法学説においても、不法行為制度の目的において、加害行為の抑止を挙げる見解は少なくない（内田貴『民法Ⅱ債権各論〔第 3 版〕』（東京大学出版会、2011 年）323 頁以下等。窪田充見「不法行為法と制裁」石田喜久夫先生古稀記念『民法学の課題と展望』（成文堂、2000 年）667 頁、同『不法行為法』（有斐閣、2007 年）19-20 頁も参照）。なお、潮見佳男『不法行為法Ⅰ〔第 2 版〕』（信山社、2009 年）49 頁注 75 は、「権利の保護こそが不法行為法の第 1 次的目的であり、行為抑止は、損害塡補と並ぶそのための手段である」と述べる。
> 4　アメリカにおいても、会社に現実の損害がない場合には代表訴訟の提起が認められないこと（net loss requirement）から、損害塡補が代表訴訟の主たる目的であり、抑止は副次的効果にすぎないといわれることがある。See James D. Cox, *The Social Meaning of Shareholder Suits*, 65 BROOK. L. REV. 3, 8-9 (1999). もっとも、会社に損害がない場合に代表訴訟が認められないことと、代表訴訟の主要な目的の 1 つが不正の抑止であることは、矛盾しないともいわれている。See AMERICAN LAW INSTITUTE, PRINCIPLES OF CORPORATE GOVERNANCE : ANALYSIS AND RECOMMENDATIONS, Part Ⅶ, Intro. Note, REPORTER'S NOTE 2 (1994).

合、後述のように、大規模な会社における代表訴訟においては、損害塡補機能よりも抑止機能の方が重要視されている。また、代表訴訟制度には、判例を通じて、役員等の義務や責任に関する法規範を形成する機能があることも指摘されている。以下では、各機能の意義について、アメリカにおける議論も参考にしながら[5]、理論的に分析した上で（一～三）、わが国における代表訴訟の利用実態に即して考察する（四）。

一　損害の塡補

前述のように、損害の塡補は、代表訴訟制度の主たる目的であるといわれてきた[6]。しかし、実際上は、大規模な会社において、損害塡補機能の現実的な意義は、決して大きいとはいえない。その理由は、次の2点にある。第1に、損害の規模と被告の資力との間に大きな不均衡が存在することが少なくない[7]。大規模な会社では、不祥事によって発生する損害の額が大きくなる傾向にあるが、被告取締役の多くは従業員出身者であり、その資力は大きくないことが多い。取締役の報酬も、欧米諸国と比べてかなり低い水準にある[8]。その結果、取締役の責任を追及しても、

---

[5]　アメリカにおいても、代表訴訟制度の機能として、損害の塡補、不正の抑止、および法規範の形成が挙げられることがある。See AMERICAN LAW INSTITUTE, *supra* note 4, Part Ⅶ, Intro. Note, REPORTER'S NOTE 2.
　なお、わが国では、代表訴訟制度の機能の1つとして「企業の健全性確保」が挙げられることがあるが、不正の抑止機能（一般予防および特別予防の機能）に解消することができるように思われる。例えば、和解等によって社内におけるコーポレート・ガバナンス改革が行われることも、抑止機能の1つの現れとして説明することができるであろう。ともかく、「企業の健全性確保」を独立の機能として挙げるのであれば、その意味内容を具体的に説明する必要がある。

[6]　ここでの損害については、「会社の損害」が念頭に置かれることが多いが、「株主の間接損害」も含められることがある。代表訴訟によって、会社の損害が塡補されれば、株主の間接損害も同時に塡補されると考えられるからである。

[7]　加藤貴仁「グループ企業の規制方法に関する一考察(3)」法学協会雑誌129巻10号（2012年）2204-2205頁参照。

[8]　神田秀樹ほか「〔座談会〕役員報酬改革の新潮流と今後の課題〔上〕」商事法務1987号（2013年）13頁〔図3〕参照。

第1節　代表訴訟制度一般における諸問題

最終的に回収することのできる金額は、損害賠償請求権の額面額を大きく下回ることが多いと思われる[9]。加えて、多数の株主が存在する大規模な会社においては、1株あたりの損害回復額は極めて小さく、原告株主が損害填補を目的として代表訴訟を提起することも、一般的に考えにくい[10]。第2に、代表訴訟の提起によって、会社の評判および信用の悪化[11]、

9　北村雅史「コーポレート・ガヴァナンスと株主代表訴訟」小林秀之＝近藤光男編『新版株主代表訴訟大系』（弘文堂、2002年）34頁、飯田秀総「取締役の監視義務の損害賠償責任による動機付けの問題点」民商法雑誌146巻1号（2012年）34頁参照。

　　ただし、会社役員賠償責任保険（D&O保険）の株主代表訴訟担保特約条項によって、取締役の会社に対する損害賠償責任が填補される場合には、損害填補機能の意義は大きくなりうる。もっとも、私的利益の追求、犯罪行為、および故意の法令違反行為に起因する損害賠償責任は填補されず、実際の代表訴訟でも、これらの責任が追及されることが少なくない（これらの免責事由については、山下友信編『逐条D&O保険約款』（商事法務、2005年）68頁以下〔山下友信〕、77頁以下〔洲崎博史〕を参照）。また、填補される責任には限度額があり、その額は5億円程度のことが多く、高額でも10億円程度であるといわれている（山下編・前掲279頁〔山本哲生〕およびそこで引用されている文献を参照）。さらに、会社が保険料を実質的に支払っている場合、損害填補機能はそのことを割り引いて評価されるべきである。特に、保険金の支払が、その後、当該会社の支払う保険料の増額につながるのであれば、損害填補機能は大きく減殺されることになる。See e.g., Reinier Kraakman, Hyun Park, & Steven Shavell, *When Are Shareholder Suits in Shareholder Interests?*, 82 GEO. L.J. 1733, 1746 n. 35 (1994); Randall S. Thomas & Robert B. Thompson, *Empirical Studies of Representative Litigation*, in RESEARCH HANDBOOK ON THE ECONOMICS OF CORPORATE LAW 152, 156 (Claire A. Hill & Brett H. McDonnell eds., 2012). したがって、D&O保険制度の存在を考慮しても、代表訴訟の損害填補機能には、大きな限界がある。

10　*See also* John C. Coffee, Jr. & Donald E. Schwartz, *The Survival of the Derivative Suit : An Evaluation and a Proposal for Legislative Reform*, 81 COLUM. L. REV. 261, 302-305 (1981)（代表訴訟が「個々の株主の」損害填補の手段として不完全であることを指摘する。その理由として、①損害発生時点と賠償金支払時点では株主構成が異なること、②義務違反が将来繰り返されるリスクが株価に反映されて、会社が被った損害額以上の損害を株主が被る場合があること、③1株当たりの損害回復額がわずかであることの3点を挙げる）。

11　もっとも、代表訴訟の提起により不祥事が明らかとなって会社の評判や信用

ならびに訴訟コスト（経営者等が訴訟対応のために割かなければならない時間や労力の機会費用を含む）などの不利益が、会社に生じる。これらの不利益も、大規模な会社であるほど大きくなるであろう。

　実際に、代表訴訟の提起に際して統計的に有意な株価の上昇は見られない（むしろ、わずかながら株価を下げる傾向にすらある）という実証研究（イベント・スタディ）もある[12]。このような実証研究の結果は、一般に代表訴訟の提起が当該会社（総株主）の経済的な利益につながるわけではないということと整合的である[13]。

　以上の理由により、大規模な会社において、損害塡補機能が実際上大きな意味をもつのは、限られた場合においてのみであるといえる。そのような場合の例としては、被告取締役が（創業者であるなどの理由により）大きな資力を有する場合が考えられる。

> が悪化しても、それが真実に基づくものであれば、そのような評判や信用の悪化は、真実を反映して「本来あるべき評価」が与えられた結果であるともいえるから、代表訴訟の提起によって生じる当該会社の不利益と見るべきではないと考えられるかもしれない。

12　福田充男「株主代表訴訟はコーポレート・ガバナンスの手段として有効か」小佐野広＝本多佑三編『現代の金融と政策』（日本評論社、2000年）347頁（提訴に対して当該企業の株価はほとんど反応しない。ただし、提訴に関する新聞報道がなされた日には、株価は統計的に有意に下落する）。*See also* Mark D. West, *Why Shareholders Sue : The Evidence from Japan*, 30 J. LEGAL STUD. 351, 357-364 (2001)（提訴に際して、平均するとわずかながら株価は下落するが、統計的に有意な結果ではない）; Dan W. Puchniak & Masafumi Nakahigashi, *Japan's Love for Derivative Actions : Irrational Behavior and Non-Economic Motives as Rational Explanations for Shareholder Litigation*, 45 VAND. J. TRANSNAT'L L. 1, 37-43 (2012)（提訴に際して、平均すると極わずかながら株価が上昇するが、統計的に有意な結果ではない。なお、和解がなされた日およびその翌日には、統計的に有意な株価の上昇がある）。

　アメリカにおいても、代表訴訟の提起と株価変動との間に、統計的に有意な相関関係があるわけではないという実証研究がある。*See e.g.*, Roberta Romano, *The Shareholder Suit : Litigation Without Foundation?*, 7 J.L. ECON. & ORG. 55, 65-67 (1991)。

13　藤田友敬「株主代表訴訟の現代的展開」川嶋四郎＝中東正文編『会社事件手続法の現代的展開』（日本評論社、2013年）58頁参照。

第 1 節　代表訴訟制度一般における諸問題

二　不正の抑止

　前述のように、従来、不正の抑止は代表訴訟の副次的な効果にすぎないといわれてきた。しかし、少なくとも大規模な会社においては、不正の抑止の方が、実際上は重要であるといわれている[14]。立法に際しても、損害塡補機能より抑止機能の方が重視されていると評されている[15]。現に、代表訴訟制度を利用しやすくした平成5年商法改正においても、「会社をめぐる最近の社会経済情勢等にかんがみ、株主による会社の業務執行に対する監督是正機能をより強固にする」ことが目的とされていた[16]。このような観点からは、代表訴訟制度は、「不正行為の抑止という目的のために、会社の取締役に対する損害賠償請求権を手段として利用する（個々の株主に損害賠償請求権の行使可能性を認める）制度である」と評価することができよう[17]。このように、代表訴訟の抑止効果は重要視され

14　近藤光男「最近の株主代表訴訟をめぐる動向〔下〕」商事法務1929号（2011年）49頁、田中亘編『数字でわかる会社法』（有斐閣、2013年）95頁〔田中亘〕、榊素寛＝飯田秀総「会社関係者間の利害を調整するルールとは」柳川隆＝高橋裕＝大内伸哉編『エコノリーガル・スタディーズのすすめ――社会を見通す法学と経済学の複眼思考』（有斐閣、2014年）68頁等。山田泰弘「国際的潮流から見た日本の株主代表訴訟制度――特に株主代表訴訟の原告適格を巡って」立命館法学314号（2007年）98頁も参照。

15　髙田ほか・前掲注3）819頁〔前田雅弘発言〕、阿部一正ほか『条解・会社法の研究11　取締役(6)』別冊商事法務248号（2002年）16頁〔森本滋発言〕参照。

16　法務省民事局参事官室編『一問一答平成5年改正商法』（商事法務研究会、1993年）20頁。

17　この考え方においても、あくまで損害賠償請求権を「手段」として利用するため、問題とされる不正行為によって会社に損害が発生し、損害賠償請求権が成立している必要がある。すなわち、当然のことではあるが、会社に損害賠償請求権が帰属していないにもかかわらず、抑止の必要性のみを理由として代表訴訟を提起することはできない（前掲注4）に対応する本文を参照）。しかし、損害賠償請求権の行使が現実の損害塡補に結びつく必要性は、必ずしもない。すなわち、被告の資力不足などのために、損害回復額がその費用を下回っても、抑止効果の観点から、代表訴訟の提起が正当化される余地がある。See Coffee & Schwartz, *supra* note 10, at 308 n. 258（代表訴訟の抑止機能を考慮すれば、

てきているが、抑止効果の内容については、従来あまり詳しく分析されてこなかったように思われる[18]。そこで、以下では、抑止効果の内容について、分析を試みる。

まず、抑止効果には、刑事罰と同様に、「特別予防としての抑止効果」と「一般予防としての抑止効果」の2つがある[19]。ここで重要なのは、一般予防としての抑止効果は他社の役員等にも及ぶため、他の会社（株主全体）も抑止効果による利益を享受するという点である[20]。また、抑止効果により利益を受けるのは、株主に限られない。会社に損害を与える

> 期待される損害回復額が費用を下回るからといって、訴えは却下されるべきではない）；*see also* WILLIAM A. KLEIN, JOHN C. COFFEE, JR., & FRANK PARTNOY, BUSINESS ORGANIZATION AND FINANCE: LEGAL AND ECONOMIC PRINCIPLES 213（11th ed. 2010）.
>
> [18] もっとも、代表訴訟の抑止機能について、米英独仏4か国の状況を踏まえながら詳細に分析する近時の研究として、加藤・前掲注7）2204頁以下がある。
>
> [19] *See* Coffee & Schwartz, *supra* note 10, at 308 n. 258; Romano, *supra* note 12, at 84-85. 刑法学では、罪を犯した行為者に刑罰を科すことによって、当該行為者による将来の更なる犯罪遂行を抑止・予防することを「特別予防」といい、一般国民による将来の犯罪遂行を抑止・予防することを「一般予防」という（山口厚『刑法総論〔第2版〕』（有斐閣、2007年）2頁等参照）。さらに、一般予防には、刑罰による威嚇を問題とする「消極的一般予防」と、規範の実効性に対する国民の信頼（ひいては国民の規範意識）を維持・強化することを問題とする「積極的一般予防」の2つのバリエーションがある（佐伯仁志「刑法の基礎理論」法学教室283号（2004年）44頁参照）。代表訴訟の文脈において従来語られてきた抑止機能は、消極的一般予防に対応するものである。しかし、経営者等が不正を行わないのは、損害賠償請求が怖いからというだけではなく、不正を行ってはならないと考えているからであろう。そうであるとすれば、経営者等の規範意識（例えば法令遵守の意識）を維持・強化するという、代表訴訟の積極的一般予防効果にも、より関心が向けられるべきであるかもしれない。アメリカでも、最終的な損害賠償責任につながらなくても、判例による注意義務の内容の明確化を通じた社会規範（social norm）の変化により、取締役が働かせる注意の水準が向上したとの指摘がある。*See* Melvin A. Eisenberg, *Corporate Law and Social Norms*, 99 COLUM. L. REV. 1253, 1266-1271（1999）.
>
> [20] *See* AMERICAN LAW INSTITUTE, *supra* note 4, Part Ⅶ, Intro. Note, REPORTER'S NOTE 2; Kraakman, Park, & Shavell, *supra* note 9, at 1756 n. 64; KLEIN, COFFEE, & PARTNOY, *supra* note 17, at 213.

第 1 節　代表訴訟制度一般における諸問題

ような不正行為が抑止されることは、会社債権者や従業員の利益にもつながる[21]。加えて、法令違反の抑止に関しては、各種法令の保護の対象者（例えば、消費者保護に関する法律ならば消費者）も利益を受けることになる。さらに、「不正行為が抑止されている状態にある」と人々が信頼することは、投資や取引の活発化・円滑化にもつながるであろう。このように、抑止効果による便益は、広く社会全体に及ぶといえる[22]。そのため、抑止効果は、「公共財（public goods）」としての性格を有するといわれる[23]。

[21] 重大な不祥事によって企業が倒産に追い込まれる可能性があることを考慮すれば、不正の抑止が債権者や従業員の利益となることは明らかである。また、従業員や取引先などは、債権者であるとはいえ、実際には一定程度、残余権者としての地位にある（伊藤靖史ほか『会社法〔第 2 版〕』（有斐閣、2011 年）75 頁〔田中亘〕）。したがって、倒産状態に至るか否かに関わらず、不祥事によって会社の財務状況や業績が悪化すれば、従業員や取引先は、将来の報酬や取引数量が減少する等の不利益を受けるといえる。さらに、理論的には、債権者一般、オプション保有者、消費者、徴税機関としての政府等、多くの者に残余権者性が認められることが指摘されている。See Bernard S. Black, *Corporate Law and Residual Claimants* 24-31 (Stan. Law & Econ. Olin Working Paper No. 217, 2001), *available at* http://ssrn.com/abstract=1528437（last visited Oct. 13, 2014）. 同文献の紹介・分析として、得津晶「2 つの残余権概念の相克」岩原紳作＝山下友信＝神田秀樹編集代表『会社・金融・法〔上巻〕』（商事法務、2013 年）113-119 頁も参照。

　なお、債権者等のリスクが抑制されることは、理論上、利率や契約条件を通じて株主にとっても利益となりうる。

[22] 株主代表訴訟制度研究会・前掲注 3）7 頁も参照。そもそも、各種租税（法人税、法人住民税、および法人事業税、ならびに株主の配当益および株式譲渡益への課税）の存在を前提とすれば、企業において収益が増加し損失が減少することは、税収の増加を通じて国民全体・住民全体の利益につながるといえる。このように、納税額が企業の所得に連動することを考えれば、国や地方公共団体も残余権者性を有するといえる。See Black, *supra* note 21, at 5.

[23] See Kenneth B. Davis, Jr., *The Forgotten Derivative Suit*, 61 Vand. L. Rev. 387, 433 (2008). 経済学において、公共財とは、非競合性（ある者による財の消費・享受が、他者による財の消費・享受を減少させないこと）および非排除性（対価を支払わない者の利用を排除することが困難であること）を備えた財やサービスのことをいう。具体例としては、国防、警察、法律、基礎研究、道路、

また、重要な点として、抑止効果は、厳密には「提訴の可能性」によって生じる[24]。つまり、抑止効果が生じるには、不正があった場合に常に提訴がなされることは必ずしも必要でなく、「提訴の現実的な可能性がある」と役員らが「予想」するのであれば足りる[25]。そして、役員らがリスク回避的であるとすれば、抑止効果は一層強くなる。もっとも、代表訴訟の提起が「現実的な」可能性として予想されなければならないことには、留意すべきである[26]。例えば、平成5年商法改正の前においても、代表訴訟が提起される可能性は抽象的には存在していたが、提訴の手数料が高額であったために、現実に代表訴訟が提起される可能性は低く、代表訴訟の抑止効果は乏しいものであった[27]。したがって、現実の提訴事例が一定数存在し、請求認容判決が下される可能性が相当程度存在していることは、抑止効果が生じる上で重要である。

さらに、代表訴訟の抑止効果は、訴訟を通じて科されるサンクションだけではなく[28]、訴訟において被告とされることの社会的不名誉からも

花火などがある。抑止効果も、非競合性および非排除性を備えており、公共財としての性格を有するといえよう。公共財にはフリーライドが生じるため、民間市場ではその供給が過少になることから、政府による供給等が必要であるとされる（以上につき、飯田高「社会的ジレンマと公共財――個人と社会を映す鏡」法学教室398号（2013年）62頁参照。詳しくは、ミクロ経済学の教科書を参照）。

[24] See Kraakman, Park, & Shavell, *supra* note 9, at 1738. 落合誠一編『会社法Visual Materials』（有斐閣、2011年）88頁〔田中亘〕も参照。

[25] 制裁による抑止効果には、制裁ルールが行為者の「予想」に働きかけるという作用が含まれる（柳川範之「規制緩和と制裁の経済学」ジュリスト1228号（2002年）19頁参照）。

[26] 加藤・前掲注7）2211頁も、「取締役等が義務違反を避けるために十分な注意を払うためには、少なくとも、事後的に義務違反に基づく損害賠償責任が追及される可能性が現実的に存在する必要がある」と述べる。

[27] 平成5年以前の裁判実務では、代表訴訟においても通常の訴訟と同様に、請求額を基準として手数料を算定していた（竹内昭夫「取締役の責任と代表訴訟」同『会社法の理論Ⅲ』（有斐閣、1990年）291頁以下参照）。平成5年商法改正では、代表訴訟制度を利用しやすいものとするため、手数料の定額化等の改革が行われた（詳しくは序章の注6）を参照）。

[28] なお、訴訟を通じて科されるサンクション（損害賠償責任）による抑止効果は、

第1節　代表訴訟制度一般における諸問題

生ずる[29]。そして、後者には、代表訴訟制度に対する社会の評価が大きく影響する[30]。例えば、代表訴訟の却下率が高い場合、代表訴訟は濫用的なものであるとの通念が広がり、被告とされることの社会的な不名誉が軽減され、抑止効果が弱まる可能性がある[31]。

　代表訴訟における抑止効果の内容の分析は以上のとおりであるが、不正を抑止する役割を担う制裁制度としては、代表訴訟以外にも、刑事罰や行政上の制裁があることに留意しなければならない。不正の抑止は民事責任ではなく、もっぱら刑事罰や行政上の制裁によって実現されるべきであるとの考え方も、ありえなくはない[32]。しかし、権限行使のイン

　　D&O保険制度のあり方に影響される。わが国のD&O保険制度は、私的利益の追求、犯罪行為、および故意の法令違反行為等、抑止の必要性が高い不正行為に起因する損害賠償責任について、その填補を認めていない（前掲注9）参照）。また、填補される責任には限度額が設定されており（前掲注9）参照）、限度額内においても、免責金額制度と縮小填補割合制度により、被保険者（取締役等）は必ず損害の一部を自己負担するようになっている（山下編・前掲注9）143頁以下〔山本哲生〕）。したがって、D&O保険制度を考慮しても、代表訴訟の抑止効果は、あまり損なわれていないと考えられる（山下友信「会社役員賠償責任保険と会社法」ジュリスト1031号（1993年）51頁、山下編・前掲注9）144頁〔山本哲生〕参照）。

29　See Cox, *supra* note 4, at 5 ; Jessica Erickson, *Corporate Governance in the Courtroom : An Empirical Analysis*, 51 WM. & MARY L. REV. 1749, 1826-1827 (2010). 特に、忠実義務違反のエンフォースメントにおいては、利益の吐出しという法的サンクションのみでは抑止効果として不十分であり、評判の悪化というサンクションの存在も重要である。See Eisenberg, *supra* note 19, at 1276.

30　*See generally* David A. Skeel, Jr., *Shaming in Corporate Law*, 149 U. PA. L. REV. 1811, 1849 n. 147 (2001)（対象者の評判が実際に低下するには、評判を低下させようとする者が信頼に値し、かつ、その者の価値観がコミュニティによって共有されていなければならないであろう）。また、Eisenberg, *supra* note 19, at 1276 も、評判の悪化を通じた忠実義務違反の抑止を社会規範（social norm）の作用によるものと位置づけている。

31　See Erickson, *supra* note 29, at 1827 ; Cox, *supra* note 4, at 6（代表訴訟の濫用的な提起が多い場合、被告とされた取締役自身も、訴えられたことを単なる不運（bad luck）として受け止めるであろう）。加藤・前掲注7）2214頁も参照。

32　損害回復は民事責任、抑止は刑事責任によって実現されるべきであるという峻別論が、わが国の伝統的見解の背後にあったこと、およびそのような峻別論

第3章 わが国における課題の検討

センティブや保有する情報が不十分であるために、国家によるエンフォースメントに頼るだけでは、抑止が不十分になる可能性がある[33]。加えて、公的な制度の運用には人的・物的な資源が必要であり、大きな費用がかかる。他方、私人によるエンフォースメントにも、強制的な調査権限がないこと、濫用のリスクがあること等の欠点がある。このように、国家によるエンフォースメントおよび私人によるエンフォースメントは、どちらも一長一短なところがあるため、両者を併用し、全体として適切な水準の抑止効果を実現することが望ましいと考えられる[34]。両者の役割をどのように分担・調整すべきかは、わが国の法制度全体に及

に対する疑問について、窪田・前掲注3）不法行為法と制裁670-671頁・699頁以下、同・前掲注3）不法行為法22-24頁参照。

[33] また、行政機関によるエンフォースメントは、その時々の政治情勢の影響を受けて、十分に機能しない可能性もある。現にアメリカでは、この点が、法務総裁（Attorney General）によるエンフォースメントの問題点の1つとして指摘されている（松元暢子『非営利法人の役員の信認義務――営利法人の役員の信認義務との比較考察』（商事法務、2014年）366-367頁参照）。

さらに、刑事罰によるエンフォースメントには、罪刑法定主義や高度な立証の必要性といった制約もある。また、刑罰の謙抑性の要請からすれば、刑罰は「最後の手段」であることが望ましく、経済犯罪のように通常の取引と境を接しており、法益侵害性や責任の程度に大きな幅がある領域においては、特にそうであるといわれる（佐伯仁志「経済犯罪に対する制裁について」法曹時報53巻11号（2001年）3085頁）。

[34] 森田＝小塚・前掲注3）16-17頁・18頁注37。藤田友敬「サンクションと抑止の法と経済学」ジュリスト1228号（2002年）37頁も参照。See also Thomas & Thompson, supra note 9, at 154（アメリカでは、伝統的に、私人による証券詐欺訴訟が、SECの限られた資源を補完するために必要なものとして、正当化されてきた。そして、このことは、公的エンフォースメントのための資源が向上してきた現在においても、妥当している）; James D. Cox & Randall S. Thomas, SEC Enforcement Heuristics: An Empirical Inquiry, 53 DUKE L.J. 737, 737 (2003)（SECが対象とする事件と私人による訴訟が対象とする事件は、事実上分かれていることを示唆する）。わが国でも、銀行法等の金融監督法において、会社法制を介した私的エンフォースメントの活用が企図されているとの指摘がある（岩原紳作「金融機関取締役の注意義務――会社法と金融監督法の交錯」落合誠一先生還暦記念『商事法への提言』（商事法務、2004年）176-178頁・217頁）。

第1節　代表訴訟制度一般における諸問題

ぶ問題であり、本書において検討する余裕はない[35]。本書は、代表訴訟による損害賠償責任の追及が不正の抑止機能を相当程度担っているという現状を所与の前提とするものである[36]。

三　法規範の形成

さらに、従来は付随的にしか言及されてこなかったが[37]、代表訴訟には役員等の義務や責任に関する法規範を形成する機能もある[38]。ここでいう法規範の形成には、判例法の形成・精緻化だけではなく、条文上の曖昧な文言の解釈が明確になることも含まれる[39]。また、裁判例が専門家の間での議論における生の素材となり、取締役の行動規範等に関する

35　刑事制裁・行政制裁・民事制裁（損害賠償）などの法分野の垣根を越えて、制裁制度を総合的に検討した研究として、佐伯仁志『制裁論』（有斐閣、2009年）がある（同書のはしがきには、「本書の主張を一言で述べれば、制裁を多様化し、各制裁の適切な役割分担を図ることによって、適正で効率的な制裁制度を構築すべきであるというものである」と記されている）。

36　なお、近時、わが国の会社法が損害賠償責任による動機づけに大きく依存している点を問題視して、報奨の授与など、他の動機づけ手法の活用を提唱する見解がある（飯田・前掲注9）の文献）。もっとも、この見解も損害賠償責任による規律づけを完全に否定しているわけではない（同文献65頁）。

37　例えば、北村・前掲注9）32頁参照。

38　アメリカの学説においても、代表訴訟には法規範形成機能があることが指摘されている。See Romano, supra note 12, at 85; AMERICAN LAW INSTITUTE, supra note 4, Part Ⅶ, Intro. Note, REPORTER'S NOTE 2; Eisenberg, supra note 19, at 1277; Robert B. Thompson & Randall S. Thomas, *The Public and Private Faces of Derivative Lawsuits*, 57 VAND. L. REV. 1747, 1749 (2004); Davis, supra note 23, at 435-438. また、デラウェア州最高裁判所も、特別訴訟委員会による却下の申立ての審査に際して、会社の最善の利益だけではなく、法律問題（matters of law）と公序（public policy）についても、特別の考慮を払うべきであると述べている。See Zapata Corp. v. Maldonado, 430 A.2d 779, 789 (Del. 1981). 第2章第3節第1款一2参照。

39　See Cox, supra note 4, at 18-19; see also AMERICAN LAW INSTITUTE, supra note 4, Part Ⅶ, Intro. Note, REPORTER'S NOTE 2（立法の際に不可避的に残される間隙（gaps）を埋める機能もある）.

議論を発展させるという利点も見落としてはならない[40]。このような法規範形成機能は、損害塡補機能や不正抑止機能（の一部）と異なり、請求棄却判決においても生じる。

法規範の内容が明確になることは、将来の不正行為の抑止につながるのみならず、法的に許容される行動の範囲が明確になることによって、経営者等の行動の萎縮が防止されるという利益をももたらす[41]。さらに、法規範の形成機能による利益も、抑止効果による利益と同様に、当該会社のみならず他の全ての会社に及ぶため、代表訴訟の公益性を基礎づける[42]。すなわち、法規範も抑止効果と同様に「公共財」である[43]。以上のように考えると、法規範の内容が明確になることは、長期的に見て、社会全体に大きな利益をもたらすといえる[44]。

[40] See Davis, supra note 23, at 437. なお、具体的事例における法的推論の蓄積を良き制度設計に向けた「学習」のプロセスとして評価するものとして、藤谷武史「プロセス・時間・制度——新世代法政策学研究のための一試論」新世代法政策学研究創刊号（2009年）29頁以下（とりわけ50頁以下）も参照。

[41] See Romano, supra note 12, at 85. 法規範の内容が明確で予測可能性が高いことは、デラウェア州が設立州として選ばれることが多いことの理由の1つとなっている（カーティス・J・ミルハウプト編『米国会社法』（有斐閣、2009年）13-14頁参照）。

[42] See Romano, supra note 12, at 85.

[43] See Eisenberg, supra note 19, at 1278；Davis, supra note 23, at 435. 公共財の意義については、前掲注23）を参照。

[44] See Eisenberg, supra note 19, at 1278. 役員等の義務や責任に関する法規範は、代表訴訟以外の場面においても問題となる。まず、会社自身が役員等の責任を追及することがありうる。特に、監査役設置会社では、監査役の独任制により、社外監査役も含め、各監査役が取締役の責任追及にかかる提訴権限を有するため（会社法386条1項。落合誠一編『会社法コンメンタール(8)』（商事法務、2009年）424頁〔吉本健一〕も参照）、会社自身による責任追及の可能性はある程度存在する。また、財産状態が悪化した会社では、債権者代位制度や倒産手続を通じて、債権者や管財人等が役員等の責任を追及することがある。さらに、会社法429条に基づく対第三者責任においても、「役員等の会社に対する任務懈怠」の有無が問題となる（ただし、これについては後掲注49）も参照）。このほか、判例によって形成された法規範が社会規範（人々の規範意識や行動規範）に影響を与えるという面もある（前掲注19）も参照）。

第 1 節　代表訴訟制度一般における諸問題

　もちろん、法規範は、判例以外によっても形成されうる。現に、制定法において、役員等の義務や責任に関する抽象的な規範が定められている。しかし、役員等が具体的な状況の下でどのような行動をとるべきか、および、実際に役員等がとった行動について損害賠償責任を（どの範囲で）負わせるべきかを決定する際には、事案に応じて様々な要素を考慮しなければならない。そのため、役員等の義務や責任に関する法規範を「事前に」かつ「具体的に」定立することは、難しい[45]。つまり、役員等の義務や責任に関する法規範には、具体的な事件における裁判所の判断の積み重ねによって、形成されざるをえないという面がある[46]。

　なお、アメリカにおいては、株主による訴訟として、代表訴訟のほかに、個別的な直接訴訟やクラス・アクションも活発に利用されており、代表訴訟とともに法規範の形成に寄与している[47]。しかし、わが国においては、株主による直接訴訟はあまり提起されておらず、クラス・アク

---

[45]　①法内容を事前に定める「ルール」と事後に定める「スタンダード」とのいずれが望ましいかという問題、および②法内容を簡潔に定めることと詳細に定めることとのいずれが望ましいかという問題について、経済学的な分析を行うものとして、See Louis Kaplow, *Rules versus Standards : An Economic Analysis*, 42 DUKE L.J. 557 (1992). その要点をまとめた邦語文献として、森田果「再密接関係地法――国際私法と "Rules versus Standards"」ジュリスト 1345 号（2007 年）66-70 頁がある。この分析枠組によれば、役員等の善管注意義務はスタンダード、個別法令はルールとしての性格を有するといえる（森田果「わが国に経営判断原則は存在していたのか」商事法務 1858 号（2009 年）8 頁参照）。

[46]　高田ほか・前掲注 3 ）823 頁〔前田雅弘発言〕も参照。もちろん、法規範の内容を決定するにあたっては、専門知識や分析能力等が必要であり、それらが十分には裁判所に備わっていないという点は問題となる。しかし、専門知識や分析能力等は、会社関係訴訟の専門部（東京地裁民事第 8 部等）の存在や、当事者らが専門家の意見書等を提出することによって、ある程度補うことができる（門口正人＝江頭憲治郎「〔対談〕会社法の立法と裁判」落合誠一編『会社法コンメンタール(8)』付録冊子（商事法務、2009 年）9 頁以下も参照）。

[47]　See Davis, *supra* note 23, at 435. もっとも、アメリカにおいても、重要な法規範の多くは、代表訴訟によって形成されてきたことが指摘されている。*Id.* at 436.

ションに関しては制度自体が存在しない[48]。わが国では、判例による法規範の形成の大部分が代表訴訟に委ねられているといえる[49]。

四　わが国における代表訴訟制度の利用実態からの考察

以上の検討から、大規模な会社における代表訴訟は、「損害の塡補」よりも、「不正の抑止」や「法規範の形成」といった社会全体に及ぶ利益の促進において、効果的であるといえる。代表訴訟制度の意義として、「不正の抑止」や「法規範の形成」を重視することは、わが国における代表訴訟の利用実態とも整合的である。具体的には、次の4点を指摘することができる。

第1に、大規模な会社における代表訴訟は、社会正義の実現の観点から市民運動的に提起されることが少なくない[50]。このような代表訴訟は、

---

[48] もっとも、近年、有価証券報告書等の虚偽記載に関して役員や会社の民事責任を追及する訴訟がしばしば起こされるようになってきた。しかし、その数は、アメリカにおける証券クラス・アクションの提訴数に比べれば（第2章の注408）および409）に対応する本文を参照）、依然として少数にとどまる。また、役員等の行為規範に関して重要な判断を示した判決も、内部統制システム整備義務について判示した最判平成21年7月9日判例時報2055号147頁〔日本システム技術事件最高裁判決〕など、少数にすぎないのが現状である。

[49] わが国では、取締役の任務懈怠について、債権者等により会社法429条の対第三者責任が追及されることも少なくない。しかし、同条における「任務懈怠」は、実質的には「第三者に対する義務違反」と見るべきではないかという、有力な指摘もある（大杉謙一「役員の責任——経営判断原則の意義とその射程」江頭憲治郎編『株式会社法大系』（有斐閣、2013年）334-335頁等）。現に、429条に関する裁判例によって、取締役が会社に対して負う義務の内容が明らかになることはそれほど多いとはいえないし、その場面も倒産状況等に限られている。よって、429条に基づく対第三者責任追及訴訟の法規範形成機能は、限定的であるといえる。

[50] 江頭・前掲注2）484頁注1、福井章代「会社法施行後の株主代表訴訟の概況」資料版商事法務334号（2012年）74頁参照。代表訴訟の原告株主の市民的性格を積極的に評価する論稿として、上村達男「株主代表訴訟の今日的意義と課題」法律のひろば47巻8号（1994年）4頁がある。また、社会正義の実現の観点から提起された代表訴訟についての原告側弁護士による回顧録として、右田堯雄「三井鉱山株主代表訴訟を振り返る」商事法務1354号（1994年）31頁、加

第1節　代表訴訟制度一般における諸問題

機能的な観点から見れば、不祥事の再発の防止（すなわち不正の抑止）を狙いとしているといえる[51]。特に、「株主オンブズマン[52]」や「株主の権利弁護団[53]」といった団体が、市民運動的な代表訴訟の原動力となっており、重大な不祥事があった場合に代表訴訟が提起される可能性は高くなっている。弁護士が代表訴訟において主導的な役割を果たすことが少なくないという点では、わが国もアメリカと同様であるが、わが国では、弁護士は報酬目的のビジネスとしてではなく、一種の公益活動として代表訴訟を提起することが多い。これはアメリカの状況と決定的に異なる[54]。

第2に、アメリカでは、代表訴訟以外の手段による規律づけの仕組み

　　藤真朗＝坂野真一「ダスキン株主代表訴訟――たった一人の原告、苦難を乗り越えて」法学セミナー651号（2009年）14頁がある。
[51] 江頭憲治郎＝門口正人編集代表『会社法大系4』（青林書院、2008年）436頁〔松山昇平＝門口正人〕も、上場会社の株主が提起する代表訴訟は、不正の抑止を目的として提起されているものが多いと述べる。日興證券株主代表訴訟弁護団編『訴える側の株主代表訴訟――その論理と手続の実際』（民事法研究会、1994年）32頁以下〔上柳敏郎〕も参照。
[52] 「株主オンブズマン」の目的や活動内容等については、同団体のウェブサイト（http://kabuombu2.sakura.ne.jp/　平成26年10月13日最終確認）を参照。また、株主オンブズマンについての法社会学の観点からの研究として、大塚浩「依頼者なき法動員――『株主オンブズマン』と株主代表訴訟」神戸法学雑誌47巻4号（1998年）705頁がある。
　　株主オンブズマンの提起する代表訴訟においては、請求額および和解金額が他の代表訴訟と比べて低い（弁護士報酬も低い）傾向にあり、和解においては、コーポレート・ガバナンスを向上させるための改革が要求されることが多い。*See* Puchniak & Nakahigashi, *supra* note 12, at 55-56. このことからも、株主オンブズマンの活動目的が、損害の填補よりも、将来の不正行為の抑止（企業の健全性の確保）にあることが見てとれる。
[53] 「株主の権利弁護団」の理念や活動内容等については、同団体のウェブサイト（http://kabunushinokenri.com/　平成26年10月13日最終確認）を参照。
[54] かつてアメリカでは、代表訴訟は、株主が「私的法務総裁（private attorney general）」として提起する訴訟であるとして高く評価されていたが、その後、弁護士が「賞金稼ぎ（bounty hunter）」として報酬目的で濫用的に提起する訴訟であると批判されるようになってしまった（第2章第3節第1款参照）。これに対して、わが国では、弁護士が「賞金稼ぎ」ではなく、「私的法務総裁」として、代表訴訟を提起しているといえる。

が発達しているが[55]、わが国では、そのような他の手段による規律づけが比較的弱い。具体的には、アメリカと比較して、社外取締役の数が少ないこと（モニタリング・モデルの不定着）、株式の持合いや安定株主の存在等のために資本市場による規律づけが弱いこと[56]、機関投資家の活動がさほど活発ではないこと[57]、SECと比べて証券取引等監視委員会の権限が弱いこと[58]、クラス・アクション制度が存在しないこと等を指摘することができる。そのため、わが国では、適切なコーポレート・ガバナンスの実現にあたり、代表訴訟制度に期待される役割が、相対的に大

---

[55] 第2章第3節第1款二2参照。

[56] 近時、経済産業研究所が実施したアンケート調査によれば、金融機関と事業会社間の株式持合いは減少したものの、事業会社間の株式持合いは維持されており、全体としても持合いは依然として広く見られること、および多くの会社はこの状況を維持する方針であることが明らかにされている（宮島英昭ほか「日本型コーポレート・ガバナンスはどこへ向かうのか〔上〕——『日本企業のコーポレート・ガバナンスに関するアンケート』調査から読み解く」商事法務2008号（2013年）8-9頁参照）。わが国の上場会社における安定株主の状況については、田中亘「株式保有構造と会社法——『分散保有の上場会社のジレンマ』を越えて」商事法務2007号（2013年）31頁を参照。

なお、そもそも各種市場（や業績連動型報酬）による規律づけは、取締役の利益相反行為の抑止に対しては、あまり効果がないことにも留意が必要である（伊藤靖史「インセンティブ報酬（ストック・オプション）および市場による規律」法学セミナー648号（2008年）29-30頁、田中編・前掲注14）83-84頁〔田中亘〕）。

[57] 経済産業研究所が実施したアンケート調査の結果においても、米国やアジア諸国と比べて、わが国では企業に対するアクティビストファンドや物言う株主の圧力が弱いことがうかがわれる（宮島英昭ほか「日本型コーポレート・ガバナンスはどこへ向かうのか〔下〕——『日本企業のコーポレート・ガバナンスに関するアンケート』調査から読み解く」商事法務2009号（2013年）13頁参照）。

なお、わが国における機関投資家の議決権行使のあり方やその要因について分析する近時の研究として、江頭憲治郎「上場会社の株主」同編『株式会社法大系』（有斐閣、2013年）3頁がある。

[58] SECと異なり、証券取引等監視委員会には、規則制定権限および行政処分権限がない。もっとも、金融庁長官等に対して、行政処分の勧告や施策の建議を行うことはできる（川口恭弘「証券取引等監視委員会の意義と課題」金融法務事情1900号（2010年）15頁参照）。

第1節　代表訴訟制度一般における諸問題

きいといえる[59]。近時行われた機関投資家に対するアンケート調査においても、「代表訴訟は経営に緊張感をもたらし、会社・株主の利益となる」という意見に同意する回答が7割を超えており、機関投資家からも代表訴訟制度の抑止機能は好意的に評価されている[60]。

　第3に、大規模な会社における代表訴訟には、重要な法律問題を含むものが少なくない[61]。実際に、わが国では、代表訴訟を通じて重要な法理が形成されてきた。例えば、経営判断原則、法令遵守義務、内部統制システム構築義務などである。他方、代表訴訟が活用される前は、役員の責任がどのような場合に認められるのか、かなり不明確であった[62]。

[59] 落合誠一「企業コンプライアンス確立の意義」ジュリスト1438号（2012年）16頁注18参照。もっとも、広範な裁量を伴う義務に対する規律づけについては、民事責任に期待することができる役割は、決して大きくない。したがって、本文に挙げたような、代表訴訟以外の規律づけ手段の実効性を高めていくことも、もちろん必要である（加藤貴仁「株主代表訴訟は『銀の弾丸』か？——現在における存在意義を問い直す」ビジネス法務14巻5号（2014年）142-143頁も参照）。他方、法令違反行為や利益相反行為の抑止においては、民事責任の追及は効果的であり（田中編・前掲注14）90-93頁〔田中亘〕参照）、代表訴訟制度による規律づけが有用であるといえる。

[60] 東京大学社会科学研究所「機関投資家向けコーポレート・ガバナンスに関するアンケート調査　結果報告」（2012年）13頁〔田中亘〕（http://web.iss.u-tokyo.ac.jp/gov/survey_on_corporate_governance.pdf　平成26年10月13日最終確認）。経済産業研究所による同様のアンケート調査においても、銀行・生損保・信託銀行・投資信託・投資顧問の回答は、同様の結果となっている（宮島ほか・前掲注57）14頁）。これに対して、同調査における企業側の回答は、代表訴訟制度にあまり好意的なものではなかった。しかし、このことは、代表訴訟制度による規律づけが企業経営者に対して効いていることの表れであると解釈することもできる。

[61] 福井・前掲注50）74頁。落合編・前掲注24）88-89頁〔田中亘〕も参照。

[62] 高田ほか・前掲注3）821頁〔中村直人発言〕。なお、代表訴訟が活用されていないドイツにおいても、取締役の会社に対する損害賠償責任が追及されることは少なく、具体的にどのような場合に取締役の責任が認められるかは不明確となっている（高橋英治『ドイツと日本における株式会社法の改革——コーポレート・ガバナンスと企業結合法制』（商事法務、2007年）212・215・231頁、松井秀征「ドイツにおける株式会社法制の運用実態とわが国への示唆〔上〕」商事法務1941号（2011年）29頁参照）。

代表訴訟が活用されるようになったことにより、役員の義務や責任に関する法理は、次第に明確になってきている[63]。会社関係訴訟を主に扱う裁判官も、判決が法規範形成機能を有しており社会に大きな影響を与えうることを強く意識して、判決文を書いているようである[64]。

第4に、わが国では、大規模な会社における代表訴訟の数は、決して多いとはいえない。平成17年の会社法制定の前後を通じて、代表訴訟の新受件数は概ね年70件台で安定しており[65]、そのうちの「かなりの部分」が、閉鎖会社における紛争に伴うものである[66]。このように代表訴

---

[63] 池田光宏「株主代表訴訟の審理」田原睦夫先生古稀・最高裁判事退官記念論文集『現代民事法の実務と理論〔上巻〕』(金融財政事情研究会、2013年) 750頁参照。

[64] 門口＝江頭・前掲注46) 9-11頁〔門口正人発言〕を参照。また、目黒大輔「東京地裁における商事事件の概況」商事法務2006号 (2013年) 32頁は、上場会社など比較的大規模な公開会社に関する商事訴訟事件について、「どこまで経営陣の裁量を認めるかという問題は、経営のダイナミズムと取締役の会社または株主に対する責任をどう調和させるかという、今後の企業の経営に大きな影響を及ぼす問題であることから、判断の慎重を期するため、原則として合議体による審理を行っている」と述べる。

[65] 福井・前掲注50) 72頁。また、平成12年～平成22年の代表訴訟の係属件数も全国の地裁を併せて100件台であり、これは地裁における民事・行政の未済事件総数 (例えば平成21年は39万件超) と比べると、非常に小さな数であるといえる (落合編・前掲注24) 88頁〔田中亘〕およびそこで引用されている出典を参照)。また、株式会社数・上場会社数がそれぞれ約25万社・約3,600社であることと比べても、小さな数字である (落合編・前掲注24) 1-2頁〔得津晶〕およびそこで引用されている出典を参照)。もっとも、平成24年度・25年度の代表訴訟の新受件数は、それぞれ106件・98件とやや大きく増加した (商事法務2014号 (2013年) 53頁〔ニュース欄〕、同2036号 (2014年) 61頁〔ニュース欄〕参照)。

[66] 福井・前掲注50) 74頁 (ただし、このような閉鎖会社における代表訴訟事件が公刊物に掲載されることは、多くない)。現在における具体的な割合は不明であるが、かつては、東京地裁に提起される代表訴訟の過半数が、閉鎖会社の内部紛争に関するものであり、公開会社に関する訴訟は、3割弱にすぎなかったとされる (金築誠志「東京地裁における商事事件の概況」商事法務1425号 (1996年) 4頁、岩原紳作「株主代表訴訟」ジュリスト1206号 (2001年) 123頁)。

なお、閉鎖会社における代表訴訟は、会社内部における支配権争いに関連し

第1節　代表訴訟制度一般における諸問題

訟の提訴数が少ないことは、損害填補の観点からは問題となりうるが、不正の抑止や法規範形成の観点からはさほど問題とならない。不正の抑止の観点から見ると、前述のとおり、全ての不正行為に対して常に代表訴訟が提起されなくても、提訴の現実的可能性があれば、抑止効果は生じるからである[67]。また、法規範の形成の観点から見ても、重要な法律問題を含まない事件についてまで、代表訴訟が提起される必要はないからである。

以上、本款の議論をまとめると、代表訴訟制度には損害の填補・不正の抑止・法規範の形成という3つの機能があるが、大規模な会社において、損害填補機能は一般に弱く、むしろ不正抑止および法規範形成の機能が大きな意義を有しているといえる。そして、不正の抑止および法規範の形成による便益は、当該会社を越えて社会全体に及ぶものであり、公益性を有する[68]。具体的な制度の設計や運用においても、代表訴訟制度が有するこうした公益性を上手く生かしていくことが望ましい[69]。

　　　て提訴されるものであり、株主総会決議を争う訴訟等の別の形で従来争われていた紛争が、代表訴訟の形に移っただけのものであると指摘されている（株主代表訴訟制度研究会・前掲注3）8頁、岩原・前掲123頁参照）。
[67]　なお、吉戒修一＝中西敏和「〔対談〕商法改正とその立案・実務の対応を振り返って——平成5年・6年商法改正を中心に」商事法務2000号（2013年）15頁〔吉戒修一発言〕も、「株主代表訴訟は、いわば業務執行の適正を確保するために株主が行使するラスト・リゾートのような救済手段ですから、日常的にこれが利用されるということは考えていません。会社経営者が経営判断をするときにこの制度を意識して意思決定をし、そのことにより適正妥当な業務執行がされることを期待しているわけです」と述べる。
[68]　当該会社を越えて社会全体に及ぶこれらの便益は、代表訴訟がもたらす「正の外部性（positive externality）」であるともいえる。*See* Kraakman, Park, & Shavell, *supra* note 9, at 1755 n. 62.「外部性（externality）」とは、ある経済主体の活動が、市場での取引を経由することなく（すなわち、当事者の合意によることなく）、他の経済主体の効用に影響を与えることをいう。このうち、他の経済主体にとって有利に働くものを「正の外部性」、不利に働くものを「負の外部性」という（詳細については、ミクロ経済学の教科書を参照）。
[69]　アメリカの学説においても、制度の設計や運用に際して、代表訴訟の私的性格（損害填補機能）よりも、公的性格（抑止機能等）を重視すべきであるとい

第2款　濫用的な訴訟への対処

本款と次款では、前款の議論を基礎としながら、代表訴訟制度一般における具体的な制度設計上の問題について考察する。まず、本款では、濫用的な訴訟への対処について考察することとしたい。古くから、わが国の代表訴訟制度に対しては、濫用的な訴訟への対処が不十分であるとの批判がなされてきた[70]。多重代表訴訟制度の導入をめぐる近時の議論を経て、このような批判は、再び強まっているように思われる[71]。果たして、これらの批判のいうように、濫用的な訴訟に対して、新たな対策を用意する必要はあるのか。

一　濫用的な訴訟の類型と問題の所在

前提として、そもそも、どのような訴訟を「濫用的な訴訟」と評価すべきなのかを検討する必要がある。まず留意すべきなのは、独自の動機に基づく訴訟も、損害填補または抑止の観点から価値を有するのであれば、認めてよいと考えられている点である[72]。すなわち、（後述する不法

　う主張がある。See Cox, *supra* note 4, at 38-45 ; *see also* Kraakman, Park, & Shavell, *supra* note 9, at 1762-1764（弁護士報酬の算定においては、まず、当該代表訴訟によって生じる抑止効果が考慮されるべきである）.
　　わが国でも、かねてより代表訴訟の公益性を強調する見解が存在していた（上村・前掲注50）4頁）。ただ、この見解は、「代表訴訟の公益的側面の評価は公開会社自体の有する社会性・公益性に基づくものである」としており（同6頁）、代表訴訟が生む便益の公益性（正の外部性）に主眼を置く本書の立場とは、着想を一部異にする。
70　石井照久『会社法上巻〔第2版〕』（勁草書房、1972年）357頁、大隅健一郎＝今井宏『会社法論中巻〔第3版〕』（有斐閣、1992年）271頁等。
71　第1章第2節第2款三参照。
72　谷口安平「株主の代表訴訟」鈴木忠一＝三ヶ月章監修『実務民事訴訟講座5』（日本評論社、1969年）100頁、大隅＝今井・前掲注70）275頁注1、高田ほか・前掲注3）871-872頁〔中島弘雅発言〕、中島弘雅「株主代表訴訟の制度趣旨と現状」民商法雑誌115巻4＝5号（1997年）517頁、加藤・前掲注7）2233頁

第1節　代表訴訟制度一般における諸問題

不当目的に該当する場合を除き、）原告の提訴動機のみを理由として訴えを却下することは、妥当ではないと解されている。裁判例においても、売名目的が存在するというだけの理由により、直ちに代表訴訟の提起が権利の濫用に当たることにはならないと判示されている[73]。

代表訴訟の濫用は、大きく次の2つの類型に分けることができる[74]。第1の類型は、訴訟一般において見られる濫訴である。いわゆる不当訴訟（原告が請求に理由がない訴訟を故意または過失により提起する場合[75]）や不法不当目的訴訟（原告が代表訴訟を手段として不法不当な利益を得ようとする場合[76]）が、これに該当する。第2の類型は、代表訴訟において独自に問題となる濫訴である。すなわち、不当訴訟や不法不当目的訴訟には

　　注402。江頭＝門口編・前掲注51）475頁〔名島亨卓〕も参照。
　　　もっとも、担保提供命令の申立てにかかる審理において、理由のない訴訟（不当訴訟）を提起したことについての「悪意」を認定するにあたり、原告の提訴動機が考慮要素になることはある（名古屋地決平成7年2月28日判例時報1537号167頁〔中部電力事件決定〕、江頭＝門口編・前掲注51）472頁注66〔名島亨卓〕参照）。
[73]　東京高判平成元年7月3日金融・商事判例826号3頁〔三井鉱山事件控訴審判決〕。この点は、上告審においても是認されている（最判平成5年9月9日民集47巻7号4814頁）。
[74]　大杉謙一「株主代表訴訟の濫用への対処——担保提供・補助参加・訴訟委員会の諸制度について」判例タイムズ1066号（2001年）51頁。藤田・前掲注13）42頁注4も参照。
[75]　請求に理由がない訴訟が全て濫訴となるわけではないことには、注意を要する。さもなければ、「請求棄却判決が下された場合は全て濫訴である」ということになりかねない。請求棄却判決にも法規範形成機能があることを考えれば、請求棄却判決に終わったからといって、提訴したことが社会的に好ましくなかったということには、必ずしもならない。岩原紳作ほか「〔座談会〕株主代表訴訟制度の改善と今後の問題点」商事法務1329号（1993年）14-15頁〔高橋宏志発言〕も、「民事訴訟法学者は一般に裁判に対しては大変オプティミスティックであります。裁判に出てきて、物事が裁判所の面前で議論されることは、それ自体アプリオリによいことだと考えています。無理な訴訟が提起されれば請求棄却になるだけですが、それでもよいことだと考えます。法の確証などといわれますが、法律論がそれではっきりするわけですから」と述べる。
[76]　江頭・前掲注2）489頁注7。

第3章 わが国における課題の検討

該当しないものの、提訴が会社（総株主）の利益とならない場合の訴訟である[77]。

　第1の類型の濫訴は、故意によるものであれば、会社法847条1項但書による却下や担保提供命令[78]によって、対処することが可能である。過失による不当訴訟についても、株主の情報収集手段を充実させることで、ある程度少なくすることができる[79]。会社法制定時に導入された不提訴理由通知制度（会社法847条4項）には、株主に情報を提供することによって根拠薄弱な訴訟を防止する機能があると指摘されている[80]。さらに、原告株主が情報不足のために抽象的・包括的な主張を行った場合、裁判所は、被告に対しても釈明を促す等して、争いのない前提事実の確定に努めているようである[81]。それにより、原告が理由のない部分

77　詳しく述べれば、原告株主の勝訴確率、被告から回収することのできる金額、訴訟によって会社が負担するコスト（機会費用を含む）等を総合的に勘案して、提訴によって費用を上回る便益が会社に生じないと判断される場合の訴訟である（藤田・前掲注13）42頁参照）。
　　なお、北村・前掲注9）47-48頁は、「原告株主の不当な提訴目的はないが会社としては当該状況のもとで取締役の責任追及をすべきでないと判断するのが相当であると認められる事例」を濫用事例・濫用的事例と区別して、「不適切訴訟」とよぶ。第186回国会衆議院法務委員会議事録第13号（2014年）〔神田秀樹参考人発言〕も、このような事例は「濫訴と呼べない」と述べている。

78　東京高決平成7年2月20日判例タイムズ895号252頁〔蛇の目ミシン工業事件決定〕によれば、故意による不当訴訟および不法不当目的訴訟に対しては、担保提供命令によって対処することができる。

79　わが国における訴訟費用の敗訴者負担制度（民訴法61条）や、弁護士への着手金の支払の慣行は、株主に情報収集のインセンティブを与える（加藤・前掲注7）2221-2222頁、2245頁注461参照）。田中亘ほか「〔座談会〕会社法制の今後の課題と展望」商事法務2000号（2013年）92頁〔田中亘発言〕も、敗訴の場合の訴訟費用が原告株主の負担となることから、代表訴訟提起権などの訴権は、株主提案権よりも濫用のおそれが小さい旨を指摘する。

80　奥島孝康＝落合誠一＝浜田道代編『新基本法コンメンタール会社法3』（日本評論社、2009年）400頁〔山田泰弘〕。池田・前掲注63）758頁以下も、不提訴理由通知制度を適切に活用すれば、濫訴の懸念を軽減することができると指摘する。

81　大阪地方裁判所商事法研究会「訴訟類型に着目した訴訟運営——会社関係訴訟」判例タイムズ1107号（2003年）26-27頁。

について訴えを取り下げることもあるとされる[82]。以上のことから、第1の類型の濫訴に関しては、わが国においてもある程度対処されており、問題はさほど大きくないといえる。今日では、利益供与規制等の効果によって総会屋もほとんど見られなくなっており[83]、第1の類型の濫用的な訴訟が問題となることはあまりない[84]。

問題なのは、第2の類型の濫訴である。これに対処する法制度は、現行法上存在しない[85]。平成26年の会社法改正をめぐる議論において、対策の必要性が指摘されたのも、第2の類型の濫訴である[86]。以下では、第2の類型の濫訴に焦点を当てて、考えられる対策のあり方について考察する。

二　濫用的な訴訟への対処の検討

第2の類型の濫訴に対処するにあたって、最も問題となるのは、訴訟が会社（総株主）の利益となるか否かの判断を、「誰が」「どのような方法によって」行うかという点である。すなわち、判断の主体および方法（考慮要素）が問題となる。以下、順に検討する。

---

[82]　大阪地方裁判所商事法研究会・前掲注81）27頁。

[83]　森田章「総会屋対策」法学教室350号（2009年）15頁、伊藤ほか・前掲注21）151頁〔松井秀征〕。

[84]　福井・前掲注50）74頁（847条1項但書の適用が問題となった事案は、ほとんど見られない。また、担保提供命令についても、「悪意」の認定が問題となる事案では、当事者の了解の下、本案の審理を進めて終局的解決を促進する訴訟運営が一般化している。そのため、最近では、担保提供命令が発令されることは珍しくなっており、濫用的な株主代表訴訟の提起が問題になる場面は、減少しているように思われる）。

[85]　平成17年の会社法制定の際、「責任追及等の訴えにより当該株式会社の正当な利益が著しく害されること、当該株式会社が過大な費用を負担することとなることその他これに準ずる事態が生ずることが相当の確実さをもって予測される場合」に、提訴請求および提訴を認めないとする規定（修正前の会社法案847条1項2号）を設けることが、提案されていた。しかし、衆議院における審議において、代表訴訟を不当に制限するおそれがあるとの批判が続出したため、同号は削除された（相澤哲編著『一問一答新・会社法〔改訂版〕』（商事法務、2009年）243-245頁参照）。

[86]　第1章第2節第2款三参照。

第 3 章　わが国における課題の検討

1　判断の主体

まず、アメリカのいくつかの州のように、会社（総株主）にとって当該訴訟が望ましいか否かの判断を、取締役会や特別訴訟委員会の裁量に委ねることが考えられる[87]。

しかし、第一次的な判断権（広い裁量）を取締役会や特別訴訟委員会に与えるならば、ほとんどの場合に「提訴は会社の利益とならない」という判断がなされる可能性がある。現に、アメリカの特別訴訟委員会は、ほとんど常に却下の申立てを行ってきた[88]。取締役会や特別訴訟委員会において社外取締役が過半数を占めているとしても、社外取締役の多くは他社の経営者であり、もたれ合いや同情から、必ずしも利益相反が解消されないとの懸念がある[89]。特に、抑止機能の一般予防効果（経営者一般への規律づけ効果）を考えると、代表訴訟の提訴判断においては、株主一般と経営者一般との間において利害対立が生じているという側面がある。代表訴訟の結果、経営者の責任を肯定する判決が下され、経営者一般に対する規律づけが厳しくなることは、経営者一般にとって好ましい事態とはいえないからである。さらに、アメリカでも、そもそも社外取締役には、当該会社の経営陣と友人関係にある者が選任される傾向があるとされ[90]、真に経営陣から独立した社外取締役が選任されているのか、疑しい[91]。

[87]　アメリカの特別訴訟委員会制度に関しては、第 2 章第 3 節第 1 款一 2 を参照。わが国において特別訴訟委員会制度を導入すべきことを示唆する最近の見解として、神田秀樹＝武井一浩「〔対談〕会社法改正と今後の論点〔下〕」ビジネス法務 14 巻 5 号（2014 年）98 頁〔武井一浩発言〕がある。

[88]　第 2 章の注 372）およびそれに対応する本文を参照。ただし、第 2 章の注 373）も参照。

[89]　川濵昇「取締役会の監督機能」森本滋＝川濵昇＝前田雅弘編『企業の健全性確保と取締役の責任』（有斐閣、1997 年）32 頁・36 頁注 84、吉原和志「取締役の対会社責任と代表訴訟」ジュリスト 1267 号（2004 年）70 頁参照。

[90]　川濵・前掲注 89）36 頁注 84 参照。

[91]　See Thompson & Thomas, *supra* note 38, at 1787（しばしば社外取締役が真の独立性を欠いていることは、企業社会では定式化された事実である）．第 2 章の注 369）において述べたように、アメリカでは構造的バイアスを理由に、特

第1節　代表訴訟制度一般における諸問題

わが国においても、取締役会や特別訴訟委員会の判断によって自動的に訴えが却下されるという仕組みを設けることに対しては、反対が少なくない[92]。少なくとも、最終的な審査・判断は、裁判所によって行われる必要があると考えられる[93]。

2　判断の方法（考慮要素）

では、第2の類型の濫訴に該当するか否かは、どのように判断されるべきであるか。代表訴訟によって生じる会社の利益として損害填補の利益のみを考慮するのであれば、大規模な会社において、「提訴が会社の利益とならない」と評価できる場合は多いと思われる[94]。少なくとも、抑止効果によって「当該会社に」もたらされる利益は、考慮に入れるべきであろう[95]。それでも、抑止効果によって当該会社に生じる利益をど

　　別訴訟委員会の中立性が疑われている。
[92]　高橋均『株主代表訴訟の理論と制度改正の課題』（同文舘出版、2008年）332頁、藤田・前掲注13) 59頁注56（社外取締役が過半数を占める委員会が決議すれば、代表訴訟は却下されるといった形式的なルールを入れることは、わが国の社外取締役の要件や現実の選任のあり方を見る限り弊害が大きいであろう）。なお、田中ほか・前掲注79) 93頁〔田中亘発言〕は、訴訟委員会を用いても、莫大な時間と費用がかかる場合があることを指摘し、「もしも濫訴を効果的に防ごうと思うなら、訴訟委員会の制度よりは、単純に訴権についても少数株主権化するほうが現実的」であると指摘する（もっとも、代表訴訟が一定の規律づけ効果を現に発揮していることから、少数株主権化が本当に望ましいのかについては、結論を留保している）。
[93]　なお、加藤・前掲注7) 2218-2219頁は、違法行為の抑止や法規範の形成の観点からは、独立取締役や原告株主よりも裁判所の方が判断主体として適しており、損害填補の観点からは、独立取締役が判断主体として適していると述べる。もっとも、ある代表訴訟が抑止または損害填補に貢献するか否かは、具体的事案に応じたきめ細かい判断を要するため、一般的な基準の定立は困難であるとして、判断の形成手続を工夫する必要がある（取締役会の判断に裁判所が介入する方法と程度が問題となる）と論じる（加藤・同2219頁）。
[94]　わが国では、大規模な会社において、代表訴訟は、損害填補の手段としてはあまり役立っていないと考えられるからである（本節第1款一参照。特に前掲注12)の実証研究の結果を参照）。
[95]　衆議院において修正される前の会社法案847条1項2号においても、代表訴

173

第3章 わが国における課題の検討

のように評価するかは、難題である[96]。

そもそも、第2の類型の濫訴（会社・総株主の利益にならない訴訟）への対策が必要であるとの議論は、「役員の責任を追及することが会社（株主全体）の利益となる場合には訴訟が起こされ、そうでない場合は起こされないのが理想的な状況[97]」であることを前提としている。すなわち、当該会社（株主全体）の利益を基準に、提訴の適切性が判断されている。しかし、前款において論じたように、代表訴訟における抑止機能および法規範形成機能の便益は、当該会社（株主全体）にとどまらず、他社を含めた社会全体に及ぶ。ここから、提訴の適切性に関して、「他社を含めた社会全体に及ぶ便益」も考慮すべきではないかという問題が生じる。そのような考慮が認められるのであれば、第2の類型の濫訴は、大きく限定されるであろう[98]。会社法上の利害調整原則を「株主利益の最大化」

> 訟により生ずる損害と代表訴訟の目的である債権額を単純に比較するのではなく、コンプライアンスの実現により図られる当該会社の利益をも考慮することが、想定されていたようである（相澤編・前掲注85）244頁参照）。
>
> 96 抑止効果を正確に数量化することは困難だからである。See Thompson & Thomas, *supra* note 38, at 1775；Cox, *supra* note 4, at 19（損害塡補の効果は測定可能であるが、抑止効果は測定不能である）。
> 　もっとも、Kraakman, Park, & Shavell は、代表訴訟が抑止効果をもたらす場合、それを正確に数量化できなくても、代表訴訟の提起は当該会社にとって常に望ましいものになると評価している。See Kraakman, Park, & Shavell, *supra* note 9, at 1763-1764. その理由は、後掲注106）で述べるように、彼らが「事前の観点」から代表訴訟の提起の望ましさを評価しているからである。See id. at 1756 n. 64, 1763 n. 88.
>
> 97 藤田・前掲注13）42頁。神田秀樹「株主代表訴訟に関する理論的側面」ジュリスト1038号（1994年）66頁も参照。
>
> 98 特に、当該代表訴訟によって抑止効果が生じる場合には、代表訴訟の提起は「社会的に」望ましいものと評価してよいように思われる。なお、前掲注96）で述べたように、Kraakman, Park, & Shavell は、代表訴訟が抑止効果をもたらす場合、代表訴訟の提起は「当該会社にとって」すら常に望ましいものになると評価している。
> 　もっとも、既に、刑事上の制裁、行政上の制裁、または会社内部における人事上の制裁等が不正行為者に科せられており、それが「十分な」抑止効果を発揮している場合には、代表訴訟の提起による追加的な抑止は不要となるであろ

第1節　代表訴訟制度一般における諸問題

と捉える伝統的な理解からは、そのような考慮は否定されるのが自然であるかもしれない[99]。しかし、「株主利益の最大化」は、理想の利害調整原則というわけではなく、現実の中で採用できる「次善の策」として、例外を伴った緩やかな原則にとどまるといわれている[100]。そして、以下のように突き詰めて考えると、「他社を含めた社会全体に及ぶ便益」も考慮すべきであると考えられる[101]。

    う（加藤・前掲注7）2208-2209頁参照）。そして、抑止効果以外による便益（損害填補や法規範形成による便益）が費用を上回らない場合、当該代表訴訟は社会的に望ましくない訴訟と評価されることになると思われる。

[99]　例えば、北村・前掲注9）55頁は、代表訴訟は株主としての立場から経営の監督是正を図るものであり、債権者、従業員、地域社会等の利益は、会社の損害回復と違法行為の抑止効果により間接的な影響を受けるにすぎないと述べており、「社会全体に及ぶ便益」を代表訴訟の制度設計において考慮することには、消極的であるように見られる。

[100]　江頭・前掲注2）22-25頁。得津晶「取締役法令遵守義務違反責任の帰責構造——最高裁判決、会社法、そして債権法改正」北大法学論集61巻6号（2011年）1970頁も参照。

[101]　デラウェア州最高裁判所も、訴訟継続の可否を判断するに際して、「公序（public policy）」と「法律問題（matters of law）」に特別の考慮を払うべきであると判示しており、当該会社を越えて社会全体に及ぶ便益を考慮に入れている（前掲注38）および第2章第3節第1款一2参照）。ここでの「公序」とは、他の会社に及ぶ抑止効果（一般予防としての抑止効果）を指すものと考えられている。See Kraakman, Park, & Shavell, *supra* note 9, at 1755.

    また、アメリカ法律協会の策定した「コーポレート・ガバナンスの原理：分析と勧告」の7.10条（b）項但書も、「裁判所は、取締役会又は委員会で持ち出された特定の理由に照らして、訴訟の継続によって会社が損害を被る見込みがあり、それが訴えの却下が与える公共の利益への好ましくない影響を上回ることが明白であるほど決定的であると判断する場合」には訴えを却下することができると規定しており、裁判所は「公共の利益」を考慮すべきであるとしている。*See* AMERICAN LAW INSTITUTE, *supra* note 4, at §7.10（b）; *see also id*. at Part Ⅶ, Intro. Note, REPORTER'S NOTE 2.

    さらに、Coffee & Schwartzも、期待される損害回復額が費用を下回るからといって、訴えを却下すべきではないと述べる。その理由として、分散投資をしている株主は、勝訴判決の「一般予防効果」によって、大きな利益を受けることを挙げる。*See* Coffee & Schwartz, *supra* note 10, at 308 n. 258; *see also* KLEIN, COFFEE, & PARTNOY, *supra* note 17, at 213.

第3章 わが国における課題の検討

　まず、私法制度の望ましさを効率性（社会全体におけるネットの便益）のみによって判断する立場[102]からは、社会全体の便益と費用を比較すべきことになろう。実際に、会社の機関設計や株主有限責任の原則が強行法規とされているのは、異なるアレンジメントをしたい会社の不利益を上回るだけの社会全体の利益が存在するという観点から、説明されることがある[103]。代表訴訟制度が強行法規とされている（定款で排除することができない）のも、代表訴訟を事前に排除したい会社の不利益を上回るだけの社会全体の利益が存在するとの観点から、説明することができるであろう。これと同様に、個々の提訴の適切性についても、特定の会社の不利益を上回るだけの利益が社会全体において生じていれば、提訴を認めることが望ましいと考えることができるのではないか。

　次に、前段落で述べた立場に立たず、代表訴訟が提起される会社から他の会社への「一種の利益移転[104]」を問題視する立場に立っても、長期的観点で見れば、当該会社も他社における代表訴訟から同様の便益を受

---

[102] 田中編・前掲注14）10頁〔田中亘〕、田中亘「流通市場における不実開示による発行会社の責任――インセンティブの観点から」落合誠一先生古稀記念『商事法の新しい礎石』（有斐閣、2014年）865-869頁参照。この立場は、カルドア＝ヒックス基準（ある社会状態の変更により不利益を被る人がいても、その人の不利益を塡補してなお余りあるほどの利益が他の人に生じるのであれば、必ずしも現実に塡補がなされなくても、その変更は効率的で望ましいとするもの）ないし富の最大化の原理（あるルールの下で生じる費用と便益を金銭評価し、そのネットの総計が一番大きいルールが効率的で望ましいとするもの）に基づいて、制度の望ましさを判断するものである（田中亘「取締役の社外活動に関する規制の構造(2)」法学協会雑誌117巻10号（2000年）1505頁およびそこで引用されている文献を参照）。

[103] 藤田友敬「契約と組織――契約的企業観と会社法」ジュリスト1126号（1998年）137頁、神田秀樹＝藤田友敬「株式会社法の特質、多様化、変化」三輪芳朗＝神田秀樹＝柳川範之編『会社法の経済学』（東京大学出版会、1998年）465頁。詳細な分析として、田中亘「取締役の社外活動に関する規制の構造(3)」法学協会雑誌117巻11号（2000年）1646頁以下も参照。

[104] 社会全体の利益を提訴の是非の判断において考慮することは、訴訟の対象とされた当該会社とその株主が、社会全体の利益のために訴訟に伴うコストの負担を要求されることを意味する。See Davis, *supra* note 23, at 433.

第 1 節　代表訴訟制度一般における諸問題

けるため（立場の互換性）、利益移転は解消される[105][106]。また、株主が様々な会社の株式を分散保有していることを前提とすれば、株主レベルで見た場合に、利益移転は短期的にも相当程度解消される[107]。したがって、社会全体での費用対便益を基準として、訴訟継続の是非を判断しても、差し支えないのではないか[108]。

[105] 不法行為法の文脈ではあるが、加害者と被害者との間に「立場の互換性」がある場合には、分配上の問題は生じず、効率性を最大化する（社会的費用を最小化する）ルールが全員にとって望ましくなると論じるものとして、See LOUIS KAPLOW & STEVEN SHAVELL, FAIRNESS VERSUS WELFARE 100-103（2002）.

[106] また、「事前の観点」から見た場合には、次のような説明もできる。すなわち、ある会社が代表訴訟制度の望ましさを「事前の観点から」考える場合、訴訟のコストは提訴される可能性によって割り引かれて非常に小さくなるため、代表訴訟制度の導入によって会社が享受する抑止効果の便益が、代表訴訟の期待コストを上回ることになる。その結果、会社は、事前的には提訴にコミットする（「不正が行われた場合には常に責任追及訴訟を提起する」という行動方針に賛成する）はずである。See Kraakman, Park, & Shavell, *supra* note 9, at 1756 n. 64. ここで、Kraakman, Park, & Shavell は、他社の便益を考えずに、自社の便益のみを考えても、抑止効果が生じる場合には常に代表訴訟を提起するのが望ましいと評している（前掲注96）参照）。

さらに別の見方をすれば、訴訟の対象とされた会社（総株主）が負う負担は、代表訴訟制度によって提供される抑止効果や法規範という公共財の便益を享受することに対する、一種の「代償」であるといえる。そして、本文次段落で述べるように、「このような負担を避けるべく、自社において提起された個々の代表訴訟の継続は認めずに、他社における代表訴訟から生じる抑止効果や法規範といった便益のみを享受すること」は、代表訴訟制度に対するフリーライドであると評価することができる。

[107] See Coffee & Schwartz, *supra* note 10, 308 n. 258；*see also* KLEIN, COFFEE, & PARTNOY, *supra* note 17, at 213.

[108] もっとも、加藤・前掲注7）2209-2210 頁も指摘するように、民事訴訟一般において、請求権者の利益とならない訴訟の提起を、請求権者の意思に反して、社会全体の利益のために強制することができるわけではない。

しかし、代表訴訟の場合と民事訴訟一般の場合とは、区別することができる。両者の相違点としては、（本文で述べた株式の分散保有に関する点のほか）次の3点を指摘することができる。第1に、民事訴訟一般において提訴を嫌がる者に提訴を強制すること、または検察官等に代わりに提訴させることには大きなコストがかかり、そのコストは訴訟によって社会全体に生じる利益を上回るか

第3章 わが国における課題の検討

　むしろ、当該会社（総株主）の利益を基準として訴訟継続の適否を判断すると、次の2点の理由から、究極的には当該会社（総株主）にとっても、好ましくない結果を招くおそれがある。第1に、当該会社（総株主）の利益を基準に考えれば、個々の会社にとっては、「（損害填補に関して費用を上回る利益が生じない限り）自社における当該代表訴訟の継続は認めずに、他社における代表訴訟から生じる抑止効果や法規範といった便益のみを享受する（フリーライドする）」という選択が、合理的になる[109]。しかし、このような選択が個々の会社全てにおいて行われれば、結局、社会全体において、代表訴訟制度による不正の抑止や法規範の形成は大きく損なわれてしまい、どの会社もこれらの便益を十分に享受することができなくなってしまう。このような問題は、「社会的ジレンマ」と称されている[110]。第2に、当該会社の利益を基準に訴訟継続の可否を判断

　　もしれない。他方、代表訴訟では原告株主が自発的に提訴するため、その意味で「提訴強制コスト」はかからない。第2に、民事訴訟一般において、「訴訟のコストを負担する原告」と「抑止効果等の便益を受ける人々」との間に、「立場の互換性」が定型的に存在するか、疑問がある。換言すれば、民事訴訟一般においては、原告が他者による同種の訴訟によって利益を受けるということが、代表訴訟の場合と比べて、成り立ちにくいのではないかと思われる（例えば、普段全く外食をしない人が珍しく外食した際に食中毒被害に遭った場合における損害賠償請求訴訟においては、上記の「立場の互換性」は存在しないであろう）。もっとも、これは究極的には程度問題である。第3に、民事訴訟一般において本人の望まない訴訟を強要することは、自然人の自己決定権やプライバシー等の人格的な権利利益を侵害するおそれがある。他方、代表訴訟において行使されるのは会社の権利であるため、通常、そのような人格的な権利利益の侵害は問題とならない。

　　以上の理由により、民事訴訟一般において原告の利益とならない訴訟の提起を強制すべきではないとしても、代表訴訟において会社の利益とならない訴訟の継続を社会全体の利益のために認めることは、可能であると考える。

109　①代表訴訟によってもたらされる「抑止効果」や「法規範」は「公共財」であること、および、②公共財について、各主体はコストを負担せずに利用だけをする（フリーライドする）ことが可能かつ合理的であることを考えれば、本文で述べた選択は自然に導かれるといえる（前掲注23）および飯田・前掲注23）62-63頁を参照）。

110　社会的ジレンマとは、各主体（各プレイヤー）にとっての合理性と社会（プ

第1節　代表訴訟制度一般における諸問題

すると、代表訴訟制度による抑止が「信頼できない脅し」となって、形骸化してしまう危険もある[111]。なぜなら、代表訴訟の継続が会社にとって不利益であるとして代表訴訟が却下される場合が多くなれば、役員等は代表訴訟が却下されるという結果を事前に「予想」するようになるため[112]、代表訴訟による「脅し」の効果が減殺されるからである。このように抑止効果が弱まることは、長期的に見た場合、当該会社にとっても不利益な結果となりうる[113]。これら2点を裏返せば、わが国の代表訴訟

レイヤー全体）にとっての合理性とが乖離し、各プレイヤーが自己にとって利益となる行動を選択する結果、結局は、プレイヤー全員の利益が低下してしまうという問題である。これは、ゲーム理論における「囚人のジレンマ」を3人以上の集団に拡大したものである（飯田・前掲注23）62-63頁参照）。社会的ジレンマは、各株主と総株主との間においてもしばしば生じる。具体例としては、株主が公開買付けに応募する場面（田中編・前掲注14）231頁注7〔飯田秀総〕）や、株式買取請求権を行使できるようにするために反対の議決権行使をする場面（同205頁〔白井正和〕参照）が挙げられる。社会的ジレンマについて、詳しくは、山岸俊男『社会的ジレンマのしくみ──「自分1人ぐらいの心理」の招くもの』（サイエンス社、1990年）を参照。

[111] 田中編・前掲注14）95頁以下〔田中亘〕参照。See also Charles J. Goetz, A Verdict on Corporate Liability Rules and the Derivative Suit : Not Proven, 71 CORNELL L. REV. 344, 347-349 (1986). なお、信頼できない脅し（incredible threat）ないし空脅し（empty threat）という概念は、ゲーム理論において登場するものである（神戸伸輔『入門　ゲーム理論と情報の経済学』（日本評論社、2004年）89頁等を参照）。

[112] しかも、被告とされる役員等は、自己の資産を近親者に譲渡するなどして執行のコストを高めたり、会社の経営状況や財務状況を操作したりして、代表訴訟の継続が会社にとって不利益となるような状況を作り出すことができるかもしれない。少なくとも、会社の利益を基準に訴訟継続の可否を判断する場合、被告役員等は、このような行動に出るインセンティブを有する。

[113] 藤田・前掲注13）58頁注53も、「訴訟提起の直接的効果がマイナスである（訴訟提起のもたらす期待リターンが負である）場合には訴訟を提起しないという行動が定着すると、株主代表訴訟の持つ規律付けの効果が不当に緩められ、長期的にはかえって効率性を害するという可能性が理論的には存在する」と述べている。

　なお、藤田・同注においても言及されているように、「事前的・長期的に望ましい行動と事後的・短期的に望ましい行動とが一致しないために、事前的・長

制度が、①強行法規であり、②提訴権を単独株主権とし、かつ、③会社の申立てによる訴えの却下等の余地を認めていないのは、「社会的ジレンマ」の発生を防止する観点、および役員等の責任制度を「信頼できない脅し」に陥らせないための「コミットメント[114]」としての観点から、肯定的に評価することができる[115]。

> 期的に望ましい状態を達成できない」という問題は、経済学において、時間的不整合性（time inconsistency）または動学的不整合性（dynamic inconsistency）の問題と称される（神戸・前掲注111）96-97頁等参照）。この問題の解決策としては、個々の場面ごとに行動を選択するのではなく、予め定めたルールを画一的に適用するという方法がある。

114 「コミットメント」とは事前に行動の選択肢を縛ることであり、これによって「脅し」を「信頼できる」ものにすることができる（神戸・前掲注111）96頁を参照）。ここでは、「株主によって代表訴訟が提起される可能性が常にあり、提訴されれば会社は訴訟の進行を阻止できない」という内容の法制度が、コミットメントとして働き、役員等の責任制度の抑止効果を高めているわけである。See also Goetz, supra note 111, at 348（経営者が「コントロールできないうるさい人達（uncontrollable gadflies）」によって提訴される相当程度の可能性にさらされることは、いくぶん奇妙ではあるが強力な抑止効果を有する）。

　なお、代表訴訟制度がない状況において、「株主」や「取締役会」が、不正が行われた場合には責任追及訴訟を提起するという行動方針にコミットする（自己の行動を事前に縛る）ことは、困難であるとされる。See Kraakman, Park, & Shavell, supra note 9, at 1748-1750. これに対して、強行法規としての法制度は、コミットメントとして強力に作用する（一例として、榊＝飯田・前掲注14）79-80頁を参照）。

115 本款の主題に関連する問題として、「なぜ、株主代表訴訟においては、取締役会や株主総会に意思決定が委ねられている他の会社の行為と異なり、単独の株主の意思決定が尊重されるのか」との疑問が提起されている（加藤・前掲注59）142頁および同・前掲注7）2243頁注452を参照）。同様の疑問は、かねて経済学者からも提起されていた（三輪芳朗「株主代表訴訟」三輪芳朗＝神田秀樹＝柳川範之編『会社法の経済学』（東京大学出版会、1998年）151頁以下）。

　このような疑問に対しては、伝統的に、役員間の同僚意識に由来する提訴懈怠の可能性があること、および集合行為問題や安定株主工作等のため株主総会における多数決に必ずしも信頼が置けないことをもって、説明されてきた。しかし、これらは、取締役会や株主総会の判断を信頼できない理由にはなっても、個々の株主に提訴判断を委ねるべき積極的な理由にはならない点において、十分な回答とはいえない（加藤・上記両文献を参照）。

第1節　代表訴訟制度一般における諸問題

　以上の理由により、第2の類型の濫用的な訴訟への該当性は、当該会社（総株主）における便益と費用との衡量によってではなく、社会全体における便益と費用との衡量によって判断されるべきである。すなわち、

> 　上記の伝統的な説明に加え、本書は、「提訴の適切性は、当該会社（総株主）における便益と費用との衡量によってではなく、社会全体における便益と費用との衡量によって判断されるべきである」ことをもって、上記疑問への回答としたい。
> 　すなわち、責任追及をすべきか否かは、当該会社（総株主）の利害にとどまらず、社会全体の利害に関わる。そして、当該会社（総株主）の利害を基準として提訴判断が行われれば、「社会的ジレンマ」や「信頼できない脅し」といった問題が生じ、結局は、当該会社を含め、社会全体の利益が低下する。そのため、当該会社（総株主）の利害から離れて、社会全体の利益のために、責任追及が行われることが望ましい（当該会社から社会全体への一種の利益移転も、短期的・長期的に解消される）。そして、当該会社の利害から離れて社会全体の利益のために責任追及を行う主体としては、取締役会や株主総会はもはや相応しくなく、公益目的を有する個人株主や弁護士（いわゆる「私的法務総裁（private attorney general）」として行動する個人株主や弁護士）の方が相応しい（場面や理由は異なるが、公共的価値に関する判断を行う適切な主体として、個人株主を挙げるものに、草野耕一『会社法の正義』（商事法務、2011年）193-194頁がある。また、正義感等の感情に従って行動する個人の存在が、社会的ジレンマや信頼できない脅しの問題を解決することに貢献しているとの指摘として、山岸俊男『社会的ジレンマ――「環境破壊」から「いじめ」まで』（PHP新書、2000年）第4章（特に137-138頁）も参照）。もちろん、個々の株主や弁護士が常に適切な提訴判断を行うとは限らない。しかし、理由のない訴訟や不当な目的による提訴に対しては、ある程度のサンクションが科される（具体的には、訴訟費用の敗訴者負担・担保提供命令・利益供与規制による制裁等がある。弁護士については懲戒制度も含まれよう）。その結果、株主や弁護士が不当な訴訟を提起する実際上の可能性は、相当程度小さくなっている（本款三も参照）。
> 　上記疑問は、代表訴訟が会社の損害賠償請求権を行使する制度であることから、提訴を「会社の行為」と見て、会社の他の行為と同一視している。確かに、代表訴訟は会社の損害賠償請求権を行使する制度ではあるが、その意義は、損害の塡補という当該会社の利益だけではなく、不正の抑止や法規範の形成という社会全体の利益の増進にもある（むしろ、大規模な会社では、後二者の意義こそが重要である。前掲注17）に対応する本文も参照）。したがって、提訴を単なる「会社の行為」と見るべきではないし、提訴の適否を当該会社のみの利害を基準にして判断すべきではない。

第3章　わが国における課題の検討

　第2の類型の濫用的な訴訟は、「社会全体で見て費用を上回る便益をもたらさない訴訟」として、理解し直されるべきである。このような濫用的な訴訟への対処法の1つとしては、当該代表訴訟が社会全体で見て費用を上回る便益を生じさせないことが明らかである場合に、裁判所による訴えの却下を認めることが考えられる[116]。

　しかし、そのような裁量却下制度を導入すべき程に、わが国における代表訴訟の濫用の実態は、深刻なのであろうか[117]。そのような却下制度は裁判所にとって大きな負担となりうるし、訴訟の長期化や訴訟費用の増大等の問題を生じさせる可能性もあるため[118]、安易に導入すべきではない。アメリカにおいても、当初は、わが国と同様、提訴請求要件が緩やかであり、特別訴訟委員会制度も存在していなかった[119]。しかし、弁

---

[116] この提案は、衆議院における修正前の会社法案847条1項2号と類似する（前掲注85）参照）。しかし、同号は、当該会社の利害に焦点を当てるものであった（前掲注95）も参照）。これに対して、本文における提案は、社会全体における訴訟の便益と費用を衡量するものである。この点において、本文における提案は、上記法案とは決定的に異なる。
　なお、効果を「請求棄却」ではなく「訴え却下」とする理由は、会社の役員等に対する損害賠償請求権は、会社が倒産状態に陥った場合に、債権者や倒産管財人等によって行使されることがあり、請求棄却判決の既判力によって、そのような場合の損害賠償請求権の行使までもが制約されるのは、問題であると考えられるからである。

[117] 現に、わが国において、代表訴訟の濫用のおそれが本当に大きいものであるのか否かについては、慎重な検討が必要であるとの指摘が少なくない（前田雅弘「親会社株主の保護」ジュリスト1439号（2012年）44頁注30、伊藤靖史「子会社少数株主の保護」ジュリスト1439号（2012年）49頁参照）。

[118] 田中ほか・前掲注79）93頁〔田中亘発言〕も参照。

[119] 第2章第3節第1款一参照。「現在の」アメリカ法と異なり、わが国では提訴請求要件が緩やかであり、特別訴訟委員会制度も存在しないため、責任追及については原告株主の意思が貫徹されることになる。そして、このことは、不合理であるとして問題視されてきた（第1章第2節第2款三参照）。しかし、1960年代以前のアメリカでも、取締役が被告とされる場合、提訴請求の無益性は容易に認められ、特別訴訟委員会制度も存在していなかったため、わが国と同様、責任追及に関して原告株主の意思が貫徹されていた。すなわち、昭和25年（1950年）にわが国が導入した代表訴訟制度は、「当時の」アメリカ法の状況に

第1節　代表訴訟制度一般における諸問題

護士が報酬目的で濫用的な訴訟を数多く提起していたことへの対応として、1970年代から80年代にかけて、提訴請求要件が厳格化され、特別訴訟委員会制度が導入されるようになったわけである[120]。そもそも、濫用的な訴訟がそれほど深刻な問題となっていないのであれば、現行制度の下における濫訴対策以上の特別な対策は、不要であろう。そこで、最後に、わが国において、濫用的な訴訟の問題が、実際上どれ程深刻であるのかを検証する。

三　濫用的な訴訟の実態

平成5年商法改正後しばらくの間は、代表訴訟制度が社会的に注目された時期であり、濫用的な訴訟も少なからず提起された。これには、三井鉱山事件など原告株主が勝訴した事件の報道や株主オンブズマンの広報活動等によって、株主や弁護士が代表訴訟について過大な期待を抱いたことも、影響しているといわれる[121]。また、この時期は、代表訴訟が一種のブームとなっていたのであり、原告株主や弁護士の不合理な判断

　　　合致するものであったといえる。したがって、「現在の」アメリカ法と比較して、わが国の代表訴訟制度が不合理であると直ちに断ずるのは適切でない。重要なのは、「アメリカにおいて代表訴訟の提起が制約されるようになった要因が、わが国においても妥当するか否か」を検討することである。
120　第2章第3節第1款二1を参照。さらに、アメリカでは、代表訴訟の提起を制約することによって経営者への規律づけが弱まっても、他の新たなコーポレート・ガバナンス上の規律づけ制度が発達していたため、問題性が小さかったことも重要である（第2章第3節第1款二2参照）。これに対し、わが国では、他の諸制度による規律づけが比較的弱いといわざるをえない（前掲注56）〜58）およびそれらに対応する本文を参照）。
121　See Puchniak & Nakahigashi, supra note 12, at 59-62（わが国における代表訴訟の一部は、人間は目立つ出来事や記憶しやすい出来事を過大に評価しがちであるという、「利用可能性ヒューリスティック（availability heuristic）」によって誤導された株主や弁護士の行動の結果である可能性がある。実際、代表訴訟の提訴数の増加が平成5年商法改正以前から既に生じつつあったことは、三井鉱山事件の下級審における原告勝訴判決が多くの株主や弁護士に影響を与えたことによって、説明することができる）。

第3章 わが国における課題の検討

の結果、訴訟が提起されていた可能性があるとの指摘もある[122]。

しかしながら、最近では、濫用的な代表訴訟の提起が実際に問題となることは、少なくなってきている[123]。わが国では、提訴の要件が緩やかなため、濫用的な訴訟が提起される可能性が高いように見えるが、現実には、アメリカのように濫用的な訴訟が起きやすい社会状況が存在しないため、濫用的な訴訟の数は多くない[124]。特に、わが国では、弁護士報酬が一般に成功報酬制ではなく（着手金支払の慣行がある）、金額も高くない点が、アメリカとの大きな違いである[125]。報酬目的で専門職業的に代表訴訟の原告側代理人を務めている弁護士または法律事務所も、わが国では見られない[126]。むしろ、わが国では、原告側は経済的な利益ではなく、社会正義の実現のために市民運動的に代表訴訟を提起することが

---

[122] See id. at 63-64（近藤光男教授へのインタビューによれば、90年代の代表訴訟の急増は「一種の流行」であり、ここ十年における代表訴訟の緩やかな減少は「流行の過ぎ去り」であるとのことである。この指摘は、わが国の代表訴訟の一部が「不合理な群衆行動（irrational herding behavior）」の結果であった可能性を示唆する）。

[123] 吉戒＝中西・前掲注67）15頁〔吉戒修一発言〕参照。福井・前掲注50）74頁、近藤光男「最近の株主代表訴訟をめぐる動向〔上〕」商事法務1928号（2011年）6頁も参照。

[124] アメリカにおける濫用的な訴訟の状況については、第2章第3節第1款二1を参照。

そもそも、わが国では、大規模な会社において代表訴訟が提起されること自体が、決して多いわけではない（前掲注65）および66）ならびにそれらに対応する本文を参照）。

[125] 例えば、（旧）日本弁護士連合会報酬等基準（平成16年廃止）によれば、事件の経済的な利益の額が3000万円超3億円以下の場合は、着手金3％＋69万円、報酬金6％＋138万円とされており、3億円超の場合は、着手金2％＋369万円、報酬金4％＋738万円とされている（http://www.ohkubolaw-jiko.jp/bengoshihousyu.pdf（平成26年10月13日最終確認）を参照した）。

これに対し、代表訴訟におけるアメリカの弁護士報酬は、請求認容額の20～30％であることが多いといわれる（第2章の注378）参照）。

[126] アメリカでは、代表訴訟の原告側代理人となることを専門とする法律事務所の存在が、濫用的な代表訴訟が数多く提起されることの大きな要因となっている（第2章の注375）およびそれに対応する本文を参照）。

第1節　代表訴訟制度一般における諸問題

少なくない[127]。そのような原告らは、重大な事案を選んで提訴しているようである[128]。また、そのような原告らは、報酬目的で社会の利益にならない訴訟を提起する等、自己の活動の社会的評価を悪化させる行動をとりたがらない傾向にあると思われる[129]。加えて、そもそも日米両国の間で、弁護士の数（ひいては弁護士業における競争の激しさ）に大きな差があることにも、留意すべきである[130]。わが国では、法制度以外のこうした社会状況が、濫用的な訴訟の起こりにくい環境を事実上生み出しているといえる。

アメリカのように代表訴訟の濫用が常態化することを危惧するのであ

127　前掲注50）およびそれに対応する本文を参照。
128　例えば、「株主オンブズマン」や「株主の権利弁護団」が提起してきた代表訴訟は、総会屋への利益供与、政治献金、談合・カルテルなど、社会的に重大な問題に関するものが多い（前掲注52）および53）記載のこれらの団体のウェブサイトを参照）。See also Puchniak & Nakahigashi, supra note 12, at 56.
　　また、日興證券株主代表訴訟弁護団編・前掲注51）35頁〔上柳敏郎〕は、「意識的な株主（意識的な株主になりうる人も含む）や原告弁護団となりうる者の数は、限定されている。したがって、いわゆる一罰百戒的なケースの選択をして、より悪いものが眠ったままになることを極力さけることが求められる」として、原告側は提訴事案を慎重に選択する必要があると述べる。
129　例えば、株主オンブズマンに所属する弁護士は、自己の活動が経済的利潤目的であると社会から誤解され、活動に対する社会的な評価が低下することを警戒してきたようである（大塚・前掲注52）742頁・750頁）。
130　岩原ほか・前掲注75）13頁・17頁〔久保利英明発言〕参照。アメリカ法曹協会（American Bar Association）の調査によれば、2012年12月31日時点において、アメリカの各州に居住しかつ現に活動している弁護士の数は、約127万人（1,268,011人）であるとされる（American Bar Association, National Lawyer Population by State（2013）, http://www.americanbar.org/content/dam/aba/administrative/market_research/2013_natl_lawyer_by_state.auth-checkdam.pdf（last visited Oct. 13, 2014））。他方、日本における弁護士の数は、平成26年10月1日時点において、約35,000人（34,955人）である（http://www.nichibenren.or.jp/jfba_info/membership/about.html　平成26年10月13日最終確認）。アメリカには司法書士や行政書士等がいないため、単純な比較はできないが、それでも両国における弁護士の数に大きな差があることは否定できないであろう。

れば、濫用的な提訴を行うインセンティブが生まれないようにすることが、最も重要であろう[131]。インセンティブの観点からは、特に、代表訴訟における弁護士報酬の額の適切性が問題となる。わが国では、勝訴した原告株主は弁護士報酬の支払を会社に求めることができるが、その額は相当と認められる範囲に限定されている（会社法852条1項）。そして、実際に、わが国の裁判例は、高額な弁護士報酬の支払を認めていない[132]。このように、わが国では、原告側弁護士の報酬が代表訴訟提起のインセンティブとならないような制度設計になっている[133]。同じく、インセンティブの観点からは、和解手続のあり方やD&O保険制度の内容が、不適切な和解ひいては濫用的な提訴を助長することにならないかにも、注

---

[131] アメリカでは、代表訴訟に手続的制約を設けることによって濫用的な訴訟に対処してきたが、弁護士報酬や和解制度が生む提訴インセンティブ自体を是正してこなかったため、濫用的な訴訟の舞台が代表訴訟から証券クラス・アクションへと移っただけであり、濫訴の問題は依然として解決されていない（第2章第3節第2款参照）。

近年では、株主の提訴インセンティブの不足を高額の弁護士報酬によって補完するという、アメリカにおける代表訴訟の基本的なインセンティブ構造自体にも、疑問が提起されている。See Martin Gelter, *Why Do Shareholder Derivative Suits Remain Rare in Continental Europe?*, 37 BROOK. J. INT'L L. 843, 892（2012）; Puchniak & Nakahigashi, *supra* note 12, at 65-66. また、抑止効果等を基準に弁護士報酬を算定することにより、提訴インセンティブの歪みを解消すべきであるという提案もある。See Kraakman, Park, & Shavell, *supra* note 9, at 1762-1764.

[132] 大阪地判平成22年7月14日判例時報2093号138頁〔ダスキン事件弁護士報酬訴訟判決〕等。同判決の評釈として、後藤元「判批」ジュリスト1437号（2012年）100頁も参照。また、勝訴株主の弁護士報酬等請求権の性質や相当な額の算定方法について考察する近時の研究として、山田泰弘「責任追及等の訴え──勝訴株主の弁護士報酬等の請求と多重代表訴訟」神作裕之ほか編『会社裁判にかかる理論の到達点』（商事法務、2014年）424-444頁がある。

[133] 山田・前掲注14）124頁。山田泰弘「役員等の会社に対する責任・株主代表訴訟による法実現の検証」法律時報82巻12号（2010年）17頁は、「日本においては、株主代表訴訟の原告側の訴訟代理は弁護士にとっても『割のいい』仕事ではないようである」と評する。

第1節　代表訴訟制度一般における諸問題

意する必要がある[134]。特に、わが国では、代表訴訟での和解に対する法的規律が不十分であるといわれており、和解における裁判所の監督の必要性が、かねてから指摘されている[135]。

四　まとめ

　濫用的な訴訟には、訴訟一般において問題となる濫訴（不当訴訟や不法不当目的訴訟）と、代表訴訟に固有の濫訴（会社・総株主の利益とならない訴訟）の2つがあるとされてきた。前者については、現行法によっても相当程度対処することが可能であり、近時問題とされているのは、後者である。しかし、後者については、「当該会社（総株主）の利益とならない訴訟は、濫用的な訴訟である」との前提自体に、疑問がある。大規模な会社において、代表訴訟の現実的な意義が不正の抑止や法規範の形成にあるとすると、「ある代表訴訟が、当該会社（総株主）にとって費用を上回る便益をもたらさなくても、社会全体では費用を上回る便益をもたらすのであれば、そのような代表訴訟は却下されるべきではない」と考えられる。つまり、後者の濫訴は、「社会全体で見て費用を上回る便益をもたらさない訴訟」として、理解し直されるべきである。そのような濫訴に対処する方法としては、当該代表訴訟が社会全体で見て

134　わが国でも、和解交渉において弁護士が自己の報酬に強い関心を有していることが指摘されている（河本一郎「大和銀行株主代表訴訟の和解を語る」取締役の法務94号（2002年）7頁参照）。
　　アメリカでは、弁護士報酬がD&O保険を通じて支払われることが、馴合いによる和解が行われることのインセンティブとなっている（第2章の注384）に対応する本文を参照）。わが国のD&O保険制度では、争訟費用（弁護士報酬を含む）のうち、保険者が「妥当かつ必要と認めたもの」が、支払の対象となる。すなわち、保険者の同意を得ずに不相当に高額な弁護士報酬を支払ったような場合には、当該報酬の全額ではなく、相当と認められる範囲のみが、保険による支払の対象となる（山下編・前掲注9）53-54頁〔柴田和史〕、214頁以下〔洲崎博史〕参照）。したがって、わが国のD&O保険制度においては、馴合いにより和解を行う大きなインセンティブは生じていないと思われる。

135　岩原・前掲注66）132頁、田中亘「取締役の責任軽減・代表訴訟」ジュリスト1220号（2002年）37頁、江頭・前掲注2）481頁注31参照。

費用を上回る便益をもたらさないことが明白である場合に、裁判所による裁量却下を認めることが考えられる。

しかし、現行法の下でも、濫訴が現実に大きな問題となっているわけではない。わが国では、代表訴訟の提訴要件が緩やかなため、濫用的な訴訟が提起される可能性が高いように見えるが、現実にはアメリカのように濫用的な訴訟が起きやすい社会状況やインセンティブ構造が存在しないため、濫用的な訴訟の数は多くない。わが国では、大規模な会社における代表訴訟は、重大な不祥事を契機として、市民運動的に提起されることが少なくない。このようなわが国の状況において、代表訴訟の提起に制約をかけた場合、得られる利益よりも失われる利益の方が大きくなるおそれがある[136]。数少ない濫用的な訴訟を意識するあまり、多くの正常な代表訴訟の提起までをも妨げてしまうという事態が起こらないよう、注意する必要がある[137]。濫用の可能性が全くない制度はありえない（あるとすれば、活用される可能性もほとんどない制度であろう）のであるから[138]、濫用のリスクが多少存在することは、やむをえないというべきである。むしろ、アメリカのように弁護士による濫訴が頻発しないようにするためには、過度の提訴インセンティブが生じないよう、制度設計に際して注意することの方が重要である[139]。以上の理由により、上記の

---

[136] なお、唐津恵一ほか「〔座談会〕会社法制の見直しに関する中間試案について」ソフトロー研究19号（2012年）133頁〔田中亘発言〕、田中ほか・前掲注79）93頁〔田中亘発言〕も参照。

[137] 田中英夫＝竹内昭夫『法の実現における私人の役割』（東京大学出版会、1987年）194-195頁〔竹内昭夫発言・田中英夫発言〕参照。北村・前掲注9）56頁も、「代表訴訟の改善策は、現在生じている事象への過剰反応であってはならない」と述べる。公表裁判例の分析を出発点とすることの多い日本の法学者や実務家は、公表裁判例となるような特異で目立つ事例を過大視してしまうという「利用可能性ヒューリスティック（availability heuristic）」により、濫訴のおそれを過大評価してしまう危険性に注意しなければならない（森田果「消費者法を作る人々――法形成におけるインセンティヴ構造の解明に向けての一試論」新世代法政策学研究15号（2012年）311-312頁も参照）。

[138] 竹内・前掲注27）286頁参照。

[139] 加藤・前掲注59）141-143頁は、代表訴訟を株主にとって選択可能な現実的

第1節　代表訴訟制度一般における諸問題

裁量却下制度のような、新たな濫訴対策制度を導入することについては、慎重に考えるべきである。

第3款　提訴懈怠の可能性と被告の範囲

　本款では、代表訴訟制度一般に関する最後の問題として、代表訴訟の「被告の範囲」をどのように定めるべきか、およびその前提として、「提訴懈怠の可能性[140]」の内容をどのように考えるべきかについて検討する。

> 選択肢とするために、株主の経済的インセンティブを補う仕組みを拡充すべきことを示唆する（加藤・前掲注7）2220頁も参照）。確かに、代表訴訟の提起が過少であると評価するのであれば、株主の提訴インセンティブの補強が必要となりうる（ただし、現状をそのように評価すべきかどうかは、慎重な検討が必要である）。他方、過大なインセンティブを与えて、アメリカのように濫用的な訴訟が頻発することにならないよう、制度設計においては注意しなければならない。要するに、原告株主および原告側弁護士に対して、（平成5年商法改正前のように）過度な経済的負担を課すことも、（アメリカのように）過度な経済的利益を与えることも、好ましくないのであって、代表訴訟提起の経済的なインセンティブは適度な水準に設定されなければならない。
>
> [140]　わが国では、従来、「当該会社」にとって提起されるべき訴訟が提起されないという観点から、提訴懈怠が論じられてきた。これに対して、代表訴訟の公益性を重視する本書の立場からは、「社会」にとって提起されるべき訴訟が提起されないという観点から、提訴懈怠を論じるべきことになろう。そのように考えた場合、会社の提訴判断機関は、あくまで「当該会社の利益」の観点から、提訴判断を行うことを善管注意義務の内容として義務づけられている以上、提訴懈怠の可能性は普遍的に認められると評価することもできるかもしれない。ただし、役員は、会社の利益を最大化する義務を負っているとしても、一定の範囲で、会社の社会的責任を果たすための活動を行うことも許容されている（最大判昭和45年6月24日民集24巻6号625頁〔八幡製鉄株主代表訴訟事件最高裁判決〕参照。江頭・前掲注2）25頁注5も参照）。そうであるとすれば、役員は、社会全体の利益のために提訴判断を行うことも、合理的な限度で許容されている（それが長期的には会社の利益にもなるとすれば、なおさらそういえる）と考えられる。その限りでは、提訴懈怠可能性についての従来の立場と本書の立場との相違は、相対化される。

第3章　わが国における課題の検討

一　提訴懈怠の可能性に関する伝統的な説明とそれに対する疑問

　代表訴訟制度は、会社による役員等への責任追及が行われないおそれがあること（提訴懈怠の可能性）を前提とする制度である。伝統的に、このような提訴懈怠の可能性は、同僚意識等の人的関係によって生じるものであると説明されてきた[141]。最高裁も、代表訴訟制度の基礎にある提訴懈怠の可能性は、「役員相互間の特殊な関係」から生じるものであると判示している[142]。

　しかし、現行法上、同僚意識等の人的関係が提訴懈怠可能性の根拠としてどの程度説得的であるかは、疑問である。現行法上、監査役設置会社においては、「各」監査役が、取締役の責任を追及する権限を有する（会社法386条1項1号）[143]。そして、監査役会設置会社では監査役の半数以上が、社外監査役である（同335条3項）[144]。このような制度の下では、大規模な会社において、「同僚意識等の人間関係」による提訴懈怠可能性の説明にどの程度の説得力があるのか、疑問がある[145]。特に、会社外部の者である会計監査人に対する責任追及における提訴懈怠の可能性については、「同僚意識等の人的関係」では説明できないのではないかと指摘されている[146]。

141　第1章の注66）およびそれに対応する本文を参照。
142　最判平成21年3月10日民集63巻3号361頁。
143　落合編・前掲注44）424頁〔吉本健一〕参照（監査役の独任制により、各監査役が取締役の責任を追及する権限を有する）。
144　なお、会社法343条によって、監査役は、その選任過程においても取締役からの独立性の確保が図られている。
145　指名委員会等設置会社では、監査委員会の選定する監査委員が執行役等の責任を追及することとされており（会社法408条1項2号）、監査委員の過半数は社外取締役である（同400条3項）。よって、ここでも、「同僚意識」による説明にどこまでの説得力があるか、疑問が生じうる。平成26年改正会社法によって新たに創設された監査等委員会設置会社においても、同様のことがいえる（同399条の7第1項2号、331条6項）。
146　法制審議会会社法制部会第6回会議議事録16頁〔伊藤靖史幹事発言〕および

二 提訴懈怠の可能性に関するその他の説明

　もっとも、代表訴訟の前提となる提訴懈怠の可能性が、全て「同僚意識等の人的関係」によって説明されなければならないわけではない。実際に、現行法上の代表訴訟の全てが、「同僚意識等の人的関係」による提訴懈怠の可能性を前提としているわけではない。具体的には、次の2点を挙げることができる。

　第1に、利益供与を受けた者（会社法120条3項）や通謀引受人等（同212条1項、285条1項）の責任については、「同僚意識等の人的関係」ではなく、「提訴判断を行う取締役自身の責任につながること」が提訴懈怠の理由であると考えられる[147]。同様の指摘が、会計監査人についてもな

　同第11回会議議事録19頁〔同幹事発言〕。会計監査人が代表訴訟の被告の範囲に加えられたのは、平成17年の会社法制定に際してである。会社法の立案担当者は「会計監査人についても、取締役等と同様に、会社の経営陣との緊密な関係から、会社がその責任の追及を怠り、その結果として株主の利益が害される可能性がある」と説明する（相澤哲＝葉玉匡美＝湯川毅「外国会社・雑則」相澤哲編著『立案担当者による新・会社法の解説』別冊商事法務295号（商事法務、2006年）219頁）。しかし、そのような「緊密な関係」が本当に存在するのか、存在するとしても会社役員間の人的関係と同じ程度のものであるのかは、疑問である（藤田・前掲注13）53頁参照）。

[147]　前田・前掲注117）39頁参照。
　なお、現物出資財産にかかる価額塡補責任（会社法212条1項2号、285条1項3号）については、現物出資者と取締役等との間の通謀は要件とされておらず、現物出資者が一方的に会社を欺いたようなケースにおいても代表訴訟が認められている。そのため同責任については、提訴懈怠の可能性を根拠とする説明にやや無理があるとの指摘がある（藤田・前掲注13）53頁）。しかし、同責任についても、取締役等が現物出資財産の価額不足について立証責任の転換された過失責任（同213条1項・2項2号、286条1項・2項2号）を追及される可能性があることに鑑みると、本文で述べた意味での提訴懈怠の可能性は生じるといえる。さらに、平成26年改正会社法において新設された「出資の履行を仮装した募集株式の引受人の責任等」（同102条の2第1項、213条の2第1項、286条の2第1項）も、代表訴訟の対象とされているが（同847条1項）、これについても、取締役等は立証責任の転換された過失責任を追及されるおそれがあり（同103条2項、213条の3、286条の3）、同様の説明が妥当する。

第3章　わが国における課題の検討

れている。すなわち、「会計監査人の責任について代表訴訟を認めるべき根拠は、会計監査人の会社法上の責任を追及することは取締役等の会社法上の責任追及にもつながりやすく（たとえば粉飾決算）、この意味での提訴懈怠可能性があることに求めるべきなのではないだろうか」との指摘がある[148]。監視義務や内部統制システム構築義務に関する判例や学説上の議論が成熟してきた現在では、役員一般についても、同僚意識だけではなく、「提訴権者自身の責任・非難等につながるおそれ（提訴判断機関の自己保身）」からも提訴懈怠の可能性を基礎づけることができるであろう[149] [150]。

> 付言すれば、利益供与に関与した取締役等も、立証責任の転換された過失責任を負う（同120条4項。利益を供与した取締役等は、さらに厳しく無過失責任を負う）。これに対して、通謀引受け（同212条1項1号、285条1項1号・2号）に関しては、取締役等の責任に関する特別の規定（立証責任の転換規定等）は存在しない。しかし、通謀を行った取締役等については、通謀引受けの事実が明らかになれば、任務懈怠が通常認められる。そのため、特別の責任規定を設ける必要性自体がないと考えられたのであろう（神田秀樹編『会社法コンメンタール(5)』（商事法務、2013年）150頁〔小林量〕参照）。
>
> 以上のように見れば、代表訴訟の対象として個別的に規定されている各種の責任は、取締役等の責任にまで結びつく可能性が高いものであり、取締役等の自己保身による提訴懈怠の可能性が存在すると評価することができる。

[148] 「会計監査人についての代表訴訟」伊藤靖史教授のブログ（2005年5月27日）(http://blog.livedoor.jp/assam_uva/archives/23256319.html　平成26年10月13日最終確認）参照。稲葉威雄『会社法の解明』（中央経済社、2010年）469-470頁（監査役・会計参与についても同様とする）も参照。

[149] 実際に、ドイツにおいて、監査役会（Aufsichtsrat）が取締役（Vorstand）に対して責任追及訴訟を提起することが稀であることの理由として、取締役の責任追及が、監査役会構成員の監督義務違反の責任追及につながるおそれがあることが挙げられている（高橋・前掲注92）193頁、高橋英治『ドイツ会社法概説』（有斐閣、2012年）160頁）。

　アメリカの学説においても、取締役が自己の保身のために提訴を懈怠するおそれがあることが、指摘されている。See e.g., David W. Locascio, *The Dilemma of the Double Derivative Suit*, 83 Nw. U.L. Rev. 729, 750 (1989)（取締役が訴訟を提起したがらない理由として、①訴訟が会社や取締役自身にとって不利益なPRになるとの懸念、および②損害の発生を知った株主が、損害発生防止の努力を懈怠したことを理由として、取締役に対して代表訴訟を提起することの懸念等がある）.

[150] 人は自己の利益に合致する立場を（認知上のバイアスによって）無意識のう

第1節　代表訴訟制度一般における諸問題

　第2に、金融商品取引法に基づく短期売買差益の返還請求権についても、代表訴訟の提起が認められており、その被告の範囲には、「主要株主[151]」が含まれている（金商法164条1項・2項）。ここでの主要株主に対する提訴懈怠の可能性も、同僚意識等の人的関係に基づくというよりは、むしろ端的に、株主総会における議決権を背景とした影響力に由来すると説明する方が説得的である。

　このように、提訴懈怠の可能性は、「同僚意識等の人的関係」のみによって基礎づけられているわけではないし、その必要性もない。「提訴判断機関の自己保身」や「大株主や支配株主からの圧力」によっても、提訴懈怠の可能性は生じる。提訴懈怠の可能性の内容や程度は、対象者や責任類型ごとに、個別具体的に考える必要がある。

> ちに正しいものとして支持してしまう傾向があるという、認知心理学の知見を参照する近時の研究によれば、「企業買収の場面において、買収対象会社の取締役は、自らの利益を追及する行為こそが株主の利益に合致すると信じ込んでしまうことによって、株主の利益を害する意図はないにもかかわらず、誤って株主の利益を害する行動をとっている可能性がある」と指摘されている（白井正和『友好的買収の場面における取締役に対する規律』（商事法務、2013年）38頁以下および49頁以下を参照）。提訴判断機関が役員等に対する責任を追及するか否かを判断する場面においても、これと同じことが、当てはまる可能性がある。すなわち、提訴判断機関は、自己の利益（保身）につながる不提訴の決定こそが、株主の利益に合致すると（認知上のバイアスによって）無意識のうちに信じ込んでしまうことによって、株主の利益を害する意図がないにもかかわらず、誤った不提訴の決定を行って株主の利益を害してしまうかもしれない。
> 　Melvin A. Eisenberg, *The Architecture of American Corporate Law : Facilitation and Regulation*, 2 BERKELEY BUS. L.J. 167, 170-171 (2005) も、経営陣が自己の地位を維持・向上させるために株主の利益に反した行動をとるという「地位に関する利益相反（positional conflicts of interest）」が問題となる場合、経営陣は、自己の行為を株主の利益に合致するものとして道徳的に正当化してしまうために、内面化された道徳や評判による規律づけが弱くなると指摘している。*See also* Locascio, *supra* note 149, at 750-751（通常、取締役は、不提訴の決定を正当化するために何らかの事業上の理由を挙げることができる）.

[151] 主要株主とは、10％以上の議決権を保有している株主のことである（金商法163条1項）。

第3章　わが国における課題の検討

三　被告の範囲の再検討

　以上のように、「同僚意識等の人的関係」以外によっても提訴懈怠の可能性が基礎づけられるとすると、役員等以外についても、代表訴訟の対象とすべき者は、少なからず存在するように思われる。ここでは、本書の検討課題との関係上、「重要な使用人」ならびに「支配株主およびその関係者」を取り上げて、代表訴訟の被告の範囲に含める必要がないかを検討する[152]。

1　重要な使用人

　第1章において述べたように、執行役員など重大な権限を有する者であっても、使用人については代表訴訟を提起することが一切できないことは、従来から少なからず問題視されてきた[153]。

　重大な権限を有する使用人に対する責任追及についても、取締役の監督責任の追及につながるおそれがあることから、提訴懈怠の可能性があると考えることは可能である。そのように考えた場合、論理的には、「取締役による監視・監督や内部統制の対象であるか否か」が提訴懈怠可能性のメルクマールとなるため、代表訴訟の被告の範囲は、従業員一般にまで広がりうる[154]。しかし、被告の範囲を従業員一般にまで広げるべき

---

[152]　「重要な使用人」ならびに「支配株主およびその関係者」を代表訴訟の被告の範囲に含めるべきと考える場合、「事実上の取締役」の法理という解釈論によって、それを実現することも可能であろう（近藤光男ほか「執行役員制度に関する法的検討〔下〕」商事法務1543号（1999年）23-24頁参照）。しかし、「事実上の取締役」の法理の適用基準が相当に不明確であることを考えると（落合誠一『会社法要説』（有斐閣、2010年）223頁、髙橋美加「事実上の取締役の対第三者責任について」岩原紳作＝山下友信＝神田秀樹編集代表『会社・金融・法〔上巻〕』（商事法務、2013年）360頁以下参照）、立法によって被告の範囲を広げる方がより望ましい。

[153]　第1章の注61）に挙げた文献を参照。

[154]　舩津浩司『「グループ経営」の義務と責任』（商事法務、2010年）420頁参照。取締役（会）による監視・監督は、「取締役の職務の執行」を直接の対象とする（会社法362条2項2号）。しかし、業務執行取締役は会社の使用人を指揮監督

第1節　代表訴訟制度一般における諸問題

であるとの見解は、ほとんど見られない。確かに、従業員一般にまで被告の範囲を広げることには、疑問を感じる。代表訴訟はコストがかかる制度である以上、その対象を広げるに際しては、それに見合うだけの便益が期待できなければならないが、（末端の従業員を含む）従業員一般にまで代表訴訟の対象を広げることにより、コストに見合うだけの便益（損害塡補・不正抑止・法規範形成による便益）が生じるかは、疑わしいからである[155]。

そもそも、代表訴訟の被告の範囲を画定するに際しては、提訴懈怠の可能性が存在するか否かだけではなく、代表訴訟による規律づけの必要性の大きさ（すなわち、提訴が懈怠された場合の弊害の大きさ）も、問題とすべきである[156]。代表訴訟による規律づけが特に必要となるのは、重大な権限を有する者に対してである。役員等が代表訴訟の対象とされているのは、提訴懈怠の可能性のみならず、役員等が有する重大な権限の行使を規律づける必要性が大きいことにも、由来していると考えられる[157]。実際に、そのような観点から、執行役員等の重大な権限を有する使用人の責任も、代表訴訟の対象に含める必要性があると指摘されるこ

して業務執行を行うのであるから、究極的には、取締役（会）による監視・監督は、従業員も含めた事業全体に及ぶ（龍田節『会社法大要』（有斐閣、2007年）114頁、落合編・前掲注44）218頁〔落合誠一〕）。

[155] なお、法制審議会会社法制部会第6回会議議事録28頁〔田中亘幹事発言〕も、「基本的には、従業員が会社に損害を与えたからといって、株主は常に責任追及できるわけではない、そういうことを認めるのは非効率だという考え方があると思います。それは、従業員の法的責任を会社がめいっぱい追及することがいいとは限らないわけです。……基本はやはり、必要があるときしか代表訴訟を認めないというところから出発しているはずだと思います」と述べる。

[156] このような視点は、代表訴訟の対象となる「責任の範囲」を考える上でも、重要になると考えられる。

[157] 本書の立場とはやや異なるが、山田泰弘『株主代表訴訟の法理──生成と展開』（信山社、2000年）56頁も、「代表訴訟が認められる根拠としては、提訴懈怠可能性が存在することのみでなく、その対象となる者が会社（実質的には株主）と委任関係にあり、会社の業務につき裁量を有する地位についていたことも挙げられるべきである」と述べる。

第 3 章　わが国における課題の検討

とが少なくない[158] [159]。

158　その者の役職名ではなく、その者が有する「裁量」に着目して、代表訴訟の被告の範囲を画定すべきことを示唆ないし主張する見解として、岩原紳作「取締役会の改革と執行役員制度の諸問題」取締役の法務 59 号（1999 年）27 頁、山田・前掲注 157) 55-58 頁がある。役職名を基準として代表訴訟の被告の範囲を画定する場合、代表訴訟の提訴リスクを免れる目的で、(取締役を減らし、執行役員を増やすなどの形で) 役職名が決定されるおそれもある（阿部ほか・前掲注 15) 6 - 7 頁〔森本滋発言〕参照)。
　　本書は、「裁量」の大きさではなく、「権限」の重大性に着目するものである。両者は、重なることが多いと思われる。しかし、財務担当の取締役や監査役・会計監査人は、現実の財務状況や法令等によって行為の余地が制約されており、「大きな裁量」を有するとはいえないが、「重大な権限」を有する（ひいては、不正を犯した場合の影響が甚大となる）といえる。そのために、これらの者にも、代表訴訟による規律づけを及ぼす必要があると考えられているのではないか。また、金融機関の取締役が融資業務に際して有する裁量も比較的狭いが、それは当該権限が重大でないことを意味しない。むしろ、当該権限があまりに重大である（金融機関が破綻した場合の社会への影響があまりに甚大である）がゆえに、注意義務の水準が高まり裁量が狭くなっているといえる（最決平成 21 年 11 月 9 日刑集 63 巻 9 号 1117 頁、岩原・前掲注 34) 213-216 頁参照)。
　　そもそも、「裁量」が大きいこと自体は、適法に行動する余地が大きいことを意味する（裁量の範囲内の行為であれば任務懈怠とならない）のであるから、むしろ民事責任による規律づけの必要性を基礎づけるものではない。民事責任による規律づけの必要性を基礎づけるのは、厳密には、その者が有する「権限」の重大性（裏返せば、義務違反によって生じる害悪の重大性）であると思われる。
　　ただし、法規範の形成の観点からは、裁量の大きさも重要になる。裁量が大きい場合、その限界を個々の裁判例の積み重ねによって画定する必要性が高まるからである。他方、指揮命令系統の末端近くにいる使用人は、有する裁量が狭いため、法規範の形成の観点からも代表訴訟の被告の範囲に含める必要性が低い。

159　かつての日本企業においては、取締役の人数が多く、重大な権限を有する者はほとんど取締役でもあったため、代表訴訟の対象を役員等に限定していても、あまり問題はなかった。しかし、近年では、取締役会の小規模化が進んでおり、かつてであれば取締役であったであろう者の多くが、重大な権限を有するにもかかわらず、取締役ではなく、執行役員など使用人の地位にある。そのため、代表訴訟の被告の範囲を役員等に限定することの不合理性が顕在化している（岩原・前掲注 158) 27 頁参照）。今後、わが国においても、取締役会のモニタリング・モデルへの移行が進み、重要な意思決定や業務執行が執行役員など取

また、重要な使用人については、他の使用人と比べて、提訴懈怠の可能性が一層高くなる可能性もある。なぜなら、重大な権限を有する者による不正行為は深刻な結果を招き、その発覚等によって取締役が受ける非難や会社が受ける不利益は非常に大きいと考えられるからである。さらに、会社法362条4項3号により、「支配人その他の重要な使用人」の選解任権（ひいては監督権限）が取締役会に強行法的に帰属していることにも、留意すべきである[160]。同号の規定からも、重要な使用人の不正行為については、他の重要でない使用人の場合と比較して、取締役の監督上の責任や非難が一層強くなるのではないか。
　以上の理由から、重大な権限を有する者を被告とするために、「重要な使用人」も代表訴訟の被告の範囲に含められるべきである。「重要な使用人」に該当するか否かの具体的判断は、最終的には裁判所に委ねられることになる[161]。その際には、当該使用人の有する権限の重大性が、

　　締役以外の者によって行われることが一層増えるのであれば、問題はますます顕著となるであろう。
　　　意思決定や業務執行の直接の責任者に対して代表訴訟を提起できないために、取締役の「監督責任」が本来あるべき水準よりも厳しくなるとすれば、それは経営の効率性を害する点で問題といえる（後掲注245）およびそれに対応する本文も参照）。
[160] 岩原・前掲注158) 27頁参照。会社法362条4項3号の「重要な使用人」に該当するか否かは、具体的事案ごとの総合的判断であるとされているが、一般には支店長・本店部長等はこれに該当する場合が多く、執行役員もこれに該当するといわれている（落合編・前掲注44）224頁〔落合誠一〕、江頭・前掲注2）410頁注6参照）。
[161] 法制審議会会社法制部会第6回会議議事録29頁〔田中亘幹事発言〕も、「根本的には、提訴懈怠可能性を理由にするのであれば、形式的な役職基準ではなくて、会社に訴訟を任せたときに訴訟が起きないかもしれない人を被告にするという制度で、提訴懈怠可能性は裁判所が判断するという制度になるべきなのかもしれない」と述べる。また、近藤ほか・前掲注152) 24頁も、「取締役会によって選任され、裁量的な業務執行権限を付与された者を執行役員と定義し、執行役員を株主代表訴訟の対象とすべき」であるとの立法提案を行っている。
　　このような主張に対しては、被告の範囲が不明確になるとの批判がありうる。しかし、代表訴訟の提起は、株主総会決議や取引の効力を覆すといった法的不

重要な考慮要素とされるべきである。

2　支配株主およびその関係者

　支配株主（親会社）およびその関係者（親会社取締役等）についても、株主総会における議決権を背景とした影響力に由来する、提訴懈怠の可能性が存在することに疑いはなく[162]、代表訴訟の被告の範囲に含める必要がある[163]。また、親会社や親会社取締役は、子会社に対して法律上および事実上重大な権限を有しており、その権限の行使を規律づける必要性も極めて高い。

　具体的には、支配株主（親会社）およびその関係者（親会社取締役等）が、支配的な影響力を背景として会社に損害を与えた場合の不法行為責任についても[164]、代表訴訟による責任追及を認めるべきである。親会社や親

　　安定を生じさせるわけではない。また、行動の萎縮も、経営判断原則や信頼の原則等の実体法上のルールによって防止することができる。したがって、代表訴訟の提起が認められる範囲が、事前に明確化されている必要性はあまりない。現に、アメリカの代表訴訟制度では、被告の範囲にも対象となる請求権にも限定がなく、提訴請求等の手続要件によって個々の提訴の適否が判断される仕組みとなっているため、最終的に提訴が認められる範囲は、不明確になっている。

[162]　現に、10％以上の議決権を保有する株主である主要株主（金商法163条1項）ですら、短期売買差益の返還責任について、代表訴訟の対象となっている（同164条）。

　　また、親会社取締役等が子会社取締役に対して違法または不当な指図を行った場合には、提訴が当該指図に従った子会社取締役自身の責任追及につながることからも、提訴懈怠の可能性が生じるであろう。

[163]　法制審議会会社法制部会第3回会議議事録24頁〔神作裕之幹事発言〕、中東正文「企業結合」商事法務1940号（2011年）35頁参照。支配会社の従属会社に対する責任を代表訴訟の対象とすべきことは、かねてより提唱されていた（江頭憲治郎『結合企業法の立法と解釈』（有斐閣、1995年）103-104頁）。

[164]　ここでの不法行為責任の内容については、後掲注257）および258）を参照。さらに、親会社取締役に関しては、不法行為に基づく損害賠償責任と同様に、会社法429条に基づき子会社に対して負う損害賠償責任も、代表訴訟の対象とすべきである。429条に基づく対第三者責任と不法行為責任には連続性があり、提訴懈怠の可能性についても、両者を区別する理由はないからである。

第1節　代表訴訟制度一般における諸問題

会社取締役を代表訴訟の被告の範囲に含めることは、後述するように、責任関係の適切な処理を実現するためにも必要である[165]。

平成26年の会社法改正に際しては、親子会社間の利益相反取引に関する親会社の責任を明文規定によって定めることが検討されたが、法制審議会会社法制部会において意見の一致を見ず、断念された[166]。代替案として、親会社等の不法行為責任を代表訴訟の対象とすることも検討されたが、これも濫訴のおそれなどから実現されなかった[167]。しかし、多重代表訴訟の場合と同様に、この場面においても、濫訴の危険が通常の代表訴訟の場合よりも高くなるわけではない[168]。むしろ、支配株主は十分な資力を有する場合が多いことから、訴訟が費用倒れになる可能性が小さいため、提訴が会社の利益につながる場合は通常よりも多いと考えられる[169]。そして、本節第2款にて検証したとおり、わが国では、現状においても、代表訴訟の濫用のおそれが大きいわけではない[170]。このように「濫訴のおそれ」は説得力に乏しく、平成26年の会社法改正において、少なくとも上記代替案は実現されるべきであった[171]。

165　本章第2節第3款三3参照。
166　岩原紳作「『会社法制の見直しに関する要綱案』の解説〔Ⅲ〕」商事法務1977号（2012年）12頁参照。
167　岩原・前掲注166）12頁・15頁注54参照。
168　松井秀征「親会社の子会社に対する責任」商事法務1950号（2011年）10-11頁も、濫訴のおそれを強調するが、通常の代表訴訟一般に通じる問題として論じている。
169　中東・前掲注163）35頁。
170　本節第2款三参照。
171　なお、わが国において支配株主の責任に関して判例が少なく法規範が不明確であることの原因は、支配株主に対する代表訴訟の提起が認められていないことにあるのではないか（代表訴訟制度がほとんど活用されてこなかった平成5年商法改正前においては、取締役の義務や責任の内容自体も不明確であった。前掲注62）に対応する本文を参照）。支配株主の責任の有無やその額については、考慮すべき要素が多く、具体的事案ごとに検討する必要性が高い。そのため、立法によって責任の基準に関する実体的規定を定めるとしても抽象的なものとならざるをえず、判例が法規範の形成において果たすべき役割は大きい。よって、法規範形成の観点からも、支配株主およびその関係者を代表訴訟の被告の範囲に加えることは好ましいといえる。

第4款　小　括

　本節では、第1章において提示した課題のうち、代表訴訟制度一般のレベルにおいて検討すべき諸問題——具体的には、①代表訴訟制度の意義、②濫用的な訴訟への対処、および③提訴懈怠可能性の内容と被告の範囲——について検討した。本節における検討の結果は、以下のようにまとめることができる。

　第1に、代表訴訟制度には、損害の塡補、不正の抑止、および法規範の形成という3つの機能がある。大規模な会社において、代表訴訟制度は、損害塡補の面ではあまり有意義ではないが、不正の抑止や法規範の形成の面では大きな意義を有する。わが国における代表訴訟の利用実態を見ても、後二者の機能が有効に働いており、代表訴訟制度はコーポレート・ガバナンス上重要な役割を担っている。さらに、後二者の機能による便益は、当該会社を越えて社会全体に及ぶものであり、公益性を有することも重要である。具体的な制度の設計や運用においても、代表訴訟制度が有するこうした公益性を上手く生かしていくことが望ましい。

　第2に、濫用的な訴訟には、訴訟一般において問題となる濫訴（不当訴訟や不法不当目的訴訟）と、代表訴訟に固有の濫訴（会社・総株主の利益とならない訴訟）の2つがあるとされてきた。前者については、現行法においても相当程度対処することが可能であり、近時問題とされるのは、主に後者である。しかし、後者については、「当該会社（総株主）の利益とならない訴訟は、濫用的な訴訟である」との前提自体に、そもそも疑問がある。大規模な会社において、代表訴訟制度の現実的な意義が不正の抑止や法規範の形成にあるとすると、「ある代表訴訟が、当該会社にとって費用を上回る利益をもたらさなくても、社会全体では費用を上回る利益をもたらすのであれば、そのような代表訴訟は排除されるべきではない」と考えられるからである。また、わが国では、アメリカのように濫用的な訴訟が起きやすい社会状況やインセンティブ構造が存在せず、現状においても濫用的な訴訟が深刻な問題となっているわけで

第1節　代表訴訟制度一般における諸問題

はない。したがって、濫用的な訴訟に対する新たな対策が本当に必要であるか否かについては、慎重に考えるべきである。

　第3に、提訴懈怠の可能性および被告の範囲については、再検討が必要である。代表訴訟制度は、会社による役員等への責任追及が行われないおそれがあること（提訴懈怠の可能性）を前提とする制度である。このような提訴懈怠の可能性は、伝統的に、同僚意識等の人的関係によって生じるものであると説明されてきた。しかし、代表訴訟制度の前提となる提訴懈怠の可能性は、「同僚意識等の人的関係」に基づくものに必ずしも限られるわけではない。「提訴判断機関の自己保身」や「支配株主からの圧力」によって提訴懈怠の可能性が生じることにも、目を向けるべきである。そうすると、現行法上の代表訴訟制度において、被告の範囲が基本的に役員等に限定されているのは、不十分であるといえる。具体的には、「重要な使用人」ならびに「支配株主およびその関係者」の責任も、代表訴訟の対象に含められるべきである。これらの者に対しても、提訴判断機関の自己保身や支配株主からの圧力による提訴懈怠の可能性があり、かつ、これらの者が有する重大な権限の行使を規律づける必要性が高いからである。

第2節　親会社取締役の子会社管理責任の追及をめぐる問題

第1款　問題の所在

　本節では、第1章において提示した課題のうち、親会社取締役の子会社管理責任の追及をめぐる問題を扱う。多重代表訴訟制度の導入に消極的な見解は、子会社において不正行為が行われた場合、親会社取締役が親会社に対して負う子会社管理責任を（通常の代表訴訟を通じて）追及することによって対処すれば足りると主張してきた[172]。

　しかし、これに対しては、大きく2つの批判が提起されている。第1の批判は、親会社取締役の損害賠償責任が認められる場合は狭く限られており、親会社株主がそれを追及するのは、困難であるとの批判である[173]。その結果、損害が填補されず、親会社株主の保護が不十分になるとされる[174]。さらに、代表訴訟の機能のうち抑止機能を重視する本書の立場からすると、この批判は、「親会社取締役の責任追及が、子会社取締役に対する規律づけとして十分に働くか」という問題につながる。親会社取締役の責任が認められる場合が限定的であるならば、それを介し

---

[172]　第1章第2節第2款一参照。

[173]　その理由としては、親会社取締役には子会社管理につき広い裁量が認められること、および損害や因果関係の立証が困難であることが、挙げられている（畠田公明「純粋持株会社と株主代表訴訟」ジュリスト1140号（1998年）19頁、山田・前掲注157）254頁、株主代表訴訟制度研究会「株式交換・株式移転と株主代表訴訟(2)――企業結合と株主代表訴訟」商事法務1682号（2003年）9-10頁、前田・前掲注117）39頁等）。

[174]　山田・前掲注157）254-255頁参照（仮に勝訴することができても、子会社取締役の義務違反の有無という争点以外に立証すべき争点が付加されるため、訴訟の長期化や争訟費用の増加を招きやすく、損害回復のコストが増加する）。

第2節　親会社取締役の子会社管理責任の追及をめぐる問題

て子会社取締役に及ぶ規律づけ効果も、限定的なものとなるからである[175]。第2の批判は、損害が第一次的には子会社に生じている以上、子会社に対する損害賠償の支払による処理の方が望ましいとの批判である[176]。このような批判は、平成5年の三井鉱山事件最高裁判決の頃から主張されてきた。しかし、この点については、平成26年の会社法改正に際しての議論において、ほとんど検討されなかった。また、関連して、親会社取締役の子会社管理責任と多重代表訴訟との関係についても、十分に議論が尽くされていない[177]。本節では、上記2つの批判は妥当であるか、また、親会社取締役の子会社管理責任と多重代表訴訟との関係をどのように考えるべきかについて検討する。

　子会社取締役の不正行為に関連して親会社取締役が親会社に責任を負う事案の類型としては、大きく次の3つがある。第1に、当該不正行為が親会社取締役の違法または不当な[178]指図に基づく場合が挙げられる。第2に、親会社取締役が子会社に対する監視・監督を怠った場合が挙げられる。すなわち、親会社取締役が、子会社において生じる不正行為を予防または早期に発見・是正するための監視・監督を怠った場合である。これには、親会社取締役が企業集団における内部統制システムの整備を

---

[175] なお、報奨の授与など、損害賠償責任の追及以外の手法で、取締役に監視義務履行の動機づけを与えることも、立法論としては考えられる（飯田・前掲注9）の文献を参照）。しかし、わが国の現状において、そのような手法が採用される具体的な見込みがあるわけではないため、本書においては、そのような手法の検討は行わない。

[176] 春田博「判批〔下〕」法律のひろば47巻11号（1994年）77頁以下、同「アメリカにおける重層代表訴訟の展開」長濱洋一教授還暦記念『現代英米会社法の諸相』（成文堂、1996年）208頁、周劍龍『株主代表訴訟制度論』（信山社、1996年）291-292頁、畠田・前掲注173）19頁、南隅基秀「判批」札幌学院法学18巻2号（2002年）128頁等参照。

[177] 第1章の注84）およびそれに対応する本文を参照。

[178] 指図の不当性（善管注意義務違反）の有無は、利益相反関係がない限り、経営判断原則に従って審査されるべきである（奥山健志「判批」野村修也＝松井秀樹編『実務に効くコーポレート・ガバナンス判例精選』（有斐閣、2013年）130頁参照）。

第3章　わが国における課題の検討

怠った場合も含まれる[179]。第3に、親会社取締役が不正を犯した子会社取締役に対する責任の追及を不当に怠った場合が挙げられる[180]。第3の事案類型は、不正行為に対する事後的な対処の適切性を問題とするものであり、第1の事案類型や第2の事案類型と重ねて問題となりうる。これら3つの事案類型は、それぞれ異なる問題をはらんでおり、親会社取締役の子会社管理責任としてまとめて検討するよりも、個々の事案類型ごとに検討する方が適切である。

　以下では、これら3つの事案類型を前提に、親会社取締役の子会社管理責任の追及が十分な実効性を有するか否か（第2款）、および、子会社に第一次的に生じた損害について、親会社への損害賠償の支払を認めることが責任関係の処理方法として適切であるか否か（第3款）という、2つの問題を検討する。結論を先に述べておくと、筆者としては、いずれの問題についても否定的に考えており、子会社において不正が行われた場合における責任関係の処理の方法としては、親会社取締役の対親会社責任を追及するよりも、多重代表訴訟制度による処理の方が、基本的には望ましいと考える。

---

[179] なお、親会社取締役が負う責任として、当該不正行為を行った者を子会社取締役に選任したことの責任も、想定することができる。しかし、このような責任は、「選任前から問題のある人間であるということが分かっていたような場合（信頼の抗弁・権利も妥当しないような場合）でないと認められないであろう」と評されている（株主代表訴訟制度研究会・前掲注173）9頁）。実際にこのような責任が認められた事例も見当たらないことから、選任に関する責任については、本書ではこれ以上検討しない。

[180] この類型には、親会社取締役が子会社取締役の責任を不当に免除した場合も含まれる。もっとも、平成26年改正会社法により、多重代表訴訟の対象となる子会社役員の損害賠償責任については、親会社の取締役会限りで免除することができなくなり、親会社の総株主の同意が必要となった（会社法847条の3第10項）。

第2款　親会社取締役の子会社管理責任を追及することの実効性

　本款では、親会社取締役の子会社管理責任の追及が実効的であるか否か、ひいては子会社取締役に対して十分な規律づけをもたらすか否かを検討する。子会社取締役に対する規律づけという観点からは、前記3つの事案類型のうち、後二者の事案類型が重要である。というのも、第1の事案類型では、親会社取締役による違法または不当な指図こそが不正の根本的な原因であり、親会社の事実上の支配下にある子会社取締役に対する規律づけよりも、親会社取締役に対する規律づけこそが、重要だからである。そして、第1の事案類型において、親会社取締役の責任を追及することは、親会社取締役に対する規律づけの手段として、特に問題はない[181]。これに対して、第2・第3の事案類型では、不正の原因は子会社取締役等にあり、子会社取締役等に対する規律づけが重要となる。したがって、これら2つの場面では、親会社取締役に対する責任追及が子会社取締役等に対する規律づけとして十分であるか否かが、問われなければならない。

　したがって、本款では、第2・第3の事案類型に対象を絞って、以下の順序で検討を行う。まず、第2の事案類型（親会社取締役が子会社に対する監視・監督を怠った場合）について論じ（一）、次に、第3の事案類型（親会社取締役が子会社取締役に対する責任追及を怠った場合）について論じる（二）。最後に、以上の検討をまとめ、親会社取締役の子会社管理責任の追及が子会社取締役に対する規律づけとして実効的であるか否かについて、結論を述べる（三）。

181　ただし、子会社に第一次的に生じた損害について親会社への損害賠償の支払を認めることの適切性という、本節第3款で扱う問題に関しては、なお問題がある。

第3章　わが国における課題の検討

一　子会社についての監視・監督義務

1　親会社取締役の子会社監視・監督義務の存否

そもそも、親会社取締役が子会社についての監視・監督義務を親会社に対して負うか否かについては、議論がある。この点につき、従来の学説には否定的な見解が多く、同様の立場に立つ裁判例も存在した。しかし、近時においては、肯定的な見解が多数となっている。まずは、こうした学説・裁判例における議論の状況を確認する。

(1)　従来の学説および裁判例

親会社取締役が子会社を監視・監督する義務を負うか否かについて、従来の学説には否定的な見解が多い[182]。例えば、「基本的には、親会社な

---

[182] 親会社取締役が親会社に対して負う子会社管理責任について、議論がされるようになったのは、純粋持株会社の解禁が問題となってから以降である。それ以前においては、ほとんど議論されることもなかった。その理由としては、企業結合法制に関して、学説の伝統的な関心は子会社の少数株主や債権者の保護にあり、親会社の子会社に対する支配権の行使はネガティブな評価を伴っていたことが挙げられる（山下友信「持株会社システムにおける取締役の民事責任」金融法務研究会『金融持株会社グループにおけるコーポレート・ガバナンス』（金融法務研究会事務局、2006年）28-29頁参照）。

　また、他社の業務執行への介入を厳しく制約していた平成9年改正前の独占禁止法の存在も、その理由として挙げられる（江頭憲治郎「企業組織の一形態としての持株会社」資本市場法制研究会編『持株会社の法的諸問題』（資本市場研究会、1995年）13頁）。江頭・前掲注163）197-198頁注1は、平成9年改正前の独占禁止法を前提として、「一般的にいって、支配会社の取締役に対しその有する事実上の支配力の不行使の責任を法的に問うのは、困難ではないか。……なお、独占禁止法が改正され、支配会社による従属会社の業務執行への介入に対する独占禁止法上の制約がなくなれば、支配会社取締役が支配会社の株主から、従属会社の業務執行に関し事実上の支配力を行使しなかったこと（監視義務違反）を理由に法的責任を追及される可能性は、現在より大きくなる」と述べている。もっとも、論者自身は、支配会社による従属会社の監視について、従属会社取締役の自由裁量を狭め企業グループの活力を殺ぐ結果につながるとして、政策的に否定的な評価を下している（江頭・同198-199頁）。

第 2 節　親会社取締役の子会社管理責任の追及をめぐる問題

いしはその取締役が子会社の取締役にまったく影響力を行使しなければ、子会社は独立した会社と考えられるから、子会社でどのようなことが行われ、どのようなことが生じたとしても、親会社およびその取締役に責任は発生しない」と述べる見解がある[183]。同様の見解として、親会社取締役が責任を負う場合は、原則として子会社取締役への指図・要請等の実質的関与があった場合に限定されると述べるものもある[184]。

　裁判例においても、親会社取締役の子会社監視・監督義務について否定的に判断したものがある[185]。当該裁判例は、次のように判示している。

　　「親会社と子会社（孫会社も含む）は別個独立の法人であって、子会社（孫会社）について法人格否認の法理を適用すべき場合の他は、財産の帰属関係も別異に観念され、それぞれ独自の業務執行機関と監査機関も存することから、子会社の経営についての決定、業務執行は子会社の取締役（親会社の取締役が子会社の取締役を兼ねている場合は勿論その者も含めて）が行うものであり、親会社の取締役は、特段の事情のない限り、子会社の取締役の業務執行の結果子会社に損害が生じ、さらに親会社に損害を与えた場合であっても、直ちに親会社に対し任務懈怠の責任を負うものではない。

　　もっとも、親会社と子会社の特殊な資本関係に鑑み、親会社の取締役が子会社に指図をするなど、実質的に子会社の意思決定を支配したと評

---

[183] 柴田和史「子会社管理における親会社の責任〔下〕」商事法務 1465 号（1997 年）70 頁。また、柴田和史「二段階代表訴訟」竹内昭夫先生追悼論文集『商事法の展望——新しい企業法を求めて』（商事法務、1998 年）490 頁は、「わが国では、本社としての親会社の下に、数百社から一千社の子会社が存在する例も少なくないと言われており、そのような場合に、親会社の取締役が数百社の子会社の各取締役について、管理監督監視を行うべきであると説くことは前提として無理を強いることになる」と述べる。

[184] 志谷匡史「親子会社と取締役の責任」小林秀之＝近藤光男編『新版株主代表訴訟大系』（弘文堂、2002 年）125-126 頁、同「判批」私法判例リマークス 26 号（2003 年）100 頁。もっとも、この見解も、子会社の業務を統括する取締役が存在する場合等には、子会社取締役の不正行為について、親会社取締役の監督責任を肯定する余地が全くないわけではないと述べている。

[185] 東京地判平成 13 年 1 月 25 日判例時報 1760 号 144 頁。

価しうる場合であって、かつ、親会社の取締役の右指図が親会社に対する善管注意義務や法令に違反するような場合には、右特段の事情があるとして、親会社について生じた損害について、親会社の取締役に損害賠償責任が肯定されると解される。」

以上のような学説および裁判例の見解は、「親会社取締役は、子会社に対して違法または不当な指図をした場合は別として、子会社の業務執行に対する監視・監督についての責任を原則負わない」というものといえる。このような見解によれば、親会社取締役の子会社監視・監督義務はそもそも認められないのであるから、それを子会社取締役の規律づけの手段として位置づけることはできない[186]。

このような見解の基礎には、「株主が自己の権利を行使するか否かは株主の自由であるという原則によれば、親会社が子会社の株主としての権利を行使しないことも自由であり、親会社取締役が子会社管理のために株主権を行使しなかったとしても、責任が生じることはない」という考え方が存在していると思われる[187]。これに対して、このような見解は子会社の視点から論じているが、むしろ問題とすべきなのは、子会社に対する株主権の行使あるいは不行使が親会社に対して有する法的意義であるとの批判がある[188]。

(2) 近時の見解

他方、近時においては、親会社取締役の子会社監視・監督義務を肯定

---

[186] このような裁判例および学説の立場を否定するために、「会社法制の見直しに関する中間試案」では、多重代表訴訟制度を創設しないものとするB案の（注）アにおいて、「取締役会は、その職務として、株式会社の子会社の取締役の職務の執行の監督を行う旨の明文の規定を設けるものとする」との提案がなされていた（法制審議会会社法制部会「会社法制の見直しに関する中間試案」（以下、「中間試案」という）商事法務1952号（2011年）11頁）。

[187] 例えば、志谷・前掲注184）親子会社126頁は、「商法の一般原則に照らすと、取締役に対する監督責任を株主に問うことは原則として困難である」と述べている。江頭・前掲注163）197頁も参照。

[188] 山下・前掲注182）31頁、舩津・前掲注154）230-231頁参照。

第 2 節　親会社取締役の子会社管理責任の追及をめぐる問題

する見解が、多数となっている。このような見解は、まず、純粋持株会社の取締役の義務を論じるものとして現れた[189]。すなわち、純粋持株会社においては、対外的な事業活動は行われず、定款にも子会社の管理が事業目的として記載されることから、純粋持株会社の取締役にとって子会社の管理がその任務となることは、認めざるをえないというものである。さらにその後、子会社を管理することが任務になるのは、純粋持株会社の取締役に限られるわけではないと指摘されるようになった[190]。その理由としては、経営戦略として子会社を活用することは、事業持株会社やさらには会社一般においても見られることであり、その限りで、純粋持株会社との違いは程度問題であることが挙げられる[191]。

　近時の有力な見解は、次のような論理によって、親会社取締役の子会社監視・監督義務を肯定する[192]。すなわち、「親会社と子会社の関係は、親会社からみれば、保有する株式を通じて子会社の価値を把握しているという関係にあり、したがって、親会社が保有する子会社株式は親会社の資産であるという意味で、他の資産と変わるところはない……。保有する資産の減価を防ぐ義務は、親会社の業務執行者が親会社に対して

---

[189] 森本滋「純粋持株会社と会社法」法曹時報 47 巻 12 号（1995 年）3043-3044 頁。前田重行「持株会社による子会社支配と持株会社の責任〔その 1〕」法曹時報 58 巻 3 号（2006 年）806-807 頁も参照。

[190] 山下・前掲注 182）30 頁。稲葉威雄「企業結合法制をめぐる諸問題〔中〕——持株会社・企業再編・グループ経営の進展に伴う企業統治を中心とした検討」監査役 500 号（2005 年）42-47 頁も、純粋持株会社に限定することなく、支配会社の取締役の支配会社に対する責任として、子会社管理に関する責任について検討している（支配会社が純粋持株会社であるか否かは、義務の具体的な内容に影響すると述べる）。

[191] 山下・前掲注 182）30 頁。

[192] この見解は、「親会社」・「子会社」の用語法に代えて「上位会社」・「下位会社」の用語法を使用しているが、本書と用語を統一するため、それぞれ前者の用語に置き替えて引用する。なお、当該見解は、ある会社が他の会社の株式を（1 株でも）保有している場合に、株式を保有している会社を「上位会社」、株式を保有されている会社を「下位会社」と定義している（舩津・前掲注 154）30 頁参照）。

第3章　わが国における課題の検討

負っている利益増大義務の消極的側面として認められるべきものである。親会社は子会社の株主であり、株主が会社を監視（監督）する義務を負うと考えることができないとする考え方は、あくまで子会社の観点からの議論であって、親会社業務執行者の親会社に対する義務内容を検討する際には、親会社が保有する子会社株式を他の親会社資産と別異に取り扱うべきではない」という論理である[193]。子会社の不正行為を是正する手段としては、株主総会における議決権や差止請求権などの株主権の行使が挙げられている[194]。

　平成26年の会社法改正に際しての議論においても、上記見解を基礎として、親会社取締役が、一定の範囲で、子会社を監督すべき義務ないし子会社の業務の適正を確保すべき義務を負うこと自体については、ほとんど異論がなかった[195]。最近の裁判例においても、このような立場に親和的な判示をしているものがある[196]。このように、親会社取締役は一定の範囲で子会社を監視・監督する義務を負うとの見解は、現在では一般に受け入れられてきている[197]。本書も、親会社取締役が親会社に対し

193　舩津・前掲注154）230-231頁（155-158頁も参照）。
194　舩津・前掲注154）269頁以下（とりわけ273頁以下）。
195　法制審議会会社法制部会第17回会議議事録18頁以下〔田中亘幹事発言〕、同第20回会議議事録25-26頁〔藤田友敬幹事発言〕、同第24回会議議事録9頁〔岩原紳作部会長発言〕参照。もっとも、親会社取締役の子会社管理義務を明文規定によって定めることについては、経済界からの反対が強く、実現には至らなかった（岩原・前掲注166）8-9頁参照）。
196　福岡高判平成24年4月13日金融・商事判例1399号24頁〔福岡魚市場株主代表訴訟事件控訴審判決〕、福岡地判平成23年1月26日金融・商事判例1367号41頁〔同第一審判決〕、東京地判平成23年11月24日判例時報2153号109頁。学説も、これらの裁判例について、概ね肯定的に評価している（例えば、久保田安彦「判批」監査役599号（2012年）87頁、伊藤靖史「判批〔上〕」商事法務2034号（2014年）12-15頁、飯田秀総「判批」ジュリスト1468号（2014年）101頁参照）。
197　神作裕之「親子会社とグループ経営」江頭憲治郎編『株式会社法大系』（有斐閣、2013年）101-102頁も参照。なお、高橋英治「企業集団における内部統制」ジュリスト1452号（2013年）30頁以下は、親会社が子会社に対して行使しうる株主権の範囲を超えて、子会社の業務執行に対する親会社取締役の監督義務

て負う善管注意義務の一内容として、親会社取締役の子会社監視・監督義務を肯定する[198]。

2 子会社監視・監督義務違反を理由とする損害賠償請求の実効性

親会社取締役が子会社を監視・監督する義務を親会社に対して負うとしても、当該義務の違反に対する損害賠償責任の追及が、どれほどの実効性を有するのかが問題となる。なぜなら、親会社取締役の損害賠償責任が認められる場面が限定的であるならば、親会社取締役の責任を介して子会社取締役に及ぶ規律づけも限定的とならざるをえないし、親会社株主にとっての損害塡補も不十分なものとならざるをえないからである。

そこで、親会社取締役が子会社を監視・監督する義務に違反したと判断されるのは、どのような場合であるのかが問題となる。換言すれば、親会社取締役は、子会社の監視・監督義務として具体的にどのような義務を負うのか、またその義務違反の有無はどのように判断されるのかが問題となる。単一の会社において、取締役の監視・監督義務[199]は、大き

　　を認めることに批判的である。もっとも、論者も、株主権の範囲内においては親会社取締役の子会社監督義務を認めている。そして、近時の学説も、あくまで親会社の株主権の範囲内において、監督義務の行使手段を考えるようであり（舩津・前掲注 154）273 頁以下）、両者の立場にあまり大きな違いはないかもしれない。

198　第 2 章第 2 節において見たように、親会社取締役の子会社管理責任が問われることの少ないアメリカにおいても、親会社取締役の子会社管理義務を肯定する判決があり、その点については、学説上も特に異論は見られない（第 2 章の注 322）参照）。

199　取締役（会）の監督には、①効率性の観点からの統制、②会社との利益相反が生じる業務執行の統制、③会社運営の適法性を確保するための統制の 3 つの視点がある（川濵・前掲注 89）25 頁）。このことは、親会社取締役（会）の子会社に対する監督にも、同様に当てはまると考えられる。本書では、多重代表訴訟の代替手段としての観点から、親会社取締役による子会社の監督を検討しているため、①よりも、②および③に焦点を当てている。なぜなら、民事責任によるエンフォースメントは、（経営判断原則が適用される）効率性の問題ではなく、（経営判断原則が適用されない）利益相反行為や法令違反行為に対して有効だからである。

く次の3つの要素から構成されると考えられる[200]。すなわち、①普段から内部統制システムを構築し、実際に機能させる義務、②内部統制システムを通じて、またはその他の方法によって、業務執行が違法または不当になされていることを疑わせる事情を知ったときは、合理的な程度の調査を行う義務、③業務執行が違法または不当になされていることが明らかとなったときは、適切な是正措置を講じる義務の3つである。以下では、それぞれ、「内部統制システム整備義務」、「調査義務」、「是正義務」とよぶことにする。

親会社取締役の子会社監視・監督義務も、(具体的な方法や手段は異なるとしても)基本的には上記3つの義務から成るものと考えてよいであろう[201]。そして、親会社取締役についても、いわゆる「信頼の原則」が妥当すると考えられる[202]。すなわち、親会社取締役は、疑念を差し挟むべき特段の事情がない限り[203]、子会社からもたらされる情報を信頼することを許される。したがって、単一の会社における場合と同じく、監視・監督義務の内容としては、内部統制システム整備義務が特に重要に

---

[200] 山田純子「取締役の監視義務」森本滋=川濱昇=前田雅弘編『企業の健全性確保と取締役の責任』(有斐閣、1997年) 238-239頁、山下徹哉「判批」商事法務 1898号 (2010年) 103頁参照。なお、ここでは「ある程度規模の大きな会社」が想定されている (山田・同237-238頁参照)。また、笠原武朗「監視・監督義務違反に基づく取締役の会社に対する責任について (7・完)」法政研究72巻1号 (2005年) 44-47頁も、取締役の監視・監督義務の内容について、概ね同様の理解を示している。

[201] 舩津・前掲注154) 235頁も、「情報収集義務」と「是正措置発動義務」に分けて、親会社役員の子会社に対する監視・監督義務を論じている。情報収集義務が本文①および②に、是正措置発動義務が本文③に対応するといえる。

[202] 岩原紳作「銀行持株会社による子会社管理に関する銀行法と会社法の交錯」門口正人判事退官記念『新しい時代の民事司法』(商事法務、2011年) 441頁。舩津・前掲注154) 235頁、伊藤・前掲注196) 14頁も参照。

[203] 疑念を差し挟むべき「特段の事情」の有無は、慎重に認定されるべきである。疑わしい点は事後的に見れば発見されやすく、後知恵的な認定がなされれば、役員の行動の萎縮を防止するという「信頼の原則」の趣旨自体が損なわれるからである (対木和夫「判批」野村修也=松井秀樹編『実務に効くコーポレート・ガバナンス判例精選』(有斐閣、2013年) 113頁参照)。

なると思われる。以下では、まず、調査義務および是正義務の違反にかかる損害賠償責任の実効性を検討し、次に、内部統制システム整備義務の違反にかかる損害賠償責任の実効性について検討する。

(1) 調査義務および是正義務

そもそも、親会社取締役の子会社監視・監督義務は、「親会社取締役は親会社資産の最大化のために努力すべき」という、親会社取締役の親会社に対する善管注意義務の一内容である[204]。そして、このような子会社監視・監督義務について、親会社取締役には相当程度の裁量が認められる[205]。これは、その下位類型である調査義務および是正義務にも当てはまり、「どの程度の調査を行うか」および「どのような是正措置を講じるか」については、親会社取締役にある程度の裁量が認められるべきである[206]。その結果、調査義務および是正義務の違反が認められる場合は限定的になる。さらに、調査義務については、上述のように、いわゆる「信頼の原則」が適用されるため、義務違反は容易には認められない。実際、親会社取締役に調査義務・是正義務の違反が認められる場合として挙げられてきたのは、子会社において違法な行為が行われていることを知り、あるいは違法な行為が行われていると疑われる事由を知りながら、それを放置しているような場合である[207]。このように、親会社取締

---

204 詳細な説明として、法制審議会会社法制部会第22回会議議事録5-6頁〔藤田友敬幹事発言〕を参照。

205 法制審議会会社法制部会第17回会議議事録20頁〔田中亘幹事発言〕、同第22回会議議事録6頁〔藤田友敬幹事発言〕。舩津・前掲注154) 412頁注186も参照。
　なお、子会社管理義務の具体的あり方について、考慮すべき諸要素を検討するものとして、山下・前掲注182) 33-38頁、村中徹「子会社の管理における取締役・監査役の職務と実務課題」田原睦夫先生古稀・最高裁判事退官記念論文集『現代民事法の実務と理論〔上巻〕』（金融財政事情研究会、2013年）695頁がある。

206 大杉・前掲注49) 326-329頁、岩原紳作編『会社法コンメンタール(9)』（商事法務、2014年）249頁〔森本滋〕参照。

207 法制審議会会社法制部会第17回会議議事録19-20頁〔田中亘幹事発言〕（責

第3章　わが国における課題の検討

役の義務違反が認められる場合は、それほど多いわけではないと考えられる[208]。

　　任を負わされるのは、あくまでも非常に不相当な場合に限られるとの解釈ができると述べる）。もっとも、子会社における法令違反行為を親会社取締役が知りながら放置していた場合に、「当然に」任務懈怠が認められるといえるかは、問題である。なぜなら、法令違反行為によって、罰金額等を大きく超える額の利益が生じている場合や、違法行為の是正に過大な費用がかかる場合など、費用対便益を考えると、むしろ放置する方が親会社の利益となる場合を想定することができるからである。同議事録23-24頁〔田中亘幹事発言〕は、あくまで親会社の利益になるかどうかの観点から、親会社取締役は子会社監督義務を負うと述べる。この見解からは、上記の場合に、親会社取締役が子会社における法令違反行為を放置しても、監督義務違反は生じないとの結論に至るのが自然である。
　　これに対して、舩津・前掲注154）234-235頁注106は、親会社取締役が親会社に対して負う法令遵守義務の一内容として、上記のような状況においても、親会社取締役の是正義務を肯定する。すなわち、「法令遵守義務の内容を、最低限度の社会規範を守って事業活動を行うことであると理解する多数説の立場に立つとするならば……、事業活動の中に（下位会社株式という）上位会社資産の活用が含まれる……と解する本書の理解からは、先に述べた状況においても、上位会社の担当役員には、防止措置を講ずる義務が、上位会社との関係で認められることになるであろう」と述べる。示唆に富む見解であるが、「最低限度の社会規範」に依拠する点は、明確性に欠けるように思われる。また、「上位会社一般」にまで、そのような義務を認めることにも、疑問がある（同書の定義上、他社の株式を1株でも保有していれば上位会社に該当する。舩津・同30頁）。このような義務を認めるのであれば、「親会社取締役は、子会社の法令違反行為を知った場合、それを是正するための措置を講じる義務を負う」等の規定を設けることによって、根拠・範囲ともに明確にすることが望ましい。

208　近時、親会社取締役の子会社に関する調査義務違反を認定した裁判例がある（福岡高判平成24年4月13日金融・商事判例1399号24頁〔福岡魚市場株主代表訴訟事件控訴審判決〕、福岡地判平成23年1月26日金融・商事判例1367号41頁〔同第一審判決〕）。しかし、これらの判決は、①両社が完全親子会社関係にあり事業内容も密接に関連していたこと、②親会社も問題の行為（グルグル回し取引）の相手方に含まれていたこと、③被告らが子会社の取締役・監査役を兼任していたこと、④子会社の取締役会において在庫や借入金の増大が繰り返し問題とされていたこと、⑤親会社の取締役会においても在庫の多さが問題とされ、公認会計士から子会社を含め在庫管理を適切に行うよう指導されていたこと、⑥被告らは、以上のことを認識していたにもかかわらず、「何ら具体的な対策を取ることなく」放置していたこと等の認定事実を基礎とするものであ

第2節　親会社取締役の子会社管理責任の追及をめぐる問題

　また、親会社取締役の親会社に対する損害賠償責任が認められるためには、親会社取締役の子会社監視・監督義務違反と親会社の損害との間に、因果関係が認められなければならない。ここでは、次の2つの問題がある[209]。すなわち、①親会社取締役が監視・監督義務を履行していれば、子会社における損害の発生を防止または軽減できたであろうかという問題と、②子会社の損害と親会社の損害との間に因果関係が認められるか（どの範囲で認められるか）という問題である。

　まず、①においては、子会社取締役には親会社の指図に従う法的義務がない点が問題となる[210]。親会社取締役が親会社に対して子会社監視・監督義務を負うとしても、それによって子会社が親会社による監督に従うことを義務づけられるわけではない[211]。したがって、親会社取締役が子

る。よって、その射程は狭いものと考えるべきである（奥山・前掲注178）131頁、加藤貴仁「企業結合法制と銀行規制の関係について」金融法務研究会『金融規制の観点からみた銀行グループをめぐる法的課題』（金融法務研究会事務局、2013年）7頁注22参照）。

[209]　加藤貴仁「企業グループのコーポレート・ガバナンスにおける多重代表訴訟の意義〔上〕」商事法務1926号（2011年）7頁参照。

[210]　また、福岡地判平成23年1月26日金融・商事判例1367号41頁〔福岡魚市場株主代表訴訟事件第一審判決〕のように、子会社における不正行為が継続的なものであった場合には、親会社による監督義務違反と因果関係のある損害の範囲を具体的に認定することは、一層困難になる。同判決は、親会社取締役の子会社監視義務違反を肯定しながらも、それによって親会社が被った損害の額を「具体的に認定することは困難である」として、別の義務違反（子会社への貸付けに関する義務違反）に基づき請求を認容した。伊藤・前掲注196）15頁は、親会社取締役が子会社監視義務違反に関して損害賠償責任を負うのは、「たとえば、それらの義務違反の結果子会社が特定の違法行為を行い、そのため子会社ひいては親会社が損害をこうむった場合や、それらの義務違反によって、親会社が子会社に関して特定の意思決定をする際の情報の収集が不十分であった場合にとどまるだろう」と述べる（傍点は筆者が付したものである）。

[211]　加藤・前掲注209）7頁、法制審議会会社法制部会第20回会議議事録24頁〔齊藤真紀幹事発言・岩原紳作部会長発言〕。ただし、完全親子会社間においては、子会社取締役は親会社の指図に従う法的義務を負うとの解釈が可能であることにつき、後掲注306）を参照。また、親会社と子会社との間に経営委託契約等の契約が締結されるならば、親会社は子会社に対して（事実上の権限ではなく

第 3 章　わが国における課題の検討

会社取締役の不正行為を阻止する手段は、究極的には取締役の解任や差止請求権の行使に限られる[212]。取締役の解任には株主総会の開催が原則として必要であり、損害の防止または軽減に間に合うかどうかが問題となる。また、差止請求にも、法律上の要件が厳しいという難点がある[213]。事実上の指揮・監督権をもって因果関係が満たされると判断される可能性もあるかもしれないが、その判断は不明確とならざるをえない。特に、親子会社間において役員が対立している場合にまで、事実上の指揮・監督権をもって、因果関係を認定することができるかどうかは、疑わしい。

次に、②の問題は、子会社における不正行為によって親会社が被る損害は主に子会社株式の価値の下落によるものであることから、生じるものである。つまり、親会社の損害の額を算定するには、理論上は、子会社株式の価値の減少額を算定する必要があるが、これは決して容易ではない。親会社の被った損害額をどのように算定すべきかという問題は、責任関係の処理のあり方に関する問題とも密接に関連するため、本節第3款において詳しく検討する。

(2) 企業集団における内部統制システム整備義務

単一の会社においても、大規模な会社では取締役が個々の業務執行行為を監視することは不可能であるため、内部統制システムがコーポレート・ガバナンス上重要な制度として位置づけられている。企業グループにおいては、親会社取締役が個々の業務執行行為を監視することは一層困難であり、内部統制システムによる監視・監督がより重要になると考えられる[214]。平成17年に制定された会社法の下では、大会社および委員

> 法的な権限として）指揮・命令権を有する。このような親子会社間の契約については、前田・前掲注189) 809頁以下、舩津・前掲注154) 279頁、岩原・前掲注202) 430頁以下を参照。
> 212　加藤・前掲注209) 7頁参照。
> 213　特に、監査役設置会社、監査等委員会設置会社、または指名委員会等設置会社においては、会社に対して「回復することができない損害」が生ずるおそれがあることが要件となる（会社法360条3項・1項）。
> 214　内部統制システムを子会社管理における第一次的な手段と考え、多重代表訴

第2節　親会社取締役の子会社管理責任の追及をめぐる問題

会設置会社においては内部統制システムの整備について決定すべき責務が取締役会等に課され（会社法348条4項、362条5項、416条2項・1項1号ホ）、整備すべき内部統制システムの1つとして、会社法施行規則は、「当該株式会社並びにその親会社及び子会社から成る企業集団における業務の適正を確保するための体制」を規定していた（会社法施行規則98条1項5号、100条1項5号、112条2項5号）。会社法施行規則の当該規定は、平成26年会社法改正に際して、企業グループ全体にわたる内部統制システムの整備の重要性に鑑み、法律レベルの規定へと格上げされた[215]。もっとも、内部統制システム整備義務は、単一の会社レベルのものであれ、企業集団レベルのものであれ、直接的には取締役の善管注意義務から導かれるものである[216]。

　企業集団における内部統制システムの整備が親会社取締役に義務づけられるとしても、その違反について損害賠償責任を追及することが実効的であるか否かが、ここでも問題となる。単一の会社内における内部統制システム整備義務については、既に多くの裁判例の蓄積がある。リーディングケースに当たる裁判例は、内部統制システムの整備が経営判断にかかる事項であり、取締役に広範な裁量が認められると判示している[217]。その結果、多くの裁判例では、内部統制システムの内容の適切性に

　　訟制度は、内部統制システムによる子会社管理を補完するものとして、「内部統制システムによる処理では問題が発生すると思われる場合」に限定して、導入を検討すべきとする見解もある（加藤貴仁「企業グループのコーポレート・ガバナンスにおける多重代表訴訟の意義〔下〕」商事法務1927号（2011年）38頁）。
[215]　具体的には、「当該株式会社及びその子会社から成る企業集団の業務の適正を確保するために必要なものとして法務省令で定める体制の整備」の決定が、取締役（会）の責務として規定された（会社法348条3項4号、362条4項6号、399条の13第1項1号ハ、416条1項1号ホ参照）。なお、従来の規定とは文言が多少異なっているものの、内容上の実質的変更はないとされる（岩原紳作ほか「〔座談会〕改正会社法の意義と今後の課題〔下〕」商事法務2042号（2014年）5頁〔岩原紳作発言〕、同7頁〔坂本三郎発言〕）。
[216]　法制審議会会社法制部会第22回会議議事録5-6頁〔藤田友敬幹事発言〕、藤田友敬「親会社株主の保護」ジュリスト1472号（2014年）37頁参照。
[217]　大阪地判平成12年9月20日判例時報1721号3頁〔大和銀行事件判決〕、大

ついて、比較的緩やかな審査が行われている[218]。学説上も、内部統制システムの内容に関して取締役に裁量が認められることに、ほとんど異論はない[219]。そして、企業集団における内部統制システムについては、グループ内の企業間の関係は様々なものがありうることから、取締役の裁量の幅はより一層広がり、内部統制システム整備義務の違反が認められる場合は、相当に狭くなるものと思われる[220]。したがって、親会社株主が当該

阪高判平成18年6月9日判例時報1979号115頁〔ダスキン事件控訴審判決〕)。
　　もっとも、最判平成21年7月9日判例時報2055号147頁〔日本システム技術事件最高裁判決〕は、従来の裁判例と異なり、内部統制システムの整備が経営判断事項であり取締役の広範な裁量に委ねられるとは述べていない。これは、同事件が会社法350条に基づく不法行為責任に関するものであり、法律構成が他の裁判例と大きく異なることによるものと考えられる(松井秀征「判批」私法判例リマークス41号(2010年)89頁、拙稿「判批」商事法務1993号(2013年)56-57頁参照)。

[218] 裁判例による緩やかな審査は、以下のような「あてはめ」部分からも推認することができる。「財務省証券取引及びカストディ業務に関するリスク管理体制は、……大綱のみならずその具体的な仕組みについても、<u>整備されていなかったとまではいえない</u>」(大阪地判平成12年9月20日判例時報1721号3頁〔大和銀行事件判決〕)、「①各種業務マニュアルの制定、②法務部門の充実、③従業員に対する法令遵守教育の実施など、……<u>法令遵守体制をひととおり構築していた</u>」(東京地判平成16年5月20日判例時報1871号125頁〔三菱商事事件判決〕)、「(報告制度やセミナーなど種々の対策を)総合してみると、ダスキンにおける違法行為を未然に防止するための法令遵守体制は、本件販売当時、<u>整備されていなかったとまではいえない</u>」(大阪高判平成18年6月9日判例時報1979号115頁〔ダスキン事件控訴審判決〕))(下線は筆者が付したものである)。

[219] 内部統制システム構築義務に「経営判断原則」を適用することの是非については、議論がある。経営判断原則の適用に否定的な見解は、冒険的な内部統制システムの構築を奨励する必要がないことを理由に挙げる。しかし、この見解も「構築すべき最低水準のシステムを前提とした上で、それを超えてどこまで充実させるかという点に経営者の裁量が働く」として、内部統制システムの内容に関しては経営者の裁量を認めている(以上につき、野村修也「内部統制への企業の対応と責任」企業会計58巻5号(2006年)100頁)。さらに、最低水準の違反が「経営判断が著しく不合理な場合」と重なるのであれば、経営判断原則を適用する見解と結論において大きな相違はないとも指摘されている(中村直人『判例に見る会社法の内部統制の水準』(商事法務、2011年)60頁)。

[220] 反対に、企業集団における内部統制システムも、単一の会社における内部統

第2節　親会社取締役の子会社管理責任の追及をめぐる問題

義務違反の主張・立証に成功することは、かなり困難であると考えられる。
　また、企業集団における内部統制整備義務違反と親会社の損害との間の因果関係を認定することにも、困難が伴う[221]。子会社には、親会社取締役会が決定した内部統制システムを構築する義務はない。すなわち、親会社は、自らが定めた内部統制システムの構築を子会社に強制する法的権限を有さない[222]。さらに、内部統制システムは「構築」されるだけ

　　制システムと同程度であるべきと述べる見解もある。すなわち、岩原・前掲注202) 441-442頁は、持株会社一般について、「会社のリスク管理や法令遵守等に係る基本的な内部統制システムを構築する義務が取締役会にあり（会社362条4項6号）、子会社の損益は親会社に反映し、子会社におけるリスクや法令違反は親会社にも同じように響いてくることから、子会社が内部部門である場合とほぼ同様の内部統制システムを、持株会社の取締役会は、持株会社グループ全体として構築すべきではなかろうか」と述べる。村中・前掲注205) 699頁も参照。
　　しかし、本文で述べたことに加えて、子会社にも取締役や監査役などの機関が別途存在すること、および有限責任によって子会社の損失の全てが親会社の損失となるわけではないこと等を考慮すれば、親会社の内部部門と同程度の内部統制システムの構築が要求されるとは、必ずしもいえないと思われる。山下・前掲注182) 37頁も、「子会社管理の類型には多様なタイプのものがありえて、それぞれに合理的な理由があることに照らせば、子会社管理のあり方については親会社取締役の経営判断の幅を広く尊重することに合理性があるというべきである。……〔子会社におけるリスクやコンプライアンスの監視監督を〕どのようなものとするかについては大きな幅がありえよう。たとえば、リスク管理やコンプライアンス体制について、持株会社グループや親子会社一体でシステムを構築するという手法もありうるし、逆に分散型のシステムとして子会社の独立性をリスク管理やコンプライアンスにおいても尊重して、親会社としては平常時には基本的には情報の把握程度にとどめ、子会社のシステムが十分機能しない場合にはじめて介入するというような手法も十分合理性をもちうるであろう」と述べる。なお、高橋均「企業集団における内部統制と企業責任」監査役533号（2007年）25頁も、企業集団を構成する企業の形態により、内部統制システムのあり方は異なると述べる。
221　もっとも、不正行為発覚後の調査や是正措置が問題となる場面とは異なり、事前の措置である内部統制システムの整備が問題となる場面では、損害の発生までの間に時間的な余裕が比較的ある。この点においては、前述した調査義務および是正義務の場合よりも、因果関係を肯定することが容易になろう。
222　親会社としては、子会社の株主総会において子会社の内部統制システムに関

ではなく、その「機能の確保（運用）[223]」が適切になされなければならないが、子会社においてシステムが適切に機能することを担保する手段が、親会社には乏しい点も問題である。究極的には、子会社取締役の選解任権を行使して、親会社が決定した内部統制システムの構築・運用に従う者を子会社に取締役として派遣するという方法、または経営委託契約を締結するという方法[224]をとるしかない。

以上の理由から、親会社株主が内部統制システム整備義務違反に関する親会社取締役の責任を追及することは困難である。したがって、親会社取締役が企業集団における内部統制システムの整備義務を負うからといって、子会社役員に対する規律づけとして、それで十分であるとはいえない。そもそも、単一の会社においても、取締役に対して内部統制システムによる規律づけが存在するからといって、代表訴訟による規律づけが不要になるとの議論はされていない。取締役が構築する義務を負うのは、原則として、通常想定される不正行為を防止し得る程度の管理体制であって、あらゆる不正行為をほぼ確実に防止できるような管理体制ではない[225]。つまり、内部統制システムは費用対効果に見合う範囲で構

 する決定を行うという方法をとることが考えられる。しかし、取締役会設置会社においては、そのためには定款の変更が必要となる（会社法295条2項）。
[223] 内部統制システムの構築と機能の確保とを区別して論じるものとして、野村・前掲注219）100頁、江頭・前掲注2）401頁注4がある。最判平成21年7月9日判例時報2055号147頁〔日本システム技術事件最高裁判決〕も、両者を区別して検討している。内部統制システムの機能の確保（運用）とは、「構築された内部統制システムの中で、個々の取締役が、それを機能させるべき職務」を行うこととされる（野村・同100頁）。この場面においても、特に疑うべき事情のない限り従業員からの情報や専門家の判断を信頼してもよいという、いわゆる信頼の原則が適用される（野村・同100頁、江頭・同401頁注4および462頁注2）。
[224] 前掲注211）参照。
[225] 最判平成21年7月9日判例時報2055号147頁〔日本システム技術事件最高裁判決〕は、原則として、「通常想定される架空売上げの計上等の不正行為を防止し得る程度の管理体制」を整えていれば、代表取締役にリスク管理体制構築義務違反の過失はないと判示している。東京地判平成21年10月22日判例時報2064号139頁〔日経インサイダー事件判決〕も、取締役は「一般的に予見できる従業員によるインサイダー取引を防止し得る程度の管理体制」を構築すべき

第 2 節　親会社取締役の子会社管理責任の追及をめぐる問題

築されるものであり、そもそも守備範囲が限定されているといえ、代表訴訟制度による抑止機能を代替するものではないと考えられる。また、仮に厳重な内部統制システムを構築しても、巧妙に計画された不正行為や想定外の不正行為を防止することは難しい。そのような不正行為に対しては、事後的な責任追及の可能性による抑止が必要である[226]。

二　子会社取締役の責任追及の不当な懈怠

　親会社取締役の子会社管理義務は、不正行為に対する事後的な対処にも及ぶ。具体的には、親会社取締役には、不正行為を行った子会社の取締役の責任を追及すべきか否かを決定する義務があるとされる[227]。多重

　　善管注意義務を負うと判示している。
[226]　加藤・前掲注214）38頁は、内部統制システムによる子会社管理では問題が発生すると思われる場合に範囲を限定して、多重代表訴訟制度の導入を検討すべきであると述べる。この見解は、内部統制システムによる子会社の管理を第一次的なものと考え、それを補完するものとして、多重代表訴訟制度を位置づけるものである。具体的には、①完全親会社と完全子会社の取締役などを兼任する者の責任、および②（経営指標を基準とする）一定の規模条件を満たす完全子会社の取締役などの責任に限り、多重代表訴訟を認めるべきであるとする（同39頁）。

　　しかし、本文で述べたように、内部統制システムによる規律づけは守備範囲が限定的であることを考えれば、この見解には疑問がある。そもそも、単一の会社においても、ラスト・リゾートないし最後の砦ともいわれる（前掲注67）および山田・前掲注14）99頁参照）代表訴訟制度の存在が、役員等に対する規律づけの基盤として制度設計のベースにあり、内部統制システムによる規律づけの方こそが補完的なもの（費用対効果に見合う範囲で事前的なチェックによる規律づけを追加するもの）なのではないか。これは、代表訴訟制度が内部統制システムの概念の登場前から存在していたという、アメリカ法および日本法の沿革とも、整合的な理解である。単一の会社においてこのように考えるのであれば、企業グループにおいても同様に、多重代表訴訟制度が子会社の役員等に対する規律づけの基盤として制度設計のベースにあり、内部統制システムによる子会社管理こそが補完的なものであると考えるべきであろう。
[227]　新谷勝「判批」金融・商事判例1189号（2004年）60頁参照。この点は、親会社取締役の子会社監視・監督義務と比べて、従来からあまり異論がなかったように思われる。おそらく、法律によって代表訴訟提起権が親会社に認められ

代表訴訟制度の導入に反対する見解は、子会社取締役への責任追及を不当に怠ったことについて、親会社取締役の責任を追及すれば足りると主張してきた[228]。これに対して、多重代表訴訟制度の導入に賛成する見解は、そのような提訴懈怠について、親会社取締役の損害賠償責任が認められる場合は狭く限られると反論してきた[229]。ここでも、不当な提訴懈怠を理由とする親会社取締役の責任の追及が、子会社役員への規律づけおよび親会社の損害回復の手段として、実効的であるか否かが問題となっている。もっとも、この場面においては、親会社に代表訴訟提起権、すなわち子会社の子会社取締役に対する損害賠償請求権を行使する「法律上の」権限がある。したがって、親会社の不提訴と子会社の損害との間の因果関係は、比較的認められやすい[230]。よって、ここでは、「親会社取締役に提訴義務違反が認められる場合とは、どのような場合であるか」が中心的な問題となる[231]。

1 参考となる裁判例——第三者に対する損害賠償請求権の不行使の事例

参考となる裁判例として、不法行為に基づく会社の第三者に対する損害賠償請求権の不行使について、取締役の善管注意義務違反が問題となった事例がある[232]。裁判所は、次のように判示している。

> ている以上、他の諸権利と同様に、その行使について取締役の善管注意義務が問題となることは、当然であると考えられてきたのであろう。

[228] 松井秀征「多重代表訴訟制度の導入について」MARR 2011 年 3 月号 45 頁等。
[229] 株主代表訴訟制度研究会・前掲注 173) 10 頁、前田・前掲注 117) 39 頁等。
[230] ただし、子会社の少数株主が提訴していれば損害は発生しなかったという事情をどう評価するかという問題はある（舩津・前掲注 154) 386 頁注 121 参照）。
[231] 親会社の損害額の算定も問題となるが、これについては本節第 3 款にて詳しく検討する。
[232] 東京地判平成 16 年 7 月 28 日判例タイムズ 1228 号 269 頁〔三越株主代表訴訟第一事件判決〕。同事件の控訴審である東京高判平成 16 年 12 月 21 日判例タイムズ 1208 号 290 頁、および同一事案に関する東京地判平成 17 年 3 月 10 日判例タイムズ 1228 号 280 頁〔三越株主代表訴訟第二事件判決〕も同内容の判示をしている。

第 2 節　親会社取締役の子会社管理責任の追及をめぐる問題

「取締役は、会社に対し、『善良ナル管理者ノ注意ヲ以テ』会社の業務を執行すべき義務を負い（〔平成17年改正前〕商法254条3項、民法644条）、また、『会社ノ為忠実ニ其ノ職務ヲ遂行スル義務』を負うところ（〔平成17年改正前〕商法254条の3）、上記善管注意義務及び忠実義務の内容として、会社の財産を適切に管理・保全し、このような会社の財産が債権である場合には、適切な方法によりこれを管理し、その回収を図らなければならない義務を負っているというべきである。したがって、会社が特定の債権を有し、ある一定時点においてその全部または一部の回収が可能であったにもかかわらず、取締役が適切な方法で当該債権の管理・回収を図らずに放置し、かつ、そのことに過失がある場合においては、取締役に善管注意義務違反が認められる余地があるというべきである。

もっとも、債権管理・回収の具体的な方法については、債権の存在の確度、債権行使による回収の確実性、回収可能利益とそのためのコストとのバランス、敗訴した場合の会社の信用毀損のリスク等を考慮した専門的かつ総合的判断が必要となることから、その分析と判断には、取締役に一定の裁量が認められると解するのが相当である。

そして、不法行為に基づく損害賠償債権や取締役の任務懈怠に基づく第三者への損害賠償債権については、一般に裁判外において債務者が債権の存在を認めて任意に弁済を行うということは期待できないため、その管理・回収には特段の事情なき限り訴訟提起を要するところ、取締役が債権の管理・回収の具体的な方法として訴訟提起を行わないと判断した場合に、その判断について取締役の裁量の逸脱があったというためには、取締役が訴訟を提起しないとの判断を行った時点において収集された、または収集可能であった資料に基づき、①当該債権の存在を証明して勝訴し得る高度の蓋然性があったこと、②債務者の財産状況に照らし勝訴した場合の債権回収が確実であったこと、③訴訟追行により回収が期待できる利益がそのために見込まれる諸費用等を上回ることが認められることが必要というべきである。[233]」

---

[233] さらに判旨では、「これに加えて、取締役の善管注意義務違反に基づき会社に損害が発生したというためには、訴訟提起を行った場合に会社が現実に回収し得た具体的金額の立証も必要である」と述べられている。損害額の算定につい

第3章　わが国における課題の検討

　判旨は、取締役には一定の裁量が認められるとした上で、裁量の逸脱が認められるためには、上記①から③の3つの要件が満たされなければならないとする。この基準によれば、債権の不行使について、取締役が任務懈怠責任を負う場合は、大きく限定される[234]。なお、これら3つの要件による審査は、もっぱら債権回収の最終的な期待利益の有無に照準を当てるものである[235]。しかし、考慮すべき要素は、他にも存在しうる[236]。例えば、相手方との長期的な取引関係への影響、紛争に巻き込まれることによって生じる会社の信用への影響等を考慮し、より大きな無形・有形の利益のために、債権の取立てを見合わせることが、合理的な経営判断である場合もありうる[237]。このように、会社が有する債権を行使するか否かについては、様々な事情を考慮する必要があり、その判断において取締役が有する裁量は広いと考えられている。

2　子会社取締役の責任追及の場合

　子会社取締役の責任追及の場合には、親会社取締役の裁量が一層大き

ては、本節第3款において検討する。
[234] 学説では、取締役の責任が認められる範囲を不当に狭める可能性があるとして、本判決（特に、①要件が「高度の」蓋然性を要求する点）に批判的な見解がある（井上健一「判批」ジュリスト1326号（2007年）203-204頁、服部榮三「判批」判例タイムズ1243号（2007年）48-49頁）。
　　他方、債権の管理・回収は高度の経営判断であるとして、それに裁判所が事後的に介入することに謙抑的な本判決の姿勢を肯定的に評価する見解もある（齊藤真紀「判批」商事法務1854号（2009年）133頁）。白井正和「判批」ジュリスト1355号（2008年）125頁も、厳格な法的責任の脅威により取締役の経営上の裁量が不当に狭められることのないよう、経営判断の内容の不合理性を根拠とする取締役の法的責任は、安易に認められるべきではないとする。
[235] 齊藤・前掲注234）133頁。
[236] 実際、本判決は、一般論の中において、「敗訴した場合の会社の信用毀損のリスク」を考慮要素の1つに挙げている（引用した判旨の2段落目を参照）。
[237] 齊藤・前掲注234）133頁。井上・前掲注234）204頁も参照。反対に、服部・前掲注234）49頁は、「当面の利益が少なくても、将来の利益あるいは目に見えない利益ないし効果もありうるので、このような効果を考えて提訴する必要がある場合も数多く存在すると考えられる」と述べる。

くなる。その要因として、次の3点が考えられる。第1に、勝訴により財産を回復するのは子会社であるため、親会社が得られる利益は減少する可能性がある[238]。特に、親会社が子会社株式を100％保有していない場合にはそういえる。第2に、会社の信用・評判が悪化するというリスクも、当該子会社にとどまらず、企業グループ全体に及びうる。第3に、子会社取締役に対しては、損害賠償請求以外の制裁手段をとることもできる。他方、子会社取締役の責任追及には抑止効果があり、これにより親会社が受ける利益を考慮する余地もあろう。

このように、子会社取締役の責任追及にあたっては考慮要素が一層多くなり、親会社取締役には一層広い裁量が認められると考えられる[239]。したがって、親会社株主が親会社取締役の提訴懈怠責任を追及することができるとしても、それだけでは、子会社取締役に対して十分な規律づけが及ばないであろう[240]。

これに対処するためには、子会社取締役の責任を追及しない場合に親会社取締役の任務懈怠を推定する等、親会社取締役の責任を厳格化する

---

[238] 中東・前掲注163）33頁参照。

[239] 株主代表訴訟制度研究会・前掲注173）10頁、高橋英治「判批」商事法務1719号（2005年）134頁、北村雅史ほか「〔座談会〕親子会社の運営と会社法〔上〕」商事法務1920号（2011年）17頁〔北村雅史発言〕、同18頁〔加藤貴仁発言〕参照。

[240] 稲葉・前掲注190）46頁も、子会社取締役の責任を追及するか否かの判断に経営判断原則が適用されるため、代表訴訟の違法行為抑制機能が弱まるおそれが大きいと述べる。

さらに、そもそも、代表訴訟の提起は、たとえそれが当該会社の利益にならなくても社会全体の利益になるのであれば、肯定的に評価されるべきである（本章第1節第2款二2参照）。これに対し、親会社取締役は、あくまで親会社の利益のために子会社取締役の責任を追及する善管注意義務を負うにとどまり、社会全体の利益に配慮して提訴する義務を負うわけではない（もっとも、社会全体の利益に配慮してはならないわけではない。前掲注140）参照）。そのため、親会社取締役の当該善管注意義務の実効性を高めても、代表訴訟制度の完全な代替にはならない。大規模な会社においては、代表訴訟の提起が社会全体の利益にはなっても当該会社の利益にはならないケースが少なくないと考えられるため、この違いは重大であると思われる。

立法上の手当てを設けることも考えられる[241]。しかし、子会社取締役の責任を追及しないことについての親会社取締役の責任を厳格化することは、親会社取締役による過剰な責任追及を招き、かえって非効率な結果をもたらすおそれがある[242]。したがって、親会社取締役の責任の厳格化が適切であるともいえない。

三 まとめ

以上のように、子会社に対する監視・監督の場面（一）、および子会社取締役に対する責任追及の場面（二）のいずれにおいても、親会社取締役の親会社に対する任務懈怠責任が認められる場合は、大幅に限定される。そのため、親会社取締役の責任追及を介して子会社取締役に対し規律づけを及ぼそうとしても、それは弱いものとならざるをえない。

これに対しては、親会社取締役の義務や責任を厳格化する（親会社取締役の裁量を狭く解する）ことが考えられる[243] [244]。しかし、その場合、

---

[241] 実際に、中間試案のB案の（注）イにおいて、本文で述べたような立法提案がなされた。すなわち、「株式会社の子会社の取締役等の責任の原因である事実によって当該株式会社に損害が生じた場合において、当該株式会社が当該責任を追及するための必要な措置をとらないときは、当該株式会社の取締役は、その任務を怠ったものと推定するものとする」という提案である（前掲注186）中間試案11頁）。

[242] 現に、中間試案のB案の（注）イ（前掲注241）参照）に対しては、子会社取締役への責任追及の措置が行き過ぎたものになる危険があるとの指摘が、実務家によってなされていた（古川純平「親子会社法制に係る事項——多重代表訴訟について」事業再生と債権管理137号（2012年）133頁）。

[243] 例えば、加藤・前掲注214) 39-40頁および41頁は、多重代表訴訟の対象とならない子会社の管理について、内部統制システムと親会社取締役の義務・責任を拡充（強化）し、親会社取締役会は、事業部門に対する監視・監督と同程度に、子会社取締役の行為を監視・監督する義務を負うという解釈を提案している。

[244] なお、中東・前掲注163) 33頁は、親会社取締役の責任追及を容易にするため、親会社株主の情報収集手段を拡充する必要性があると主張する。確かに、原告株主の情報不足のために、責任追及が困難となる場合はあろう。しかし、責任追及が困難となる要因は、親会社株主の情報不足のみにとどまらない。親会社

第2節　親会社取締役の子会社管理責任の追及をめぐる問題

子会社の業務に対する過剰な介入、過剰な内部統制システムの構築・運用、または過剰な責任追及を招くおそれがあり、経営の効率性が害される可能性がある[245]。また、親会社取締役にあまりに厳しい義務を課すと、子会社を作って子会社経営陣の裁量を広く認めることのメリットも、損なわれてしまう[246]。したがって、親会社取締役の義務や責任を厳格化することは、適切であるとはいえない。

親会社取締役の子会社管理責任の追及が親会社株主に認められているだけでは、親会社の損害填補の手段としても、子会社取締役を規律づける手段としても、不十分である。そもそも、単一の会社においても、「監督機関や提訴判断機関の監督責任や提訴懈怠責任の追及が株主に認められていれば、不正を犯した取締役自身への責任追及が不要になる」とは考えられていない。親子会社関係が存在している場合においても、これと異なる考え方を採用すべき理由はないのではないか。したがって、親会社取締役の子会社管理責任の追及が親会社株主に認められるからといって、不正を犯した子会社取締役自身への責任追及が不要になるとはいえないと考えられる。

取締役に広範な裁量が存在することも、責任追及を困難とする要因である。そして、この問題は、情報収集手段の拡充のみによっては解決しない。同様に、後述する損害額算定上の困難も、情報収集手段の拡充のみによっては解決しないであろう。したがって、情報収集手段を充実させたとしても、親会社取締役の対親会社責任の追及は、子会社取締役への規律づけの手段、および親会社の損害填補の手段として、限界があるといわざるをえない。

[245]　山下・前掲注182）41-42頁も、多重代表訴訟制度が存在しないことが、親会社取締役の対親会社責任を認める必要性を高める事情として作用する可能性があるとしつつも、「このような手続法的な事情により本来あるべき水準以上に親会社取締役の責任が認められるとすればそれは問題であり、むしろいわゆる二段階代表訴訟の導入を検討するほうが適切な解決になるであろう」と述べる。

[246]　法制審議会会社法制部会第11回会議議事録9頁〔田中亘幹事発言〕。

第3章 わが国における課題の検討

第3款　親会社への損害賠償の支払を認めることの適切性

　本款では、子会社に第一次的な損害が発生した場合において、親会社への損害賠償の支払という形で責任関係を処理することの当否を検討する。第2章第2節において考察したように、アメリカでは、このような場合において、親会社への損害賠償の支払により責任関係を処理することに、学説上強い批判がある[247]。批判の理由としては、①損害額算定の困難、②子会社の少数株主および債権者を害する危険、③二重の責任および二重の損害回復のおそれ、ならびに④複数の訴訟が提起されることによる弊害の4点が挙げられている。

　この問題に関しては、わが国でも、三井鉱山事件を契機として、学説上若干の議論があった。同事件の最高裁判決[248]は、子会社に生じた損害額をもって親会社に生じた損害額であると認定して、特段の問題を指摘することもなく、親会社取締役の親会社に対する損害賠償責任を認めている。しかし、これには2つの観点から疑問が提起されている。第1に、親会社が被った損害の額の算定方法について、学説上、異論が提起されている。特に、近時、親会社が被った損害の額を算定する際には、子会社に帰属する損害賠償請求権の価値を考慮する必要があるとして、親会社の損害額の算定について精緻な分析を行う見解が現れており[249]、注目に値する。第2に、事件当時より、一部の学説において、親会社への損害賠償の支払による責任関係の処理の適切性に対して疑問が提起され、若干の議論がなされた[250]。

　以下では、子会社に第一次的に生じた損害について親会社への損害賠償の支払を認めることの適切性に関して、従来の判例・学説の議論を参照しつつ、分析を行う。具体的には、まず、わが国におけるリーディン

247　第2章第2節第2款参照。
248　最判平成5年9月9日民集47巻7号4814頁。
249　舩津・前掲注154) 353頁以下（とりわけ374頁以下）。
250　詳細については本款三1を参照。

グケースである三井鉱山事件最高裁判決の内容を確認する（一）。その後、同判決をめぐる学説の議論も参照しながら、損害額の算定に関する問題（二）、および責任関係の処理方法としての適切性（三）について検討する。

一　リーディングケース──三井鉱山事件最高裁判決

　三井鉱山事件の事案の概要は、次のとおりである。P株式会社（以下、「P会社」という）は、その完全子会社であるS株式会社（以下、「S会社」という）に対して、P会社の株式を買い集めていたAよりP会社株式1550万株を、市場価格（380円から400円）を超える1株当たり500円程度で買い取り、それをグループ各社に売却するよう指図した。また、その際に発生した差損はS会社が負担することとされた。S会社は、当該指図に従って、AからP会社株式1550万株を1株当たり530円で取得した後、300円程度でグループ各社に売却した。これにより、35億5160万円の差損がS会社に生じた。P会社の株主Xは、S会社によるP会社株式の買取りは自己株式の取得を禁止していた平成13年改正前商法210条に違反するとして、P会社取締役であったYらに対して、P会社への損害賠償の支払を求めて、代表訴訟を提起した。第一審および原審はYらの責任を認め、最高裁もYらの上告を棄却した。

　最高裁の判示事項のうち、本款の主題との関係で重要なのは、P会社に生じた損害の額に関する次の部分である。

　　「〔本件の〕事実関係によれば、S会社の資産は、本件株式の買入価格82億1500万円と売渡価格46億6340万円との差額に相当する35億5160万円減少しているのであるから、他に特段の主張立証のない本件においては、<u>S会社の全株式を有するP会社は同額に相当する資産の減少を来しこれと同額の損害を受けたものというべきである</u>。また、P会社の受けた右損害とS会社が本件株式を取得したこととの間に相当因果関係があることも明らかである。したがって、本件株式の取得によりP会社が35億5160万円の損害を受けたとする原審の判断は、結論において是認することができる。」（下線は、筆者が付したものである）

第3章　わが国における課題の検討

このように、最高裁は「完全親会社が受けた損害額＝完全子会社に生じた損害額」であると解している。もっとも、その理由については、特に述べられていない。この点について、最高裁判所調査官の解説では、次のように説明されている。すなわち、最高裁は、①親会社が受けた損害とは親会社の有する子会社株式の価値の減少（子会社株式の評価損）であるという理解を基礎として、②完全子会社に生じた損害の塡補が問題となる場面では、「財産法的・純資産価格方式的な考え方」による株式価値の算定が合理的であるため、子会社の株式価値の減少額（子会社株式の評価損額）は、子会社に発生した損害額となると判示したものであると解説されている[251]。つまり、最高裁の判示は、「完全親会社が受けた損害額＝完全子会社の株式価値の評価損額＝完全子会社に生じた損害額」という等式に基づくものであるとされる。

二　損害額の算定に関する問題

1　問題の所在

前記①の「完全親会社が受けた損害額＝完全子会社の株式価値の評価損額」という点については、学説上もほとんど異論がない[252]。また、上

---

[251] 野山宏「判解」『最高裁判所判例解説民事篇平成5年度〔下〕』（法曹会、1996年）807-812頁。「財産法的・純資産価格方式的な考え方」とは、会社の収益力によってではなく、会社の資産の総和（財産の増減）によって、同社の株式の価値を把握する方法であると説明されている（同810頁）。また、最高裁のいう「特段の主張立証」に関しては、「財産法的・純資産価格方式的な考え方」とは異なる方法により計算した子会社株式の評価損額の方が適正である場合を意味するとされる。もっとも、その具体的な内容については、今後の事例の集積を待つほかないとされている（同811頁）。

なお、調査官解説では、親会社が子会社の全ての株式を保有していない場合であっても、「財産法的・純資産価格方式的な考え方」を採用することが適当なケースがありえ、その場合には「子会社に発生した損害に親会社の子会社持株比率を乗じた額」が親会社の損害額になると述べられている（同812頁）。

[252] 神田秀樹「判批」会社法判例百選〔第2版〕（2011年）51頁〔初出・会社判例百選〔第5版〕（1992年）49頁〕、尾崎安央「判批」平成5年度重要判例解説〔ジュリスト1046号〕（1994年）108頁等。

第2節　親会社取締役の子会社管理責任の追及をめぐる問題

記最高裁判決の後、類似事案に関する片倉工業事件控訴審判決も、親会社の損害額は子会社株式の評価損額であると判示している[253]。

他方、②の「完全子会社の株式価値の評価損額＝完全子会社に生じた損害額」という点については、学説上も異論が少なくない[254]。本款の議論との関係で特に重要であるのは、子会社には子会社取締役等に対する損害賠償請求権が発生するため、調査官解説のいう「財産法的・純資産価格方式的な考え方」を採用したとしても、「完全子会社の株式価値の評価損額＝完全子会社に生じた損害額」であると直ちにはいえないという批判である。この点は、第2章第2節で検討した General Rubber 判決においても問題となったものであり[255]、アメリカの学説が同判決への批判として挙げる、「損害額算定の困難」の主たる要因となっている。

親会社取締役による違法な指図に子会社取締役が従ったために、子会社に損害が生じた場合、子会社には、次の3つの損害賠償請求権が発生すると考えられる。すなわち、任務を懈怠した子会社取締役に対する損害賠償請求権[256]、違法な指図を行った親会社取締役に対する損害賠償請求権[257]、

---

[253] 東京高判平成6年8月29日金融・商事判例954号14頁。

[254] 大塚龍児「判批」判例時報1427号（1992年）204頁（判例評論404号58頁）、川島いづみ「判批」法律のひろば46巻1号（1993年）80頁、春田・前掲注176）法律のひろば77頁等。

[255] 第2章第2節第1款参照。

[256] 親会社取締役の指図に従ったことを理由に、子会社取締役の任務懈怠責任が直ちに否定されるわけではない。子会社取締役は、法的には子会社の機関として、子会社の利益のために職務を遂行しなければならないからである（森本・前掲注189）3044頁、川濱昇「持株会社の機関」資本市場法制研究会編『持株会社の法的諸問題』（資本市場研究会、1995年）73頁、前田重行「持株会社による子会社管理と持株会社の責任〔その2・完〕」法曹時報58巻5号（2006年）1554頁参照）。もっとも、完全子会社の取締役の場合については、別途検討する必要がある（後掲注306）参照）。

[257] 法律構成としては種々のものがあるが（江頭・前掲注2）442頁参照）、子会社取締役の善管注意義務違反に加担したことを理由とする、債権侵害の不法行為構成が、最も汎用性が高いと思われる（舩津・前掲注154）98頁以下参照）。

　もっとも、当該不法行為における権利侵害の対象は「子会社取締役の善管注意義務に対応する子会社の債権」ではなく、端的に「損なわれた子会社の具体

および親会社に対する損害賠償請求権[258]であり、これらは不真正連帯の関係にある[259]。これらの損害賠償請求権が資産として子会社に帰属するため、「完全子会社の株式価値の評価損額＝完全子会社に生じた損害額」であるとは当然にはいえない。これらの損害賠償請求権の価値の分だけ、子会社株式の評価損額は、子会社に生じた損害額よりも小さくなると考

> 的な財産（権）」（例えば、横領された金銭）と解するべきである。前者の場合、子会社取締役の任務懈怠（善管注意義務違反）が不法行為成立の要件となるようにも思われるが（江頭・前掲注163）102頁）、例えば、親会社取締役が、巧妙な詐術や強度の脅迫を用いて、子会社取締役に問題の行為を行わせた場合には、子会社取締役に善管注意義務違反が認められない可能性がある。このため、親会社取締役の行為がより悪質な場合に、かえって不法行為が成立しないということにもなりかねない。また、債権侵害の不法行為においては、「故意」の立証が必要となることが、問題であるとされてきた（江頭・前掲注163）102頁注10）。権利侵害の対象を具体的な財産（権）と考えれば、故意の立証は不要となり、過失によっても責任が成立する（もちろん、過失の認定にあたっては、問題となる種々の要素を適切に考慮する必要があり、安易に過失を認めてはならない）。さらに、「取締役の善管注意義務に対応する会社の債権」はそれ自体に固有の価値があるものではなく、最終的に損害の額を算定する際には結局、具体的な財産（権）の侵害について検討する必要があり、あえて抽象的な「債権侵害」を観念する必要性があるかは疑わしい。
> 　現在の民法学説においても、「債権侵害」という伝統的な問題の立て方自体が、抽象的・観念的に過ぎるとして強く批判されており、個別類型ごとの具体的な検討が必要であるといわれている（概観として、中田裕康『債権総論〔第3版〕』（岩波書店、2013年）282-285頁参照）。潮見佳男『プラクティス民法債権総論〔第4版〕』（信山社、2012年）542頁も、事実行為による債権の給付侵害の場合について、「ここでも、あえて『債権』侵害という構成をとらなくても、たとえば、営業権侵害や経済的利益の損失（エコノミック・ロス）を理由として不法行為責任を追及することも可能であり、むしろ、問題解決にとって適合的であるとも言える」と述べる。

258　子会社に対する親会社の責任を導く法律構成にも種々のものがあるが、親会社取締役の不法行為に基づく会社法350条の損害賠償責任が、最も汎用性が高いと思われる。なお、親会社自身が子会社に損害賠償責任を負うことは、子会社株式の評価損を減少させる一方で、それ自体が（子会社株式の評価損とは別に）親会社の損害となりうる（舩津・前掲注154）395頁参照）。このことも、親会社が受けた損害額の算定を困難なものとする。

259　舩津・前掲注154）392頁参照。

第2節　親会社取締役の子会社管理責任の追及をめぐる問題

えられるからである。

　では、これらの損害賠償請求権の価値は、どのように評価されるべきであろうか。論理的には、①常に無価値なものとして評価する、②常に額面額で評価する、③何らかの方法によってその額を評価・算定するという、3つの方法がある。①や②の方法には、実態から大きく乖離するおそれがあるという難点がある[260]。特に、②の方法によると、（請求権が行使される現実的可能性や債務者の資力がほとんどない場合であっても、）子会社株式の評価損は全く生じないことになり、その限りで親会社取締役の親会社に対する損害賠償責任は成立しなくなる。そこで、③の方向性を採用して、適切な算定方法を模索することが考えられるが、算定基準を示すことは困難である。実際、アメリカの General Rubber 判決も、③の方法を採用したが、訴訟の費用・遅延・不確実性等の諸要素に基づいて損害賠償請求権の額面額からどれくらいの額を割り引くかを、陪審の評価に委ねている。

　従来、わが国では、子会社に帰属している損害賠償請求権の評価の問題は、ほとんど議論されてこなかった[261]。三井鉱山事件最高裁判決およ

---

[260] さらに、①の方法には、本款の三において検討する、子会社の少数株主および債権者の保護の問題、ならびに二重責任および二重の損害回復の問題が、大きくなるという問題点もある。

[261] 子会社に帰属する損害賠償請求権を意識しているものとして、森本滋「判批」商事法務1210号（1990年）46頁がある。この見解は次のように述べる。完全子会社の場合、子会社取締役の責任は、親会社の同意により免除することができる。子会社による株式取得・転売が親会社の指図に基づく場合、事前の同意があると解することができる。このような関係から、三井鉱山事件の事案においては、子会社の損害が親会社の損害となる。子会社が完全子会社でない場合については、なお検討を要する（以上、森本・同51頁）。

　この見解に対しては、事前の同意による免責を認めることに批判がある（吉本健一「判批」商事法務1500号（1998年）78頁等。事前の同意による免責の可否については、川濱・前掲注256) 73頁を参照）。さらに、より根本的な問題として、「事前の同意」により子会社取締役に対する子会社の損害賠償請求権の存在が否定されたとしても、親会社取締役および親会社に対する子会社の損害賠償請求権が存在しうるため、やはり、子会社の損害がそのまま子会社株式の評価損（ひいては親会社の損害）になるとはいえない。したがって、子会社に

第3章 わが国における課題の検討

び同判決の調査官解説も、この問題には一切触れていない。わが国の判例・学説は、子会社に帰属している損害賠償請求権を意識してこなかったのであり、結果的に、前記①の考え方に従っていたことになる。もっとも、近時、子会社に帰属する損害賠償請求権の価値に着目して、親会社が被った損害額の妥当な算定方法について詳細に考察するものとして、舩津浩司による研究がある[262]。以下では、舩津の見解を概観し、その損害額の算定方法の適切性について検討する。

2　損害額の算定に関する近時の学説

まず、舩津は、子会社[263]に帰属する損害賠償請求権の価値を評価する際の基本的な考え方として、General Rubber 判決のような「請求権の現在価値」を測定する方法を否定する。その理由は、「〔子会社取締役に対する子会社の〕請求権の行使そのものが、現実には、親会社の担当役員または子会社の法定監査機関の判断や意向によって決まることを考えるならば、たとえば、……〔当該〕請求権の価値を、損害賠償請求が提起され認容され執行される確率等を用いて評価するといったことは、無意味である」からとされる[264]。親会社取締役および親会社に対する子会社の損害賠償請求権についても同様に、「当該請求権の行使自体が子会社の意思にかかるものであることから、たとえば確率的に評価するといった処理には意味がない」とする[265]。

その上で、舩津は、「規範的な評価から当該請求権の回収可能性の有

　　帰属する損害賠償請求権をどのように評価するかという問題は、三井鉱山事件の事案においても、存在するといえる。
262　舩津・前掲注154）374頁以下。
263　舩津は「親会社」・「子会社」ではなく、「上位会社（P会社）」・「下位会社（S会社）」の用語を用いているが（舩津・前掲注154）30頁参照）、本書の用語と統一するためにそれぞれ前者に置き換えて引用する。また、以下の引用文中における下線は筆者が付したものである。
264　舩津・前掲注154）385-386頁。
265　舩津・前掲注154）394頁。

第 2 節　親会社取締役の子会社管理責任の追及をめぐる問題

無を判断すべき」であると述べる[266]。規範的な評価の具体的あり方については、子会社取締役に対する請求権と、親会社取締役および親会社に対する請求権とを区別した上で、以下のように論じる。

　まず、子会社取締役に対する損害賠償請求権に関しては、次のように述べる。「〔子会社取締役に対する〕請求権については、親会社が子会社の株主としての地位に基づき、株主代表訴訟により追及することが可能である。……株主代表訴訟の制度趣旨が、会社による機関構成員の責任追及が行われないときに株主のイニシアティブでこれを行うことを可能とする制度である以上、子会社機関構成員に対して子会社株主たる親会社が代表訴訟を提起可能である状況とは、およそ子会社自身による子会社機関構成員に対する責任追及が期待できない状況であると評価することができるであろう。そして、そもそも代表訴訟が提起可能でなければその提起義務は観念しえないであろうから、親会社取締役の代表訴訟提起義務が問題となる状況とは、代表訴訟によらなければ……〔子会社取締役に対する〕請求権の行使はおよそ期待できない状況であるということができるであろう。したがって、少なくとも、親会社の取締役が負っている代表訴訟提起義務の違反を原因として責任追及を行う時点においては、……〔子会社取締役に対する〕請求権の行使はおよそ期待できない状況にあるものとしてそれを無価値と評価すべきであると考えられる。」[267]

266　舩津・前掲注154）386頁・394頁。
267　舩津・前掲注154）386頁。子会社に少数株主が存在する場合には、少数株主が代表訴訟を提起することによって、請求権が行使される可能性がある。これについて、舩津は「〔少数株主Mによる代表訴訟の提起〕は株主としての権利に基づくものにすぎず、そのような権利を行使しないこともM〔少数株主〕の自由であるというべきであろう。そして、現実にM〔少数株主〕の権利行使がないのであれば、その状態を前提として子会社の損害（ひいては親会社の損害）を算定すべきである」と述べている（同頁注121）。
　なお、本文を含めた以上の記述は、「親会社取締役の子会社監督義務違反」の場面を想定して論じられたものであるが、「親会社による子会社への不利益指図」の場面においても、同様に妥当するとされている（同394頁注140およびそれ

第 3 章　わが国における課題の検討

　次に、親会社取締役および親会社に対する損害賠償請求権については、2つの考え方がありうるとされる（どちらの考え方が妥当であるかについての評価は下されていない[268]）。第1の考え方は、次のようなものである。「〔親会社取締役および親会社に対する〕請求権は、親会社の取締役……への責任追及の場合における規範的な評価として、およそ子会社による請求権の行使は期待できないとまではいえない。……会社の機関構成員以外の者に対して会社が有する請求権を株主が代表訴訟によって行使することを認めていないわが国の制度にあっては、……〔親会社取締役および親会社に対する〕請求権に関して、親会社が関与する余地はない。したがって、親会社取締役の監督義務の内容として、子会社がその機関構成員に対して有する請求権を代表訴訟により行使する義務（是正措置発動義務）が問題となる局面に至っても、なお、子会社の機関構成員以外に対する請求権については、子会社自身による行使が期待されている状況にあると考えられる。……〔親会社取締役および親会社に対する〕請求権は、子会社自身による行使の可能性がある以上回収可能性はなお存在すると考えざるをえない。そして、これを親会社の観点からみるならば、……〔親会社取締役または親会社に対する〕請求権の回収可能性が存在する結果、子会社に損害は生じておらず、親会社の保有する子会社株式に減価は生じない……。」[269]

　第2の考え方は、「〔親会社取締役および親会社に対する〕請求権の行使に親会社が関与する余地はないとしても、現に請求がなされていない以上、親会社の損害算定の段階で親会社が子会社に対して負うことになる潜在的な債務を算入すべきではない」という考え方である[270]。この考え

　　に対応する本文）。
[268] 舩津・前掲注154）396頁。
[269] 舩津・前掲注154）394-395頁。もっとも、親会社は、子会社株式の評価損による損害は受けないものの、子会社に対して損害賠償債務を負っているため、その分だけ損害を受けているとされる。そして、当該損害賠償債務には、他の連帯債務者が存在することから、親会社が負う債務の額をいくらと評価すべきかという、新たな問題が生じるとされる（同395頁）。
[270] 舩津・前掲注154）395頁。

方によると、子会社取締役に対する請求権と同様に、親会社取締役および親会社に対する請求権も無価値であると判断され、子会社の実体財産の減少が子会社株式の評価損ひいては親会社の損害となる[271]。

要するに、舩津の見解は、「子会社の実体財産の流出の時点では、子会社……が有する損害賠償請求権が存在しうることから、親会社の『損害』を認識してそれに基づき親会社担当役員の責任を追及することが困難であるとしても、親会社の担当役員が負っている子会社を監督する義務の一環としての（子会社業務執行者に対する）代表訴訟等提起義務違反を認識しうる時点においては、親会社の損害を認識し、親会社の担当役員の責任を追及することができる」というものである[272]。

3 検討

舩津は、出発点として、General Rubber 判決のように「請求権の現在価値」を測定することを否定し、「規範的な評価」によって請求権の回収可能性を判断すべきとする。その理由は、請求権の行使が子会社または親会社の担当機関の判断や意向に委ねられていることから、請求権の行使可能性の確率的判断は「無意味」であるというところにある。その後の主張から推察するに、舩津は、請求権が行使される可能性を割合的な評価ではなく、オール・オア・ナッシングの二択で判断しているものと考えられる。また、舩津は、請求権の価値を評価するにあたり、請求権の行使可能性のみに着目しており、General Rubber 判決の挙げる「訴訟の費用、遅延、不確実性その他の要素」は考慮していないように思われる[273]。このように、舩津の見解は、請求権の行使可能性のみに着

---

[271] 舩津・前掲注154) 395-396 頁。

[272] 舩津・前掲注154) 398 頁。なお、舩津は、いわゆる間接損害について株主が会社法 429 条や不法行為に基づき損害賠償を請求することを許容する見解に立った場合についても検討しているが（同 387 頁以下および 397 頁以下）、議論の大筋に相違はないため、割愛する。

[273] もっとも、舩津は「代表訴訟等提起義務違反」がある場合にのみ、子会社株式の評価損を認識できるとしており、「代表訴訟等提起義務違反」の判断の中で訴訟コストや被告の資力等が考慮されるのかもしれない（その場合でも、オー

目し、かつ、それを「規範的に評価」することによって、かなり割り切った形で請求権の価値を評価するものであるといえる。

確かに、担当機関による請求権行使の可能性を 40 ％や 70 ％などと確率によって評価し、請求権の価値に反映させることには、疑問がありうる。また、請求権の現在価値に影響する種々の要素をどのように考慮するかについて、基準や評価手法を示すことも、困難であろう。それゆえ、舩津の見解のように、請求権の価値について割り切った評価をすることにも、相応の理由がある。

しかし、他方で、請求権の行使可能性（ひいては請求権の価値）をオール・オア・ナッシングの完全な二択によって評価することには、実態から大きく乖離する危険がある[274]。実際、この見解の結論が適切であるかについては、問題がある。最大の問題点は、舩津自身も認めるとおり[275]、親会社取締役の「代表訴訟等提起義務違反」が存在しなければ、親会社の損害を認識することができないという点にある[276]。その結果、親会社

ル・オア・ナッシングの形で損害額に反映されるであろう）。

しかし、舩津の見解の論理からすると、子会社株式の評価損を認めるために、「代表訴訟等提起義務違反」までを認定する必要はなく、「請求権の行使可能性がないこと」さえ認定できればよいはずである（舩津・前掲注154) 400-401 頁の本文および注 155 もそのことを認めているものと思われる）。そして、舩津は、請求権の行使可能性の有無を、「当該請求権が会社法上において代表訴訟の対象とされているか否か」によって判断している。したがって、舩津の見解によれば、訴訟コストや被告の資力等の諸要素は、やはり考慮されないことになると思われる。

[274] 特に、被告の資力・訴訟コスト・勝訴の見込みなど、請求権の行使可能性以外の諸要素が考慮されないために、実態としては無価値に近い請求権が額面額のまま評価されてしまうという難点もある。

[275] 舩津・前掲注154) 398-400 頁。

[276] しかし、前掲注273) において述べたように、舩津の見解の論理からすると、子会社株式の評価損を認めるために、「代表訴訟等提起義務違反」の認定までは必ずしも必要でなく、「請求権の行使可能性がないこと」さえ認定できればよいはずである（舩津・前掲注154) 400-401 頁本文および注 155 もそのことを認めていると思われる）。そして、舩津は、「請求権の行使可能性の有無」を代表訴訟の対象であるか否かによって判断する。したがって、親会社取締役の対親会社責任の成立が限定される程度は、それほど大きくならないように思われる。

第2節　親会社取締役の子会社管理責任の追及をめぐる問題

取締役の違法な指図や監視・監督義務違反のみを主張・立証しても、親会社取締役の責任は認められないことになる。この見解を採用する場合、親会社取締役の親会社に対する損害賠償責任が認められる場合は極めて限定されるため、（親会社取締役の責任追及を介しての）子会社取締役に対する規律づけも一層弱いものとなる。

　また、舩津の見解の論理にも、以下のような疑問点がある。

　まず、提訴可能性と代表訴訟制度の関係についての理解に疑問がある。舩津は、子会社取締役に対する請求権について論じた場面において、代表訴訟が提起可能である場合とは、会社自身による提訴がおよそ期待できない場合であると評価している。しかし、わが国の代表訴訟制度の下において、代表訴訟が提起可能である状況が、会社自身による提訴がおよそ期待できない状況を意味するといえるのかは、疑問である。代表訴訟が認められている根拠は、問題の請求権について、会社自身による提訴が懈怠される類型的な可能性があるからである。また、代表訴訟制度において会社に対する提訴請求手続が前置されているのは、会社自身による請求権行使の機会を与えるためであり、ここでは会社自身による提訴がありうることが前提とされている。したがって、代表訴訟の対象とされている請求権について、会社自身による提訴がおよそ期待できないとまで評価することは、行き過ぎではないか。規範的評価として、代表訴訟の対象である請求権は会社自身による提訴をおよそ期待することができないと評価する場合でも、そのような規範的評価をすることが適切であることの実質的な根拠を挙げる必要があろう。

　次に、親会社取締役および親会社に対する請求権についての第1の考え方では、これらの請求権が代表訴訟の対象となっていない以上、子会社自身による行使が期待されるので、行使可能性は認められるとされている。これは、「会社自身による行使を期待できない請求権は全て代表訴訟の対象となっており、代表訴訟の対象外の請求権は全て会社自身に

　　ただし、「請求権の行使可能性の有無」を代表訴訟の対象であるか否かによって
　　判断する点には、後述のように疑問がある。

よる提訴を期待できる」という考え方を基礎にしているといえる。要するに、ここでは、「会社自身による請求権の行使可能性の有無は、当該請求権が会社法上において代表訴訟の対象とされているか否かによって、オール・オア・ナッシングの二択で評価される」という考え方が黙示的に前提とされている。しかし、現行法がこのような考え方と整合的であるかは疑わしい。実際、親会社取締役および親会社に対する請求権自体、子会社自身による提訴が期待できないものであるといわれており、代表訴訟の対象とすべきであるとの主張もなされている[277]。

　最後に、親会社取締役および親会社に対する請求権についての第2の考え方（現に請求権が行使されていなければ、それを無価値なものとして扱うという考え方）にも、疑問がある。このような考え方は、請求権が将来において行使される可能性を無視する点で、（舩津自身が問題視している）従来の判例・学説の考え方と変わりがない。ここでも、請求権の将来における行使可能性を一律に否定することが適切・妥当であることの実質的な根拠が、示されなければならないであろう。

　以上のように、親会社に生じた損害額の算定に関する舩津の見解には、多くの疑問がある。舩津の見解のような割り切った考え方は、個々の事案の実態に合わず、救済の過不足を生むおそれがある。他方、実態に即した形で損害額を算定するのであれば、各請求権の行使コスト・各被告の資力等を個別的に考慮せざるをえず、一律の基準を設けることは困難であろう。実際に、アメリカの General Rubber 判決は、損害額の算定を陪審の評価に委ねている。わが国でも、同様に、民事訴訟法248条を適用するなどして、損害額の算定を裁判所の裁量的な評価に委ねることが考えられる。しかし、それでも子会社に帰属している損害賠償請求権の価値の評価が、非常に困難であり、裁判所にとって大きな負担となることに変わりはない。アメリカの学説が、損害算定の困難を理由の1つに挙げて、親会社取締役の対親会社責任の追及による責任関係の処理に批判的であるのも、もっともなことであると思われる。わが国でも、

277　本章第1節第3款三2参照。

親会社に生じた損害額を算定することの困難さが、親会社取締役の対親会社責任の追及による責任関係の処理において、重大な問題点となろう。

三　責任関係の処理方法としての適切性

　子会社に第一次的な損害が生じた場合に親会社への損害賠償の支払を認めることには、損害額算定の困難以外にも、子会社の少数株主および債権者を害する危険、二重の責任および二重の損害回復のおそれ、ならびに複数の訴訟が提起されることによる弊害といった問題点があることが、アメリカの学説によって指摘されている[278]。わが国でも、三井鉱山事件判決を契機として、これらの問題点について、学説上議論がなされた。以下では、わが国における従来の議論を分析した上で、子会社に第一次的に生じた損害について親会社への損害賠償の支払を認めることが、責任関係の処理方法として適切であるか否かを検討する。

1　三井鉱山事件判決をめぐる議論

　三井鉱山事件判決のように、子会社に第一次的な損害が生じた場合に、親会社への損害賠償の支払を認めることに対しては、一部の学説から批判が提起されていた。批判の要旨は、次の3点にまとめることができる。①子会社に第一次的に生じた損害について親会社への損害賠償の支払を認めることには、子会社の少数株主および債権者を害する危険がある[279]。②そのような損害については、親会社への損害賠償の支払ではなく、子会社への損害賠償の支払こそが終局的かつ適切な事案解決となる[280]。③

278　第2章第2節第2款参照。
279　春田博「株式相互保有規制と子会社法人格〔上〕──三井鉱山事件と現行法制」商事法務1205号（1990年）8頁、大塚・前掲注254）203-204頁、藤原俊雄「子会社による親会社株式の取得──損害の問題を中心に」静岡大学法経研究42巻1号（1993年）17-18頁。
280　春田・前掲注176）法律のひろば78頁、大塚・前掲注254）204頁、藤原・前掲注279）18頁。ただし、大塚・同204頁および藤原・同20-21頁は、親会社取締役について、平成13年改正前商法210条違反という法令違反は認められないものの、善管注意義務・忠実義務に関する同254条3項（民法644条の準

その場合、子会社への損害賠償責任を第一次的に負うのは子会社取締役であり、親会社取締役の責任は二次的なものにとどまる[281]。

これに対して、親会社取締役が親会社へ損害賠償を支払うという処理を支持する見解（多数説）は、子会社取締役の対子会社責任と親会社取締役の対親会社責任は両立するため、子会社の債権者や少数株主が害されることにはならないとする[282]。

解釈論として考えた場合、多重代表訴訟制度が存在せず、多重代表訴訟に関する議論自体もほとんど存在しなかった三井鉱山事件当時の処理としては、親会社取締役の対親会社責任の追及を認めなければ、親会社株主は救済手段を有さないこととなるため、多数説の説くところに説得力がある[283]。また、三井鉱山事件では、子会社が完全子会社であったため、子会社の少数株主の保護は問題とならなかった。そして、親会社取締役が故意により違法な指図をしていたため、（子会社取締役に対する損害賠償請求権だけでなく）親会社取締役および親会社に対する損害賠償請求権も子会社に帰属していたと考えられ、子会社債権者はそれらを債権者代位によって行使することができた[284]。したがって、三井鉱山事件

用)・254条ノ3違反という法令違反に基づく責任は認められるとする。
[281] 春田博「株式相互保有規制と子会社法人格〔下〕——三井鉱山事件と現行法制」商事法務1206号（1990年）14-15頁。大塚・前掲注254) 204頁、藤原・前掲注279) 18-19頁・27頁も同趣旨と思われる。また、春田・前掲注176) 法律のひろば78頁は、この点を敷衍して、「子会社取締役が第一次的な責任の主体として観念され、親会社取締役はこれに付随・共同して責任を担うことになる」と述べる。
[282] 神田・前掲注252) 51頁、吉原和志「判批」法学教室159号（1993年）35頁、吉本・前掲注261) 78頁参照。これらの見解は、完全親子会社関係が存在していた三井鉱山事件の事案との関係上、もっぱら子会社債権者の保護の観点から、「子会社債権者が子会社に生じた損害について子会社取締役の責任を追及しうることと親会社取締役が親会社に損害賠償責任を負うことは両立する」と論じるにとどまる。しかし、子会社の少数株主の保護についても同様に考えることができると思われるため、本文のように記述した。
[283] 川濵・前掲注256) 89頁注13参照。
[284] 河本一郎「判批」平成元年度重要判例解説〔ジュリスト957号〕（1990年）99頁（親会社取締役および親会社の損害賠償責任の根拠として、それぞれ、子

第 2 節　親会社取締役の子会社管理責任の追及をめぐる問題

の事案の下では、親会社取締役に親会社への損害賠償を支払わせても、子会社の少数株主や債権者の保護に関する問題は、あまり生じなかったといえる[285]。

しかし、三井鉱山事件の事案においても、二重の損害回復および二重の責任の問題は、生じる可能性がある。まず、親会社取締役から親会社に損害賠償が支払われた後、子会社も子会社取締役等から損害賠償の支払を受けた場合、親会社（ひいては親会社株主）には二重の損害回復が生じる[286]。次に、親会社取締役が親会社に損害賠償を支払った後、親会

> 会社取締役の任務懈怠に加担したこと（債権侵害）を理由とする親会社取締役の不法行為責任、および現在でいう会社法 350 条に基づく会社の責任が挙げられている）。龍田節「判批」商事法務 1334 号（1993 年）37 頁も参照。
> 　しかし、債権者代位制度によって債権者が十分に保護されるといえるか、疑問がある。この場合の債権者代位訴訟では、「子会社の無資力」および「子会社に対する親会社取締役の指図その他事実上の影響力の行使」についての主張・立証責任が、債権者に課せられる。子会社内部および親子会社間の事情について主張・立証を行うことは、債権者にとって大きな負担である。債権者の負担するリスクやコストが高まることは、事前の観点から考えると、利率の上昇等、契約条件を通じて、会社（総株主）の負担にもつながる。したがって、債権者代位制度に頼らずとも、子会社債権者の利益を保護することができるのであれば、債権者の負担するリスクやコストが低下し、望ましいといえる。

[285] ただし、親会社取締役の資力には限界があることから、親会社取締役が親会社に対して損害賠償を支払った後に、子会社または子会社債権者が親会社取締役へ損害賠償を請求しても、親会社取締役の資力不足のために損害賠償の支払を受けることができない可能性がある（親会社に対する損害賠償請求も、親会社が無資力の場合には、救済として不十分である）。この点で、子会社の少数株主や債権者の保護には、問題が残るといわざるをえない。第 2 章で見たように、この点はアメリカの学説においても指摘されている（第 2 章の注 332）および 333）に対応する本文を参照）。

[286] 吉本・前掲注 261）78 頁、舩津・前掲注 154）401 頁。
　ただし、舩津・同 402 頁は、二重の損害回復の問題について、取締役が不当な債権放棄を理由とする損害賠償責任を会社に履行した後に、会社が債務者から任意弁済を受けた場合と異ならないとし、二重の損害回復の可能性があるからといって、損害賠償責任を否定すべきではないと述べる。しかし、債権放棄後の任意弁済は義務的な行為ではなく一種の贈与というべきであって、それによって会社が利益を得ることは当然であり、ここで問題としている「二重の損

社取締役が子会社から損害賠償請求を受けた場合には、親会社取締役は二重の責任を負うことになる[287][288]。これらの問題への対処としては、親会社取締役から親会社への不当利得返還請求を認めることが考えられるが[289]、事案の終局的解決までにいくつもの訴訟が必要となり、紛争処理が複雑化することは否めない。やはり、アメリカの学説が主張するように、親会社取締役の親会社に対する損害賠償の支払という処理には、子会社の少数株主および債権者を害する危険、二重の責任および二重の損害回復のおそれ、ならびに紛争処理の複雑化（責任関係の錯綜）という問題があることは、否定できないと思われる。

害回復」とは状況が異なるように思われる。
[287] このほか、親会社取締役が親会社に損害賠償責任を履行した後に、①子会社債権者が子会社の親会社取締役に対する損害賠償請求権を代位行使した場合、または②子会社に対する損害賠償責任を履行した子会社取締役もしくは親会社が、親会社取締役に対して求償した場合にも、親会社取締役の二重責任の問題が生じる。
[288] 川濱・前掲注256) 77頁、山下・前掲注182) 38頁、舩津・前掲注154) 401頁。なお、川濱・前掲注256) 77頁は、取締役の任務懈怠行為によって会社債権者が間接損害を被った場合にも同様に、会社法423条と429条によって、取締役の二重責任の問題が生ずることから、二重責任の問題には神経質にならなくてもよいことを示唆する（舩津・前掲注154) 402頁も参照）。しかし、当該場合においては、①取締役が会社に対して損害賠償責任を履行すれば、会社債権者の間接損害もなくなり、他方、②取締役が会社債権者に対して損害賠償責任を履行すれば、賠償者代位（民法422条類推適用）によって当該会社債権者の会社に対する債権が取締役に移転し、相殺等によって任務懈怠責任を縮減することができると考えられるため、取締役が実質的に二重の責任を負うことにはならないであろう。民法422条は、不法行為に基づき損害が賠償された場合にも類推適用されるとするのが通説であり（奥田昌道編『新版注釈民法(10)Ⅱ』（有斐閣、2011年）671頁〔山下純司〕参照）、会社法429条に基づき損害が賠償された場合においても、類推適用されてよいと考える。
[289] 吉本・前掲注261) 78頁。大塚・前掲注254) 204頁も参照。

2 立法論的検討——株主の間接損害の救済方法をめぐる問題との同質性

立法論として理想的な処理のあり方を考えるのであれば、子会社に第一次的に生じた損害については、子会社に対する損害賠償の支払によって処理する方が合理的である[290]。子会社に第一次的に生じた損害によって親会社が被る損害は、いわゆる間接損害である。株主の間接損害について、多数説は、直接の損害賠償請求を認めず、代表訴訟を通じた会社財産の回復によって救済されるべきであるとする[291]。その理由としては、①会社が損害を回復すれば株主の間接損害も回復すること、②取締役が株主に損害賠償を支払っても会社に対する責任が残るならば、取締役は二重の責任を負うことになること、③逆に、取締役が株主に賠償した金額だけ会社の損害賠償請求権が減額されるならば、取締役の責任の免除に総株主の同意が必要であること（会社法424条）と矛盾し、また、損害賠償請求権という会社財産を特定の株主が奪う結果となることが、挙げられている[292]。これらの理由は、アメリカの学説が親会社取締役の親会社に対する損害賠償の支払による処理を批判する理由と、大部分において重なる。

このことからもわかるように、親会社取締役の子会社管理責任が追及される場面においても、「株主の間接損害の救済方法をめぐる問題」と

---

[290] 山下・前掲注182) 41頁は、「損害の第一次的発生は子会社にあるのであり、親会社取締役も子会社に対して賠償義務を履行する責任を負うとしたほうが問題を一元的に解決することになるように思われる」と述べる。加藤・前掲注209) 12頁注38も、「子会社がこうむった損害について親会社取締役と子会社取締役の任務懈怠責任が問題となる場合、子会社に対する損害賠償責任という形での処理のほうが、実態に即していることは否めない」という。法制審議会会社法制部会第6回会議議事録18頁〔田中亘幹事発言〕も参照。

[291] 上柳克郎＝鴻常夫＝竹内昭夫編集代表『新版注釈会社法(6)』（有斐閣、1987年）322頁〔龍田節〕、大隅＝今井・前掲注70) 269-270頁、鈴木竹雄『会社法〔全訂第5版〕』（弘文堂、1994年）204頁注1、伊藤ほか・前掲注21) 235頁〔伊藤靖史〕等。

[292] 大隅＝今井・前掲注70) 269-270頁、上柳＝鴻＝竹内編・前掲注291) 322頁〔龍田節〕、伊藤ほか・前掲注21) 235頁〔伊藤靖史〕。

第 3 章　わが国における課題の検討

同質の問題が生じている[293]。「株主の間接損害の救済方法をめぐる問題」に関する、わが国の学説の概況は、次のとおりである。多数説は、前段落において挙げた 3 つの理由から株主による直接の損害賠償請求を否定して、代表訴訟による会社財産の回復を通じて株主の保護が図られるべきであるとする[294]。少数説は、かつて代表訴訟制度がほとんど利用されていなかったことを背景に、株主の救済方法の拡充の観点から、株主による直接の損害賠償請求を認める[295]。また、上場会社等については多数説のようにいえるとしても、「取締役と支配株主とが一体である閉鎖型のタイプの会社の場合、少数株主への加害の救済を代表訴訟に限ると、加害が繰り返され実効的な救済にならない例が多いから、株主の被る間接損害につきこの損害賠償請求を認める余地はあると解すべきである」と述べる有力な見解もある[296]。以上のように、ここでは「責任関係の合理的処理」と「救済手段の不十分さの補完」という、2 つの政策的要請のどちらに重点を置くかが、問題になっているといえる[297]。現在では、

---

[293] 実際、アメリカにおいて親会社取締役の対親会社責任を肯定した General Rubber 判決でも、「間接損害については株主が自己への賠償金の支払を直接求めることはできない」という先例法理（Smith v. Hurd ルール）との関係が問題となっていた（第 2 章第 2 節第 1 款参照）。

　さらに、近時、多重代表訴訟を認めた香港の判例も、このことを明確に指摘している。香港はイギリスと同じ法体系に属しており、イギリスの判例上、株主は、間接損害に相当するところの「反射的損害（reflective loss）」について、原則として、損害賠償を直接請求することはできず、代表訴訟によって救済を受けることができるにとどまるとされている。香港の終審法院（court of final appeal）は、同じことが子会社や孫会社に第一次的に生じた損害にも妥当し、親会社株主は自己や親会社への損害賠償の支払を請求することはできないが、子会社や孫会社に代わって多重代表訴訟を提起することはできると判示した。See Waddington Ltd. v. Chan Chun Hoo & Ors [2009] 4 HKC 381；(2008) 11 HKCFAR 370.

[294] 前掲注 291) において挙げた文献を参照。

[295] 竹内・前掲注 27) 288-290 頁、田中誠二『三全訂　会社法詳論　上巻』（勁草書房、1993 年) 683 頁以下（取締役の責任強化という立法趣旨も強調する)。

[296] 江頭・前掲注 2) 503 頁注 3。

[297] 舩津・前掲注 154) 380 頁を参照。なお、伊藤雄司「会社財産に生じた損害と

第 2 節 親会社取締役の子会社管理責任の追及をめぐる問題

代表訴訟制度も利用しやすくなっており、（少数株主保護のために直接の損害賠償請求を認めるべき場合がありうることは否定しないが、）代表訴訟による救済が実効的である限り、原則として代表訴訟によるべきという多数説的な理解が、より優勢になっていると思われる[298]。実際、そのような理解に立つ裁判例も登場している[299]。

子会社に第一次的に生じた損害について、子会社に損害賠償が支払われれば親会社の間接損害も塡補されると考えることには、ほとんど異論がない[300]。そして、そのような責任関係の処理を親会社株主が実現する手段が、多重代表訴訟制度である[301]。したがって、前段落の最後で述べた理解に従えば、少なくとも多重代表訴訟による救済が実効的である限り、親会社への損害賠償の支払ではなく、多重代表訴訟を通じた子会社への損害賠償の支払の方が、責任関係の処理として望ましいといえる。

もっとも、親会社が損害賠償の支払を直接受けるべき合理的な理由があれば、親会社への損害賠償の支払を認めてもよいかもしれない。しかし、そのような合理的理由はほとんどないように思われる。親会社は子会社の支配株主であるから、ここで問題となっている状況は、少数株主の保護を理由に直接的な損害回復を認めるべき状況[302]とは正反対である。また、親会社が現金を必要としているのであれば、損害賠償の支払を受けた子会社から借入れ等によって調達すればよい。子会社が倒産の危機にあるために親会社が損害賠償を直接受け取りたいというニーズがあるかもしれないが、そのようなニーズは、法が定める債権者・株主間の優先劣後関係に反するため、保護に値しないであろう。

　　株主の損害賠償請求権（4・完）——ドイツにおける反射損害の議論との対比において」法学協会雑誌 124 巻 3 号（2007 年）731 頁も参照。
[298]　伊藤ほか・前掲注 21）237 頁〔伊藤靖史〕も参照。
[299]　東京高判平成 17 年 1 月 18 日金融・商事判例 1209 号 10 頁。
[300]　森本・前掲注 261）51 頁、龍田・前掲注 284）37 頁、吉本・前掲注 261）78 頁、舩津・前掲注 154）385 頁等。
[301]　実際に、三井鉱山事件判決の処理に批判的な見解は、多重代表訴訟制度の導入を主張していた（春田・前掲注 176）重層代表訴訟 208 頁以下）。
[302]　前掲注 296）およびそれに対応する本文を参照。

3 責任関係の処理に関する具体的検討

　以上のように考えると、三井鉱山事件判決の処理に批判的であった学説の主張には、立法論としての合理性がある。もっとも、第一次的に責任を負う主体が子会社取締役であるという点には、疑問がある[303]。損害賠償の支払を受けるべきなのが子会社であるとしても、その責任を第一次的に負うのが子会社取締役であるとは限らない[304]。子会社取締役の任務懈怠によって子会社に損害が生じた場合の責任関係の適切な処理方法については、以下のように、2つの場合に分けて検討する必要がある。

　第1の場合は、三井鉱山事件のように、親会社取締役の違法または不当な指図により子会社取締役が任務懈怠行為を行った場合である。この場合、最終的に責任を負担すべきなのは、違法または不当な指図をした親会社取締役であるというべきである[305]。よって、事案の終局的解決としては、親会社取締役の対子会社責任が追及されることが望ましい。責任関係の簡明な処理を実現するためには、このような親会社取締役の対子会社責任についても、親会社株主が多重代表訴訟によって追及することができるべきである。もっとも、指図の違法性または不当性を十分に認識しながらそれに従った子会社取締役も、子会社に対する任務懈怠責任を実体法上免れえない[306]。このような子会社取締役の責任を不問とす

　303　前田・前掲注256) 8頁も参照。

　304　舩津・前掲注154) 422頁。

　305　加藤・前掲注209) 6頁。もっとも、親会社取締役と子会社取締役が共謀していた場合など、両者が対等に近い責任を負うべき場合もあろうし、場合によっては、子会社取締役の方が主たる責任を負うべき場合もあろう。いずれにせよ、親会社取締役と子会社取締役の両方が子会社への損害賠償責任を連帯して負い、最終的な負担割合は求償において調整されることになる。

　306　前掲注256) 参照。もっとも、事案によっては期待可能性がなかったとされる余地はあろう。寄与度に応じた損害賠償責任の認定を行うべきことを主張する見解もある（柳伸之介「多重代表訴訟における子会社役員の責任に関する実質的考察」阪大法学62巻3＝4号（2012年）1149-1150頁）。

　　なお、完全親子会社間においては、親会社の指図は子会社の総株主の同意に基づくものといえる。そして、取締役は、違法な決議でない限り、株主総会決議を遵守する義務を負うのであるから（会社法355条）、総株主の同意も株主総

第2節　親会社取締役の子会社管理責任の追及をめぐる問題

れば、子会社取締役が親会社取締役の違法または不当な指図に抵抗するインセンティブが失われ、不正の抑止の観点から問題がある。また、親会社取締役の資力が不十分であり、子会社取締役が相当程度の資力を有

> 会決議と同視して、その内容が違法なものでない限り、取締役はこれに従う義務を負うというべきである。よって、完全親会社の指図が違法（債権者を害する場合を含む）なものでない限り、完全子会社取締役は当該指図に従う義務を負い、当該指図に従うことは、子会社に対する善管注意義務違反を構成しないと考えるべきである（大杉謙一「多重代表訴訟について——グループ会社経営と子会社取締役が負う義務の内容」民事研修658号（2012年）7-8頁も、債権者に損害賠償責任を負う可能性を別とすれば、完全子会社の取締役が完全親会社の指図に従っても、子会社に対する義務違反とならないとの見解を示す。加藤・前掲注208）11頁注34も、「グループ企業の経営を円滑にするという観点からは、完全親会社から完全子会社に具体的な指示がなされた場合、完全子会社の利益に適うか否かを逐一検討しない限り、完全子会社の取締役には任務懈怠が存在するという枠組みには問題がある。完全親会社が自らの指示によって完全子会社が被る損益を全て引き受けている状況では、完全子会社の取締役に独自の判断を強制する必要性は小さいように思われる」と述べ、上記の結論に好意的である。なお、大隅健一郎「親子会社と取締役の責任」商事法務1145号（1988年）43頁は、完全子会社の取締役も、あくまで子会社の利益のために職務を遂行しなければならないが、親会社の指図による業務執行行為については、債権者の権利を害するおそれがない限り、総株主の同意による事前の責任免除によって免責されると述べる。江頭・前掲注2）428頁・440頁も同旨。事前の同意による免責の可否については、川濱・前掲注256）73頁を参照）。
>   これに関連して、多重代表訴訟制度を導入すると、子会社取締役が親会社からの事実上の影響力と代表訴訟の脅威との間で一種のジレンマに陥るおそれがあるとの指摘があるが（加藤・前掲注209）8頁）、以上のように考えれば、完全子会社においては、違法な指図でない限り、親会社からの指図に従った子会社取締役には任務懈怠責任が生じないので、そのようなジレンマは存在しない（加藤・前掲注208）16頁注49も参照）。違法な指図には、たとえジレンマがあったとしても、従ってはならないというべきである（この点は、単一の会社の従業員も同じである。もっとも、期待可能性の不存在による免責の余地はありうる）。他方、完全子会社でない子会社においては、少数株主が存在する以上、親会社の指図（総株主の同意とはいえない）に従っても、子会社取締役は免責されず、上記ジレンマは残る。もっとも、ここでは、少数株主によって通常の代表訴訟が提起される可能性がある以上、多重代表訴訟制度の導入の有無に関わらず、上記ジレンマは存在することに留意する必要がある。

する場合もありうるため、損害塡補の観点からも、子会社取締役の対子会社責任を認めることが望ましい。よって、親会社株主は、子会社取締役の責任も多重代表訴訟によって追及することができるべきである。当該責任を履行した子会社取締役は、第一次的な責任を負っている親会社取締役に対して、求償することができる。以上、第1の場合においては、親会社取締役の対親会社責任は、間接損害に関する限り、認める必要がない[307]。

第2の場合は、三井鉱山事件とは異なり、親会社取締役による違法または不当な指図なしに、子会社取締役が不正行為を行った場合である。ここでは、当該不正行為に関する親会社取締役の親会社に対する子会社管理義務違反[308]が問題となるにとどまり、親会社取締役および親会社は、子会社に対して損害賠償責任を負わない[309]。親会社取締役は子会社管理義務を親会社に対して負うのであって、子会社に対しては負わないからである[310]。この場合には、子会社取締役のみが子会社に対して責任を負い、当該責任を追及することが事案の終局的解決につながる。親会社取締役は、子会社管理義務違反を理由に、親会社に対して責任を負いうるものの、子会社に第一次的に損害が生じた場合は、子会社への損害賠償の支払によって責任関係が処理されるべきであるから、まずは、子会社取締役の対子会社責任が追及されるべきである。子会社への損害賠償の支払よりも先に、親会社取締役の親会社に対する損害賠償責任の追及を認めることは、損害額算定の困難、二重の損害回復の可能性、および紛

---

[307] なお、子会社の「親会社」に対する損害賠償請求権を多重代表訴訟の対象とすべきか否かについては、検討を要する。通常、そのような請求は親会社株主の財産的利益につながらない(むしろ不利益になりうる)ため、親会社株主に適切な訴訟追行を期待することができるか、疑問が生じるからである。この問題については、多重代表訴訟の被告の範囲に関する本章第3節第2款三1を参照。

[308] 親会社取締役の義務違反としては、内部統制システム整備の懈怠、不正行為に対する調査や是正の懈怠、および子会社取締役の責任追及の懈怠などがある。

[309] もっとも、これは原則であり、例外がある(本文次段落において詳述する)。

[310] 舩津・前掲注154) 382頁。江頭・前掲注163) 197頁も参照。

第 2 節　親会社取締役の子会社管理責任の追及をめぐる問題

争処理の複雑化（責任関係の錯綜）といった問題を生じさせることから[311]、適切ではない。もっとも、子会社取締役の対子会社責任が追及された後において[312]、子会社取締役の資力不足等のために、親会社になお損害が残る場合には、当該損害について、親会社取締役に対する親会社の損害賠償請求を認めてもよいと考える[313]。別の考え方としては、子会社の損害額の確定を待たずに、親会社取締役に親会社に対する損害賠償責任を子会社への給付の形で履行させるという処理もありうる。そうすれば、子会社の少数株主や債権者の利益にもつながり、二重の責任や二重の損害回復といった問題も起こらない（損害額算定の困難は生じる）。実際、ドイツの学説には、このような処理を主張する見解が存在するようである[314]。しかし、このような処理を理論的に説明することは難し

[311] もっとも、第 1 の場合と異なり、第 2 の場合においては、親会社取締役が二重の責任を負う危険、および子会社の少数株主や債権者に不利益が生じる可能性は存在しない。
　　ただし、第 2 の場合でも、親会社に対して損害賠償を支払った親会社取締役が子会社取締役に求償することができるとすると、子会社取締役が二重の責任を負う可能性がある。この場合に親会社取締役が子会社取締役に求償することができるか否かについては、ほとんど論じられていないが、おそらくそのような求償はできないであろう。なぜなら、親会社取締役が親会社へ賠償金を支払っても、子会社取締役の対子会社責任が減免されるわけではないため、子会社取締役に利得は生じず、親会社取締役の子会社取締役に対する求償権は認められないと考えられるからである。
[312] 厳密には、強制執行が行われた段階に至ってはじめて、親会社の損害額が確定する。
[313] このような処理を実現する方法としては、持分会社における無限責任社員の責任制度（会社法 580 条 1 項）を参考にして、「①子会社取締役の財産をもって子会社に対する損害賠償債務を完済することができない場合、または②子会社取締役の財産に対する強制執行がその効を奏しなかった場合（親会社取締役が、子会社取締役に弁済をする資力があり、かつ、強制執行が容易であることを証明した場合を除く）にはじめて、親会社取締役は、親会社の被った間接損害のうち子会社取締役によって回復されない範囲について、賠償する責任を負う」とすることが考えられる。
[314] 舩津浩司「ドイツの親会社株主保護」森本滋編『企業結合法の総合的研究』（商事法務、2009 年）303 頁、舩津・前掲注 154) 362 頁参照。

く[315]、政策的な制度として導入するほかないであろう[316]。

　もっとも、第2の場合においても、親会社取締役が子会社に対して損害賠償責任を負う可能性がある。それは、会社法429条に基づく損害賠償責任である[317]。すなわち、親会社取締役の子会社管理義務違反が、悪意または重過失による任務懈怠であると評価することができるならば、429条に基づき子会社は親会社取締役に対して損害賠償請求権を有することになろう[318]。子会社を429条の「第三者」から除外すべき理由は見当たらない[319]。また、429条の「悪意又は重過失」は任務懈怠について存在すれば足り、第三者に対する加害についての悪意または重過失は不

315　舩津・前掲注154）427頁参照。
316　ただし、次の段落で述べるように、会社法429条に基づく親会社取締役の対子会社責任が認められれば、これと類似した帰結が生じる。もっとも、責任の額においては、違いが生じうる。なぜなら、前記ドイツの学説に見られる処理では、「親会社の損害」が問題となるのに対して、次の段落で述べる429条による処理では、「子会社の損害」が問題となるからである。
317　このほか、親会社取締役が子会社取締役を兼任している場合に、親会社に対して負う子会社管理義務の違反が子会社に対する任務懈怠（監視義務違反等）にも該当し、兼任取締役が親子会社双方に対して損害賠償責任を負う可能性がある。この場合の責任関係の処理についても、本文で述べることが妥当する。
318　神作・前掲注197）79頁は、「企業グループレベルにおける内部統制体制整備義務違反を根拠に、子会社が親会社役員の対第三者責任を追及する可能性も考えられる」と述べる。
　　また、親会社取締役の子会社管理義務違反が認められる場合に、会社法429条によって、子・会・社・債・権・者・が、親会社取締役に対して損害賠償請求権を取得する可能性も指摘されている（大証金融商品取引法研究会「会社法制の見直しに関する中間試案について――親子会社関係」（2012年）24-25頁〔近藤光男発言〕（http://www.jpx.co.jp/general-information/research-study/pdf/120224/21860_01.pdf　平成26年10月13日最終確認）、松井秀征＝武井一浩「〔対談〕会社法制の見直しに関する中間試案を読む〔前編〕」ビジネス法務12巻3号（2012年）15-16頁〔武井一浩発言〕、神作・同上103頁注120参照）。
319　会社法429条に関する判例（最大判昭和44年11月26日民集23巻11号2150頁）の立場を前提とする限り、この場合に親会社取締役の子会社に対する損害賠償責任が成立することを否定する理論的説明は、見出し難い。もっとも、過失相殺を認める余地はあろう（会計監査人の責任について過失相殺を肯定した裁判例として、大阪地判平成20年4月18日判例時報2007号104頁がある）。

第2節　親会社取締役の子会社管理責任の追及をめぐる問題

要であるとされる[320]。そして、子会社管理に関する裁量の逸脱（著しい不合理性[321]）が認定される場合には、429条の「悪意又は重過失」も、多くの場合において認められるように思われる[322]。したがって、親会社取締役は、子会社管理義務に違反した場合、子会社に対しても損害賠償責任を負うことが多いと考えられる。この場合の責任関係の処理については、次のように考えるべきであろう。

　ここでは、親会社は親会社取締役に対して損害賠償請求権を有し、子会社は子会社取締役と親会社取締役の双方に対して損害賠償請求権を有している[323]。第一次的に損害を被った子会社への損害賠償の支払による処理が望ましいため、親会社株主は、多重代表訴訟によって子会社取締役または親会社取締役の対子会社責任を追及すべきであって、親会社取締役の対親会社責任の追及は（間接損害に関しては）認めるべきでない。この点は、第1の場合（親会社取締役の違法または不当な指図によって不

320　最大判昭和44年11月26日民集23巻11号2150頁。
321　広範な裁量が認められる注意義務については、「著しい不合理性」の有無を基準として司法審査が行われることが少なくない。例えば、近時の最高裁判決は、「決定の過程、内容に著しく不合理な点がない限り」取締役は経営判断にかかる善管注意義務に違反したものと認められないと判示している（最判平成22年7月15日判例時報2091号90頁〔アパマンショップHD事件判決〕）。
322　対第三者責任規定における「重過失」の意味が論じられることは少ないが、有力な見解は、「任務懈怠に当たることを知るべきなのに、著しく注意を欠いたためにそれを知らなかったことが重過失になろう。取締役は、財務状況など会社が置かれた状況を知り、業務執行に関して自分のとる態度（作為・不作為）がどういう結果をもたらすかを、把握すべく努める義務を負っている。この義務を放棄して顧みないのは悪意による任務懈怠であり、またそれを著しく怠るのは重過失による任務懈怠である」と述べる（上柳＝鴻＝竹内編・前掲注291）318頁〔龍田節〕）。
323　ここでは、会社法350条に基づく子会社の親会社に対する損害賠償請求権は生じないと考えられる。なぜなら、当該損害賠償責任の成立には、親会社代表者の第三者（子会社）に対する加害についての故意または過失（予見可能性に基づく結果回避義務違反）が要件となるが（落合編・前掲注44）23頁〔落合誠一〕）、親会社取締役の子会社管理義務は親会社に対して負う義務であるため、親会社取締役がそれに違反しても、子会社に対する過失とはならないからである。

正行為が行われた場合）と同様である。ただし、第 1 の場合と異なり、ここでは終局的に責任を負うべきなのは、不正行為を行った子会社取締役自身である。よって、親会社取締役が子会社に対する損害賠償責任を履行した場合、親会社取締役は、子会社取締役に求償することができると考えられる[324]。

　以上のとおり、本書が望ましいと考える責任関係の処理のあり方は、「親会社取締役や子会社取締役の子会社に対する責任を第一次的に追及すべきあり、親会社取締役が親会社に対して負う子会社管理責任は原則として追及すべきではない[325]」というものである。これに対しては、親会社取締役が親会社に対して負う子会社管理義務が、十分にエンフォースされないのではないかという、批判がありうる。しかしながら、前述したように、親会社取締役が親会社に対して負う子会社管理義務に違反した場合、親会社取締役は、会社法 429 条に基づき子会社に対して損害賠償責任を負うことが多いと考えられる。また、本来このような広い裁量を伴う義務については、民事責任の追及によるエンフォースメントにそもそも限界があることにも、留意する必要がある。さらに、取締役が裁量を逸脱した場合における任務懈怠の効果は、解任事由の発生など、

---

[324] 前掲注 311) の後段の場合と異なり、ここでは、子会社財産が回復することにより、子会社取締役の子会社に対する損害賠償債務が減免されるため、親会社取締役の子会社取締役に対する求償権が発生する。なお、民法 715 条に基づく使用者の不法行為責任の場合におけるように（最判昭和 51 年 7 月 8 日民集 30 巻 7 号 689 頁）、事案によっては、損害の公平な分担という見地から、信義則により、求償できる金額が減額される余地があるかもしれない（舩津・前掲注 154) 421 頁参照）。

[325] 例外的に親会社取締役の対親会社責任の追及を認めてもよいのは、前記第 2 の場合（親会社取締役からの違法または不当な指図なしに、子会社取締役が不正行為を行った場合）において、会社法 429 条に基づく親会社取締役の対子会社責任が成立しておらず、かつ、子会社取締役の資力不足等のため、子会社が子会社取締役から損害賠償債権を回収できない場合である（前掲注 313) およびそれに対応する本文を参照）。前述したように、親会社取締役が親会社に対して子会社管理義務違反の責任を負う場合、429 条に基づく親会社取締役の対子会社責任も通常生じると考えられるため、この例外はかなり狭いものとなろう。

損害賠償責任以外にもありうる[326]。これらの理由から、親会社取締役の親会社に対する子会社管理責任が認められる場合を限定しても、親会社取締役の子会社管理義務の意義は、あまり損なわれないと考えられる。

第4款　小　括

　本節では、親会社取締役の子会社管理責任を追及することの実効性と適切性について、事案類型ごとに具体的な検討を行った。本節における検討の結果は、次の2点にまとめることができる。

　第1に、親会社取締役の子会社管理責任の追及は、実効性に乏しい。なぜなら、親会社取締役は子会社の管理について広い裁量を有するため、親会社取締役の責任が認められる場合は、狭い範囲に限られるからである。そのため、親会社取締役の責任追及を介して、子会社役員に対して規律づけを及ぼそうとしても、それは不十分なものとならざるをえない。他方、親会社取締役の責任を厳格化する（親会社取締役の裁量を狭く解する）ならば、子会社に対する親会社取締役の過剰な監視・干渉を招くおそれがあり、経営の効率性が害される。単一の会社においても、「監督機関の監督責任の追及が株主に認められていれば、不正を犯した取締役自身への責任追及が不要になる」とは考えられていない。それと同様に、企業グループにおいても、親会社取締役の子会社管理責任の追及が親会社株主に認められるからといって、不正を犯した子会社取締役自身への責任追及が不要になるとはいえないと考えられる。

　第2に、親会社取締役の子会社管理責任の追及は、責任関係の処理方法としても不適切である。子会社に損害が生じたことを原因として親会社がいわゆる間接損害を被った場合、損害賠償は、親会社ではなく子会社に対して、支払われるべきである。親会社に対する損害賠償の支払は、①損害額算定の困難、②子会社の少数株主および債権者が害される危険、

---

[326] 法制審議会会社法制部会第17回会議議事録27頁〔岩原紳作部会長発言〕も参照。

③二重の責任および二重の損害回復の可能性、ならびに④紛争処理の複雑化（責任関係の錯綜）による混乱といった弊害を生む。これらの弊害は、株主の間接損害について株主による直接の損害賠償請求を認める場合にも、生じるものである。学説の多数は、これらの弊害を理由に、原則として、株主の間接損害について株主による直接の損害賠償請求を認めていない。これと同じことが、親子会社間にも妥当する。子会社の損害が回復されれば、親会社の間接損害も回復されるし、上記の弊害も生じない。したがって、親会社取締役の対親会社責任の追及ではなく、子会社取締役または親会社取締役の対子会社責任の追及を、原則的な責任関係の処理方法とすべきである。

　以上の2点から導かれる本節の議論の結論は、「親会社取締役による子会社管理も、子会社役員に対する規律づけの手段として一定程度有効ではあるが、責任追及の段階においては限界や問題が存在するため、多重代表訴訟制度による責任追及の仕組みが必要である」というものである。

第3節　多重代表訴訟制度の必要性と制度設計

　本節では、第1節および第2節における検討結果を前提として、わが国における多重代表訴訟制度の必要性、および具体的な制度設計のあり方について検討する。これまで、わが国では、解釈論として多重代表訴訟を承認すべきであるという見解も少なくなかった[327]。確かに、解釈論として多重代表訴訟を認めることが、およそ不可能であるとは思われない。しかし、①わが国の裁判所は、多重代表訴訟の承認に消極的であること[328]、②立法によって多重代表訴訟制度が創設された以上、当該制度の運用や改正によって望ましい制度状態を実現することが合理的であること、③多重代表訴訟制度は、手続面も複雑なものとなるため、明文規定によって定められることが望ましいことの3点を考慮し、本節では、立法論として、望ましい多重代表訴訟制度のあり方を検討する。

　本節における検討は、次の順序で進める。まず、総論として、多重代表訴訟制度の必要性について論じる（第1款）。次に、具体的な制度設計上の問題として、多重代表訴訟が認められるべき範囲について検討する（第2款）。最後に、多重代表訴訟の手続面について考察する（第3款）。

第1款　多重代表訴訟制度の必要性

　多重代表訴訟制度の必要性は、通常の代表訴訟制度の意義と密接に関連する[329]。代表訴訟制度が伝統的にコーポレート・ガバナンス上重要な

327　第1章の注25）を参照。
328　福岡地小倉支判平成17年11月17日商事法務1756号57頁〔ニュース欄〕、東京地判平成19年9月27日判例時報1992号134頁、および第1章の注11）に挙げた裁判例を参照。
329　第1章の注86）～88）に対応する本文を参照。

第3章　わが国における課題の検討

役割を果たしてきたアメリカでは、代表訴訟制度を認める以上、多重代表訴訟制度もその延長線上にあるものとして当然に認められている[330]。本章第1節において確認したとおり、わが国でも、代表訴訟制度は、とりわけ不正の抑止および法規範の形成の観点から、コーポレート・ガバナンスにおいて大きな役割を果たしている[331]。そのため、事業活動が子会社レベルにおいて行われることによって、代表訴訟制度による抑止機能や法規範形成機能が当該事業活動について働かなくなることには、問題性が大きい。

まず、代表訴訟制度による不正の抑止の必要性は、子会社においても弱まることはないであろう[332]。子会社の取締役には、資本市場の作用による規律づけが及びにくい。上場子会社においても、親会社という支配株主が存在する以上、敵対的買収や委任状合戦が脅威になることは、ほとんどない[333]。そのため、子会社においては、単一の会社以上に、資本市場以外の作用による規律づけが重要となる。しかし、前節において検討したように、親会社取締役による子会社管理も、子会社役員に対する規律づけとして、十分な実効性を有するとはいえない[334]。よって、子会社役員に対する規律づけとして代表訴訟制度が果たすべき役割は依然として大きいといえる。

次に、法規範の形成の観点からも、代表訴訟制度が親子会社法制において果たす役割は大きい。なぜなら、子会社取締役や親会社取締役の対子会社責任は、提訴判断機関の自己保身や支配株主からの圧力により類型的に提訴が懈怠される可能性があるため[335]、代表訴訟制度の対象とならない限り、判例の蓄積を通じての法規範の形成は期待できないからで

330　第2章第1節を参照。
331　本章第1節第1款（特に四）を参照。
332　*See* Locascio, *supra* note 149, at 756（二重代表訴訟は、通常の代表訴訟以上に、不正行為の抑止において重要であると判明するかもしれない）.
333　*Id.* at 757.
334　本章第2節第2款参照。
335　本章第1節第3款および後掲注367）に対応する本文参照。

第 3 節　多重代表訴訟制度の必要性と制度設計

ある。現に、わが国では、親会社取締役や子会社取締役の対子会社責任に関する判例はほとんどなく、具体的に如何なる場合に責任が認められるのかは明らかでない。

そして、本章第 1 節において論じたように、不正の抑止および法規範の形成によって生じる便益は、当該会社の株主のみにとどまらず、債権者や他社の株主などを含め、社会全体に及ぶ。このように代表訴訟制度には「当該会社の株主保護」にとどまらない意義があるのであるから[336]、多重代表訴訟制度の意義を「親会社株主保護」の観点のみによって捉えることも、不十分である[337]。代表訴訟制度による規律づけを子会社役員

---

[336] 代表訴訟制度を当該会社の株主保護のみを目的とした制度として捉えると、「代表訴訟を提起することができないことを知って株式を取得した者に、代表訴訟の提訴権を与える必要はない」という議論に行きつく（現に、株主権が縮減されることを知って親会社株主となった者に、多重代表訴訟の提訴権を認める必要はないのではないかとの意見もある（法制審議会会社法制部会第 6 回会議議事録 27 頁〔荒谷裕子委員発言〕参照））。また、代表訴訟制度が当該会社の株主保護のみを目的とした制度であるとすると、代表訴訟制度を任意法規化する（定款変更や総株主の同意によって代表訴訟制度を排除することを認める）ことも可能となりうる（同 28 頁〔田中亘幹事発言〕参照）。このような考え方に対しては、そのような株主または株主総会の意思決定は、限定合理性や株式の持合い等により一種の瑕疵を有するため、それに法的効果を与えるべきではないという観点からの批判がある（同 28 頁〔田中亘幹事発言〕、前田雅弘「持株会社」商事法務 1466 号（1997 年）27 頁参照）。

　これに加えて、債権者など株主以外の利害関係人の利益のために、さらには抑止効果など当該会社を越えて社会全体に波及する利益のために、代表訴訟制度は強行法規とされているという説明もできるのではないか（前掲注 115）に対応する本文も参照）。実際に、第三者や公共の利益の観点から強行法規性が説明されることは少なくない（神田＝藤田・前掲注 103）464 頁参照）。

[337] わが国では、伝統的に「株主権の縮減への対応」ひいては「親会社株主の保護」という視点から、多重代表訴訟制度の必要性が主張されてきた（第 1 章第 1 節および同章第 2 節第 1 款を参照）。これに対して、法制審議会会社法制部会第 6 回会議議事録 16 頁〔伊藤靖史幹事発言〕は、多重代表訴訟制度には、親会社株主の保護という視点以外に、単独の会社を想定したルールが親子会社において空文化することを防ぐという重要な視点があると述べる。また、神作裕之「会社法制の見直しの動向——会社の機関・親子会社・組織再編関係を中心として」監査役 586 号（2011 年）59 頁も、多重代表訴訟をめぐる議論においては、単に

第3章 わが国における課題の検討

等にも及ぼすことは、親会社株主の利益だけでなく、子会社の株主や債権者などの利害関係人の利益、さらには他社におけるこれらの利害関係人を含む社会全体の利益につながる。すなわち、代表訴訟制度が公益性を有するのと同様に、多重代表訴訟制度も公益性を有するわけである。

さらに、前節において述べたように[338]、子会社レベルにおいて不正行為が行われた場合の責任関係を合理的に処理するためにも、多重代表訴訟制度は必要である。すなわち、第一次的な損害が子会社に発生した場合には、子会社に損害賠償が給付されることが望ましいのであって、そのような処理を実現するために多重代表訴訟制度が必要になる。

> 株主権の縮減を回復するというだけではなく、「子会社役員に対する責任追及のメカニズム〔が〕、とりわけその実効性という観点から考察した場合、現行法のメカニズムでは必ずしも十分ではないという問題意識が有力である」と指摘する。
> 　代表訴訟制度が会社を名宛人とする法令の私人によるエンフォースメントとして重要であることに鑑みると（最判平成12年7月7日民集54巻6号1767頁〔野村證券損失補塡事件判決〕、岩原・前掲注34）217頁）、多重代表訴訟制度の対象とならない子会社においては、法令が十分に遵守されないおそれがある（関連して前掲注207）も参照）。法令を遵守しなければならないことは、子会社であっても（また会社の規模が小さくても）同じであり、法令遵守義務の観点から多重代表訴訟制度の必要性は高まるといえる（加藤・前掲注214）41頁参照）。そして、法令遵守義務の観点からは、多重代表訴訟制度の意義が親会社株主の保護のみにとどまらないことが、一層明らかとなる。
> 　なお、代表訴訟の重要な意義の1つは、経営者と株主との間のエージェンシー問題を解決することにあり、多重代表訴訟の意義も同様に、親会社経営者と親会社株主との間のエージェンシー問題を解決することにあると述べる見解がある（加藤・前掲注1）1920-1921頁）。エージェンシー問題とは、ある者（エージェント）の行動が別の者（プリンシパル）の利害に影響を及ぼす場合（両者の間に委任等の法律関係が存在する必要はない）において、エージェントがプリンシパルの利益に反する行動をとるという問題である。上記見解は、（親会社）経営者をエージェント、（親会社）株主をプリンシパルと位置づけている。しかし、そもそも役員等の責任を追及する訴訟の提起は、当該会社の株主のみならず、社会全体の利益に影響を及ぼすものである。よって、代表訴訟・多重代表訴訟の意義をエージェンシー問題の枠組みで捉えるのであれば、ここでのプリンシパルは当該（親）会社の株主だけでなく、社会全体であるというべきである。

338　本章第2節第3款三参照。

以上の理由から、「多重代表訴訟は、特に問題のない限り、通常の代表訴訟と同様に広く認められるべきである」と考えるのが、本書の基本的な立場である。これは、「特に必要な範囲においてのみ多重代表訴訟を認める（その結果、責任関係の処理においては、親会社取締役の子会社管理責任の追及が主たる手段となる）」という、平成26年改正会社法によって創設された多重代表訴訟制度のあり方および近時の有力学説の考え方[339]とは、出発点を異にする。本書は、「多重代表訴訟制度は、通常の代表訴訟制度と同様に、役員等に対する規律づけの基盤として、広く認められるべきである」と考える[340]。

第2款　多重代表訴訟が認められるべき範囲

次に、本款では、多重代表訴訟が認められるべき範囲について検討する。多重代表訴訟を具体的にどのような範囲において認めるかについて、従来の学説は大きく分かれており、統一的な見解は見られなかった[341]。平成26年の会社法改正に際しての審議においても、様々な意見が主張され、最終的に、多重代表訴訟制度は多くの限定が付された形で創設された。しかし、それらの限定の中には、理論的・政策的な正当性があるのか疑わしいものが少なくなく[342]、多重代表訴訟を認めるべき範囲については、今一度検討する必要がある[343]。

339　第1章の注37）を参照。
340　前掲注226）参照。もちろん、多重代表訴訟制度のみでグループ経営に対する規律づけとして十分であるというわけではなく、企業集団における内部統制システムを構築するなど、費用対効果に見合う範囲において、他の制度による規律づけを補完する必要がある。
341　第1章第2節第1款参照。
342　平成26年の会社法改正において、多重代表訴訟制度が大幅に限定された範囲で導入されることになったのは、導入賛成派と反対派との妥協の結果であると見ることもできる。少なくとも、少数株主権化についてはそのようにいわれている（序章の注8）を参照）。
343　なお、多重代表訴訟を非常に広く認める場合、会社法851条および847条の2

第3章　わが国における課題の検討

多重代表訴訟を認めるべき範囲の問題は、大きく3つの観点から考察することができる。すなわち、親会社と子会社の関係、原告株主と親会社の関係、および対象となる責任の3点である。以下では、これら3つの観点に分けて、多重代表訴訟の認められるべき範囲について検討する。なお、議論が複雑にならないように、基本的に二重代表訴訟の場合を前提に検討を行い、それが三重以上の多重代表訴訟の場合にも妥当するかを確認する形で議論を進める。

一　親会社と子会社の関係

親会社と子会社の関係については、①完全親子会社関係が存在する場合に限定すべきか、②（①で限定しないとした場合に）両社の間に会社法上の親子会社関係（支配関係）を要求すべきか、③対象となる子会社の規模に限定を設けるべきかという3点が問題となる。以下では、これら3点について、順に検討する。

1　完全親子会社関係の必要性

平成26年改正会社法によって創設された多重代表訴訟制度は、完全親子会社関係が存在する場合に、適用範囲が限定されている（会社法847条の3第1項）[344]。このような限定が設けられた理由は、子会社に少数株主が存在する場合には、少数株主による通常の代表訴訟の提起を期

の両規定は不要になりうる（加藤・前掲注209）5頁も参照）。しかし、親会社株式の6か月保有要件や対象となる責任の限定など、何らかの制約が多重代表訴訟制度に残るのであれば、両規定の存在意義はなくならない。デラウェア州においても、多重代表訴訟制度と並んで、三角合併後の原告適格の継続を認める例外法理（第2章の注221）を参照）が存在している（第2章第1節第4款一3参照）。

[344] 完全親子会社関係の存在は、提訴時点および訴訟係属中のみならず、責任原因事実が生じた日においても要求される（会社法847条の3第4項。法制審議会会社法制部会第20回会議議事録31頁〔塚本英巨関係官説明〕、岩原・前掲注166）7頁参照）。これに対しては、通常の代表訴訟において株式の行為時保有が原告適格要件とされていないこととの整合性が疑われるとの指摘がある（藤田・前掲注216）34頁注8）。

第 3 節　多重代表訴訟制度の必要性と制度設計

待することができるため、親会社株主による多重代表訴訟の提起を認める必要はないと考えられたことにある[345]。

345　法務省民事局参事官室「会社法制の見直しに関する中間試案の補足説明」（以下、「中間試案補足説明」という）商事法務 1952 号（2011 年）39 頁、岩原・前掲注 166）6 頁、坂本三郎ほか「平成 26 年改正会社法の解説〔Ⅴ〕」商事法務 2045 号（2014 年）29 頁。本文で述べた理由のほか、完全親子会社関係の存在を要件とすべき理由として、以下の 3 点が指摘されることがある。しかし、いずれも、決定的な理由であるとはいえないと思われる。
　　第 1 に、子会社に少数株主が存在する場合において多重代表訴訟を認めると、判決の効力範囲等、訴訟法上の問題が生じるとの指摘がある（志村直子「二段階（多段階）代表訴訟」商事法務 1909 号（2010 年）28-29 頁）。すなわち、論者は、多重代表訴訟の訴訟物を①「子会社自身が有する子会社取締役等に対する損害賠償請求権」と解するか、それとも②「親会社が子会社の株主として有する子会社取締役等に対する（代表訴訟を通じての）損害賠償請求権」と解するかにより、反射的効力が及ぶ範囲（親会社の他の株主に及ぶにとどまるか、親会社以外の子会社株主にも及ぶか）や手続要件についての考え方が異なりうると指摘する。
　　しかし、多重代表訴訟の訴訟物を②のように理解する見解はほとんど見当たらず、一般に、訴訟物は①のように理解されている。特に、わが国で創設された多重代表訴訟制度においては、親会社株主が子会社に帰属する請求権を（親会社の代表訴訟提起権とは関係なく）直接的に代位行使するものと考えられている（本節第 3 款参照）。よって、子会社の他の株主にも判決の反射的効力が及ぶ。その場合においても、通常の代表訴訟の場合と同様に、子会社株主に訴訟参加や再審の機会などの手続保障が与えられるのであれば、子会社株主は、通常の代表訴訟の場合と比べて、特に不利な地位に立たされるわけではない。したがって、子会社に少数株主が存在する場合において多重代表訴訟を認めても、訴訟法上、特に重大な問題は生じないように思われる（江頭憲治郎＝中村直人「〔対談〕会社法改正の本質に迫る――中間試案の重要論点を徹底分析」会社法務ＡtoＺ 2012 年 4 月号 12 頁〔江頭憲治郎発言〕も参照）。
　　第 2 に、完全親子会社関係を要求する趣旨を濫訴の防止の観点から説明する論者もいる（阿部泰久ほか「〔パネルディスカッション〕会社法制の見直しに関する中間試案について」商事法務 1962 号（2012 年）23 頁〔神作裕之発言〕、神作・前掲注 197）96 頁）。すなわち、次のような説明である。完全親子会社関係が存在しない場合、親会社株主が子会社に対して有する経済的な持分割合は、親会社の子会社に対する持株比率の低下に伴い実質的に希釈化し、子会社の企業価値に対する親会社株主の経済的な関連性が低下する。このことは、子会社に対する持株比率が下がるにつれて、濫用的な多重代表訴訟が提起される危険

第 3 章　わが国における課題の検討

　しかし、少数株主による通常の代表訴訟の提起可能性が多重代表訴訟制度を代替するとまでいえるか、疑問がある。すなわち、代表訴訟制度により抑止効果が発揮されるには、提訴の「現実的な」可能性が必要であるところ[346]、子会社に少数株主が極わずかしか存在しない場合において、提訴の現実的な可能性があるかは、疑問である。とりわけ、少数株主が子会社取締役の関係者等である場合には、提訴はほとんど期待することができない。また、本章第 1 節で述べたように、わが国の代表訴訟においては市民運動的な訴訟が大きな役割を果たしている。したがって、少なくとも、子会社に不特定多数の少数株主が存在する場合でなければ、

性が高まることを意味する。多重代表訴訟を完全親子会社関係が存在する場合に限定すれば、このような問題は生じない。
　しかし、そもそも通常の代表訴訟においても、原告株主の経済的利害関係は希薄であることが多い。実際に、わが国の代表訴訟は、社会正義の実現など、経済的な動機以外の動機によって提起されることが少なくない（前掲注 50）に対応する本文を参照）。よって、完全親子会社関係の要件を設けたところで、経済的動機によらない多重代表訴訟が提起される可能性は、ほとんど変わらないと思われる。また、濫訴の防止については、濫訴自体にターゲットを絞った対策をまず考えるべきであって、安易に、多重代表訴訟の対象範囲自体を大きく制限するべきではない。多重代表訴訟の対象範囲自体を制限すれば、適切な提訴までもが妨げられてしまうからである。
　第 3 に、合弁会社の取締役が多重代表訴訟の対象となることに懸念が示されている（北村ほか・前掲注 239）25 頁〔加藤貴仁発言〕）。例えば、「合弁契約の一方の当事者が合弁会社との間で非通例的な条件で取引してよいという合弁契約になっているのに、他の当事者の株主が、相手方から派遣された取締役を訴えることを阻止できない」との問題が指摘されている（江頭＝中村・前掲 12 頁〔江頭憲治郎発言〕参照）。
　これに対しては、合弁契約は総株主の同意に相当するため、合弁契約の内容が違法なものでない限り、合弁会社の取締役はそれに従う義務があるというべきである（前掲注 306）参照）。したがって、合弁会社の取締役は、合弁契約の内容に従っても、原則として任務懈怠責任を負わない。また、合弁会社の取締役であっても、法令遵守義務は当然に負うわけであるから、合弁会社の取締役であるというだけで、代表訴訟による規律づけが及ばなくなるのは適切でない（前掲注 337）も参照）。

[346]　前掲注 26）およびそれに対応する本文を参照。

第3節　多重代表訴訟制度の必要性と制度設計

代表訴訟制度による抑止効果は、十分に発揮されないと思われる。

加えて、損害塡補の観点から代表訴訟を提起することが望ましい場合についてまで考えると、少数株主に責任追及を任せておけば足りるとは当然にはいえない。少数株主は、提訴義務を負うわけではないし、合理的無関心やフリーライドのために、提訴しない場合が（むしろ他者による提訴を期待している場合すら）ありうる[347]。損害塡補による親会社株主の保護を全うさせるためには、親会社株主による多重代表訴訟の提起を認めることが望ましいといえる[348]。

また、第2章において述べたように、アメリカにおいても、判例上、多重代表訴訟制度は完全親子会社関係が存在する場合に限定されているわけではない[349]。学説も、子会社に少数株主が存在することを理由として二重代表訴訟を否定することには、批判的である[350]。アメリカにおい

---

[347] なお、完全親子会社関係が存在しない場合に多重代表訴訟を認めることの問題点として、「親会社株主が子会社株主の意向をオーバーライドするのは不当である」といわれることがある（阿部ほか・前掲注345）23頁〔神作裕之発言〕参照）。しかし、子会社株主は必ずしも「提訴すべきでない」と積極的に判断しているわけではなく、合理的無関心・フリーライド等のために提訴していないにすぎない場合も、多いと思われる。また、単独株主権である、わが国の代表訴訟制度の下において、オーバーライドが不当であるという主張にどれだけの説得力があるのかについても、疑問がある。わが国の代表訴訟提起権が単独株主権であることの理由については、前掲注115）およびそれに対応する本文を参照。

[348] 弥永真生ほか「〔座談会〕会社法制の見直しに関する中間試案をめぐって〔下〕」商事法務1955号（2012年）7-8頁〔弥永真生発言〕参照。

[349] もっとも、デラウェア州では、完全親子会社関係が存在する場合以外において多重代表訴訟が認められるか否かは、判例上、未確定である（第2章の注245）に対応する本文および第2章の注284）参照）。

[350] *See* Locascio, *supra* note 149, at 746 n. 149（完全子会社でない子会社では、少数株主が代表訴訟を提起することができる。しかし、不正の抑止のために、裁判所はなおも親会社株主による二重代表訴訟を認めるべきである）; *see also* Note, *An Examination of the Multiple Derivative Suit and Some Problems Involved Therein in Light of the Theory of the Single Derivative Suit*, 31 N.Y.U. L. REV. 932, 938（1956）（子会社の少数株主が代表訴訟を提起する保証はないため、裁判所は親会社株主による二重代表訴訟を認めるであろう）。

て最初に多重代表訴訟が認められた事例においても、完全親子会社関係が存在していたわけではなかった[351]。したがって、比較法的・沿革的観点から見ても、多重代表訴訟を完全親子会社関係の存在する場合に限定する理由はないといえる。

さらに、多重代表訴訟が認められる場合を完全親子会社関係が存在する場合に限定すると、親会社関係者に子会社株式を保有させることによって、多重代表訴訟を容易に回避することができてしまうという、重大な弊害が生じる[352]。このような弊害への対処として、完全親子会社関係が存在する場合にとどまらず、「子会社取締役等に対する責任追及を期待することがほぼまったくできないと類型的に考えられる場合（親会社およびその関係者が、子会社の株式のすべてを保有している場合等）」についてまで、多重代表訴訟を認めるべきとの提案もある[353]。しかし、そのような拡大規定を設けても、法の潜脱を完全に阻止することは困難であると思われる[354]。

以上の理由から、完全親子会社関係の要件は撤廃すべきである。三重以上の多重代表訴訟の場合も同様に、各会社間に完全親子会社関係を要求すべきではない。

2 親子会社関係（支配関係）の必要性

次に、2つの会社の間にどのような関係があれば、多重代表訴訟を認めてよいかが、問題となる。極端な事例として、ある会社が他の会社の株式を1株しか保有していない場合において、前者の株主による二重代

---

351 第2章第1節第1款三参照。
352 弥永ほか・前掲注348）7-8頁〔弥永真生発言〕、大証金融商品取引法研究会・前掲注318）26頁〔龍田節発言〕、大杉・前掲注306）9頁、江頭＝中村・前掲注345）12頁〔江頭憲治郎発言〕。水島治「特定責任追及の訴えにおける最終完全親会社等の概念に関する一考察」武蔵大学論集62巻1号（2014年）24頁も参照。
353 志村・前掲注345）34頁注41。
354 例えば、親会社経営者の知人や友人等、親会社との関係の立証が困難である者に株式を保有してもらうことによって、潜脱される可能性がある。

第 3 節　多重代表訴訟制度の必要性と制度設計

表訴訟の提起を認めてよいかについては、疑問がありうる。アメリカにおいても、二重代表訴訟が認められた事例の多くは、両社の間に支配関係が存在する場合であった[355]。もっとも、アメリカでは、提訴請求手続等を通じて多重代表訴訟の提起を認めるべきか否かが事案ごとに審査されるため、多重代表訴訟を認めるべき両会社間の関係が、画一的に定められているわけではない[356]。しかし、わが国の提訴請求手続にはそのようなスクリーニング（選別）の機能はないため、予め多重代表訴訟を認めるべき両会社間の関係を類型的に定めておく必要がある。両会社間の関係は、①原告株主による訴訟追行の正当性（原告適格）、および②類型的な提訴懈怠の可能性の有無に関わると考えられる。

まず、①（原告株主による訴訟追行の正当性）について検討する。代表訴訟制度による抑止機能が十分な効果を上げるには、代表訴訟制度に対する社会の評価も重要になる[357]。例えば、関係性があまりにも薄い者による提訴は、「おせっかいな干渉[358]」と受け取られて、または不当な動機による訴訟であることが疑われて、代表訴訟制度の社会的評価を悪化させる可能性がある。よって、原告株主による提訴の正当性に疑義が生じないようにするために、両会社間の関係について一定の限定が必要であるかもしれない。原告が訴訟の対象である請求権が帰属している会社の「親会社」の株主であることは、原告による提訴の正当性に疑義が生じないようにするための1つの基準となりうる[359]。

次に、②（類型的な提訴懈怠可能性の有無）について検討する。両社の間に支配関係が存在しない場合には、提訴懈怠の可能性も比較的小さい

---

[355] 第2章第1節第3款三1参照。
[356] 第2章第1節第3款三1参照。
[357] 前掲注29)〜31) およびそれらに対応する本文を参照。
[358] アメリカの判例においても、原告株主による多重代表訴訟の提起が「おせっかいな干渉」と見られないかという懸念が示されている。後掲注359) および第2章の注83) を参照。
[359] See Holmes v. Camp, 180 A.D. 409, 412, 167 N.Y.S. 840 (1917)（原告が親会社の株式を保有していることは、おせっかいで差し出がましい干渉者にすぎないとの非難から原告を解放するのに十分である)。

第3章　わが国における課題の検討

と考えられる。子会社役員等の責任追及について親会社取締役に提訴懈怠が生じるのは、提訴が親会社取締役自身の監督責任につながるおそれがあるからだと考えられる[360]（また、場合によっては、仲間意識といった人的関係によって提訴が懈怠されることもあろう）。しかし、両社の間に支配関係が存在しない場合には、上位会社の下位会社に対する監督・監視の手段は限られ、上位会社の役員に監督責任が認められる可能性は小さくなる（また、支配関係が存在しなければ、上位会社が下位会社に役員を送り込むことも少なくなり、人的関係も相対的に希薄になると思われる）。さらに、支配関係が存在しない場合には、下位会社には他の株主が相当数存在すると考えられるため、他の株主によって通常の代表訴訟が提起される可能性も、比較的大きいといえる。したがって、支配関係が存在しない場合においては、「類型的な提訴懈怠の可能性」が存在しないため、多重代表訴訟を認める必要はないと考えることができる。

　以上の検討から、二重代表訴訟の訴訟要件として、両会社の間に実質的支配関係（会社法上の親子会社関係）が存在することを要求すべきであると考える。株式保有による企業結合関係の強弱の程度は無数にあるため、どこかで線を引くこと自体が難しい。そのため、以上の説明も、やや歯切れの悪いものとならざるをえなかった。しかし、どこかで線を引かなければならないとすれば、両会社の間に実質的支配関係（会社法上の親子会社関係[361]）が存在するか否かで線を引くのが、最も明快かつ説得的なのではないか。三重以上の多重代表訴訟においても同様に、親会社から孫会社等の末端の会社に至るまで、各会社の間に実質的支配関係（会社法上の親子会社関係）が存在していることを要求すべきであると考える。

360　第1章の注72）および後掲注367）に対応する本文を参照。
361　基準の明確性を重視して、株式の過半数保有を基準とすることも考えられるが（浜田道代「役員の義務と責任・責任軽減・代表訴訟・和解」商事法務1671号（2003年）44頁）、完全親子会社関係の要件と同様、潜脱の危険が大きく妥当でない。前掲注161）においても述べたように、代表訴訟が提起されても、株主総会決議や取引の効力が否定されるわけではないため、代表訴訟の提起が認められる範囲が事前に明確化されている必要性は大きくない。

第3節　多重代表訴訟制度の必要性と制度設計

3　子会社の規模に関する限定の是非

　平成26年改正会社法によって創設された多重代表訴訟制度において、提訴が認められる範囲は、子会社や孫会社等が親会社との関係で一定の規模を有する場合に、限定されている[362]。そのような限定が設けられた理由としては、規模の小さな子会社の取締役は、実質的に親会社の事業部門の長である従業員に相当するにすぎず、そのような者に対してまで多重代表訴訟による責任追及を認めることは、現行の代表訴訟制度と整合しないことが挙げられている[363]。

　しかし、第1章で述べたとおり、通常の代表訴訟制度との整合性については、そもそも通常の代表訴訟制度の方こそ合理的であるのかを、まずは検討すべきである[364]。そして、本章第1節において検討したとお

---

[362] 具体的には、責任の原因となった事実が生じた日において、当該株式会社の最終完全親会社等が有する当該株式会社の株式の帳簿価額（当該最終完全親会社等の完全子会社等が有する当該株式会社の株式の帳簿価額を含む）が、当該最終完全親会社等の総資産額の5分の1を超える場合にのみ、多重代表訴訟の提起が認められる（会社法847条の3第4項）。この要件は、責任原因事実発生日において満たされていれば足り、提訴請求時点や提訴時点で満たされている必要はない（坂本ほか・前掲注345）32頁注71）。しかし、これは、重要な子会社の役員については親会社の役員と実質的に同程度の提訴懈怠可能性が存在するという立法趣旨（同31-32頁）と整合的でない。

　また、当該株式会社の株式の「帳簿価額」と最終完全親会社等の総資産額を比較することに対しても、重大な問題が指摘されている。すなわち、子会社株式の帳簿価額は、取得原価をもって記載されるため、その後の子会社の成長が帳簿価額に反映されないという問題である（山田泰弘「多重代表訴訟の導入——最終完全親会社等の株主による特定責任追及の訴え」法学教室402号（2014年）12頁）。その結果、子会社の規模が過小評価され、多重代表訴訟の提起が不当に制約されてしまう。同じ問題は、親会社による子会社の株式等の譲渡に親会社の株主総会決議の承認が必要となる場合の基準（会社法467条1項2号の2イ）など、他の条文においても生じる。

[363] 前掲注345）中間試案補足説明40頁、岩原・前掲注166）7頁、坂本ほか・前掲注345）31頁。法制審議会会社法制部会第6回会議議事録18-19頁〔田中亘幹事発言〕も参照。

[364] 第1章の注65）およびそれに対応する本文を参照。

第3章　わが国における課題の検討

り365、わが国の代表訴訟制度が従業員を被告とすることを一律に認めていないことこそ、その合理性に問題がある。執行役員などの重要な使用人については、役員と同様に提訴懈怠の可能性があり、かつ、その権限行使を規律づける必要性も大きいため、代表訴訟による責任追及を認めるべきである。そして、通常の代表訴訟において重要な使用人を被告の範囲に含めるのであれば、子会社取締役の責任を親会社株主が多重代表訴訟によって追及することが、通常の代表訴訟制度と比べて、不整合であるとはいえないであろう366。本章第2節で述べたように、親会社取締役は子会社を適切に管理する義務を親会社に対して負っており、親会社取締役が子会社役員等を訴えることは、自身の子会社管理についての責任や非難につながる可能性がある。したがって、親会社取締役が子会社役員の責任について提訴を懈怠する類型的な可能性も存在するといえる367。子会社役員に対する規律づけの必要性も、序章および本節第1款において述べたように、大きいといえる。

　なお、子会社の規模に限定を設けることの他の正当化理由として、「重要でない子会社であれば、その事業のあり方が親会社株主に与える影響は重大ではなく、親会社株主に監督是正の権利を与えるほどのことはない」という説明もありうる368。しかし、多重代表訴訟は親会社株主の保護

365　本章第1節第3款三1参照。
366　なお、従業員に対する提訴を認めていない現行法上の代表訴訟制度を前提としても、実質的には親会社の従業員に相当するという理由により一部の子会社取締役を多重代表訴訟の対象から除外することには、異論が強い（第1章第2節第2款二1参照）。
367　第1章の注72）およびそれに対応する本文を参照。提訴懈怠の可能性は、「同僚意識等の人的関係」だけでなく、「提訴判断機関の自己保身」等によっても生じる（本章第1節第3款二を参照）。
368　前田・前掲注117）41頁、唐津ほか・前掲注136）137頁〔藤田友敬発言〕参照。藤田・前掲注216）34頁注10は、親会社の従業員に相当する者を排除するという説明には理論的な疑問が多く、親会社株主の受ける影響の大きさによる限定として改正法の趣旨を理解すべきであると述べる。この理解は、子会社の規模要件が責任原因事実発生日においてのみ要求され、提訴請求時点や提訴時点において要求されていないこととも（特に抑止機能の面で）整合的である。

のみを目的とする制度ではないのであるから、親会社から見て子会社が重要であるといえなくても、子会社の少数株主や債権者などの利害関係人の利益のために、さらに他社も含めた社会全体の利益のために、多重代表訴訟制度による規律づけを子会社役員に及ぼすべきである[369]。加えて、抑止効果は企業グループ全体にも及ぶため、規模の小さな子会社における多重代表訴訟が親会社株主にとっても大きな利益となる可能性がある。また、そもそも通常の代表訴訟制度においても、問題とされる不正行為が株主に与える影響の大きさは特に考慮されておらず、多重代表訴訟制度においてのみそのような考慮をする必要があるのかも、疑問である[370]。

以上の理由から、子会社の規模に限定を設ける必要性はないと考える。さらに、子会社の規模に限定を設けることは、多重代表訴訟の対象とならないよう、子会社の規模を恣意的に調整するインセンティブを生み出し、経営の効率性が歪められる可能性もある。したがって、子会社の規模に限定を設けることは、適切でもないと考えられる。このことは、三重以上の多重代表訴訟においても同様である。

二　原告株主と親会社の関係――少数株主権化の是非

平成26年改正会社法においては、原告株主と親会社の関係について、2つの要件が定められた。すなわち、①多重代表訴訟提起権が認められるのは、最終完全親会社等の総株主の議決権の100分の1以上の議決権、または当該最終完全親会社等の発行済株式の100分の1以上の数の株式を有する株主のみである（会社法847条の3第1項）。②公開会社においては、原告株主は、6か月前から引き続き、①に定める割合以上の最終

---

[369] 法制審議会会社法制部会第11回会議議事録12頁〔上村達男委員発言〕も、子会社が親会社にとって重要であるか否かはあまり問題ではなく、子会社の債権者保護も含め、子会社の公正な経営の確保の観点から、責任が存在するならば、それがしっかりと追及される仕組みが存在していなければならないと述べる。また、前掲注337）も参照。

[370] 法制審議会会社法制部会第6回会議議事録24頁〔前田雅弘委員発言〕、前田・前掲注117）41頁参照。

第3章　わが国における課題の検討

完全親会社等の議決権または株式を保有していなければならない（同条1項・6項）。

②は、現行法上の通常の代表訴訟制度と同様の限定であり、代表訴訟の提起を目的として株式を取得した者による代表訴訟の提起を一定期間制限することによって、濫訴を抑制することを目的とするものである[371]。したがって、現行法を前提とする限り[372]、これは正当な限定である[373]。

これに対して、①の１％の持株数要件は、通常の代表訴訟制度には存在しない限定である。これは、多重代表訴訟制度に反対する経済界との一種の妥協のために加えられた限定であるといわれており[374]、その理論的な正当性は疑わしい。少数株主権化の理論的根拠としては、「子会社と親会社株主の関係は親会社を通じた間接的なものであること[375]」が挙げられているが、説得力に乏しいといわざるをえない。なぜ株式保有が間接的であることが少数株主権化を正当化するのか、その実質的な理由が説明されていないからである[376]。現に、会社法上の各種書面の閲覧謄

---

[371] 前掲注345）中間試案補足説明39頁、坂本ほか・前掲注345）30頁参照。

[372] もっとも、現行法の６か月保有要件の合理性には、疑問も提起されている（竹内昭夫「株主の代表訴訟」同『会社法の理論Ⅲ』（有斐閣、1990年）240頁参照）。

[373] なお、二重代表訴訟において、通常の代表訴訟の手続要件を「親子会社間」および「原告株主と親会社の間」に、二重に課すべきであると考える場合、６か月保有要件は親子会社間にも課すべきということになる。しかし、当該要件の趣旨である濫訴の防止の観点からは、親子会社間においてまで６か月保有要件を課すことは、過剰な制約になろう。アメリカの学説においても、行為時保有要件を親子会社間に厳格に課すことには、疑問が提起されていた（第２章の注202）を参照）。したがって、改正法が親子会社間に６か月保有要件を課さなかったことは、妥当であると考える（山田・前掲注362）13頁も参照）。

[374] 序章の注８）を参照。

[375] 法制審議会会社法制部会第23回会議議事録13頁〔塚本英巨関係官説明〕、岩原・前掲注166）６頁参照。

[376] 藤田・前掲注216）34頁注11 も、「支配の間接性と少数株主権との間の理論的結びつきはよくわからない」と述べる。

１つの可能性として、「ある程度以上重要な利害関係を持った人でないと適切に訴訟追行することはできない」という観点から、説明することができるかもしれない（改正法成立後における立案担当者の解説では、このようなニュアン

第3節　多重代表訴訟制度の必要性と制度設計

写請求権についても、請求の相手方が子会社であるからといって、少数株主権とされたり、持株数要件が通常の場合よりも加重されたりしていない（裁判所の許可が要求されているだけである[377]）。多重代表訴訟の提訴権のみが少数株主権とされることに合理的な理由が存在するのかは、疑わしい。

　また、少数株主権化の根拠として、濫訴の防止が挙げられることがある。しかし、濫用的な訴訟に該当するか否かは、原告株主の株式保有が間接的であるか直接的であるかによって異ならず、通常の代表訴訟制度にはない制約を多重代表訴訟制度に設ける理由にはならない[378]。濫訴の防止は、代表訴訟制度一般のレベルにおいて検討すべき問題である[379]。そして、本章第1節において検討したように、わが国では、アメリカのように濫用的な訴訟が起きやすい社会状況やインセンティブ構造が存在せず、現状においても濫用的な訴訟が深刻な問題となっているわけではない[380]。したがって、濫訴の防止を理由に提訴権を少数株主権としたの

　　スの説明が加えられた。坂本ほか・前掲注345）30頁参照）。しかし、完全親子会社関係の要件および子会社の規模の限定がある以上、通常の代表訴訟における原告株主と同等の利害関係は既に存在するはずであり、改正法が多重代表訴訟の提訴権を少数株主権としたことの合理的な説明にはならない（法制審議会会社法制部会第11回会議議事録23頁〔藤田友敬幹事発言〕参照）。そもそも、通常の代表訴訟においても、原告株主の利害関係の程度は問題とされておらず、多重代表訴訟においてのみそれを問題とする理由もない（前掲注370）およびそれに対応する本文を参照）。

377　なお、子会社の計算書類等の閲覧に裁判所の許可を要求することには、立法論としての疑問が提起されている（江頭・前掲注2）619頁注6参照）。

378　前田・前掲注117）41頁、法制審議会会社法制部会第20回会議議事録31頁〔前田雅弘委員発言〕。藤田・前掲注216）34頁注11も、「親会社株主のほうが不当な責任追及をする可能性が高いとは当然には言えない」として、濫訴の防止を少数株主権化の根拠とすることに否定的である。

379　法制審議会会社法制部会第11回会議議事録23頁〔藤田友敬幹事発言〕。第1章第2節第2款三も参照。なお、代表訴訟制度一般について、提訴権を少数株主権とすることの功罪を論じるものとして、加藤・前掲注7）2220-2221頁がある。

380　本章第1節第2款三参照。

であれば、それは提訴権の不当な制約である。

　さらに、少数株主権化には、以下のように重大な弊害が存在する。

　第1に、当然のことではあるが、少数株主権化によって、原告適格を有する者は著しく減少する。改正法は、1％という現行法上最も低い数字の少数株主権としているが、大規模な会社であることの多い親会社の株式を1％以上保有している者は、機関投資家等、ごく少数しかいない。このため、わが国の代表訴訟において重要な地位を占める、市民運動的な代表訴訟がほとんど提起されなくなることが危惧される。単独では持株数要件を満たさない株主も、持株割合が合計で1％に至るまで賛同者を募れば提訴することができるが、その負担は非常に大きい[381]。そのため、提訴の「現実的な可能性」がほとんどなくなり、抑止機能が大きく減殺されるおそれがある。

　第2に、少数株主権化により、代表訴訟制度において提訴権が単独株主権とされていることのメリットが、多重代表訴訟制度において損なわれてしまう。すなわち、代表訴訟の提訴権が単独株主権とされていることは、会社の利害に関係なく役員等の責任が追及される可能性を高めている。そして、このことは、①「社会的ジレンマ」の発生を防止する観点、および②役員等の責任制度を「信頼できない脅し」に陥らせないための「コミットメント」としての観点から、長期的に会社の利益を高めるものとして、肯定的に評価することができる[382]。したがって、提訴権の少数株主権化は、原告株主と会社との利害の共通性を高めることにより、①社会的ジレンマの発生を助長する点、および②上記コミットメントを弱める点でも、問題である。

　これに関連して、大きな持株割合を有する株主は、（提訴が会社の長期

---

[381] 大証金融商品取引法研究会・前掲注318) 26頁〔森本滋発言〕も、上場会社において、弁護士が1％の株式を集めて代表訴訟を主導することはほとんど不可能であるとして、多重代表訴訟制度が形骸化することを強く危惧している。なお、葉玉匡美「多重代表訴訟制度における実務への影響」企業会計64巻11号（2012年）44-45頁も参照。

[382] 前掲注109)～115)に対応する本文を参照。

第3節　多重代表訴訟制度の必要性と制度設計

的な利益になると考える場合であっても、）提訴による短期的な株価下落の可能性（リスク）を無視できなくなり、提訴しない方が経済的に一層好ましくなる（株主がリスク回避的であれば、なおさらそういえる）。このような原告株主の負う経済的リスクも、代表訴訟の利用を阻害し、代表訴訟による抑止を「信頼できない脅し」に陥らせてしまう可能性がある[383]。原告株主の経済的な負担の大きさが代表訴訟の利用を阻害する要因となることは、平成5年商法改正前の状況からも、明らかである[384]。

　少数株主権化によって、かつて代表訴訟制度一般がそうであったように[385]、多重代表訴訟制度が「濫用以前に活用すらされない」状態に陥るのではないかと強く危惧される[386]。多重代表訴訟の提訴権を少数株主権

---

[383] 「信頼できない脅し」については、前掲注111)〜114)およびそれらに対応する本文を参照。

[384] 平成5年以前の裁判実務においては、代表訴訟の提起に際しての手数料が高額であり（前掲注27)参照）、勝訴した株主の会社に対する弁護士報酬等の支払請求権の明文規定もなかったため、株主の経済的負担が大きく、代表訴訟はあまり利用されていなかった（法務省民事局参事官室編・前掲注16)18-19頁参照）。

　　また、欧州諸国においても、勝訴当事者の弁護士報酬の敗訴者負担制度が、株主の経済的リスクを高め、代表訴訟の提起を抑制しているといわれている（江頭・前掲注2)484頁注1、加藤・前掲注7)2226頁注368およびそれに対応する本文を参照）。

　　さらに、中国、韓国、シンガポール、および台湾といったアジア諸国においても、代表訴訟制度が存在するものの、提訴権が少数株主権であることや、原告の各種費用の負担が大きいことが要因となって、実際に利用されることは少ないようである（財団法人国際民商事法センター監修・株主代表訴訟研究会編集『アジアにおける株主代表訴訟制度の実情と株主保護』（商事法務、2010年）参照）。

[385] 田中＝竹内・前掲注137)45頁。

[386] 日本監査役協会が行った会員に対するアンケート調査では、多重代表訴訟制度の導入が自社に与える影響について、「大きく影響すると思う」との回答が0.6％、「多少影響すると思う」との回答が13.7％であったのに対し、「影響があるとは思わない」との回答は73.3％であった（八木利朗ほか「〔パネルディスカッション〕会社法制の見直しとこれからの監査役監査」監査役615号（2013年）12頁）。

とする合理的な理由はなく、通常の代表訴訟の提訴権と同様に、単独株主権とすべきである。三重以上の多重代表訴訟においても同様に、提訴権を単独株主権とすべきである。

三　対象となる責任

1　被告の範囲

　平成26年改正会社法によって創設された多重代表訴訟制度は、発起人等の責任のみを対象としている（会社法847条の3第1項・4項）。発起人等とは、発起人、設立時取締役、設立時監査役、役員等（同423条1項に規定する役員等をいう）、および清算人を指す（同847条1項参照）。しかし、これのみでは、多重代表訴訟の被告の範囲として不十分である。そもそも、本章第1節で述べたように、代表訴訟一般においても被告の範囲を拡大する必要がある。具体的には、「重要な使用人（重大な権限を有する使用人）」ならびに「支配株主およびその関係者」の責任も、代表訴訟の対象とすべきである[387]。多重代表訴訟制度においても同様に、提訴懈怠の可能性および代表訴訟による規律づけの必要性が認められる責任は、広くその対象としなければならない。特に、親会社取締役が不正を指図した場合など、親会社取締役も子会社に対して責任を負うべき場合があり、そのような場合の責任関係を適切に処理するために、親会社取締役の対子会社責任が多重代表訴訟の対象とされなければならない[388]。もっとも、以下のように、多重代表訴訟制度においては、通常の代表訴訟制度とは別に検討すべき独自の問題が3点ある。

　第1に、親会社の対子会社責任（会社法350条等に基づく責任）につい

　　　また、現に、ドイツでは、2005年に代表訴訟制度が少数株主権として導入されたが、ほとんど利用されていないようである（松井秀征「ドイツにおける株式会社法制の運用実態とわが国への示唆〔上〕」商事法務1941号（2011年）29頁）。その理由としては、提訴権が少数株主権であることのほか、裁判所が訴えの合理性を審査して合理性がない訴えを却下することができることも、指摘されている。

387　本章第1節第3款三参照。
388　本章第2節第3款三3参照。

第 3 節　多重代表訴訟制度の必要性と制度設計

ては、親会社株主は利益相反的地位にあるため、適切な訴訟追行を期待できるか（一般人から見て適切な訴訟追行と評価できるか[389]）が問題となる。親会社の対子会社責任が追及されても、親会社株主の財産的な利益にはつながらない。むしろ、完全親子会社関係にない場合には親会社の保有する資産の額は理論上減少することになるし、訴訟費用等のコストも生じるため、親会社株主にとって提訴は経済上不利益になる。このような利益相反的地位にある者による訴訟追行は不適切であると考えられるため、多重代表訴訟においては、親会社を被告の範囲から外すべきであろう。親会社株主は、不正を指図した親会社取締役等の対子会社責任を追及すべきである[390]。三重以上の多重代表訴訟においても同様に、親会社や中間子会社など、その者に対する訴訟において原告株主が利益相反的な立場に立つ者は、被告の範囲から除外すべきである。

　第2に、子会社の重要な使用人（重大な権限を有する使用人）についても多重代表訴訟を認める場合、やはり通常の代表訴訟の場合と不整合が生じるのではないかという問題がある。すなわち、子会社の重要な使用人の中には、親会社から見れば重要使用人に該当するほどの重大な権限を有していない者がいる可能性があり、そのような者まで代表訴訟の対象とすることは、行き過ぎではないかという問題である。しかし、多重代表訴訟は親会社株主の保護のみを目的とするものではないため、親会社から見た重要性は問題とされるべきではない[391]。また、被告の範囲

389　代表訴訟制度に対する社会的な評価が抑止効果に影響することについて、前掲注29）〜31）およびそれらに対応する本文を参照。

390　もっとも、次頁以下の「2　親会社の損害の要件」において検討するように、問題の不正行為が親子会社間の利益相反取引である場合など、親会社に損害が生じていない場合には、親会社株主は親会社取締役等の責任も追及することができない。

391　前掲注369）および前掲注337）参照。代表訴訟制度による規律づけが当該会社の利益のみならず社会全体の利益を増進させることに鑑みると、使用人の重要性の判断要素となる「権限の重大性」は、当該会社内部における相対的な評価ではなく、全ての会社に妥当する絶対的な評価によって、判断されるべきであるかもしれない。

第3章　わが国における課題の検討

を子会社の役員等に限定した場合、多重代表訴訟の対象となる者を減らすために、役員の数を減らして、執行役員などの重大な権限を有する使用人の数を増やすという機関設計を助長し、経営の効率性が歪められる可能性もある。したがって、子会社の重要な使用人も、多重代表訴訟の被告の範囲に含めるべきである。三重以上の多重代表訴訟においても同じことがいえる。

　第3に、通常の代表訴訟制度においては、発起人等の責任以外にも、利益供与を受けた者（会社法120条3項）や通謀引受人等（同212条1項等）の責任など、提訴懈怠の可能性が認められる責任が、個別的に対象とされている。これらの責任は多重代表訴訟制度の対象から除外されているが、この点は改正過程の審議においてほとんど議論されていなかった[392]。確かに、これらの責任主体と親会社取締役との間には、人的関係による提訴懈怠の可能性が、子会社役員と親会社取締役との間に比べて、相対的に存在しないであろう[393]。しかし、親会社取締役が自己の監督責任を追及されること等をおそれて提訴を懈怠する可能性は、ここでも存在しうるのではないか。これらの責任に関する提訴懈怠の可能性の有無や程度については、なお検討する必要がある[394]。

---

[392] なお、完全親子会社関係の存在を前提とする、わが国の多重代表訴訟制度においては、最終完全親会社等の株主から見れば、その完全子会社における利益供与を受けた者の責任や通謀引受人等の責任の追及は問題とならないため、これらの責任は多重代表訴訟制度の対象から除外されているのであろうとの指摘がある（山田・前掲注362）11頁注9）。

[393] 現に、立案担当者は、人的関係による提訴懈怠の類型的可能性が存在しないことを除外の理由に挙げている（坂本ほか・前掲注345）31頁）。澤口実「多重代表訴訟の特徴と金融機関への影響」金融法務事情1955号（2012年）16頁も参照。

[394] 前掲注147）において指摘したように、個別的に代表訴訟の対象とされている責任は、問題の行為に関与した取締役等に立証責任の転換された過失責任が課されているなど、取締役等の責任にまで結びつく可能性が高いものであるといえる。これに対して、ここで問題となる「親会社取締役の監督責任」は、立証責任が転換される等、責任が認められる可能性が特別に高くなっているわけではない。したがって、「親会社取締役」が「類型的に」提訴を懈怠するおそれ

2　親会社の損害の要件

　平成26年改正会社法により創設された多重代表訴訟制度においては、親会社に損害が生じていない場合、提訴請求および提訴が不適法となる（会社法847条の3第1項2号・9項但書）[395]。親会社に損害が生じていない場合としては、親子会社間または兄弟会社間における取引に関する責任が追及された場合が、想定されている[396]。換言すれば、子会社の損害が親会社にとっての間接損害となっても、それを埋め合わせるだけの利益が直接的または（他の子会社を通じて）間接的に親会社に生じている場合には、親会社株主による多重代表訴訟の提起が認められないわけである。

　親会社の損害を訴訟要件とすることについては、異論もある。すなわち、多重代表訴訟が子会社の損害を塡補し、子会社の利益を守る制度であることからすれば、親会社の損害が当然に要件となるわけではないと指摘されている[397]。関連して、通常の代表訴訟においても、原告株主自身が損害を被っていることは要件となっていないとの指摘もある[398]。

　他方で、このような場合には、親会社株主による訴訟追行の正当性に疑問が生じうる[399]。まず、親子会社間取引や兄弟会社間取引を行わせた

　　があると評価できるかについては、問題が残ると思われる。
- [395] ただし、原告株主が親会社に損害が生じたことを主張・立証する必要はない（岩原・前掲注166) 6-7頁、坂本ほか・前掲注345) 33頁注72参照)。
- [396] 岩原・前掲注166) 6頁。なお、ここでの親会社の損害は間接損害に限定されるべきであること、および子会社が債務超過であっても親会社の間接損害は存在することにつき、藤田・前掲注216) 35頁を参照。
- [397] 大証金融商品取引法研究会・前掲注318) 17-18頁〔近藤光男発言〕。
- [398] 法制審議会会社法制部会第11回会議議事録21-22頁〔前田雅弘委員発言〕。さらに、会社法改正により創設された多重代表訴訟制度は、完全親子会社関係が存在する場合のみを対象としているところ、完全親子会社間の取引によっては、そもそも子会社取締役の損害賠償責任は成立しないのではないかとも指摘されている（同22頁〔前田雅弘委員発言〕、前田・前掲注117) 40-41頁)。これについては、前掲注306) を参照。
- [399] 第2章において述べたように、近時アメリカでも、デラウェア州法を適用して、親会社に損害が生じていない場合において、多重代表訴訟の提起を認めな

第3章　わが国における課題の検討

親会社の側にいる者が、子会社取締役の責任を追及することは、感覚として不当に感じられるかもしれない。また、この場合、親会社株主は一種の利益相反的な地位に立つため[400]、適切な訴訟追行を期待できるか疑問がありうる。そのため、この場合において親会社株主による提訴を認めると、多重代表訴訟制度の社会的評価が低下する可能性もある[401]。したがって、そのような信頼性の疑わしい訴訟が提起されないよう、親会社の損害を訴訟要件とすることは十分に合理的であり、該当要件が設け

　　かった連邦裁判所の判例が登場している（第2章第1節第4款二2(3)参照）。
[400]　親会社の損害を訴訟要件とする理由としては、「親会社に損害が生じていない場合、親会社株主は、子会社の取締役の責任追及について利害関係を有していない」と一般に説明されている（前掲注345）中間試案補足説明39頁、岩原・前掲注166）6頁、坂本ほか・前掲注345）33頁）。しかし、子会社取締役が子会社の損害を賠償すれば、親会社ひいては親会社株主は、保有する株式の価値の上昇を通じて利益を受けるため、利害関係がないとはいえない。

　　むしろ、ここでは、問題の取引により損害を受けていない（利益を得ている可能性すらある）親会社株主が訴訟追行を行うことの不当性が問題になるというべきである（藤田・前掲注216）35頁も参照）。さらに、当該子会社取締役の責任を追及することは、子会社取締役からの求償等を招くことによって、究極的には、親会社（ひいては親会社株主）の不利益につながる可能性がある。その意味で、親会社株主は、子会社取締役の対子会社責任の追及について、一種の利益相反的な立場に立っているといえる。アメリカの判例においても、このような場合における多重代表訴訟の提起は、親会社の不利益につながる可能性があると指摘されている（第2章第1節第4款二2(3)参照）。

[401]　北村ほか・前掲注239）20頁〔北村雅史発言〕も、濫訴とまでいうかはともかく、不適切な訴訟が増える可能性が大きくなると指摘する。代表訴訟制度に対する社会的な評価の低下は、抑止効果の低下につながる（前掲注29）～31）およびそれらに対応する本文を参照）。

　　なお、親子会社間や兄弟会社間での取引に関する子会社取締役の対子会社責任の追及においては、親会社に二重の利益が生じることも、問題となる（北村ほか・前掲注239）20頁〔北村雅史発言〕）。しかし、そのような二重の利益が生じるのは、多重代表訴訟の場合に限られない。子会社の少数株主が子会社取締役の対子会社責任を追及した場合においても、やはり親会社に二重の利益が生じる。前述したように、責任関係の合理的な処理を図るためには、親会社等の対子会社責任についても、代表訴訟の対象とする必要がある（本章第2節第3款三3参照）。

第3節　多重代表訴訟制度の必要性と制度設計

られたことは、支持することができる。

第3款　多重代表訴訟の手続

　最後に、本款では、多重代表訴訟の手続に関する基本的な考え方について論じる。多重代表訴訟の手続要件は、多重代表訴訟の構造論と密接に関連する。アメリカでは、伝統的に、「二重代表訴訟は、親会社株主が親会社の有する代表訴訟提起権を親会社に代わって行使することによって、提起される訴訟である」と理解されてきた[402]。換言すれば、「二重代表訴訟は、2つの代表訴訟が積み重なって1つになった訴訟である」という理解である。この理解の下では、二重代表訴訟において、通常の代表訴訟の手続要件が二重に課される[403]。これに対し、デラウェア州における新たな理論においては、「二重代表訴訟は、親会社株主が親会社の子会社に対する支配権を親会社に代わって行使することによって、提起される訴訟である」と理解されるようになった[404]。その結果、通常の代表訴訟の手続要件を二重に課すことの理論的根拠はなくなり、手続要件が緩和された。例えば、提訴請求は親会社に対してのみ行えば足りると考えられるようになった。このように、多重代表訴訟においてどのような手続要件を課すかは、多重代表訴訟の構造をどのように考えるかと

---

[402] 第2章第1節第3款三参照。
[403] しかし、通常の代表訴訟の手続要件を機械的に二重に課すことに、どれだけの意味があるかは、疑問である。むしろ、手続要件の適用対象が増えることには、弊害がある。特に、アメリカでは、濫用的な訴訟に対する警戒から、代表訴訟には厳重な手続要件が課されている。それを機械的に二重に適用した場合、多重代表訴訟の提起は非常に困難となる。他方、濫訴のおそれは、二重代表訴訟であるからといって、2倍になるわけではない。実際に、多重代表訴訟が過度に制約されることへの懸念から、アメリカの伝統的理論の下においても、手続要件については柔軟に考えるべきであるという見解が少なくなかった（第2章第1節第3款三2参照）。さらに、デラウェア州において、多重代表訴訟に関する新たな理論が登場した大きな要因は、伝統的な理論の下における手続要件が過剰であることにあった（第2章第1節第4款二1参照）。
[404] 第2章第1節第4款二参照。

第3章　わが国における課題の検討

いう問題と密接に関連する。

　わが国の従来の学説においても、アメリカの伝統的理論の影響を受けて、「二重代表訴訟は、親会社株主が親会社の有する代表訴訟提起権を親会社に代わって行使することによって、提起される訴訟である」という構造論を採用し、提訴請求要件などの手続要件も二重に課すべきであると主張する見解が、少なくなかった[405]。しかし、アメリカにおいても新たな理論が登場しているように、多重代表訴訟の構造をアメリカの伝統的理論のように理解する必要はない。さらに、（新たな理論も含め）アメリカにおける多重代表訴訟のように、「親会社株主が親会社の何らかの権利や権限を代位行使する」という構造をとる必要もないであろう。すなわち、端的に、「親会社株主が、子会社に帰属する請求権を直接的に代位行使して提起する訴訟」として、二重代表訴訟を構成することも可能である[406]。

---

[405] 周剣龍「持株会社と二重株主代表訴訟」私法61号（1999年）254頁、山田・前掲注157) 324頁、新谷勝『株主代表訴訟　改正への課題』（中央経済社、2001年）264頁、古川朋雄「米国における二重代表訴訟制度の日本法への導入について」六甲台論集54巻3号（2008年）69頁参照。

[406] 近時、多重代表訴訟を認めた香港の判決は、多重代表訴訟に関するアメリカの伝統的な理論に疑問を呈し、本文で述べたような端的な理解を示している。すなわち、当該判決は、次のように述べる。多重代表訴訟は（その名が暗示するように）2つ以上の代表訴訟が1つになったものであるという説明は、便利ではあるが、誤解を与えるもの（deceptive）である。多重代表訴訟は、請求権が帰属している会社に代わって提起される単一の訴訟（a single action）である。ここで議論すべきなのは、親会社の株主も（子会社の株主と同様に）子会社に代わって代表訴訟を提起することができるか否かという、原告適格（locus standi）の問題にすぎない。See Waddington Ltd. v. Chan Chun Hoo & Ors [2009] 4 HKC 381, 404-407；(2008) 11 HKCFAR 370.

　さらに、同判決も述べるように、オーストラリア、ニュージーランド、カナダ、およびシンガポールといったコモンウェルス諸国でも、通常の代表訴訟の原告適格を親会社株主にも認める形で、多重代表訴訟が制定法の文言上許容されている。See Australia Corporations Act 2001 s. 236 (1) (a)；New Zealand Companies Act 1993 s. 165 (1) (a)；Canada Business Corporate Act 1985 s. 239 (1)；Singapore Companies Act 1967 s. 216A (1) (c). 香港でも同様の制

第 3 節　多重代表訴訟制度の必要性と制度設計

　現に、平成 26 年改正会社法によって創設された多重代表訴訟制度は、そのような構成を採用している。すなわち、同制度は、通常の代表訴訟における原告適格を、株式会社の「最終完全親会社」の株主にも認めるものであるとされる[407]。そのため、手続面は通常の代表訴訟と同様の仕組みになっており、親会社株主は子会社に対してのみ提訴請求を行えば足りる（会社法 847 条の 3 第 1 項）[408]。その後の手続も、基本的には通常の代表訴訟と同じである[409]。このように、アメリカの伝統的な理論と新たな理論のいずれとも異なり、わが国の多重代表訴訟制度では、親会社株主が親会社の権利や権限を代位行使するという構造ではなく、親会社株主が子会社に帰属する実体法上の請求権を直接的に代位行使するとい

　　定法上の規定が、上記判決後の法改正に際して設けられた。See Hong Kong Companies Ordinance 2014 s. 732 ; see also Re Li Chung Shing Tong (Holdings) Ltd. [2011] 5 HKC 531.
[407]　前掲注 345）中間試案補足説明 38 頁（同 41 頁も参照）、山田・前掲注 362）13 頁。
[408]　提訴請求が子会社に対してなされる理由については、「提訴請求の趣旨は、取締役等に対する損害賠償請求権の権利主体である株式会社に、訴訟を提起するか否かの判断の機会を与えることにあるところ、多重代表訴訟の場合においても、当該権利主体は、あくまでも完全子会社であると考えられることによる」と説明されている（前掲注 345）中間試案補足説明 39 頁）。しかし、これは、親会社に対する提訴請求を要求しないことの根拠としては、不十分であると思われる。親会社に代表訴訟を提起する（または事実上の影響力を行使して子会社に訴訟を提起させる）機会を与えるために、親会社に対する提訴請求を併せて要求することも、考えられるからである。親会社に対する提訴請求が不要であることの理論的根拠は、わが国において創設された多重代表訴訟制度が、通常の代表訴訟の原告適格を親会社株主に拡張したものであること、すなわち、親会社の権利や権限とは無関係に、親会社株主が子会社の請求権を直接的に代位行使するという構造論が採用されたことに、求めることができる（同 41 頁、山田・前掲注 362）13 頁注 19 も参照）。また、後掲注 413）で述べるように、親会社に対してまで提訴請求を行う実際上の意義も小さいと考えられる。
[409]　多重代表訴訟も、通常の代表訴訟と同様の手続規定（会社法 847 条の 4～853 条）によって、規律される。これらの規定については、坂本三郎ほか「平成 26 年改正会社法の解説〔Ⅵ〕」商事法務 2046 号（2014 年）4-9 頁、山田・前掲注 362）13-15 頁を参照。

う構造が、採用されている。

　では、このようなわが国の多重代表訴訟の構造は適切であるといえるか。まず、アメリカの伝統的な理論には、手続要件の適用対象が増え、多重代表訴訟の提起が過剰に制約されるおそれがあるという難点がある[410]。次に、アメリカの新たな理論においては、手続要件は緩和されるものの、その論理の分かりにくさ、および多重代表訴訟が許容される範囲の不明確さといった難点がある[411]。これに対して、わが国において創設された多重代表訴訟制度の構造は、過剰な手続の要求がなく、理論的にも簡明である点において、優れている[412]。上述したとおり、「親会社株主が親会社の何らかの権利や権限を代位行使する」という構造を採用すべき必要性はない。また、提訴請求手続に大きな効果を与えていないわが国の代表訴訟制度の下においては、提訴請求を親会社に対してまで行う意味は乏しい[413]。以上の理由から、わが国において創設された多重代表訴訟制度の構造および手続の基本的な仕組みは、支持することができる。多重代表訴訟の認められるべき範囲をより広く考える本書の立場に

410　前掲注403）参照。

411　第2章の注262）～271）に対応する本文を参照。

412　ただし、前述したように、平成26年改正会社法によって創設された多重代表訴訟制度には、訴訟要件として多くの限定が付されており、各要件の解釈や具体的事案への適用に関して生じる手続上の問題（事後的な要件喪失の場合の処理等）は、少なくないと思われる。各要件の解釈や訴訟手続上の諸問題について論じたものとして、山本憲光「多重代表訴訟に関する実務上の留意点」商事法務1980号（2012年）37頁以下、平田和夫「多重代表訴訟に関する訴訟手続上の諸論点〔上〕・〔下〕」ビジネス法務13巻1号（2013年）116頁・2号（同年）112頁、山田・前掲注362）11頁以下、水島・前掲注352）20頁以下がある。

413　わが国における提訴請求手続の目的は、責任追及にかかる提訴判断機関の判断を尊重することではなく、代表訴訟によらない会社内部での紛争解決の機会を与えることである（第2章の注360）の後段を参照）。また、不提訴理由通知制度を通じて原告株主に問題の請求権に関する情報を提供することも、提訴請求手続の副次的な目的であるといえよう（前掲注80）およびそれに対応する本文も参照）。これらの目的に鑑みれば、問題の請求権が実体法上帰属しており、かつ、それに関する情報を最も有していると考えられる子会社に対して提訴請求を行えば足り、親会社に対してまで提訴請求を行う必要性は乏しいといえる。

おいても同様に、「多重代表訴訟は、通常の代表訴訟の原告適格を親会社株主に拡張したものである」と理解するのが、簡明かつ適切であると考える。

第4款　小　括

　本節では、第1節および第2節における検討結果を前提として、わが国における多重代表訴訟制度の必要性、および具体的な制度設計のあり方について検討した。本節における検討結果は、以下のようにまとめることができる。

　まず、第1款では、多重代表訴訟制度が、わが国の企業グループにおける適切なコーポレート・ガバナンスの実現のために必要であることを確認した。わが国では、代表訴訟制度がコーポレート・ガバナンスにおいて重要な役割を果たしている。そのため、事業活動が子会社レベルにおいて行われることによって、代表訴訟制度による規律づけが当該事業活動に関して及ばなくなることは、重大な問題である。代表訴訟制度による規律づけの重要性は、子会社においても同様に妥当すると考えられる。そして、代表訴訟制度による規律づけを子会社役員等にも及ぼすことは、親会社株主の利益だけでなく、子会社の株主や債権者などの利害関係人の利益、さらには他社におけるこれらの利害関係人を含む社会全体の利益につながる。すなわち、代表訴訟制度が公益性を有するのと同様に、多重代表訴訟制度も公益性を有するわけである。加えて、子会社レベルにおいて不正行為が行われた場合の責任関係を合理的に処理するためにも、多重代表訴訟制度は必要である。すなわち、第一次的な損害が子会社に発生した場合には、子会社に対して損害賠償が給付されることが望ましいのであって、そのような処理を実現するために多重代表訴訟制度が必要になる。以上の理由から、「多重代表訴訟は、特に問題のない限り、通常の代表訴訟と同様に広く認められるべきである」と考えるのが、本書の基本的な立場である。

　しかし、平成26年改正会社法によって創設された多重代表訴訟制度

第3章　わが国における課題の検討

には、多くの限定が付されており、提訴が認められる範囲は、非常に狭くなっている。第2款では、これらの限定が正当であるか否かについて、個別に検討を行った。その検討の結果、当該改正法によって創設された多重代表訴訟制度は、将来、次の4点において改正されるべきであると考える。第1に、多重代表訴訟の提訴権は少数株主権ではなく、通常の代表訴訟の提訴権と同様に、単独株主権とすべきである。第2に、完全親子会社関係の要件を撤廃し、会社法上の親子会社関係があれば、多重代表訴訟の対象範囲に含めるべきである。第3に、子会社の規模に関する限定を撤廃すべきである。第4に、通常の代表訴訟制度と同じく、多重代表訴訟制度においても被告の範囲を拡大し、親会社取締役等も多重代表訴訟の被告の範囲に含めるべきである。

　最後に、第3款では、多重代表訴訟の手続に関する基本的な考え方について論じた。多重代表訴訟の手続は、多重代表訴訟の構造と密接に関連する。平成26年改正会社法によって創設された多重代表訴訟制度は、通常の代表訴訟の原告適格を親会社株主にも拡張するという構造を採用している。すなわち、親会社株主は、アメリカの多重代表訴訟のように親会社の権利や権限を代位行使することなく、子会社に帰属する請求権を直接的に代位行使するものとされている。その結果、多重代表訴訟の手続の仕組みは、通常の代表訴訟とほぼ同内容の簡明なものとなっている。したがって、基本的な手続の仕組みに関しては、改正法の内容を支持することができる。

結　章

本書の結論と今後の課題

一　本書の結論

　本書では、わが国の企業グループにおいて適切なコーポレート・ガバナンスを実現する手段として、多重代表訴訟制度は必要であるか、必要であるとすればどのような制度設計が望ましいかを検討してきた。本書を閉じるにあたり、本書の議論を簡単に振り返り、検討結果をまとめておく。

　まず、第1章では、わが国における多重代表訴訟制度をめぐる議論の現状を検証し、検討すべき3つの課題を提示した。すなわち、①代表訴訟制度の意義、濫用的な訴訟への対処、および被告の範囲といった代表訴訟制度一般における諸問題の検討、②親会社取締役の子会社管理責任を追及することの実効性と適切性の検討、③多重代表訴訟制度の必要性および具体的な制度設計のあり方の検討の3つである。①および②の課題が、③の課題の重要な前提となっている。

　次に、第2章では、これら3つの課題を検討する上での手がかりを得るべく、アメリカ法の状況を考察した。その概要を上記①～③に即してごく簡単に述べると、次のとおりである。第1に、かつてアメリカでは、代表訴訟制度は、経営者に対する規律づけの主たる手段として、コーポレート・ガバナンス上重要な役割を果たしていた。しかし、その後、手続面における制約が厳しくなったために、とりわけ注意義務のエンフォースメントにおいて、代表訴訟制度の意義は小さくなった。その大

きな要因の1つとして、アメリカでは、弁護士の主導による濫用的な訴訟が非常に多いことが挙げられる。他方、弁護士による濫用の少ない事案類型（経営者や支配株主の利益相反行為が問題となる事案）では、現在でも代表訴訟制度は有効に機能している。アメリカでは、代表訴訟制度が適切に機能するか否かに関して、原告側弁護士の行動が決定的に重要になっている。第2に、アメリカでは、親会社取締役が子会社管理責任を追及されることは少ない。そのような責任追及を認める判例も、学説によって強く批判されている。学説は、子会社において不正が行われた場合、親会社が被る損害は間接損害にすぎず、子会社への損害賠償の支払こそが、責任関係の合理的な処理方法であると主張している。第3に、アメリカでは、多重代表訴訟は、通常の代表訴訟の延長線上にあるものとして、通常の代表訴訟と同様に広く認められている。多重代表訴訟は、通常の代表訴訟と同様の手続要件によって統制されており、通常の代表訴訟にはない特別な制約が課されているわけではない。

　最後に、第3章では、前章におけるアメリカ法の考察から得られた知見を参考としながら、わが国における前記3つの課題についての検討を行った。本書の検討結果は、以下のようにまとめることができる。

　第1の課題である「代表訴訟制度一般における諸問題（代表訴訟制度の意義、濫用的な訴訟への対処、および被告の範囲）」については、次のように考える。

　代表訴訟制度には、損害の塡補、不正の抑止、および法規範の形成という3つの機能がある。大規模な会社において、代表訴訟制度は、損害塡補の面ではあまり有意義ではないが、不正の抑止や法規範の形成の面では大きな意義を有する。わが国における代表訴訟の利用実態を見ても、後二者の機能が有効に働いており、代表訴訟制度はコーポレート・ガバナンス上重要な役割を担っている。さらに、後二者の機能による便益は、当該会社を越えて社会全体に及ぶものであり、公益性を有することも重要である。具体的な制度の設計や運用においても、代表訴訟制度が有するこうした公益性を上手く生かしていくことが望ましい。

　濫用的な訴訟には、訴訟一般において問題となる濫訴（不当訴訟や不

法不当目的訴訟）と、代表訴訟に固有の濫訴（会社・総株主の利益とならない訴訟）の2つがあるとされてきた。前者については、現行法においても相当程度対処することが可能であり、近時問題とされるのは、主に後者である。しかし、後者については、「当該会社（総株主）の利益とならない訴訟は、濫用的な訴訟である」との前提自体に、そもそも疑問がある。大規模な会社において、代表訴訟制度の現実的な意義が不正の抑止や法規範の形成にあるとすると、「ある代表訴訟が、当該会社にとって費用を上回る利益をもたらさなくても、社会全体では費用を上回る利益をもたらすのであれば、そのような代表訴訟は排除されるべきではない」と考えられるからである。また、わが国では、アメリカのように濫用的な訴訟が起きやすい社会状況やインセンティブ構造が存在せず、現状においても濫用的な訴訟が深刻な問題となっているわけではない。したがって、濫用的な訴訟に対する新たな対策が本当に必要であるか否かについては、慎重に考えるべきである。

　代表訴訟制度は、会社による役員等への責任追及が行われないおそれがあること（提訴懈怠の可能性）を前提とする制度である。このような提訴懈怠の可能性は、伝統的に、同僚意識等の人的関係によって生じるものであると説明されてきた。しかし、代表訴訟制度の前提となる提訴懈怠の可能性は、「同僚意識等の人的関係」に基づくものに必ずしも限られるわけではない。「提訴判断機関の自己保身」や「支配株主からの圧力」によって提訴懈怠の可能性が生じることにも、目を向けるべきである。そうすると、現行法上の代表訴訟制度において、被告の範囲が基本的に役員等に限定されているのは、不十分であるといえる。具体的には、「重要な使用人」ならびに「支配株主およびその関係者」の責任も、代表訴訟の対象に含められるべきである。これらの者に対しても、提訴判断機関の自己保身や支配株主からの圧力による提訴懈怠の可能性があり、かつ、これらの者が有する重大な権限の行使を規律づける必要性が高いからである。

　第2の課題である「親会社取締役の子会社管理責任を追及することの実効性と適切性」については、次のように考える。

結　章　本書の結論と今後の課題

　親会社取締役の子会社管理責任の追及は、実効性に乏しい。なぜなら、親会社取締役は子会社の管理について広い裁量を有するため、親会社取締役の責任が認められる場合は、狭い範囲に限られるからである。そのため、親会社取締役の責任追及を介して、子会社役員に対して規律づけを及ぼそうとしても、それは不十分なものとならざるをえない。他方、親会社取締役の責任を厳格化する（親会社取締役の裁量を狭く解する）ならば、子会社に対する親会社取締役の過剰な監視・干渉を招くおそれがあり、経営の効率性が害される。そのため、親会社取締役の責任を厳格化することも、妥当でない。
　また、親会社取締役が親会社に対して負う子会社管理責任の追及は、責任関係の処理方法としても、不適切である。子会社に損害が生じたことを原因として親会社がいわゆる間接損害を被った場合、損害賠償は、親会社ではなく子会社に対して、支払われるべきである。親会社への損害賠償の支払は、①損害額算定の困難、②子会社の少数株主および債権者が害される危険、③二重の責任および二重の損害回復の可能性、ならびに④紛争処理の複雑化（責任関係の錯綜）による混乱といった弊害を生む。これらの弊害は、株主の間接損害について株主による直接の損害賠償請求を認める場合にも、生じるものである。学説の多数は、これらの弊害を理由に、原則として、株主の間接損害について株主による直接の損害賠償請求を認めていない。これと同じことが、親子会社間にも妥当する。子会社の損害が回復されれば、親会社の間接損害も回復されるし、上記の弊害も生じない。したがって、親会社取締役の対親会社責任の追及ではなく、子会社取締役または親会社取締役の対子会社責任の追及を、原則的な責任関係の処理方法とすべきである。
　子会社役員に対する規律づけの手段として、親会社取締役による子会社管理も一定程度有効ではあるが、責任追及の段階においては、上記のような限界や問題が存在する。子会社役員への十分な規律づけ、および責任関係の適切な処理のためには、多重代表訴訟制度による責任追及の仕組みが必要である。
　第３の課題である「多重代表訴訟制度の必要性および具体的な制度設

計のあり方」については、次のように考える。

　わが国では、代表訴訟制度がコーポレート・ガバナンスにおいて重要な役割を果たしている。そのため、事業活動が子会社レベルにおいて行われることによって、代表訴訟制度による規律づけが当該事業活動に関して及ばなくなることは、重大な問題である。企業グループにおける適切なコーポレート・ガバナンスの実現においても、代表訴訟制度が果たすべき役割は大きい。そして、代表訴訟制度は、不正の抑止や法規範の形成という、「当該会社の株主保護」にとどまらない重要な意義を有するわけであるから、多重代表訴訟制度の意義を「親会社株主保護」の観点のみによって捉えることも、不十分である。すなわち、代表訴訟制度による規律づけを子会社の役員等にも及ぼすことは、親会社株主の利益だけでなく、子会社の株主や債権者などの利害関係人の利益、さらには他社におけるこれらの利害関係人を含む社会全体の利益につながる。換言すれば、代表訴訟制度が公益性を有するのと同様に、多重代表訴訟制度も公益性を有するわけである。また、前述したように、子会社において不正行為が行われた場合の責任関係を合理的に処理するためにも、多重代表訴訟制度は必要である。すなわち、第一次的な損害が子会社に発生した場合には、子会社に対して損害賠償が給付されることが望ましいのであって、そのような処理を実現するために、多重代表訴訟制度が必要になる。以上の理由から、「多重代表訴訟は、特に問題のない限り、通常の代表訴訟と同様に広く認められるべきである」と考えるのが、本書の基本的な立場である。

　しかし、本書の立場とは異なり、平成26年改正会社法において創設された多重代表訴訟制度には、多くの限定が付されており、提訴が認められる範囲は非常に狭くなっている。それらの限定の中には、理論的・政策的な正当性が疑わしいものも少なくなく、多重代表訴訟を認めるべき範囲については、今一度検討する必要がある。とりわけ、少数株主権化は、わが国の代表訴訟が市民運動的に提起されることが少なくないという実態に照らすと、重大な制約である。これらの限定のために、制度の創設に際して念頭に置かれていた大規模な企業グループにおいて、多

重代表訴訟制度は「濫用以前に活用すらされない」状態に陥るのではないのかと、強く危惧される。本書は、「多重代表訴訟は、特に問題のない限り、通常の代表訴訟と同様に広く認められるべきである」との立場から、完全親子会社関係の要件、子会社の規模に関する限定、および１％の持株数要件の３点は撤廃されるべきであり、会社法上の親子会社関係があれば、多重代表訴訟の提起は認められるべきであると主張する。加えて、通常の代表訴訟制度と同じく、多重代表訴訟制度においても被告の範囲を拡大し、親会社取締役等も多重代表訴訟の被告の範囲に含めるべきである。

二　今後の課題

　本書が積み残した課題は少なくないが、ここでは筆者が重要であると考える今後の課題を大きく３点指摘しておきたい。
　第１に、経営者等の不正を抑止するための各種制裁制度のあり方について、法制度全体を視野に入れて検討する必要がある。本書は、代表訴訟制度の意義として、不正の抑止を重視した。しかし、抑止効果は民事責任のみならず、刑事罰や行政上の制裁等によっても提供される。そのため、適切な制度設計を行うには、個々の制度のみに着目するだけでは不十分であり、複数の制度を横断的に考察しなければならない。すなわち、各種制裁制度の長所・短所を踏まえつつ、制度間の非効率な重複や間隙が生じないよう、各種制裁制度の適切な役割分担のあり方について検討する必要がある。このような問題の検討にあたっては、異なる法分野の研究者による分野横断的な共同研究も必要となろう。
　第２に、代表訴訟・多重代表訴訟の手続上の諸問題についても検討する必要がある。本書では、多重代表訴訟の手続上の諸問題（補助参加や和解手続のあり方等）を検討することができなかった。そもそも、これらの手続上の諸問題についても、通常の代表訴訟のレベルで議論が錯綜しているため、通常の代表訴訟のレベルにおける考察から出発する必要がある。その際、本書のように、代表訴訟の公益性を重視するならば、原告適格や補助参加等の手続上の諸問題についても、再検討する必要性

が出てくるかもしれない。また、代表訴訟の公益性を重視する場合、代表訴訟は債権者代位訴訟等の民事訴訟よりも住民訴訟に一層類似した性格を有することになり、住民訴訟に関する行政法学上の議論もより参考になると考えられる。

　第3に、グループ経営に対する適切な規律づけの手法について、より広い視野で検討する必要がある。グループ経営に対する規律づけの機能を有する制度には、多種多様のものがある。本書では、会社法上の制度である、多重代表訴訟および親会社取締役による子会社管理を中心に考察を行った。しかし、金融商品取引法および各種業法にも、グループ経営に対する規律づけの機能を有する制度が存在する。また、アメリカでは、証券クラス・アクションも、経営者等を規律づけるものとして、コーポレート・ガバナンス規制の重要な一要素を構成している。さらに、多重代表訴訟制度の存在しない国々において、グループ経営がどのように規律づけられているかを分析することも、重要であろう。このように、比較法研究も含め、各種制度の研究を一層充実させる必要がある。

　もっとも、各制度には長所だけでなく短所もあり、個々の制度のみでは、規律づけが不十分になりがちである。しかし、個々の制度を別々に検討するのではなく、複数の制度を全体的に考察することによって、各制度の短所を補完し合い、全体として適切な規律づけの仕組みを構築することができると考えられる。したがって、個々の制度の研究のみならず、グループ経営に対する適切な規律づけの実現に向けた制度横断的・総合的な研究も重要となろう。

　これらの課題は、今後の研究活動において取り組んでいきたい。

三　最後に

　平成26年の会社法改正によって多重代表訴訟制度が創設されたことは、わが国の企業結合法制における大きな一歩である。この制度が適切な形で運用され、将来的にはより望ましい制度となるように必要な範囲で改良されることを期待したい。本書がその1つの方向性を示すことができたのであれば、本書の目的は達成されたといえる。また、グループ

結　章　本書の結論と今後の課題

経営を行う企業が大幅に増加している今日において、本書が、企業グループにおけるコーポレート・ガバナンスに関する議論、および代表訴訟制度に関する議論の今後の発展に、多少なりとも寄与することができれば、筆者としてこの上ない喜びである。

●事項索引

アルファベット

Aronson テスト ……………… 90, 128
Blumberg の見解 ……………………… 83
D&O 保険 ………………… 133, 151, 157, 186
Davis による調査研究 ……………… 139
Erickson による調査研究 …………… 142
Harvard Law Review Note の見解 … 60
Locascio の見解 ………………………… 68
New York University Law Review Note の見解 …………………………… 62
Painter の見解 …………………………… 65
Rales テスト ……………………………… 91
SEC（Securities and Exchange Commission）………… 135, 158, 164
Smith v. Hurd ルール ……… 111, 118, 246
Thompson & Thomas による調査研究 ………………………………………… 137

あ 行

アクティビスト投資家 ……………… 144
アジア諸国 ………………………………… 275
アメリカ法律協会（American Law Institute）………………… 60, 82, 175
新たな理論 ………………………………… 99
安定株主 …………………………… 164, 180
意見確認 …………………………………… 95
一般予防 …………………………… 154, 175
　消極的—— …………………………… 154
　積極的—— …………………………… 154
イベント・スタディ …………………… 152
イリノイ州 ………………………………… 71
因果関係 …………………………… 215, 219
インセンティブ ……… 131, 134, 186, 189
エージェンシー問題 …………… 131, 260
エージェント理論 ……………………… 49
エクイティ ……………… 45, 69, 78, 79, 81
欧州諸国 …………………………………… 275

か 行

親会社
　——の指図 …………………………… 248
　——の従業員 ………………………… 20
　——の損害 ……………………… 105, 279
　——の対子会社責任 ………………… 276
親会社株主の保護 …………………… 13, 259
親会社取締役
　——の子会社監視・監督義務 …… 206
　——の子会社管理義務 ……………… 17
　——の子会社管理責任 ……………… 108
　——の責任の厳格化 ………………… 226
　——の対子会社責任 ………………… 276
　——の提訴懈怠責任 ………………… 225
親子会社関係 …………………………… 266

か 行

下位会社 ………………………………… 209
海外での訴訟リスク …………………… 16
会計監査人 ……………………… 190, 192
会社の社会的責任 ……………………… 189
会社法
　——350 条 ……………… 232, 253, 276
　——429 条 ……… 162, 198, 244, 252
　——847 条の 2 ………………… 12, 261
　——851 条 ………………… 10, 12, 261
会社法案 847 条 1 項 2 号 …… 171, 173, 182
会社法制の見直しに関する中間試案 ……………………………… 19, 208, 226
会社法制の見直しに関する要綱及び附帯決議 …………………………………… 12
外部性（externality）………………… 167
片倉工業事件 …………………………… 231
株式交換・株式移転 …………………… 8
株式の持合い …………………………… 164
株主
　——の間接損害の救済方法 ……… 245
　——の権利弁護団 ……………… 163, 185
株主オンブズマン ………………… 163, 185

295

株主権の縮減 …………………… 2, 6, 8, 23
株主代表訴訟制度研究会 ………… 10, 18
株主利益の最大化 ………………………… 174
空脅し（empty threat）…………… 179
カルドア＝ヒックス基準 …………… 176
韓　　国 ………………………………… 32
カンザス州 ……………………………… 38
監視義務（アメリカ）………………… 108
間接損害 ………………………………… 111
機関投資家 …………… 134, 139, 144, 164, 165
企業集団における内部統制システム
　……………………………………… 18, 218
企業の健全性確保 ……………………… 150
規範意識 ………………………………… 154
旧株主による責任追及等の訴え ……… 12
強行法規 ………………………… 176, 180, 259
行政上の制裁 …………………… 157, 292
共通支配 ………………………………… 50
クラス・アクション …………………… 161
経営判断原則 ……………………… 62, 135
経営判断の萎縮 ………………………… 17
刑事罰 …………………………… 157, 158, 292
継続保有（continuous ownership）要
　件 ……………………………………… 92
権限の重大性 …………………………… 196
原告適格 ……… 42, 47, 62, 92, 267, 282, 292
行為時保有要件（contemporaneous
　ownership requirement）…… 72, 73, 85
　──の基準時 ……………………… 100
公益性 ……………………………… 167, 260
公共財（public goods）… 155, 160, 177, 178
公序（public policy）………… 129, 159, 175
構造的バイアス（structural bias）
　……………………………………… 129, 172
合弁会社 ………………………………… 264
効率性 …………………………………… 176
合理的無関心 …………………………… 265
子会社
　──の規模に関する限定 ………… 269
　──の債権者の保護 ……………… 242
　──の重要な使用人 ……………… 277
　──の少数株主および債権者を害す
　　る危険 …………………………… 118
　──の少数株主の保護 …………… 242
子会社株式の評価損 …………………… 230
子会社帳簿の閲覧請求 ………………… 101
国家によるエンフォースメント …… 158
コミットメント ………………… 180, 274
コモンウェルス諸国 …………… 32, 282

さ　行

債権者代位 ……………………………… 243
債権侵害 ………………………………… 231
裁　　量 ………………………………… 196
裁量却下制度 …………………………… 182
三角合併 ……………………………… 92, 93
　逆──（reverse triangular merg-
　　er）………………………………… 94
　順──（forward triangular
　　merger）………………………… 94
三重代表訴訟 …………………… 1, 58, 104
残余権者 ………………………………… 155
時間的不整合性（time inconsistency）
　……………………………………… 180
事業部門制 ……………………………… 21
事業持株会社 …………………………… 2
資産の浪費 ………………………… 52, 66
事実上の取締役 ………………………… 194
私人によるエンフォースメント … 158, 260
事前の同意による免責 ………… 233, 249
執行役員 ……………………… 22, 194, 196, 197
実証研究 ………………………………… 152
私的証券訴訟改革法（Private Securi-
　ties Litigation Reform Act of 1995）
　…………………………… 136, 139, 143
私的法務総裁（private attorney
　general）……………………… 124, 163, 181
指導的原告 ……………………… 139, 143
支配株主 ………………………………… 198
　──からの圧力 ……………… 193, 258
　──の責任 ………………………… 199
支配関係 ……………………………… 82, 266

実質的―― ・・・・・・・・・・・・・・・・・・・・・・・・・・・ 268
　支配の要素 ・・・・・・・・・・・・・・・・・・・・・・・・・・・・・・ 64
　司法消極主義 ・・・・・・・・・・・・・・・・・・・・・・・・・・・ 135
　司法積極主義 ・・・・・・・・・・・・・・・・・・・・・・・・・・・ 135
　市民運動 ・・・・・・・・・・・・・・・・・ 162, 184, 264, 274
　社会規範（social norm）・・・・・・ 154, 157, 160
　社会正義の実現 ・・・・・・・・・・・・・・ 162, 184, 264
　社会的ジレンマ ・・・・・・・・・・・・・・・・・・ 178, 274
　社会的不名誉 ・・・・・・・・・・・・・・・・・・・・・・・・・ 156
　集合行為問題 ・・・・・・・・・・・・・・・・・・・・ 131, 180
　住民訴訟 ・・・・・・・・・・・・・・・・・・・・・・・・・ 23, 293
　重要な使用人 ・・・・・・・・・・・・・・・・・・・・・・・・・ 194
　純粋持株会社 ・・・・・・・・・・・・・・・・・・・・・・・・・・・ 2
　　――の解禁 ・・・・・・・・・・・・・・・・・・・・・・・・・・ 8
　上位会社 ・・・・・・・・・・・・・・・・・・・・・・・・・・・・・ 209
　賞金稼ぎ（bounty hunter）・・・・・・・ 132, 163
　証券クラス・アクション
　　・・・・・・・・・・・・・・・・・・・ 134, 136, 139, 143, 293
　証券訴訟統一基準法（Securities
　　Litigation Uniform Standards Act）
　　・・・・・・・・・・・・・・・・・・・・・・・・・・・・・・・・・・・ 136
　証券取引等監視委員会 ・・・・・・・・・・・・・・・・ 164
　少数株主権 ・・・・・・・・・・・・・・・・・・・・・・・ 4, 271
　使用人兼務取締役 ・・・・・・・・・・・・・・・・・・・・ 22
　人事上の裁量 ・・・・・・・・・・・・・・・・・・・・・・・・・・ 26
　人的裁判権（personal jurisdiction）・・・ 103
　真の原告 ・・・・・・・・・・・・・・・・・・・・・・・・・・・・・・ 54
　真の被告 ・・・・・・・・・・・・・・・・・・・・・・・・・・・・・・ 53
　信頼できない脅し（incredible threat）
　　・・・・・・・・・・・・・・・・・・・・・・・・・・・ 179, 274, 275
　信頼の原則 ・・・・・・・・・・・・・・・・・・・・・・ 212, 220
　スタンダード ・・・・・・・・・・・・・・・・・・・・・・・・・ 161
　正義感 ・・・・・・・・・・・・・・・・・・・・・・・・・・・・・・・ 181
　正義の実現 ・・・・・・・・・・・・・・・・・・・・・・・・・・・・ 46
　誠実義務違反 ・・・・・・・・・・・・・・・・・・・・・・・・・ 109
　誠実性の欠如 ・・・・・・・・・・・・・・・・・・・・・・・・・ 109
　責任関係
　　――の錯綜 ・・・・・・・・・・・・・・・・・・・・・・・ 244
　　――の適切な処理方法 ・・・・・・・・・・・・ 248
　是正義務 ・・・・・・・・・・・・・・・・・・・・・・・・ 212, 213
　総会屋 ・・・・・・・・・・・・・・・・・・・・・・・・・・・・・・・ 171

　総株主の同意 ・・・・・・・・・・・・・・・・・・・・ 248, 264
　組織形態の選択への影響 ・・・・・・・・・・・・・・・ 16
　組織再編の例外 ・・・・・・・・・・・・・・・・・・・・・・・・ 88
　損害額算定の困難 ・・・・・・・・・・・・・・・・・・・・ 118
　損害の塡補 ・・・・・・・・・・・・・・・・・・・・ 68, 150, 265
　損害賠償請求権の不行使 ・・・・・・・・・・・・・ 222

た 行

　代表訴訟
　　――の数 ・・・・・・・・・・・・・・・・・・・・・・・・・ 166
　　――の公益性 ・・・・・・・・・・・・・・・ 168, 189, 292
　　――の政策的根拠 ・・・・・・・・・・・・・・・・・・ 68
　多重代表訴訟 ・・・・・・・・・・・・・・・・・・・・・・・・・・・ 1
　　――の構造論 ・・・・・・・・・・・・・・・・・・・・・ 281
　　――の訴訟物 ・・・・・・・・・・・・・・・・・・・・・ 263
　　――の手続 ・・・・・・・・・・・・・・・・・・・・ 84, 281
　多重代表訴訟制度の必要性 ・・・・・・・・・・・ 257
　立場の互換性 ・・・・・・・・・・・・・・・・・・・・・・・・・ 177
　単一の企業（a single enterprise）・・・・・ 83
　短期売買差益の返還請求 ・・・・・・・ 58, 116, 193
　単独株主権 ・・・・・・・・・・・・・・・・・・・・・・ 180, 274
　担保提供命令 ・・・・・・・・・・・・・・・・・・・・ 170, 171
　地位に関する利益相反（positional
　　conflicts of interest）・・・・・・・・・・・・・・・ 193
　調査義務 ・・・・・・・・・・・・・・・・・・・・・・・・ 212, 213
　帳簿価額 ・・・・・・・・・・・・・・・・・・・・・・・・・・・・・ 269
　直接訴訟 ・・・・・・・・・・・・・・・・・・・・・・・・・・・・・ 161
　通謀引受人 ・・・・・・・・・・・・・・・・・・・・ 25, 191, 278
　提訴懈怠の可能性 ・・・・・・・・ 24, 190, 267, 270
　提訴請求 ・・・・・・・・・・・・・・・・・・・・・・ 84, 89, 100
　　――の無益性 ・・・・・・・・・・・・・・・・・・ 90, 126
　提訴請求手続の目的 ・・・・・・・・・・・・・・ 126, 284
　提訴請求要件の厳格化 ・・・・・・・・・・・・・・・・ 126
　提訴の現実的な可能性 ・・・・・・・・ 156, 264, 274
　提訴判断機関の自己保身 ・・・・・・・・・・ 192, 258
　デラウェア州 ・・・・・・・・・・・・・・・・・・・ 36, 86, 108
　デラウェア州一般会社法
　　――102条(b)項(7)号 ・・・・・・・・・・・・・・・ 109
　　――220条 ・・・・・・・・・・・・・・・・・・・・・・・・・ 101
　伝統的理論 ・・・・・・・・・・・・・・・・・・・・・・・・ 59, 81
　　――の継承 ・・・・・・・・・・・・・・・・・・・・・・・・・ 86

事項索引

ドイツ……………… 165, 192, 251, 276
動学的不整合性（dynamic inconsistency）……………………… 180
道具理論……………………………… 49
同僚意識……………………… 24, 190
特定履行理論………………… 54, 99
特別訴訟委員会（special litigation committee）…………… 128, 172
特別予防…………………………… 154
富の最大化の原理………………… 176
取締役会の小規模化……………… 196
取締役の監視・監督義務………… 211

　　　　　な　行

内部統制システム整備義務…… 108, 212
　企業集団における――………… 216
　単一の会社内における――…… 217
内部統制システムの機能の確保（運用）
　……………………………………… 220
二重代表訴訟………………………… 1
　第1の類型の――………………… 96
　第2の類型の――………………… 96
二重の信認関係…………………… 52
二重の責任……………………… 119, 244
二重の損害回復……………… 119, 243
2段階テスト……………………… 129
ニューヨーク州…………… 43, 57, 110
認知上のバイアス………………… 192

　　　　　は　行

敗訴者負担……………… 131, 132, 170, 275
派生訴訟…………………………… 36
判決の効力範囲…………………… 263
反射的損害（reflective loss）……… 246
被告の範囲………………………… 20
必要的当事者（necessary party）… 41, 42
評判の悪化………………………… 157
不可欠当事者（indispensable party）
　……………………… 43, 85, 89, 103
福岡魚市場株主代表訴訟事件
　………………………… 210, 214, 215

複数の訴訟の提起による弊害……… 120
不合理な群衆行動（irrational herding behavior）……………………… 184
不正の抑止…………………… 68, 153, 258
不提訴理由通知制度……………… 170, 284
不当訴訟…………………………… 169
不法行為……………………… 149, 231
不法不当目的訴訟………………… 169
フリーライド…………… 156, 177, 178, 265
プロスペクト理論………………… 133
分散保有…………………………… 177
紛争処理の複雑化………………… 244
平成5年商法改正………………… 3, 153
平成9年独占禁止法改正…………… 8
平成11年商法改正………………… 8
平成17年会社法制定……… 10, 171, 191
平成26年会社法改正……………… 11
別個の義務（separate duty）の例外
　……………………………… 112, 118
弁護士……………………… 130, 163
　――の数……………………… 185
弁護士報酬……………… 131, 184, 186
法規範の形成…………… 159, 196, 199, 258
法人格否認の法理………………… 49
法制審議会会社法制部会……… 11
法務総裁（Attorney General）…… 158
法律問題（matters of law）… 129, 159, 175
法律問題意見確認（certification of question of law）………………… 95
法令違反…………………………… 155
法令遵守義務……………………… 260
保守主義…………………………… 135
補助参加…………………………… 292
発起人等…………………………… 276
香港………………………… 32, 246, 282

　　　　　ま　行

三井鉱山事件…………… 7, 183, 229, 241
名目的被告（nominal defendant）…… 54
免責制度………………………… 109, 125
持株会社…………………………… 1

298

――と事業会社の関係……………… 54
モニタリング・モデル……… 134, 164, 196

や 行

役員等の責任制度………………… 148
抑止機能……………………………… 153

ら 行

濫訴のおそれ……………… 188, 199, 281
濫訴の防止………… 100, 263, 272, 273
濫用的な訴訟…………………… 26, 130
　　――の類型…………………… 168
　　――への対処………………… 171

利益移転……………………………… 176
利益供与を受けた者………… 25, 191, 278
リベラリズム……………………… 135
利用可能性ヒューリスティック
　（availability heuristic）……… 183, 188
ルール……………………………… 161
連邦裁判所………………………… 56
6か月保有要件…………………… 272

わ 行

和　解……………………………… 186
　馴合いによる――……… 133, 187
和解手続…………………………… 292

● 判例索引（日本）

〔最高裁判所〕

最大判昭和44年11月26日民集23巻11号2150頁……………………………252, 253
最大判昭和45年6月24日民集24巻6号625頁〔八幡製鉄株主代表訴訟事件最高
　　裁判決〕………………………………………………………………………………189
最判昭和51年7月8日民集30巻7号689頁………………………………………254
最判平成5年9月9日民集47巻7号4814頁〔三井鉱山事件最高裁判決〕…7, 169, 228
最判平成9年7月11日民集51巻6号2573頁……………………………………149
最判平成12年7月7日民集54巻6号1767頁〔野村證券損失補塡事件判決〕……260
最判平成21年3月10日民集63巻3号361頁……………………………………24, 190
最判平成21年7月9日判例時報2055号147頁〔日本システム技術事件最高裁判決〕
　　……………………………………………………………………………162, 218, 220
最決平成21年11月9日刑集63巻9号1117頁………………………………………196
最判平成22年7月15日判例時報2091号90頁〔アパマンショップHD事件判決〕
　　………………………………………………………………………………………17, 253

〔高等裁判所〕

東京高判平成元年7月3日金融・商事判例826号3頁〔三井鉱山事件控訴審判決〕
　　………………………………………………………………………………………169
東京高判平成6年8月29日金融・商事判例954号14頁〔片倉工業事件控訴審判決〕
　　………………………………………………………………………………………231
東京高決平成7年2月20日判例タイムズ895号252頁〔蛇の目ミシン工業事件決定〕
　　………………………………………………………………………………………170
名古屋高判平成15年4月23日裁判所ホームページ……………………………………9
東京高判平成15年7月24日判例時報1858号154頁……………………………………9
東京高判平成16年12月21日判例タイムズ1208号290頁……………………………222
東京高判平成17年1月18日金融・商事判例1209号10頁……………………………247
大阪高判平成18年6月9日判例時報1979号115頁〔ダスキン事件控訴審判決〕
　　………………………………………………………………………………………217, 218
福岡高判平成24年4月13日金融・商事判例1399号24頁〔福岡魚市場株主代表訴
　　訟事件控訴審判決〕…………………………………………………………………210, 214

〔地方裁判所〕

東京地判平成6年12月22日判例時報1518号3頁〔ハザマ組株主代表訴訟事件判決〕
　　………………………………………………………………………………………22
名古屋地決平成7年2月28日判例時報1537号167頁〔中部電力事件決定〕………169
大阪地判平成12年9月20日判例時報1721号3頁〔大和銀行事件判決〕……9, 217, 218
東京地判平成13年1月25日判例時報1760号144頁…………………………………207

判例索引（日本）

東京地判平成 13 年 3 月 29 日判例時報 1748 号 171 頁 ……………………………… 9
名古屋地判平成 14 年 8 月 8 日判例時報 1800 号 150 頁 ………………………… 9
東京地判平成 15 年 2 月 6 日判例時報 1812 号 143 頁 …………………………… 9
東京地判平成 16 年 5 月 20 日判例時報 1871 号 125 頁〔三菱商事事件判決〕………… 218
東京地判平成 16 年 7 月 28 日判例タイムズ 1228 号 269 頁〔三越株主代表訴訟第一
　事件判決〕…………………………………………………………………………… 222
東京地判平成 17 年 3 月 10 日判例タイムズ 1228 号 280 頁〔三越株主代表訴訟第二
　事件判決〕…………………………………………………………………………… 222
福岡地小倉支判平成 17 年 11 月 17 日商事法務 1756 号 57 頁 ………………………… 257
東京地判平成 19 年 9 月 27 日判例時報 1992 号 134 頁 ……………………… 12, 257
大阪地判平成 20 年 4 月 18 日判例時報 2007 号 104 頁 ……………………………… 252
東京地判平成 21 年 10 月 22 日判例時報 2064 号 139 頁〔日経インサイダー事件判決〕
　……………………………………………………………………………………… 220
大阪地判平成 22 年 7 月 14 日判例時報 2093 号 138 頁〔ダスキン事件弁護士報酬訴
　訟判決〕……………………………………………………………………………… 186
福岡地判平成 23 年 1 月 26 日金融・商事判例 1367 号 41 頁〔福岡魚市場株主代表訴
　訟事件第一審判決〕………………………………………………… 210, 214, 215
東京地判平成 23 年 11 月 24 日判例時報 2153 号 109 頁 ……………………………… 210

● 判例索引（アメリカ）

Aronson v. Lewis, 473 A.2d 805（Del. 1984）······90, 127
Auerbach v. Bennet, 47 N.Y.2d 619（1979）······128
Blasband v. Rales, 971 F.2d 1034（3d Cir. 1992）······100
Blaustein v. Pan Am. Petroleum & Transp. Co., 174 Misc. 601, 21 N.Y.S.2d 651
　（N.Y. Sup. Ct. 1940）······49
Brendle v. Smith, 46 F. Supp. 522（S.D.N.Y. 1942）······124
Breswick & Co. v. Harrison-Rye Realty Corp., 114 N.Y.S.2d 25, 280 App.Div. 820
　（1952）······54, 57
Brown v. Tenney, 508 N.E.2d 347, 155 Ill.App.3d 605（1987）······71
Brown v. Tenney, 532 N.E.2d 230, 125 Ill.2d 348, 126 Ill.Dec. 545（1988）······62, 71
Busch v. Mary A. Riddle Co., 283 F. 443（D. Del. 1922）······56, 85
Carter v. Reducers' & Refiners' Oil Co., Ltd., 164 Pa. 463, 30 Atl. 391（1894）······44
Cohen v. Beneficial Indus. Loan Corp., 337 U.S. 541（1949）······124
DeVan v. United States, 50 F. Supp. 992（D.N.J. 1943）······57
Druckerman v. Harbord, 174 Misc. 1077, 22 N.Y.S.2d 595（1940）······57
Fischer v. CF & I Steel Corp., 599 F. Supp. 340（S.D.N.Y. 1984）······59
Fleer v. Frank H. Fleer Corp., 125 A. 411（Del. Ch. 1924）······127
General Rubber Co. v. Benedict, 215 N.Y. 18, 109 N.E. 96（1915）······110
Goldstein v. Groesbeck, 142 F.2d 422（2d Cir. 1944）······52
Graham v. Allis-Chalmers Mfg. Co., 188 A.2d 125（Del. 1963）······109
Hamilton Partners, L.P. v. Englard, 11 A.3d 1180（Del. Ch. 2010）······89, 99, 102
Hawes v. Oakland, 104 U.S. 450（1881）······62, 69
Hirshhorn v. Mine Safety Appliances Co., 54 F. Supp. 588（W.D. Pa. 1944）······49
Holmes v. Camp, 180 A.D. 409, 167 N.Y.S. 840（1917）······43, 267
Hopps v. Claude Neon, Inc., 281 A.D. 90（1st Dep't 1952）······114
Houle v. Low, 556 N.E.2d 51（Mass. 1990）······129
In re Bear Stearns Companies, Inc. Securities, Derivative, and ERISA Litigation,
　763 F. Supp. 2d 423, 50 Employee Benefits Cas. 2581（S.D.N.Y. 2011）······104
In re Caremark International Inc. Derivative Litigation, 698 A.2d 959（Del. Ch.
　1996）······108
In re First Central Financial Corporation, 269 B.R. 502（Bkrtcy.E.D.N.Y. 2001）······114
In re First Interstate Bancorp Consol. S'holder Litig., 729 A.2d 851（Del. Ch.
　1998）······91
In re Merrill Lynch & Co., Inc., Sec., Derivative & ERISA Litig., 692 F. Supp.2d
　370（S.D.N.Y. 2010）······95
Kaufman v. Wolfson, 1 A.D.2d 555, 151 N.Y.S.2d 530（1956）······50, 82
Kaufman v. Wolfson, 132 F. Supp. 733（S.D.N.Y. 1955）······50, 58
Lambrecht v. O'Neal, 3 A.3d 277（Del. 2010）······93

判例索引（アメリカ）

Leibert v. Grinnell Corp., 194 A.2d 846（Del. Ch. 1963）……87
Levine v. Milton, 219 A.2d 145（Del. Ch. 1966）……85, 87
Levine v. Smith, 591 A.2d 194（Del. 1991）……90
Lewis v. Anderson, 477 A.2d 1040（Del. 1984）……92
Lewis v. Ward, 852 A.2d 896（Del. 2004）……91, 92
Maldonado v. Flynn, 413 A.2d 1251（Del. Ch. 1980）……127
Marcus v. Otis, 168 F.2d 649（2d Cir. 1948）……58
Martin v. D. B. Martin Co., 88 A. 612, 10 Del. Ch. 211（1913）……43, 50, 87
Miller v. Loft, Inc., 153 A. 861（Del. Ch. 1931）……127
Niles v. N.Y.C. & H.R.R.R. Co., 176 N.Y. 119, 68 N.E. 142（1903）……111
Parascandola v. National Sur. Co.（In re Auditore's Will）, 249 N.Y. 335, 164 N.E. 242（1928）……114
Pessin v. Chris-Craft Industries, Inc., 181 A.D.2d 66（N.Y. App. Div. 1992）……83
Piccard v. Sperry Co., 30 F. Supp. 171（S.D.N.Y. 1939）……49, 115
Qantel Corp. v. Niemuller, 771 F. Supp. 1361（S.D.N.Y. 1991）……114
Rales v. Blasband, 634 A.2d 927（Del. 1993）……89
Ryan v. Leavenworth, Atchison & Northwestern Railroad Co., 21 Kan. 365, 1879 WL 731（1879）……38
S. Solomont & Sons Trust, Inc. v. New Eng. Realties Operating Corp., 326 Mass. 99, 93 N.E.2d 241（1950）……83
Sabre v. United Traction & Elec. Co., 225 Fed. 601（D.R.I. 1915）……56
Sagarra Inversiones, S.L. v. Cementos Portland Valderrivas, S.A., 34 A.3d 1074（Del. 2011）……99, 104
Saito v. McCall, 2004 WL 3029876（Del. Ch. 2004）……95
Saltzman v. Birrell, 78 F. Supp. 778（S.D.N.Y. 1948）……50, 58
Schneider v. Greater M. & S. Circuit, 259 N.Y.S. 319（1932）……57
Schreiber v. Carney, 447 A.2d 17（Del. Ch. 1982）……87
Smith v. Hurd, 53 Mass. 371（1847）……111
Smith v. Van Gorkom, 488 A.2d 858（Del. 1985）……125
Sohland v. Baker, 141 A. 277（Del. 1927）……127
Spiegel v. Buntrock, 571 A.2d 767（Del. 1990）……90
Sternberg v. O'Neil, 50 A.2d 1005（Del. 1988）……87
Stone v. Ritter, 911 A.2d 362（Del. 2006）……109
Sutherland v. Sutherland, 2010 WL 1838968（Del. Ch. 2010）……96
Sylvia Martin Foundation, Inc. v. Swearingen, 260 F. Supp. 231（S.D.N.Y. 1966）……85
United States Lines, Inc. v. United States Lines Co., 96 F.2d 148（2d Cir. 1938）……50, 83
Untermeyer v. Valhi, Inc., 665 F. Supp. 297（S.D.N.Y. 1987）……116
Weinstein Enterprises, Inc. v. Orloff, 870 A.2d 499（Del. 2005）……102
West v. West, 825 F. Supp. 1033（N.D.Ga. 1992）……83
Zapata Corp. v. Maldonado, 430 A.2d 779（Del. 1981）……129, 159

●著者略歴

髙橋陽一（たかはし・よういち）

1987 年	福井県に生まれる
2009 年	京都大学法学部卒業
2011 年	京都大学大学院法学研究科法曹養成専攻（法科大学院）修了
2014 年	京都大学大学院法学研究科法政理論専攻博士後期課程修了、博士（法学）
同年	京都大学大学院法学研究科准教授
	現在に至る

多重代表訴訟制度のあり方
──必要性と制度設計

2015年1月20日　初版第1刷発行

著　　者　　髙　橋　陽　一

発　行　者　　塚　原　秀　夫

発　行　所　　株式会社　商　事　法　務
〒103-0025 東京都中央区日本橋茅場町3-9-10
TEL 03-5614-5643・FAX 03-3664-8844〔営業部〕
TEL 03-5614-5649〔書籍出版部〕
http://www.shojihomu.co.jp/

落丁・乱丁本はお取り替えいたします。　　印刷／ヨシダ印刷㈱
© 2015 Yoichi Takahashi　　Printed in Japan
Shojihomu Co., Ltd.
ISBN978-4-7857-2242-5
＊定価はカバーに表示してあります。